Zu diesem Buch

Der Münchner Psychologe und Psychotherapeut beschäftigte sich bereits im Jahre 1972 in seinem Buch «Homo consumens» mit den für Mensch und Umwelt verheerenden Folgen des hemmungslosen Konsumierens. Damals war von Wirtschaftskrise und Umweltzerstörung noch kaum die Rede, gab es weder Ölpreisschock noch beängstigende Arbeitslosigkeit.

Der Autor:
Wolfgang Schmidbauer, geboren 1941, Diplompsychologe und Dr. phil., arbeitet als Schriftsteller und Psychoanalytiker in München.

Bei Rowohlt sind folgende seiner Publikationen lieferbar:
«Hilflose Helfer. Über die seelische Problematik der helfenden Berufe» (1977 / rororo sachbuch 9196)
«Einsame Freiheit. Therapiegespräche mit Frauen» (1993)
«Die Kentaurin. Die Geschichte einer ungewöhnlichen Frau» (1996)
«Helfen als Beruf. Die Ware Nächstenliebe» (rororo sachbuch 9157)
«Die Angst vor Nähe» (1985)
«Die subjektive Krankheit. Kritik der Psychosomatik» (1986)
«Eine Kindheit in Niederbayern» (rororo 13226)
«Liebeserklärung an die Psychoanalyse» (rororo sachbuch 8839)
«Ein Haus in der Toscana. Reisen in ein verlorenes Land» (rororo 13648)
«‹Du verstehst mich nicht!› Die Semantik der Geschlechter» (rororo sachbuch 9500)
«Alles oder nichts. Über die Destruktivität von Idealen» (rororo sachbuch 8393)
«Ist Macht heilbar? Therapie und Politik» (rororo sachbuch 8329)
«Psychologie. Lexikon der Grundbegriffe» (rororo sachbuch 6335)
«Mit dem Moped nach Ravenna. Eine Jugend im Wirtschaftswunder» (rororo 13259)
«Kein Glück mit den Männern. Fallgeschichten zur Nähe-Angst» (rororo sachbuch 9752)
«Jetzt haben, später zahlen. Die seelischen Folgen der Konsumgesellschaft» (1995 / rororo sachbuch 60125)

Wolfgang Schmidbauer

Weniger ist manchmal mehr

Zur Psychologie des Konsumverzichts

Vollständig überarbeitete und erweiterte Neuausgabe

rororo
Rowohlt

Dieses Taschenbuch basiert einerseits auf der 1972 erstmals erschienenen Veröffentlichung «Homo consumens» und andererseits auf der 1982 erstmals erschienenen Veröffentlichung «Im Körper zuhause. Alternativen für die Psychotherapie».

16.–18. Tausend Januar 1997

Veröffentlicht im Rowohlt Taschenbuch Verlag GmbH,
Reinbek bei Hamburg, Mai 1992

Umschlaggestaltung Werner Rebhuhn
Satz Garamond (Linotronic 500)
Gesamtherstellung Clausen & Bosse, Leck
Printed in Germany
1290-ISBN 3 499 19110 5

Inhalt

Vorwort

Ein Buch zu produzieren, das Produktion und Konsum überflüssiger Dinge anprangert, enthält einen Widerspruch und will überlegt sein. Der Autor muß gestehen, daß er ohne Schuldgefühl diese auf den doppelten Umfang erweiterte Neuauflage von «Weniger ist manchmal mehr» auf den Markt bringen half. Das mag zum Teil daran liegen, daß er sich in tieferen Schichten seiner Person weigert, Bücher als Konsumgüter anzusehen; er kann z. B. auch solche, die es seiner Ansicht nach verdienen, nicht in den Altpapiercontainer werfen. Bücher werden, wie Brot, nicht vergeudet.

Ein zweiter Grund für mein (relativ) gutes Gewissen ist die Rückmeldung zahlreicher Leser, die während der Zeit, in der die beiden hier zusammengefaßten Texte – *Homo consumens* und *Im Körper zu Hause – Alternativen für die Psychotherapie* – vergriffen waren, mich dringend um Restexemplare baten, bis hin zu Frau Hanna O., die für sich und ihre beiden Söhne in Heimarbeit einen Nachdruck des Buches anfertigte (nicht ohne mich vorher um mein Einverständnis zu fragen). Mir scheint auch, daß beide Bücher zusammengehören, obwohl sie im Abstand von zehn Jahren erschienen sind. Und ich halte es für sinnvoll, den Leser an einer Entwicklung teilhaben zu lassen, die von dem zornigen Pamphlet über den Homo consumens zu den melancholischen Beobachtungen einer Verstrickung auch des scheinbar Unantastbaren (wie des helfenden Berufs) in die Spiele der Macht dieser Konsumwelt führt. Ich habe in beiden Texten gekürzt, um Wiederholungen zu vermeiden oder Andeutungen zu tilgen, die damals vorwegnahmen, was inzwischen umfassender dargestellt ist – beispielsweise die Bedeutung des «einfachen Lebens» in einem toskanischen *podere* für meine Konsumkritik.* Ich will damit nicht vermeiden, mich angreifbar zu machen, sondern da, wo es sie gibt, tauglichere Quellen erschließen.

* Ein Haus in der Toscana. Reisen in ein verlorenes Land. Reinbek (Rowohlt) 1990

Seit 1972 hat sich, dafür sprechen zahllose Einzelheiten, das Umweltbewußtsein geändert und zum Teil erst entwickelt. Möge dieses gleichzeitig neue und alte Buch dazu beitragen, daß ein Element stärker berücksichtigt wird, das mir fehlt, wenn ich die luxuriösen Landhäuser mit dem handgetöpferten Kachelofen oder die Umweltzeitschriften auf Glanzpapier sehe: die Bescheidenheit.

Vicchio, im August 1991 W. S.

Teil I
Homo consumens

Einleitung

Der Mensch kann versuchen, etwas Neues, Besseres zu schaffen, oder seine Aufmerksamkeit darauf richten, daß nicht verlorengeht oder zerstört wird, was an Gutem schon vorhanden ist. Beim Konsumverzicht geht es letzten Endes (im ursprünglichen Sinn dieser Redewendung) darum, ob ich in einer winzigen, quasi atomaren Entscheidung Grundstoffe dieses Planeten in ihrem Zustand belassen oder dazu beitragen will, daß sie in einem industriell veränderten Zustand ebenfalls industriell produzierte Bedürfnisse erfüllen. Über solche Entscheidungen überhaupt nachzudenken setzt Skepsis voraus: den Zweifel, ob die gegenwärtige Umgangsform einer Mehrzahl von Menschen (denn viele, die nicht an den Konsumgesellschaften teilhaben, wünschen sich doch nichts anderes, als es tun zu dürfen) auch die richtige ist. Dabei ist der Konsumskeptiker, wie ich ihn sehe, kein Asket oder Lustfeind. Wie der Konsumfreund strebt er nach einem möglichst intensiven Genuß, doch achtet er mehr auf die Zukunft (sowohl seine eigene wie die seiner Kinder) als dieser. Der zentrale Wunsch richtet sich einmal auf die vom Menschen möglichst verfeinerte Ware, das andere Mal auf die vom Menschen möglichst ungeschorene Natur. Die Verlogenheit der Konsumwelt beginnt da, wo sie uns glauben machen will, wir könnten beides haben. Dazu ist die Erde zu arm, und der Schritte in die falsche Richtung sind es bereits zu viele. Überall, wo Konsumbedürfnisse auf jener Massenbasis befriedigt werden, die charakteristisch ist für die gegenwärtigen Formen der industriellen Produktion, sterben zahlreiche Tier- und Pflanzenarten aus, Grundwasser, Flüsse, Meere und Luft sind verschmutzt und teilweise vergiftet. Dabei sehen wir von diesen Schäden gegenwärtig nur die Fahne, welche die Spitze des Eisbergs markiert. Unser Augenmerk wird noch zusätzlich dadurch verwirrt, daß diese Fahne umkämpft ist. – Manche Politiker wollen sie ganz einziehen, andere auffälliger hängen, jeder hat seine Parteigänger und angeblich wissenschaftlich-objektiven Gefolgsleute. Typisch für Umweltgifte ist die große Verzögerung und die Unanschaulichkeit ihrer Wirkungen. Unser Rechtsgrundsatz, den Verdächtigen im Zweifelsfall freizusprechen, ist dieser Situation unangemessen. Langsame Gifte, deren Schäden nur wenig über einem Schwellenwert liegen, sind dennoch gefährlich, können sich mit anderen Einflüssen ergänzen, potenzieren – nur aufheben, abschwächen werden sie sich kaum. Erst achtzig Jahre nach der Entdeckung der Röntgenstrahlen wissen wir relativ genau, wie gefährlich sie sind.* Schon oft mußten offiziell und wissenschaftlich «objektivierte» Grenzwerte erheblich korrigiert werden, weil Generationen unvorsichtiger Forscher an ihrer Unterschätzung dieser Risiken erkrankten und starben. «Im Zweifel für den Angeklagten» wäre bei Umweltfragen also zu ersetzen durch: «Im Zweifel gegen die Produktion, im Zweifel gegen den Konsum!»

In den letzten Jahren hat sich nicht die Rücksicht auf die Umwelt, wohl aber die Zahl der Beschwichtigungen und Vernebelungsversuche multipliziert. Millionen von Etiketten wurden gedruckt, die davor warnen, «Leergut» in die Umwelt zu werfen. Ein solcher Aufdruck gleicht der politischen Schizophrenie von Warnungen auf Zigarettenreklamen.

Wer Verpackung, Flasche oder Dose korrekt entsorgt, entfernt sich im Hochgefühl der guten Umwelt-Tat, ein Pfadfinder in die Zukunft. Um den großen Müll oder die Umweltbelastungen durch das keineswegs «umweltschonende», sondern nur weniger umweltschädigende Recycling muß sich der Verbraucher nicht mehr sorgen. Aber zehn Zigaretten sind nicht deshalb gesund, weil zwanzig noch schädlicher sind. Wer der alten Formel «ex und hopp» abschwört und das «komplett» (auch wieder eine Lüge) wiederverwertbare Auto kauft, schont die Umwelt keineswegs; er schädigt sie etwas weniger als der weniger «umweltbewußte» Konsument.

* Vgl. Till Bastian, Karl Bonhoeffer (Hg.), Thema Radioaktivität, Stuttgart (S. Hirzel) 1991

1972 wie 1991: Ohne Konsumverzicht geht es nicht!

Wer schlechte Nachrichten bringt, muß damit rechnen, daß er Aggressionen weckt. Je deutlicher wird, daß der Bote nicht lügt, desto eher wollen ihm die Uneinsichtigen den Mund stopfen. In der Welt von *homo consumens* klingt das häufig eher gelangweilt oder ironisch. Ob diese lustfeindlichen Mahner immer noch nicht begriffen haben, daß Ökologie und Ökonomie keine Gegensätze sind? Ob wir nicht viel, viel mehr Wachstum bräuchten, um den Umweltschutz bezahlen zu können – man sehe doch in Bitterfeld, in Polen, wie die sozialistische Armutswirtschaft noch viel schlimmere Umweltschäden anrichte als der westliche Konsumismus? Schließlich schaffe nur ein solcher, wachstumsorientierter Umweltschutz Arbeitsplätze und könne nur bessere Technik die durch schlechtere Technik angerichteten Probleme lösen.

Ein Beispiel für solche Argumentationen (auf einem sogar noch relativ hohen Niveau) ist die jüngst von Hans Immler vertretene These, der Gegensatz von Ökonomie und Ökologie ließe sich überwinden, wenn die Natur «entlohnt» werde. Wie oft, wenn ehrgeizige, aber wenig originelle Denker sich profilieren wollen, erkennt der Betrachter rasch, daß alles Neue an dieser Neuerung bereits den angeblich geistig überwundenen Naturschützern bekannt ist. Immler versucht, sie mit ihren eigenen Argumenten zu erledigen und ihnen zu unterstellen, sie wollten die Ökonomie verteufeln, um ihre moralische Überlegenheit zu beweisen. Schamlos das ökologische Denken plündernd, stellt Immler fest, daß «die Natur jene umfassende Wirtschaftskraft» ist, «an der wir alle Kriterien für Leistung, Effizienz und Wachstum zu messen haben».* Allen Erfahrungen in den Industriegesellschaften zum Trotz verschmelzen Ökonomie und Ökologie durch schiere Wortgewalt. Aus dem unbequemen Verzicht wird eine Versorgungsqualität, in der ein «den wahren Kosten entsprechender Umgang mit der Materie» im Vordergrund steht und flugs das «verbrauchte Naturvermögen» durch «Abschreibungen beziehungsweise Ersatzinvestitionen» wiederherge-

* Hans Immler, Wir müssen die Natur entlohnen. Wie der Gegensatz zwischen Ökonomie und Ökologie überwunden werden kann. In: *Die Zeit* v. 10. Mai 1991

stellt wird. Ob sich Immler das so vorstellt, daß in den Parks farbenprächtige Finken aus Plastikmaterial unverdrossen batteriegespeist ihre Lieder schmettern?

In einer knappen kühlen Darstellung hat Christian Schütze jüngst die Unversöhnlichkeit der Wachstumswirtschaft mit der Umwelt bewiesen. Die Harmonisierungsmodelle widersprechen einem grundlegenden Naturgesetz, das nicht hinwegdiskutiert, sondern allenfalls für kurze Zeit ignoriert werden kann: dem zweiten Hauptsatz der Wärmelehre, dem alle Veränderungen von Energie und Materie im Kosmos unterworfen sind. Die beiden Hauptsätze der Thermodynamik sind im Zusammenhang mit der Dampfmaschine entdeckt worden, welche die Industriegesellschaft ermöglicht hat. Das erste Gesetz betrifft die Energieerhaltung in geschlossenen Systemen. Bei einer Wärmekraftmaschine bleibt die Summe der mechanischen, chemischen, thermischen, elektrischen oder potentiellen Energie konstant. Ihre Erscheinungsformen können wechseln, so können Kraft und Wärme nach dem von Robert Mayer ermittelten Äquivalent ineinander umgerechnet werden.

Wesentlich für unsere Frage ist das zweite Gesetz der Thermodynamik, auch Entropie-Gesetz genannt. Danach wird in dem geschlossenen System die Entropie immer größer, d. h., die Menge der nutzbaren Energie«gefälle» nimmt ab, die der «gebundenen», zur Arbeit ungeeigneten Energie nimmt zu. Bildhaft gesprochen: Die Kohle verbrennt, der Dampf zischt, Kraft wird produziert – am Ende bleiben Asche, Reibungswärme, erhöhte Temperatur des Kühlwassers, die nicht mehr genutzt werden können, weil in ihnen kein verwertbares «Gefälle» zur Umwelt mehr steckt. Energie fließt immer nur in eine Richtung. Es ist unmöglich, mit dem gleichen Aufwand, der nötig ist, ein Auto einen Kilometer zu bewegen, das Benzin zurückzugewinnen, das für diese Bewegung notwendig war. Dieser um die Mitte des 19. Jahrhunderts von Robert Clausius formulierte Hauptsatz vom unentrinnbaren Absinken der Energiequalität ist ein gutes Beispiel dafür, wie wenig die Menschheit bereit ist, auf die leise Stimme des Intellekts zu hören. Seither ist bekannt, daß es in der Natur kein Zurück gibt, daß die Energiekaskaden nur in eine Richtung laufen – von der Kraft zur Wärme, von der freien zur gebundenen Energie. Das Perpetuum mobile ist unmöglich.

Eine vernünftige Schlußfolgerung aus dem zweiten Hauptsatz der

Wärmelehre wäre gewesen, möglichst schonend mit den Inseln eines hohen Energiegefälles in unserer Umwelt umzugehen, vor allem mit den fossilen Brennstoffen. Statt dessen entstand die Verschwendungswirtschaft, welche diese Inseln immer unzugänglicher macht und dazu führt, daß heute in schwierigen Tiefenbohrungen nach Energiequellen gesucht wird. Irgendwann werden nicht die Vorräte erschöpft, sondern wird der Augenblick erreicht sein, an dem wir, um eine Tankfüllung Benzin zu gewinnen, genausoviel Energie brauchen, wie in dieser Tankfüllung steckt. Blindwütende Ökonomen werden sagen, daß Angebot und Nachfrage auch dieses Problem regeln, die Tankfüllung dann eben teuer bezahlt werden muß. Aber dies ist nur Aufschieberei. Irgendwann wird die Konsumgesellschaft, die so lange auf Pump gelebt hat, ihre Schulden in der Endwährung der Thermodynamik zahlen müssen: in Energie.

Recycling

Symbol der Entropie ist die Müllkippe, auf der ungeordnet endet, was einmal geordnet war, und energiearm wird, was einst energiereich war oder doch Energie gekostet hat. Wiederverwertung ist heute ein Schlagwort und wird da zur Lüge, wo sie als gültige (angenehme) Alternative zum Verzicht und nicht als Zeitgewinn und kleineres Übel angeboten wird. Denn die Zyklen können nicht wirklich geschlossen werden, es gibt immer Schwund, nichtrückführbare Reste, bei denen der Aufwand für eine Wiederverwertung größer ist als die Einsparung. «Die Beschwörungsformel ‹Wir brauchen Wirtschaftswachstum, um den Umweltschutz bezahlen zu können› ist ein geradezu monumentaler Ausdruck für Entropie-Ignoranz», schreibt Christian Schütze. «Die für die Umwelt negativen Folgen des jeweiligen Wachstumsquantums wären selbst dann noch größer als der durch technischen Umweltschutz erzielbare Nutzen, wenn man dieses gesamte Quantum für technischen Umweltschutz ausgeben würde.»*

Wenn die rhetorische Figur der «Versöhnung» von Ökonomie und Ökologie als Schutzbehauptung enttarnt ist, heißt das nicht, daß der

* Schütze, Ch., Ökonomie und Ökologie lassen sich nicht versöhnen, in: Die neue Gesellschaft/Frankfurter Hefte, August 1990, S. 721

bestehende Konflikt nicht gemildert werden kann. Die Empfehlungen dafür sind heute viel bekannter als 1972: wärmehaltige Isolierung der Häuser, Maschinen mit besserem Wirkungsgrad, Langlebigkeit, Reparaturfreudigkeit, Recycling, wo auch immer es möglich ist – möglichst viel Vorbeugung, um die Entropie von Energie und Rohstoffen zu mildern. Töricht aber wäre es, der Ökonomie einen besseren «Wirkungsgrad» zuzuschreiben als der lebendigen Natur, deren Vegetation Sonnenlicht sammelt und konzentriert. Hier nimmt nur die Entropie auf der Sonne zu; da bis zu deren «Wärmetod» aber noch einige Milliarden Jahre vergehen, muß uns das keine Sorgen machen. Durch die Ressource des Sonnenlichts ist die Erde kein geschlossenes System, was Energie angeht, wohl aber, was Materie betrifft. Hier wird in den Zeiten, mit denen Menschen rechnen können, die Entropievermehrung nicht mehr rückgängig gemacht werden können.

Abschließend fragt sich Schütze, weshalb wohl die Wirtschaftstheoretiker, die sonst Abstraktionen so lieben, die zweite Grundregel der Thermodynamik vernachlässigt haben. Er spielt auf den Verleugnungsmechanismus (vgl. S. 190) an: «Vielleicht fürchten die Ökonomen die deprimierende Einsicht, es könnten vor dem unbestechlichen Zweiten Hauptsatz die Illusionen von dauerhaftem Wohlstand, von ständigem Wachstum auf Erden zerbrechen... Das Verständnis des Entropieprinzips und seine Anwendung auf das Wirtschaften rauben uns den unschuldigen Glauben, daß immer mehr Wohlstand entstehe, wenn man nur die richtige Wirtschaftspolitik mache.»

Vom dauerhaften zum defensiven Wohlstand

1972 war die Ideologie der Konsumgesellschaft noch stark vom Gedanken des Wohlstands für alle geprägt. Heute ist der Wohlstand defensiv geworden, in einem mehrfachen Sinn. «Zwölfzylinder, schadstoffarm» ist eine Maxime der Autoindustrie geworden und die Lebenslüge des Wirtschaftens. Niemand rechnet mehr damit, daß alle Welt schadstoffarme Zwölfzylinder fahren wird. Als im Frühjahr 1991 die neue S-Klasse von Mercedes «endlich» auch mit einem Zwölfzylinder aufwarten konnte, wurde der Technik-Vorstand mit dem kernigen Satz zitiert, er könne – «ehrlich gesagt – die Vorwürfe, daß unsere neue S-Klasse zu groß und zu schwer geworden ist, nicht mehr hören!»* Wer fragt schon nach Vernunft, wenn das Ergebnis technisch so perfekt ist, wenn ein Dutzend Servomotoren die in den Sitz programmierte Fahrerposition herbeizaubern und der Verbrauch, der vor wenigen Jahren noch 30 Liter betragen hätte, auf zwanzig gesenkt werden konnte? Die Entscheidung, heute ein Auto zu produzieren, das größer, schwerer, schneller und teurer ist als seine Vorgänger, zeigt deutlich, wie die Weltkonzerne auf die Spaltung der Gesellschaft setzen. Die Reichen können sich solchen Luxus leisten. Was kümmert sie schon die Verschwendung, die in ihm steckt! Die Armen brauchen ihn ohnehin nicht. Um sich vor ihnen zu schützen, ist der neue Mercedes gewiß nicht nur mit Airbags und Gurtstraffern ausgerüstet worden, sondern auch mit hervorragenden Diebstahlsicherungen. Vor dem Gestank auf den Straßen, dem Platinstaub der Katalysatoren (dessen Wirkungen noch keiner kennt), Dieselruß und Reifenabrieb bewahren die vorzüglichen Filter der Klimaanlage den Fahrer. So kann sich jeder seine private Arche aussuchen; Tiere, die er mitnehmen könnte, sind ohnehin seltener als zu Noahs Zeit.

Es scheint folgerichtig, daß Daimler-Benz, Kunden und Aktionäre durch solche Produkte zufriedenstellend, künftig nicht nur die Panzerplatten einbaut, um die Luxuslimousinen vor Terroristen oder rivalisierenden Gangstern zu schützen, sondern sich auch sonst in der Rüstungsindustrie engagiert.

Kosmetische Maßnahmen

Was seit 1972 außerordentlich vervollkommnet wurde, sind die umweltkosmetischen Maßnahmen – der Versuch, so zu tun, als sei man ganz umweltbewußt und höchst aktiv, die Probleme zu lösen, während man sie in Wahrheit überschminkt. Jürgen Dahl hat in einem Essay «Die letzte Illusion» ** diesen Selbstbetrug verfolgt, mit dem politische Untätigkeit bzw. Hörigkeit gegenüber den Konsuminteressen bemäntelt wird, indem man für die Verbraucher propagiert: «Umweltschutz fängt zu Hause an»: Aluminium sammeln (von dem in Westdeutsch-

* Laut Bericht in der *Süddeutschen Zeitung* «Ein Stern ist aufgegangen», v. J. Lewandowski, 16/17. März 1991, S. 57

** Jürgen Dahl, Die letzte Illusion. In: *Die Zeit*, 23.11.1990, S. 58

land pro Jahr dreieinhalb Milliarden Kilogramm verbraucht werden) oder Ziegelsteine in die Klosettspülung legen, während die Produktion eines einzigen Autos 400000 Liter Wasser kostet. «In einer Welt, in der ganze Volkswirtschaften nur deshalb funktionieren, weil sie die Abwässer ihrer Fabriken, ihrer Agrarbetriebe und ihres Tourismus ungeklärt in Flüsse und Meere leiten und umgehend Konkurs anmelden müßten, wenn sie es nicht dürften – in einer solchen Welt hat es etwas Tragikomisches, wenn man die Leute ermahnt, keine Medikamente ins Klo zu werfen.»*

Dahl vergleicht die Mahnung, daß Umweltschutz beim individuellen Konsum beginne, mit dem zynischen Hinweis für einen Gefesselten, er habe doch immerhin die Möglichkeit, mit den Augendeckeln zu klappern. In der Tat scheint es absurd, vom einzelnen Konsumenten die Lösung zu erwarten, indem er einfach nicht mehr Auto fährt, kein Spray mehr gebraucht und keine Aluminiumdosen kauft. Aber ich teile Dahls Neigung nicht, auf einen Zynismus mit einem anderen zu antworten.

Individueller Verzicht ist nicht deshalb angreifbar, weil er wenig bewirkt, und auch nicht deshalb, weil er mißbraucht werden kann, um die eigene Verstrickung zu verbergen. Wer mit dem Auto in die Arbeit fährt, weil es ihm zu gefährlich ist, mit dem Rad zu fahren, sich aber gleichzeitig politisch dafür einsetzt, daß grüne Wege durch das Stadtzentrum gebaut werden, trifft eine andere, keine moralisch schlechtere Entscheidung als der «umweltbewußte» Radfahrer, der sich mutig zwischen die Abgasschwaden stürzt. Ich sehe solche kleinen Entscheidungen als Möglichkeiten an, sich der Situation bewußt zu werden, in der wir leben, und sich auf die große Veränderung vorzubereiten, die endlich einschneidende politische Maßnahmen erzwingen wird. «Nur die Armut kann uns retten», sagt Dahl. «Nur wenn uns einfach die Mittel fehlen, soviel Unfug in so großem Umfang zu begehen, wie wir es hundert Jahre lang getan haben, ist an ein Weiterleben zu denken, bei dem die unvermeidlichen Fehler in einer Größenordnung bleiben, innerhalb derer die Natur zur Selbstheilung fähig bleibt… Und da niemand freiwillig in den Stand der Armut treten wird, wenn die Reichtümer so griffbereit liegen und die Methoden zu ihrer Nutzung so wohlfeil sind, so wird eben diese Armut heraufziehen müssen als ein unausweichliches Verhängnis.»

* Jürgen Dahl, Die letzte Illusion. In: *Die Zeit*, 23.11.1990

Hier möchte ich Dahl an einen Satz erinnern, der von ihm selbst stammt: «Die fatalsten Entscheidungen werden zweifellos nicht aus der Unwissenheit selbst geboren, sondern aus der mangelnden Einsicht in die eigene Unwissenheit.» Sicher ist nur, daß «alles immer sehr viel mehr und ganz andere Folgen hat, als man dies zu Anfang meinte» – ob es nun um Pestizide, Computer, hohe Schornsteine oder Atomkraftwerke geht. Das gleiche gilt auch für den Konsumverzicht und für die Prognosen über eine ökologische Katastrophe. Wir wissen nicht, wie sie aussehen wird; was wir sagen können, ist nur, daß sich sowohl die Ingenieure geirrt haben, die behaupteten, sie können die Risiken der Atomenergie berechnen, wie auch die Biologen, welche (wie Cousteau) den Tod des Mittelmeers für das Jahr 1990 vorausgesagt haben. In einer marktschreierischen Medienwelt neigen leider auch die Ökologen zur Übertreibung.

Vor dem Golfkrieg wurde eine Weile die weltweite Sonnenfinsternis in den Medien gehandelt, die durch das Brennen der Ölfelder in Kuwait entstehen müßte. Als die Ölfelder brannten, war kaum mehr die Rede davon. Wird das Ende des Dinosauriers die Katastrophe sein, oder stirbt er langsam aus? Das Szenario des Untergangs von Homo consumens wird wohl Katastrophen und den Druck auf körperliche und seelische Gesundheit verbinden. Überschwemmungen, steigende Krebsraten, wachsende Kriminalität, Druck durch Asylanten und illegale Einwanderer, Inflation, verbreitete Drogenabhängigkeit, um elende Lebensbedingungen zu ertragen, Wasserknappheit, atomare Verseuchungen und Hungersnöte... Wird am Ende ein friedliches Ökotopia mit Solaranlagen auf dem Dach, Grünwegen für Fahrräder zum Personen- und Lastentransport, ohne Flugzeuge und Automobile, entstehen, wo die Bauern ihren Treibstoff aus Rapsöl selbst produzieren? Oder eine Wüste aus verrosteten Fabrikanlagen, zwischen denen bewaffnete Banden um Wasser und Benzin kämpfen? Endet die Menschheit in Weisheit oder im Kannibalismus; braucht sie diesen sogar, um zur Besinnung zu kommen? Wir wissen es nicht, aber es scheint, daß die Bereitschaft zum Konsumverzicht besser für die friedliche Umwandlung vorbereitet.

Schlechtes Selbstbewußtsein, mangelnde Autonomie

Gerhard Scherhorn, Inhaber des Lehrstuhls für Konsumtheorie der Universität Hohenheim, hat die Frage der suchthaften Komponente im Verbraucherverhalten verfolgt und amerikanische Studien über die «Shopaholics» aufgegriffen, die sich – analog zu den Anonymen Alkoholikern – in Selbsthilfegruppen von ihrer Abhängigkeit zu befreien suchen. Man rechnet heute damit, daß bis zu zehn Prozent der Käufer gelegentlich von einem rauschhaften Zustand befallen werden, in dem sie (oft als «Frustkäufe») Gegenstände erwerben, die sie nicht benötigen (nicht einmal in dem ohnehin merkwürdigen Sinn dieses Wortes in unserer Welt): teure Kleider, die nie getragen, Taschencomputer, die nicht ausgepackt werden. Typische Merkmale sind ein «Zwangsgefühl» vor und ein «Hochgefühl» unmittelbar nach dem Kauf, das später durch Ernüchterung und Enttäuschung abgelöst wird. In einem Arbeitspapier, das mir Scherhorn sandte, finden sich quantitative Nachweise für einige der psychoanalytisch ermittelten Zusammenhänge über den Homo consumens – z. B. sein schlechtes Körperbewußtsein, seine zwanghaften Neigungen, die Orientierung an Äußerlichkeiten und ein zerbrechliches Selbstbewußtsein, das davon abhängt, wie die Betroffenen (Frauen sind etwas häufiger vertreten als Männer) sich selbst erleben und wie die Umwelt auf sie reagiert.*

Die Wiedervereinigung

Als der morsche Staat drüben verendete, die Adler über ihm kreisten, als es plötzlich nur noch darum ging, wer das größte Stück bekam und es ungestört verzehren konnte, befiel mich eine Trauer, die ich allmählich besser verstand. Ich erinnerte mich an ähnliche Gefühle, wenn ich Großbaustellen sah, die Wiederaufbereitungsanlage, den neuen Flughafen zwischen Dörfern und Moor. Kolonialistische Triumphe. Wo bisher alles primitiv und rückständig war, kehrt der Fortschritt ein.

* Zit. n. «Annahmen über süchtiges Kaufverhalten», Arbeitspapier von G. Scherhorn, G. Raab und L. Reisch, das mir der Autor freundlicherweise zur Verfügung stellte. Vgl. «Hoch im Laden», in: *Der Spiegel* Nr. 27/1989, S. 48f

Alles wird anders, besser – aber wie oft hat diese Hoffnung nicht getrogen? Ich konnte mich nicht moralisch entrüsten, weder mit Stefan Heym über die Gier der befreiten Bürger nach den Grabbeltischen der Kaufhäuser des Westens noch mit Monika Maron über Stefan Heym, der die Tischsitten Ausgehungerter zensierte. Ich fühlte mich beraubt. Anscheinend hatte ich zur DDR eine ähnliche Beziehung wie zu einer aussterbenden Pflanze oder einer untergehenden indianischen Kultur. Da war mit großen Anstrengungen, mit menschlichen Opfern, Ehrgeiz, Funktionärs-Egoismus und verdecktem Betrug versucht worden, ein anderes Deutschland aufzubauen. Der Versuch hatte in eine Sackgasse geführt. Was entstand, war anders, nicht besser; es gab keine ethnische Überlegenheit über den Westen (nach der ich als Student Ausschau gehalten hatte), auch keine ökologische, die mich gegenwärtig weit mehr beschäftigte. Aber dieses Scheitern bewies doch keineswegs, daß wir mit unserem industriellen Selbstmordprogramm auf dem richtigen Weg sind. Wenn die vom Homo faber geschaffene Welt, der Titanic gleich, zum Untergang verurteilt ist, werden sich die Passagiere an die erleuchtete Bar drängen und einen großen Fortschritt darin sehen, daß sie die Wächter übermannt haben, welche sie in einem muffigen, kalten Zwischendeck eingeschlossen hielten. Aber wer an Bord um eine Kurskorrektur kämpft, hätte sich von den Eingeschlossenen etwas anderes erhofft. Es war eine Illusion. Sie hätte schon früher einer kritischen Prüfung durch unsere Vernunft nicht standgehalten. Dennoch hegten wir sie. Schon immer haben sich Eroberer mit den Sünden ihrer Opfer legitimiert. Aber Cortez' Gemetzel in Mexiko werden durch die Menschenschlächterei der Azteken nicht gerechtfertigt. Die Gemeinheiten der Stasi machen uns nicht zu Erlösern, nicht einmal zu Richtern.

Mir wäre wohler, wenn ich mich angesichts der Wiedervereinigung nicht an die zahlreichen Beispiele aus der Geschichte des Kolonialismus erinnerte, an die vielen Verträge, die von Vertretern der Eingeborenen unterzeichnet wurden, Land- und Wasserrecht preisgaben für Musketen und Glasperlen. Aber hüben wie drüben stimmen doch mündige Bürger ab! Haben die Wähler der westlichen Demokratien gewollt, daß die Wälder sterben und das Grundwasser vergiftet werden sollten? Werden sie nicht in zehn oder zwanzig Jahren herausfinden, daß ihre Häuptlinge etwas verkauft haben, das ihnen gar nicht gehörte? Daß sie Schäden zuließen, die unheilbar sind? Zu den empörenden Tatbeständen, welche die Umbau-Bewegung im Osten entzündet haben, gehörten die materiellen Privilegien der Funktionäre neben der Armut breiter Massen. Wenn ein Politiker Entsagung für eine bessere Zukunft fordert, im Kofferraum seines Dienstwagens aber jene Delikatessen nach Hause fährt, von denen die Arbeiter träumen, dann betrügt er doppelt. Er verrät nicht nur die Menschen, er verrät auch eine Idee. Vielleicht ist es der Verlust des utopischen Prinzips (nicht seiner ökologisch noch wenig durchdachten Formulierung durch Karl Marx), der mich am meisten bekümmert. Solange ich glaubte, daß die Menschen in der DDR auf ihre Weise um diese Idee rangen, daß korrupte Funktionäre von überzeugten Kommunisten kritisiert wurden, hatte ich den (zugegeben bescheidenen) Trost, daß in zwei deutschen Staaten auf ganz verschiedene Weise versucht wird, mit einer Zukunft fertig zu werden, die uns mit einer ökologischen Katastrophe bedroht. Wenn die Sintflutwolken am Horizont stehen und man begründete Zweifel in die Kompetenz der Baumeister hat, welche sich schon über den Plan der Arche zerstreiten, erleichtert es ein wenig zu wissen, daß drüben mit ganz anderen Mitteln eine ähnliche Situation bewältigt werden soll. Ich weiß wohl, daß die Umwelt in der DDR nicht weniger beschädigt wurde als hierzulande. Aber ich hoffte darauf, daß sich in einem System, das dem Konsum nicht in unserer westlich-süchtigen Weise verfallen ist, leichter eine Neuorientierung finden läßt, die zu meiner ökologischen Utopie paßt. So projiziert man Träume auf ein Feld, das man nicht genau kennt.

Der Wettbewerb der Systeme ist zu Ende. Die großen Fische fressen die kleinen; wenn aber der See umkippt, sterben sie alle miteinander. Der Kapitalismus war schneller und gefräßiger als das, was in Moskau und anderswo mit den Gedanken von Karl Marx angestellt wurde. Der Kurs der Titanic macht uns keine Hoffnung, aber es lenkt ein wenig ab, was im Gerangel um die Plätze an der Bar passiert. Da gibt es Sieger und Besiegte, Helden und Opfer. Das tröstet für eine Weile darüber hinweg, daß die Bevölkerungszunahme inzwischen fast alle Entwicklungsfortschritte in der Dritten Welt aufzehrt, während die Wüsten der Welt jährlich um sechs Millionen Hektar wachsen. Jede Woche drängen sich einige hunderttausend Esser mehr an die Futterkrippen, während sich die deutsch-deutsche Frage darauf zu reduzieren scheint, wie schnell man den Trabbi gegen einen GTI tauschen kann.

Vielleicht behalten einige Menschen in der früheren DDR ihre eigene Würde und ihren eigenen Weg. Dann könnten sie uns helfen, klarer zu sehen, daß unser Reichtum und unsere Verschwendung gefährlicher sind als eine weise Armut, die – freiwillig oder unfreiwillig – das Zukunftsprogramm der Menschheit bestimmt.

Welche merkwürdigen Kapriolen die Wiedervereinigung der Konsumenten beider Länder zeitigt, beweist ein Artikel von Barbara Sichtermann, die jüngst im Verteidigen der «Bananen von Wandlitz» das hohe Lied von Champagner («ein unvergleichlicher Schmeichler und Erzieher des Gaumens») und Seidenhemden sang («es gibt der Haut eine besondere Kühle zu fühlen, während es sie schützt; damit verändert es die Haut, macht sie reagibler, fügt ihrem Sensorium ein Tentakelchen hinzu»).* Die gespielte Naivität, mit der sie wohlverdiente Lust gegen bornierte Schuldgefühlsmacherei verteidigt, ökologische Argumente vom Tisch wischt und Konsumwut als Bildungs- und Kulturprogramm ausgibt, weist doch darauf hin, daß *diese* Tentakelchen (Sinnesfäden, Fühlhörner) zu kurz geraten sind. In der Kritik am Konsum die selbstquälerischen Neigungen kleinbürgerlicher Intellektueller zu sehen und dagegen die eigene weitläufige, kiwi-erprobte Genuß und Differenzierungsfähigkeit zu halten scheint mir ein Hinweis für eine Neigung der Intellektuellen, die gefährlicher ist als ihre Disposition zu Schuldgefühlen: die Bereitschaft, für eine billige Pointe ihr Mäntelchen so hoch und locker zu hängen, daß es der Wind in jede gewünschte Richtung blasen kann.

Ohnmacht und Macht des Konsumenten

Während Dahl die Ohnmacht des Konsumenten betont und es für eine illusionäre Zumutung hält, auf dieser Ebene des individuellen Verzichts die Umweltmisere anzugehen, ist Halo Saibold von den Grünen im Bundestag optimistischer: «Es muß offensiv als zusätzliche politische Strategie vertreten werden, daß die KonsumentInnen nicht länger bereit sind, weiterhin Produkte und Produktionsformen zu unterstützen, die die Lebensgrundlagen zerstören. Durch ein bewußtes Einsetzen

* B. Sichtermann, Die Bananen von Wandlitz, in: *Die Zeit*, Nr. 32, 2. August 1991, S. 43

unseres Geldes erreichen wir eine Stärkung der ökologisch und sozial verträglichen Produktion und üben damit ungeheuren Druck auf die restliche Wirtschaft aus.»*

Wahrscheinlich haben beide recht. Die Verbraucher sind mächtig und ohnmächtig zugleich. Sie könnten die Industrie massiv unter Druck setzen, aber die Einzelintelligenz reicht selten aus, um der kompakten Beeinflussungsmaschinerie Paroli zu bieten. Denn natürlich wird sofort der Umweltschutz zum Werbethema gemacht (eben der «schadstoffarme Zwölfzylinder», das «umweltfreundliche Waschmittel»). Gegen eine solche wohlorganisierte Bewußtseinsfabrik und Gehirnwäsche hilft wohl nur, daß sich die Konsumenten ebenfalls organisieren, um sich vor Manipulationen zu schützen und die ökologisch ignoranten Interessenverbände (wie den ADAC) durch Alternativmodelle zu ersetzen. So wurde 1985 die Verbraucherinitiative gegründet (Breite Straße 51, 53 Bonn), es gibt eine Ökobank, in der man guten Gewissens die Ersparnisse durch Konsumverzicht anlegen kann, ein von Umweltschützern gegründeter Verkehrsclub der Bundesrepublik Deutschland (VCD) bietet einen ähnlichen Pannenhilfeschutz wie die industriehörigen Automobilvereine konventionellen Zuschnitts, vertritt aber auch die Interessen von Fußgängern und Radfahrern.

Unrealistisch und sinnvoll

Freiwilliger Konsumverzicht ist wohl keine «realistische Utopie». Aber dennoch lohnt es sich, über ihn nachzudenken. Wir wissen zu wenig, um gesellschaftliche Veränderungen planen zu können. Dennoch brauchen wir Entwürfe, um handlungsfähig zu sein. Keiner paßt auf alle Situationen. Die Industriegesellschaften haben viel von dem wieder verdrängt, was während der Ölkrise eine Zeitlang deutlich war: Konsumverzicht als energiesparende Maßnahme (autofreier Sonntag, Tempolimit). Inzwischen wird auf verlogene Weise das Energiesparen «eingebaut», zum Beispiel in die vielen Autos, von denen behauptet

* Halo Saibold, MdB, Konsumwende. Global ist unser Standard nicht verkraftbar – Für eine offensive Politik der VerbraucherInnen. Druckschrift Grünes Büro, J. Haslauer, Maximilianstr. 16, 83 Landshut, S. 1

wird, sie seien sparsamer *und* schneller bzw. stärker als die früheren. Das mag technisch stimmen (wer aber fährt schon mit seinem Flitzer 90 Stundenkilometer!), ist aber ökologischer Irrsinn. Jedenfalls wird wieder mehr Energie verbraucht, werden wieder mehr Arbeitsplätze durch die Steigerung der Energieproduktion vernichtet. Es ist, als ob es die Krise nie gegeben hätte. Hier noch viel von einem Appell an Einsicht zu erwarten scheint unrealistisch, ist aber trotzdem sinnvoll. Ein ökologisches Bewußtsein kann nicht anders entstehen als dadurch, daß viele verschiedene Menschen in verschiedenen Situationen nachdenklich werden. Konsumverzicht ist dabei ein Anstoß unter vielen. Die Stimme der Einsicht kann leicht übertönt werden. Aber unter günstigen Umständen setzt sie sich vielleicht doch durch, auf Umwegen, die wir nicht voraussehen können.

Eine Maus und ein Elefant spielen Fußball. Plötzlich tritt der Elefant auf die Maus. «Entschuldige bitte», sagt er bestürzt, als sie sich gequetscht und zerzaust bekrabbelt, «es war keine Absicht!» – «Macht nichts», stöhnt die Maus. «Hätte mir auch passieren können!» – So ähnlich mag man sich das Verhältnis zwischen dem einzelnen Konsumenten und der produzierenden Industrie vorstellen. Aber der Vergleich ist nicht ganz zutreffend. Denn die Maus lebt im Elefanten wie eine Zelle in seinem Organismus. Sie hat viel weniger Macht, aber dennoch eine Chance, das System zu beeinflussen, in dem sie steckt. Verschiedene Zellen antworten auf verschiedene Botschaften. Da es keine planbare, ganzheitliche Lösung gibt, geht es gar nicht anders, als sich mit Teilaspekten herumzuschlagen, irgendwo anzufangen. Der Naturschützer, der Blechbüchsen aus dem Wald räumt, der Student auf der Demonstration gegen die neue Startbahn, die Ärztin, die keine Medikamente verschreibt, obwohl es bequemer wäre, der Leserbriefschreiber, der Angestellte im Umweltministerium, der sich mit Abgaswerten plagt und endlich doch überstimmt wird – sie alle geraten immer wieder in Gefahr, ihren kleinen Beitrag anzuzweifeln. Es scheint nutzlos, solange die Mehrheit blindlings in den Abgrund weitertaumelt. Aber er hat seinen Sinn.

Eine realistische Einschätzung der großen Gefahr, in der wir leben, macht keinen einzigen Schritt aus ihr sinnlos. Früher hat mich diese düstere Perspektive entmutigt. Die Hoffnung hat sich in einen Bereich zurückgezogen, wo es nicht mehr notwendig ist, die Zukunft vorauszusehen. Nur unter ganz besonders günstigen Umständen lernen Menschen durch Einsicht. In aller Regel überzeugt sie nur die bittere Erfahrung. Erst wenn die Lichter ausgehen, werden wir anfangen, Strom zu sparen. Erst wenn die Wälder sterben, so daß es keiner mehr übersehen kann, wird etwas getan. 1973 haben manche Rezensenten des *Homo consumens* noch behauptet, die Umweltprobleme seien fest im Griff. Selbst Jesus wäre mit dem Auto gefahren, wenn er gekonnt hätte, mokierte sich Haug von Kuenheim in der *Zeit*. Ob er es heute immer noch so genau weiß?

Einsicht ist nicht gut, aber das Beste, was wir haben. Denkmöglichkeiten sollen geschaffen werden, auch wenn sie keine Patentrezepte mit Verwirklichungsgarantie sind. Es bedeutet viel, wenn immer mehr Menschen auch nur von ferne und theoretisch bereit sind, über einen fernseh- oder autofreien Tag in der Woche nachzudenken. Und wir dürfen ohne Schuldgefühl gleichzeitig denken: Was bedeutet ein autofreier Tag in diesem verrückten System schon? Was bringt er? Wieder nur ein Alibi, eine Augenwischerei?

Psychologie als «Rückzugswissenschaft»

Ich habe den *Homo consumens* für *Weniger ist manchmal mehr* gründlich überarbeitet, um veraltete Informationen zu korrigieren (beispielsweise wurde 1970 die Zahl der Alkoholiker in der Bundesrepublik auf 600000 geschätzt, während sie heute bei anderthalb Millionen liegt). Einige Ergänzungen finden sich im Anhang. Grundsätzlich scheint mir das Thema so aktuell wie damals, und ich habe das zornige Pathos nicht verändert. Manche Aussagen sind geradezu prophetisch, zum Beispiel die Vermutung, daß «heile Umwelt» zu einem wichtigen Artikel der Konsumwerbung werden würde oder daß Homo consumens vor allem jene Scheinlösungen weiterentwickeln wird, die ihm versprechen, den Konsum zu steigern und gleichzeitig die Umweltverschmutzung zu vermindern.

Die Psychologie ist eine Rückzugswissenschaft. Wir erklären zum Beispiel die Regentänze der Hopi-Indianer oder die Jagdmagie der Buschmänner «psychologisch». Wegen der Magie wird kein Regen fallen und kein Tier eher erbeutet werden. Aber die Wilden glauben, daß es so ist, und finden auf diese Weise eine seelische Stütze einer gefahrvollen Welt. Wir glauben, die Wirkung der Magie zu verstehen, indem wir die Außenwelt unseren Naturgesetzen unterstellen und in der Innenwelt einen dunklen Bereich – das Unbewußte – ansiedeln, auf das «Suggestionen» wirken. Diese Auffassung drückt einen ungeheuren Verlust aus, der wahrscheinlich eng mit unserer Umweltmisere zusammenhängt. Wir verlieren damit nämlich die Gefühle als kollektive Struktur, als bildhaftes System, welches das Zusammenleben von Menschen untereinander und mit der Natur regelt. Diese Regelung ist in allen Einzelheiten viel weniger vollkommen als unsere natur- und sozialwissenschaftlich abgesicherten Idealvorstellungen. Aber sie hat viele Jahrtausende stabil funktioniert, hat das Gleichgewicht zwischen den beteiligten Lebewesen gesichert. Einzelinteressen, mit technischen Mitteln befriedigt, sind die psychologische Ursache zerstörter Landschaft, häßlicher Städte, zubetonierter Küstenstreifen, verschmutzter Flüsse. Das mythisch geordnete kollektive Gefühl («Mutter Erde», «Vater Rhein») ist entmachtet. An seine Stelle treten individuelle, psychologisch erforschte und von Machtinteressen manipulierte Einzelgefühle. Der Experte kann keinen Weg zurück zeigen, aus dieser Sackgasse heraus. Er kann allenfalls seine Würden und Titel ablegen und versuchen, ohne sie, gemeinsam mit anderen, einen Weg zu finden.

1. Der Wegwerfmensch

Dieses Buch untersucht mit den nüchternen Methoden der Verhaltensforschung und der dynamischen Psychologie ein Wesen, welches das Lebensgleichgewicht auf dem Planeten Erde mehr und mehr zerstört: Homo consumens, den konsumierenden Menschen, der durch Maßlosigkeit, Kurzsichtigkeit und Manipulation seine Umwelt ebenso wie sich selbst entwürdigt und ruiniert. Ich habe versucht, zunächst einmal die Konsequenzen aus einer Reihe alarmierender Berichte zu ziehen, die in den letzten Jahrzehnten über Umweltverschmutzung erschienen sind. Das Konsumverhalten des Menschen dürfte hier die wesentlichste und gleichzeitig am wenigsten erkannte Wurzel sein.

Wenn heute von Umweltverschmutzung gesprochen wird, dann nennt man vor allem zwei Ursachen: die zunehmende Überbevölkerung und die Profitsucht der Industriebosse, die unsere hochentwikkelte Technik zum wichtigsten Umweltverschmutzer entarten ließ. Man starrt fasziniert auf diese Ursachen. Sie schützen den einzelnen davor, sein ganz persönliches Verhalten zu ändern, und bewahren ihn vor der Mühe, einmal gegen den Strom des Konsumierens anzuschwimmen. Die Umweltverschmutzung baut sich aus vielen kleinen Handlungen auf: Die Müllberge häufen sich um unsere Städte, weil jeden Tag Millionen Hausfrauen überflüssige Dinge in überflüssigen Verpackungen kaufen, weil sie sich willenlos von der Reklame manipulieren lassen und sich dann abends vor dem Fernsehschirm über die Vergiftung der Umwelt entrüsten – gleich nach den Werbespots für aufwendig verpackte Pralinen, Waschmittel, Haarsprays, Deodorantien, Alkoholika oder Zigaretten. Man fühlt sich machtlos angesichts der chemischen Industrie, die ihre Abwässer in die Flüsse leitet – aber daß man Produkte dieser Industrie nicht mehr kaufen könnte und dadurch die Abwässer vermindert, daran will man gar nicht denken. Denn längst ist man überzeugt, daß eine Frau ohne Make-up und deodorierende Seife nicht mehr attraktiv ist. Man könnte sagen, daß die Innenweltverschmutzung durch die Reklame für überflüssige und umweltschädliche Konsumgüter eine wesentliche Voraussetzung der materiellen Verschmutzung ist, welche das Leben auf der Erde ernstlich bedroht.

Sein eigenes Überleben gefährdet Homo consumens nicht zuletzt durch seine rapide Vermehrung. Jahrmillionenlang lebten Menschen in einer Dichte von etwa einer Person pro zehn Quadratkilometer auf der Erde. Die Bevölkerungsziffer richtete sich nach der Menge eßbarer Pflanzen und jagdbarer Tiere. Sie ist bei den urtümlichen Jäger- und Sammelvölkern durch hohe Sterblichkeit der Kinder, aber auch durch bewußte Geburtenkontrolle (mit Hilfe von Abtreibung oder durch Tötung der Neugeborenen) immer in bestimmten Grenzen gehalten worden. Erst die Entdeckung des Ackerbaus vor rund zehntausend Jahren ermöglichte eine arbeitsteilige Gesellschaft mit weit höheren Bevölkerungsdichten.

Der Umwelt wirklich gefährlich geworden sind freilich erst die Industrialisierung und mit ihr verbunden die Konsumgesellschaft. Heute enthalten praktisch alle Seen und Flüsse Europas oder Nordamerikas Giftstoffe; die Luft ist in keiner größeren Stadt mehr sauber; die Muttermilch enthält in vielen Ländern gesundheitsschädliche Mengen an DDT; die Bewohner einer Großstadt tragen einige Tonnen Blei und Kadmium in ihren Leibern spazieren. Was schlimmer ist: Diese Umweltverschmutzung wird sich im Lauf der Zeit auch auf die Entwicklungsländer ausdehnen, die ebenfalls an ihrer Industrialisierung arbeiten und als Konsumenten von morgen gelten. Damit werden biologische Systeme von der Größe der Weltmeere bedroht, die bisher die Unmengen an Schmutz und Gift, die sich tagaus, tagein aus den Flußmündungen der Industriestaaten wälzen, mehr schlecht als recht verkraftet haben. 1850 gab es eine Milliarde Menschen auf der Erde, 80 Jahre später war die zweite Milliarde hinzugekommen (1930). Für die dritte Milliarde waren nur noch 30, für die vierte lediglich 15 Jahre notwendig; um das Jahr 2000 wird es sieben Milliarden, vielleicht sogar schon zwölf Milliarden Menschen auf der Erde geben. Wenn wir schon heute Umweltprobleme haben – wie werden sie erst aussehen, wenn sich die Weltbevölkerung verdreifacht hat und die Industrialisierung der Entwicklungsländer fortschreitet?

Barry Commoner, einer der führenden Ökologen der Vereinigten Staaten, hat in seinem Buch *Science and Survival* (Wissenschaft und

Überleben) vorausgesagt, daß die Kumulation der Stoffe, die heute die Umwelt verschmutzen, bereits in wenigen Jahrzehnten dazu führen kann, «daß die Erde aufhören wird, ein für das menschliche Leben geeigneter Platz zu sein». Die Industriegesellschaften, die mindestens 90 Prozent ihrer Produktionskapazität dafür aufwenden, überflüssige Dinge herzustellen, beanspruchen heute die natürlichen Kapazitäten der Erde bis an den Rand des Erträglichen. Längst sind die Zinsen natürlicher Fruchtbarkeit und sich regenerierender Rohstoffquellen (wie der Wasserkraft) aufgezehrt. Wir greifen unser Kapital an, wir leben aus der Substanz, ob es sich um mineralische Brennstoffe (Kohle, Öl), um Erze oder um das Holz unserer Wälder und die natürliche Fruchtbarkeit unserer Böden handelt. Vor hundert Jahren waren die Meere noch unerschöpflich; wer behauptete, eine Küste könnte leergefischt werden, hätte sich damals lächerlich gemacht. Heute sind riesige Gebiete ausgefischt. Was schlimmer ist: Selbst wo man noch Fische fängt, kann man sie oft nicht mit gutem Gewissen verzehren.

Es ist Zeit, den primitiven Optimismus der Pionierzeiten aufzugeben. Die Erde ist ein Raumschiff mit sehr begrenzten Reserven, die in einem Kreislauf immer wieder gereinigt und erneuert werden müssen, wenn das Leben nicht erlöschen soll. Die Astronauten haben uns gezeigt, wie man aus Urin Trinkwasser gewinnen kann, wie man ausgeatmete Luft mit Hilfe von Pflanzen wieder regeneriert, um sie von neuem einatmen zu können. Bis jetzt hat diese natürliche Reinigungskraft biologischer Systeme ausgereicht, um den Parasiten Homo consumens zu ertragen. Aber mit seiner schrankenlosen Vermehrung und seinem ungezügelten Konsumieren wird sie nicht mehr fertig. Schon heute müßten die meisten Industrieländer buchstäblich ersticken, wenn nicht aus weniger industrialisierten Ländern und vom Meer ständig Sauerstoff zuströmen würde. Die Millionen laufender Auto- und Flugzeugmotoren, die Kohlekraftwerke und chemischen Industrien verbrauchen mehr Sauerstoff, als durch Pflanzen neu gebildet werden kann.

Die Maßlosigkeit der Technologie entspricht dabei genau der Maßlosigkeit des einzelnen. Multipliziert man beide Faktoren, so kann es uns nicht mehr wundern, daß die Pinguine in der Antarktis heute Quecksilber und DDT in ihrem Fettgewebe tragen, obschon sie nie in den Genuß schädlingsfreier Ernten oder von Ex-und-hopp-Flaschen aus Plastikmaterial gekommen sind. Heute ist es nicht mehr möglich, an irgendeiner Stelle der Weltmeere einen Einer Wasser zu schöpfen, der nicht zehnmal soviel Gift- und Schmutzstoffe oder Radioaktivität enthält wie diese Wasserprobe vor einer Generation.

Die Ursachen der Verschmutzung

Der See mag noch lächeln – aber er ladet nicht mehr zum Bade. Wo vor einem Jahrzehnt noch klares Wasser über blanke Kiesel plätscherte, schwappt heute eine trübe Brühe, von Algen durchsetzt, in der im Sommer, bauchoben, die toten Fische treiben. Der Biologe nennt den Vorgang, der zum «Umkippen» eines Sees führt, Eutrophisation. Wohlgenährt (griechisch: eutrophos) gedeihen unerwünschte Algen, da das See- oder Flußwasser weit überhöhte Mengen von Phosphaten enthält. Diese Phosphate wiederum stammen aus zwei Quellen: diffusen – dem übermäßig ausgestreuten und vom Regen ausgewaschenen Kunstdünger – und punktuellen: den Kanalisationen unserer Siedlungen, die trotz mechanischer und biologischer Klärung immer noch die Grundstoffe von Waschmitteln enthalten. Die werbewirksame Frau Saubermann steht also mit dem Schmutzteufel Pollution im Bunde, und je weißer der weiße Riese wäscht, desto trüber schaut es aus für unsere Gewässer. Phosphorhaltige Detergentien (das heißt Waschmittel) sind nachweislich die wichtigste einzelne Ursache der Eutrophisation; während die Sauberkeit en détail immer weitere Fortschritte macht, geht die Sauberkeit en gros vor die Hunde.

Versuche, hier Abhilfe zu schaffen, gehen meist davon aus, daß der Konsum selbst eine feste Größe ist, während man alle anderen Faktoren manipulieren kann. Der Weisheit letzter Schluß scheint heute der Bau hochkomplizierter Kläranlagen zu sein. Aber die Fachleute wissen auch schon, daß solche Kläranlagen so teuer sind, daß zahlreiche Seen und Flüsse biologisch tot sein werden, ehe die Abwässer auch nur einer Großstadt an ihren Ufern restlos sauber sind. Hier ist der von Gordon R. Taylor geprägte Begriff der «Superpollution» wesentlich. Ein Fluß verträgt ein bestimmtes Quantum an Schmutzstoffen, solange er biologisch intakt ist. Wird aber sein Gleichgewicht durch ein Übermaß an Schmutz gestört, dann verträgt er – auch wenn die Abwässer teilweise geklärt sind – nicht mehr soviel Schmutz wie früher, sondern nur erheblich weniger. Er hat seine natürliche Kraft verloren, sich selbst zu reinigen.

Ein viel einfacherer Weg wäre es, phosphorhaltige Detergentien zu verbieten. Verzicht auf Bequemlichkeit, Rückkehr zu vorindustriellen (oder Fortschritt zu nachindustriellen) Verfahren? Unsere Urgroßmütter kannten noch keine Detergentien; sie wuschen mit Aschenlauge oder Kernseife. Aber damit kann man natürlich nicht die Waschmaschine füttern. Warum nicht auf die Waschmaschine verzichten oder ihren Gebrauch stark einschränken? Sie schluckt Energie, und Elektrizitätswerke tragen zur Luftverschmutzung bei. Die Zeit sollte vorbei sein, in der man den vollautomatischen Haushalt mit Geschirrspüler und Infrarotgrill für eine selbstverständliche soziale Forderung hält.

Ich habe die Problematik der Detergentien an den Anfang gestellt, weil hier deutlich wird, daß Konsumverzicht keine leichte und angenehme Sache ist, kein Sichbescheiden in einzelnen Dingen, sondern eine «Ganzheit», ein System, in dem alle einzelnen Schritte voneinander abhängen. Vor allem erlaubt die Betrachtung der Waschmittel, einen wesentlichen Motor des Konsumverhaltens zu erkennen, der erst einmal durchschaut werden muß, ehe es möglich wird, seine Tourenzahl zu drosseln. Die Reklame ist gemeint, die den Hausfrauen seit Jahren mit Milliardenaufwand das Blaue vom Himmel verspricht – weißer als weiß und kein Grauschleier mehr. Muttis Gewissen tritt neben sie und mahnt sie, einen völlig überflüssigen Weichspüler zu verwenden, weil sonst ihr armes Kindchen sich im «kratzigen» Pullover nicht wohl fühlt. Da gibt es das gigantische Schnupftuch des weißen Riesen – von ein paar Dutzend Männern gezogen, wird es über einen Fabrikhof oder ein Fußballspielfeld gebreitet, schmutzige Stiefel trampeln darauf herum. Anschließend sieht man mit stolzen Gesichtern Männer Unmengen von Waschpulver in einen Swimmingpool schütten, und schon zieht ein Hubschrauber das Wäschestück, das größte der Welt, schneeweiß aus der phosphorhaltigen Brühe, um die sich niemand mehr kümmert. Wer sich durch solche Beweise übermenschlicher Reinigungskraft, deren Demonstration in deutschen Hausfrauen offenbar dasselbe erzittern lassen soll wie seinerzeit die Aufmärsche von Nürnberg in deutschen Männern, nicht beeindrucken läßt, der findet sich plötzlich mit einer angeblich typisch deutschen Familie konfrontiert, deren Mitglieder sämtlich mit Schweineköpfen ausgerüstet sind. Die «sauberen Deutschen» waschen zuwenig. Wer hier Richter ist und das «Zuwenig» ausspricht, muß wohl nicht gesagt werden. Jeden Tag soll die Waschmaschine laufen, wünscht sich die Waschmittelfabrik. Jeden Tag soll

Leib- und Bettwäsche gewechselt werden. Die Industrie bestimmt, was sauber ist, und verschmutzt dadurch unsere Umwelt. Dem Arzt würde es genügen, wenn Wäsche in regelmäßigen Abständen in klarem Wasser gekocht würde. Sie wäre dann bakteriologisch sauber und – ein hygienisches Plus – würde nicht mehr durch minimale Rückstände von Detergentien die Haut reizen.

Muß ein Hemd blütenweiß sein, oder genügt es sauber auch? Es gibt sicher einen Weg, auf dem die Umwelt geschont wird, ohne daß Ästhetik und Hygiene Einbußen erleiden. Aber von der Waschmittelindustrie wird man ihn sich nicht zeigen lassen dürfen. Was nötig wäre, sind Informationen über Konsumverhalten, die gegen die einschlägige Reklame immun machen. Ein einzelner Autor wird angesichts des millionenschweren Werbeetats der Waschmittelindustrie so wenig ausrichten können wie einsichtige Ärzte gegen die Zigarettenreklame. Aber es sollte klar sein, auf welcher Seite die Vernunft ist.

Die Waschmittel sind nur ein sehr kleiner Ausschnitt der Probleme von Homo consumens, welcher heute offensichtlich weiter verbreitet ist als Homo sapiens, der um die Folgen seines Tuns wissende Mensch. Umweltverschmutzung, Verschwendung der natürlichen Rohstoffquellen, extreme Besitzunterschiede (die Armen werden immer ärmer, die Reichen immer reicher), Entwürdigung des Menschen, der sich im Konsumieren selbst zum Konsumgut macht – sie alle hängen mehr oder weniger eng mit dem Konsumverhalten zusammen. Die Problematik soll deshalb unter drei Aspekten untersucht werden: erstens, wie Konsumverhalten Probleme schafft, zweitens, welche Wurzeln es hat (die «Erziehung zum Konsumenten» bis zum sozialen Konsumzwang), drittens, welche Möglichkeiten zum Konsumverzicht offenstehen.

Prinzip Verschwendung

Jeden Tag gehen allein in Deutschland über hundert Hektar bisher unberührten Landes verloren. Wälder werden abgeholzt, die für Wasserhaushalt, Klima und Erholung unentbehrlich sind. Man bejammert allgemein diesen Tatbestand. Solange sie nicht persönlich von den höchst unzureichenden «Naturschutzmaßnahmen» betroffen sind (etwa weil eine Bretterbude auf einem Wochenendgrundstück nicht zu einem winterfesten Häuschen ausgebaut werden darf), sind sich wohl alle Exemplare von Homo consumens einig, daß es sich hier um einen höchst beklagenswerten Verlust handelt. Man könnte aber noch einen Gedankenschritt weitergehen. Der Weg führt zwar in eine etwas unbequeme Zone, aber gleichzeitig auch an die Wurzeln des Problems, die liebgewordenen Gewohnheiten von Homo consumens. Denn die Wälder würden nicht abgeholzt, wenn man Holz nicht zu Geld machen und Waldboden nicht «intensiver» nutzen könnte. Eine einzige Ausgabe einer vielgelesenen Illustrierten oder eines Boulevardblattes verbraucht die zu Papierbrei verarbeiteten Stämme eines Waldgrundstücks, von dessen Größe wir uns kaum eine Vorstellung machen. Keiner der Käufer gedruckten Nervenkitzels ohne Substanz und Wert vergegenwärtigt sich, daß er, sobald er eine Zeitung kauft, wieder einen Baum absägen hilft. Kaum hat er es gelesen, vertraut er das Blatt der Mülltonne an.

Eine Sonntagsausgabe der *New York Times* frißt etwa 350 Hektar kanadischen Waldes. Diese Ausgabe kostet pro Stück 1,50 Mark und enthält mehr Papier und Druckerschwärze als ein nicht illustrierter Roman um 20 Mark, darüber hinaus aber noch etwa 500 Fotos und Zeichnungen. Zusätzlich muß die Stadt New York jeweils 30 Pfennig aufwenden, um die weggeworfenen Exemplare zu beseitigen.

Die zum Prinzip erhobene Verschwendung ist eine der wichtigsten Ursachen dafür, daß Homo consumens das natürliche Gleichgewicht der ökologischen Systeme stört. Die auf steinzeitlicher Kulturstufe lebenden Eskimos konnten sich vor Staunen kaum fassen, als die weißen Robbenjäger mit ihren Flinten die Tiere zu Tausenden abschossen, ihnen das Fell abzogen und die verfaulenden Kadaver liegen ließen. Sie waren gewohnt, an einer Robbe alles zu verwerten – die Haut für Kleider, Fleisch zur Nahrung, den Speck für die Öllampe, die Luftröhre und das Perikard (den Herzbeutel) für wasserdichte Gamaschen oder Behälter, die Knochen für Harpunenspitzen oder Pfrieme zum Pelznähen. Man könnte sich fragen, auf welcher Seite die größere «Primitivität» zu finden ist – auf jener der Pelzjäger oder auf der der Eskimos. Und wie es ökologische Ketten gibt (etwa die Nahrungskette Alge – Plankton – Fisch – Mensch), so gibt es auch Konsumketten. Der Robbenjäger kann sein blutiges Handwerk nur deshalb ausüben, weil die Frauen seiner Heimat nicht auf einen Pelzmantel verzichten wollen.

Es ist sehr wichtig zu erkennen, daß es sich beim menschlichen Konsumverhalten um ein System aufeinander abgestimmter Aktionen handelt, die sich gegenseitig bedingen und deshalb nicht willkürlich an einzelnen Punkten geändert werden können. Der Konsumzwang wird teilweise schon in die Ware einprogrammiert, etwa indem schnell verschleißende Teile in ein Auto eingebaut werden oder indem man modische Kleider so absurd auffällig gestaltet, daß sie nach einer kurzen Periode niemand mehr «sehen kann». Konsumgüter sind auf das Ex-und-hopp-Prinzip abgestellt; wer sie anders handhabt, wird frustriert. Wer sich entschließt, seinen Wagen zwanzig Jahre lang zu fahren (wie es für ältere Modelle selbstverständlich war), der findet schon nach zehn Jahren keinen Mechaniker mehr, der ihm sein Gefährt zu anständigen Preisen repariert, er bekommt keine Ersatzteile mehr, selbst wenn, was unwahrscheinlich ist, sein angejahrtes Automobil noch verkehrssicher und regendicht wäre. Viele Autos sind so konstruiert, daß sie nach einem recht kurzen Zeitraum auseinanderfallen, während die technischen Möglichkeiten, einen Wagen mit einer Lebensdauer von 30 Jahren zu bauen, längst vorliegen. Hier sagt ein Kritiker: auch mit der Sicherheitstechnik von vor 30 Jahren? Als ob es undenkbar wäre, auch einmal mit dem Rattenrennen der «technischen Fortschritte» aufzuhören, die meistens nur dem Marketing dienen. Diese Tatsache wirkt auch auf die Menschen, die Autos fahren und reparieren. Sie begünstigt einen selbstmörderischen Fahrstil, und sie demoralisiert die Automechaniker.

Paul Goodman hat einen jungen Mann geschildert, der diesen Beruf wählt.[1] Er ist praktisch begabt, hat geschickte Hände und den besten Willen, etwas zu leisten. Aber schon während seiner Lehrzeit entdeckt er, daß jedes Jahr neue Modelle mit völlig überflüssigen kosmetischen Veränderungen auf den Markt kommen, daß unter der polierten Karosserie bewußt Teile eingebaut sind, die rasch verschleißen. Dieser Junge muß zu dem Schluß kommen, daß es sich nicht lohnt, seinen Stolz in seine Arbeit zu setzen und sich wirklich um das Wohlergehen dieser Blechkutschen zu kümmern. Es wird so, wie ihn die mit schöner Regelmäßigkeit zu den gleichen Ergebnissen führenden Mechaniker-Tests von Autozeitschriften schildern: habgierig, gleichgültig, nur am Verdienst interessiert. Dieser demoralisierte Mechaniker wird ohne weiteres einen Austauschvergaser einbauen, wenn nur eine Düse verstopft ist, oder die ganze Zündanlage überholen, wo er nur ein Kabel hätte anklemmen müssen. Und die Autofahrer suchen die Schuld überall – nur nicht in ihrem eigenen Konsumverhalten.

Dadurch, daß Homo consumens stets von Gegenständen umgeben ist, die rasch verschleißen und leicht ersetzbar sind, verliert er fast völlig die Fähigkeit, sich noch an bestimmte Dinge zu binden und sich ihrer wirklich zu freuen (es sei denn, er ist Antiquitätensammler). Diese Gleichgültigkeit wird nun ihrerseits wieder der Umwelt gefährlich: Auch an sie bindet sich Homo consumens nicht, auch sie ist ihm gleichgültig, auch ihre Schäden scheinen ihm leicht ersetzbar. Er kann einfach nicht begreifen, daß man einen Baum mit einer Motorsäge zwar in fünf Minuten fällen, ihn aber mit allen Mitteln der modernen Technologie nicht viel schneller wachsen lassen kann, als er ohnedies wächst. Wenn unsere Großeltern zum Picknick ins Grüne fuhren, dann packten sie liebevoll einen Korb mit hübschem Geschirr, füllten sorgfältig gehütete Flaschen mit den benötigten Getränken, legten die gestickten Servietten obendrauf. Homo consumens packt Bier in Dosen, Plastikteller und Einmalbesteck, Papierservietten und Fleischsalat in Kunststoffbechern ein. Kann man es ihm übelnehmen, daß er Abfälle hinterläßt, daß er seine Blechbüchsen und schmutzigen Kunststoffteller nachher einfach nicht mehr sehen kann?

So paradox es klingt: Während die Reklame Homo consumens dazu drängt, das Überflüssige notwendig zu finden – kommt der Mensch mehr und mehr in Gefahr, das für ein menschenwürdiges Leben Notwendige für überflüssig zu halten: saubere Luft, reines Wasser, Nahrungsmittel ohne gesundheitsschädliche Insektizid-, Hormon- oder Antibiotikazusätze. Er kann sich nicht mehr vorstellen, wie ein Leben ohne Auto aussähe – lieber würde er Selbstmord begehen (wer die psychologischen Dramen nach Führerscheinentzug kennengelernt hat, wird hier nicht mehr lachen). An ein Leben in verpesteter Luft ist er gewöhnt. Er hat es verlernt, seine Abende ohne Fernsehen zu verbringen. Fällt das Gerät aus, so entwickelt Homo consumens Symptome, die denen eines Süchtigen gleichen, dem man sein Gift entzieht: Er wird nervös, unruhig, sozial untragbar. Das wirkliche Familienleben ist brüchig und schwer auszuhalten; nur imaginäres «Leben» aus der Bildröhre befriedigt.

Noch ein weiterer, sich selbst verstärkender Regelkreis spielt im Konsumverhalten eine Rolle: Die Zerstörung seiner natürlichen Umwelt versetzt den Menschen in eine tiefe Unruhe. Er ist unzufrieden und weiß nicht, warum; er denkt nicht daran, daß seine körperlich-seelischen Anlagen in einigen Millionen Jahren auf das Leben in einer freien, unverstellten, nicht verbauten und betonierten Landschaft programmiert wurden. Zwar kann sich der Mensch dank seiner überlegenen Intelligenz an seine neue Umwelt anpassen, aber er muß dazu ständig in einer Spannung leben, die ihm nicht zuträglich ist und die er auf sehr viele verschiedene Weisen zu lindern sucht. Ein Weg dazu ist zweifellos sein Konsumverhalten, das nun wiederum die Zerstörung der natürlichen Umwelt verstärkt und sich dadurch selbst immer unentbehrlicher macht. In einer Großstadt ist es wirklich in den meisten Häusern (von Villenvierteln und anderen luxuriösen Gegenden abgesehen) nicht sehr angenehm zu wohnen. Homo consumens hält deshalb ein Automobil für ein unerläßliches Hilfsmittel, um sich wenigstens an seinen freien Wochenenden den Genuß ungebrochener Natur zu verschaffen.

Eben weil die Umwelt durch den Verschwendungskonsum so unerträglich geworden ist, scheint der Konsum selbst unentbehrlich. Er wirkt wie ein Opiat, das einen Kranken über seinen verzweifelten Zustand hinwegtäuscht und zugleich verhindert, daß sich dieser Zustand bessert. Denn wenn man den Konsum rigoros einschränkte, wären unsere Städte vielleicht bald wieder jener harmonische Lebensraum, den wir nur noch auf alten Stichen und Veduten bewundern können – von Pflanzen umwucherte Häuser, Flüsse, in denen Kinder baden, Oasen der Ruhe. Das Auto zerstört unsere Städte – und eben weil es unsere Städte zerstört hat, scheint es Homo consumens, der diese Städte bewohnt, das einzige Mittel, ihnen zu entfliehen. Er kann sich einfach nicht mehr vorstellen, daß seine Heimatstadt so wohnlich und angenehm sein könnte, daß man am Wochenende gern in ihr bleibt, gemächlich zum Fluß geht, ein wenig schwimmt oder einfach durch Straßen schweift, in denen die Luft so rein ist, wie man sie heute nur noch auf Bergen findet. Es geht ihm wie einer Frau, die durch ihr Make-up die natürliche Schönheit der Haut zerstört hat und nun nicht mehr auf Schminke und Puder verzichten kann – ein typisches Beispiel für die innere Verwandtschaft zwischen Konsumgut und Suchtgift, für die wir noch viele Hinweise finden. Das Auto, die heilige Blechkuh des Westens, die jedes Jahr weit über hunderttausend Menschenleben verbraucht, hat sich durch eben den Zerstörungsprozeß, den es einleitete, scheinbar unentbehrlich gemacht. Wer will schon noch entlang asphaltierter Straßen wandern oder radfahren, wenn ihm ständig Auspuffgase ins Gesicht geblasen werden, wenn er auch noch auf den dürftigen Schutz einer dünnen Blechhaut und einer verchromten Stoßstange verzichten muß?

Es ist nicht ganz leicht abzuschätzen, wieviel Produktionskapazität in einem westlichen Industriestaat für die Herstellung nicht lebensnotwendiger, zum großen Teil sogar gesundheitsschädlicher Konsumgüter verwendet wird. Zu ihnen darf man wohl nicht nur die Autos rechnen (mindestens 90 Prozent, da man Busse, Taxis oder Krankenwagen ausklammern sollte), sondern auch die gesamten Kosmetika, die meisten Medikamente, die meisten Kleider und jene Unzahl von Kinkerlitzchen, die Versandhauskataloge zu dickleibigen Bänden anschwellen lassen – Spielzeug, das Kindern nichts bedeuten kann, Illustrierte, die Kosmetika und modische Kleider unter die Leute bringen, Flauschteppiche für den Klosettdeckel, Nippes, Zeitungsständer. Rechnen wir noch die Genußmittel dazu – vor allem Alkohol und Tabak, für die allein in Deutschland jedes Jahr über 30 Milliarden Mark ausgegeben werden (übrigens mehr, als wir für Unterricht und Erziehung aufwenden) –, dann kommen wir doch wohl zu dem Resultat, daß das Prinzip Verschwendung etwa 80 Prozent unserer Produktion beherrscht, daß ein wohl ebenso großer (vielleicht noch größerer) Teil der Umweltverschmutzung «eigentlich» überflüssig wäre, ohne irgendeine andere Maßnahme als den Verzicht auf unnötige und zum größten Teil gesundheitsschädliche Konsumgüter.

Seit Jahren wissen kritische Pharmakologen, daß von den rund 60000 Mittelchen, die in den Apotheken gehandelt werden, nur etwa 500 wirklich notwendig sind. Schlafmittel, Tranquilizer und Kopfschmerzmittel, die am meisten verwendet werden, dienen sämtlich eher dazu, die wirklichen Ursachen einer Krankheit zu verschleiern, als den Betroffenen gesund zu machen.

Diese Bilanz wird viele überraschen. Homo consumens ist es nicht gewohnt, daß ihm solche Rechnungen aufgemacht werden. Er hält alles, was er da genießt, für seinen legitimen Anteil an dem großen Produktionskuchen der Überflußgesellschaft. Ihre Schattenseiten nimmt er zwar gelegentlich zur Kenntnis (wenn er sich nicht schon an sie gewöhnt hat, wie sich vielleicht unsere Enkelkinder daran gewöhnen werden, daß es keine Bäume mehr gibt), er erkennt aber nicht, daß Pollution und die Verschundung der Güter eng mit seinem eigenen Verhalten zusammenhängen.

Homo consumens neigt dazu, sich in eine Nische zu flüchten – einen Schonraum, in dem er den allgemeinen Lebensproblemen seiner Art enthoben zu sein glaubt. Wer es sich leisten kann, der zieht in die grünen Vorstädte und beklagt emphatisch den Smog, sobald er zur Erledigung von Einkäufen das Stadtzentrum aufsuchen muß, in dem er durch sein Konsumverhalten sein Scherflein zur Smogbildung beiträgt. Auf vielen Gebieten ist uns die Maxime Kants, daß individuelles Verhalten nur dann moralisch gerechtfertigt ist, wenn es eine allgemeine Norm der Sittlichkeit erfüllen kann, bewußt geworden. Wir warten geduldig vor roten Ampeln, weil das alle tun müssen; wir haben gelernt, daß man eine geschützte Blume nicht abpflücken darf, weil es, wenn sich jeder dieses Recht nähme, alsbald keine solchen Blumen mehr gäbe. Aber auf dem Gebiet des Konsumverhaltens spielen solche Überlegungen keine Rolle.

Die menschliche Natur gehorcht einem Gesetz, das man das Kontrastprinzip nennen könnte. Der Organismus paßt sich an eine bestimmte Umweltsituation an und bemißt Veränderungen nach dem eben erreichten Gleichgewicht. Wer in ewiger Dunkelheit lebte, dem kann man weismachen, daß eine Stallaterne die Sonne sei. Umgekehrt nimmt sich für den Menschen, der seine Wohnung mit Taglichtlampen ausleuchtet, Kerzenlicht trübe und düster aus. Der Vergleich mit einem Rauschgiftsüchtigen beleuchtet hier die Situation von Homo consumens. Man glaubt im allgemeinen, daß der Süchtige deshalb seine Droge nimmt, weil er Lust sucht und sich aus der rauhen Wirklichkeit in schöne Träume flüchten möchte. Solche Motive sind aber allenfalls der erste Schritt zur Rauschgiftsucht. Diese selbst wird durch einen ganz anderen Mechanismus aufrechterhalten. Der Süchtige ist nicht deshalb von seiner Droge abhängig, weil er nicht mehr ohne die Lust leben kann, die sie ihm spendet. Sondern er ist an sie gebunden, weil ihm sonst die Entzugserscheinungen das Leben zur Hölle machen. Das Streben des Rauschgiftsüchtigen, seine Depressionen zu bekämpfen und sich durch das Suchtmittel einige schöne Stunden zu verschaffen, hat also dazu geführt, daß sich der Punkt, an dem er sein inneres Gleichgewicht erlangt, verschob. Das Suchtgift ist nun eingeplant, nicht mehr als Lustspender, sondern als Schutz vor einem völlig unerträglichen Zustand. Ganz ähnlich ergeht es Homo consumens. Seine seelische Bilanz ist von der des bedürfnislosen Jägers und Sammlers auf die des Zivilisationsmenschen verschoben, der sich beraubt und hilflos vorkommt, wenn er zu Fuß gehen muß, statt sein Automobil zu benutzen, der ohne ein gekacheltes Badezimmer überzeugt ist, an seiner persönlichen Hygiene Schaden zu leiden, für den, kurz gesagt, alles Überflüssige, was die Konsumwelt bietet, zur scheinbaren seelischen Notwendigkeit geworden ist. Die Entwöhnung ist ein ähnlich schmerzlicher Prozeß wie [die des] Rauschgiftsüchtigen.

Zerstörte Umwelt

Wir haben gesehen, daß rund 80 Prozent unserer industriellen Produktion entbehrlich sind – entweder überflüssig oder gesundheitsschädlich, oft sogar beides zugleich. Ich halte diese Schätzung für annäherend richtig; sollte sie falsch sein, zu hoch oder (was mir eher möglich scheint) zu niedrig, dann ändert das an unserem Grundproblem nicht viel. In jedem Fall kann man sagen, daß durch Einschränkung des Konsumverhaltens ein sehr wichtiger Beitrag zum Überleben des Menschen auf lange Sicht gewährleistet werden kann. Es wäre verfehlt, hier nach dem so bequemen Prinzip des «Alles oder Nichts» zu verfahren und zu behaupten, da eine solche Einschränkung in vollem Umfang unmöglich sei, müsse man diesen Weg überhaupt nicht einschlagen. Diese törichte Ausrede, eine einzelne Maßnahme wie den Konsumverzicht erst zu überfordern, um ihn dann mit desto besserem Gewissen ablehnen zu können, sollte man heute niemandem mehr abnehmen. Andere Maßnahmen müssen selbstverständlich hinzutreten: Kompostierung des Mülls, um dem Boden wieder Humus zu verschaffen, Abgasentgiftung der (hoffentlich) durch Konsumverzicht in ihrer Zahl verminderten, durch strenge Vorschriften und hohe Steuern weniger attraktiv gemachten Automobile, Einschränkung des Flugverkehrs, Verbot von Einwegflaschen und Ex-und-hopp-Verpackungen, weltweite Einschränkung der Rüstungsindustrie, Geburtenkontrolle. Die Schonung unserer Umwelt ist nur eine, freilich sehr wichtige, Leistung, die sich durch konsequenten Konsumverzicht eher erreichen läßt als durch alle anderen Einzelmaßnahmen – Es gibt noch eine Reihe anderer, sehr erfreulicher Dinge, die durch Konsumverzicht gewonnen werden können. Sie laufen auf nicht weniger als eine neue Menschenwürde hinaus.

Wie rund 80 Prozent unserer industriellen Produktion ist auch die Rüstungsproduktion in sehr hohem Maß beides: überflüssig und gesundheitsschädlich. Das atomare Patt hat das Risiko von Kriegen nicht verhindert, wohl aber dazu geführt, daß auch den sozialistischen Ländern ihre Schwerindustrie, die vorwiegend Rüstungszwecken dient, ein beträchtliches Maß an Umweltverschmutzung eingetragen hat. Heute ist sogar bereits der Baikalsee, früher wegen seiner geradezu legendären Wasserreinheit gepriesen, ernstlich gefährdet.[2]

Homo consumens breitet sich heute nach allen Seiten in die unberührte oder landwirtschaftlich genutzte Natur aus. Pro Tag werden 110 Hektar bisher naturbelassener Landschaft in Westdeutschland verbraucht. Sie verschwinden einfach, mit Häusern bebaut, asphaltiert, in Flugplätze verwandelt. Im Laufe eines Jahres geht auf diese Weise eine Bodenfläche verloren, die 1,3mal so groß ist wie das Areal einer riesigen Stadt wie München. Homo consumens strebt in die freie Natur, aber er will seine Bequemlichkeiten mitnehmen, welche die Natur zerstören: Automobile, Spülklosetts, Waschmaschinen. Er besiedelt ameisenartig die Seeufer, und folgerichtig verwandeln sich die klaren Gewässer in algenhaltige Brühe. Was aber kümmert es Homo consumens? Längst badet er im eigenen Swimmingpool: «Der See ist mir zu dreckig, auch für die Kinder, das ist ja gesundheitsgefährlich.» Ja, Homo consumens weiß Bescheid. Und so verbraucht er das kostbare, immer rarer werdende Trinkwasser tonnenweise, um sein Badevergnügen im kleinen zu haben, das er sich im großen, in seiner natürlichen Umwelt, schon verdorben hat.

Wasser gehört zu den knappen Gütern. Schon heute trinken viele Menschen *second hand water* – künstlich entkeimtes und gereinigtes Wasser aus der Kanalisation. Wir brauchen jährlich in der Bundesrepublik 15 Milliarden Kubikmeter Trinkwasser. Der Wasserbedarf steigt von Jahr zu Jahr; man schätzt, daß er um 2000 bei 27 Milliarden Kubikmeter liegen wird. Demgegenüber haben wir aber nur 16 Milliarden Kubikmeter Grundwasser, die sich nicht vermehren lassen, wohl aber laufend verringert und verseucht werden. Wir müssen also auf Oberflächenwasser zurückgreifen, das immer mehr verschmutzt wird. Über die Hälfte bundesdeutscher Abwässer werden ungereinigt in Flüsse oder ins Meer abgelassen. Dabei werden Mineralsalze wie die Phosphate noch gar nicht berücksichtigt, die auch von den konventionellen, zweistufigen Kläranlagen praktisch überhaupt nicht zurückgehalten werden. Ein weiteres Sonderkapitel sind die Industrieabwässer, mehr oder weniger gereinigt, meistens so wenig wie nur irgend möglich. Die entsprechenden Vorschriften bewerten in der Regel jedes Gift einzeln und legen eine zulässige Verdünnung fest. Daß sich Gifte aber in ihrem Effekt gegenseitig potenzieren (also nicht nur additiv steigern) können, eine in der Arzneimittellehre seit Jahrzehnten bekannte Tatsache, bleibt hierbei unberücksichtigt.

Nicht nur das Oberflächenwasser, sondern auch das Grundwasser wird bedroht. In einer unberührten Landschaft ist Wasser, das einige Dutzend Meter durch die Erde geflossen ist und als Quelle zutage tritt, praktisch immer frei von schädlichen Keimen. DDT, Kunstdünger und neben ihnen noch eine Fülle anderer Stoffe bedrohen jedoch heute das Grundwasser. Es ist bekannt, daß DDT erst in vielen Jahrzehnten seine Giftigkeit einbüßt, weil sich dieses Nervengift in Fett, aber nicht in Wasser löst. Deshalb reichert es sich, auch wenn nur minimale Mengen ins Grundwasser, in Bäche oder Flüsse geraten, am Ende vieler Nahrungsketten bedrohlich an. Plankton, das von Algen lebt, wird nur eine sehr geringe Menge aufnehmen. Fische, die Plankton verschlucken, werden mehr in ihrem Körperfett speichern. Fischadler, die von Fischen leben, sind heute in weiten Gebieten der Welt vom Aussterben bedroht, vor allem, weil DDT ihren Kalkstoffwechsel durcheinanderbringt und deshalb die Eierschalen so dünn werden, daß die Adlerküken vorzeitig eingehen. Auch der Mensch steht am Ende sehr vieler Nahrungsketten, auch in seinem Körperfett wird DDT gespeichert – und zwar in solchen Mengen, daß Fettleibige, die plötzlich abmagern, ernstlich vergiftet werden können, weil das bisher in ihrem Körperspeck deponierte Nervengift auf einmal ihren Organismus überschwemmt.

Wieviel Wasser heute für den menschlichen Genuß untauglich geworden ist, weiß man noch nicht. Sicher ist es mehr, als die natürlichen Reinigungskräfte bewältigen können; viele mögliche Schäden entziehen sich außerdem den bisher angewandten Methoden wissenschaftlicher Analyse, die kurzsichtige, von Profitsucht geblendete Interessengruppen immer noch für die einzig «objektiven» halten. Die toxische Gesamtsituation hat sich verstärkt; wieviel Unheil sie anrichtet, wissen wir nicht genau. Wenn Bernhard Grzimek die Zahl der Todesopfer durch Umweltverschmutzung mit einer Million pro Jahr beziffert, kann diese Schätzung ebensogut zu bescheiden wie übertrieben sein. Wären aber nicht schon tausend Tote zuviel? Da auf der anderen Seite nur die Befriedigung künstlich produzierter Bedürfnisse steht, sollte man sich im klaren darüber sein, welche Seite der Bilanz schwerer wiegt.

Noch eine Gefahr für unser Grundwasser ist zu erwähnen. In einem Jahr versickern bei den rund tausend bekanntgewordenen Ölunfällen (die Dunkelziffer ist enorm hoch) rund eine Million Liter Diesel- und Heizöl im Erdreich. Ein Liter Dieselöl kann aber eine Million Liter Grundwasser ungenießbar machen. Würde der «Ölsegen», der nur während eines einzigen Jahres aus lecken Tanks oder durch Unfälle beschädigte Transporter ins Erdreich gelangt, sich gleichmäßig verteilen – Homo consumens müßte sich an Ölgeschmack im Trinkwasser gewöhnen. Nein, er täte es nicht; er würde flugs den Jungbrunnen X oder den Gebirgsquell Y in der Einwegflasche kaufen und dadurch die Müllabfuhr noch weiter belasten.

Müll! In wenigen Jahrzehnten werden die Müllwände um die Metropolen von Homo consumens ein Volumen erreichen, das jenes der chinesischen Mauer bei weitem übertrifft. Mindestens 90 Prozent aller Schuttabladeplätze sind völlig ohne Rücksicht auf biologische Zusammenhänge angelegt – in alten Kiesgruben, in Senken, die eine Auffüllung vertragen. Da häufen sich die Schlacken der Zivilisation; am Fuß der Müllhalde entspringt ein schmutziges Bächlein und sucht seinen Weg nach abwärts, dem Grundwasser oder dem nächsten Fluß entgegen. 1950 produzierte ein Exemplar von Homo consumens pro Jahr 0,54 Kubikmeter Müll; heute sind es über zwei Kubikmeter, und in zwanzig Jahren sollen es sieben sein (in den Vereinigten Staaten sind es bereits über vier Kubikmeter). Allein der bundesdeutsche Müll eines einzigen Jahres würde einen Güterwagenzug von 20000 Kilometer Länge füllen, der den halben Erdball umspannen könnte. Dazu die in einem Jahr abgewrackten Automobile – insgesamt 700000 –, Stoßstange an Stoßstange gereiht, und der deutsche Müll würde den Globus in einem breiten, stinkenden Band umgürten wie in der nordischen Mythologie die Midgardschlange – auch sie ein Weltuntergangssymbol.

Nicht nur die Quantität des Mülls, auch seine Qualität hat sich verändert. Homo consumens wird alles kaufen, was ihm nur ein winziges Stück mehr an Bequemlichkeit bringt – Milch trägt er nicht in der Milchkanne nach Hause, sondern in der Einweg-Plastikflasche (die fast unzerstörbar ist, wenn man sie nicht verbrennt und dadurch giftige Abgase produziert). Er wird nicht die Einkaufstasche in den Supermarkt mitbringen, sondern seine Schätze in einer Plastik-Tragtüte bergen. Er wird in sein Haus eine supermoderne Ölzentralheizung einbauen und brennbaren Müll – vor allem Zeitungen, Zeitschriften, Packpapier, Schachteln – nicht mehr verwenden können, um seine Wohnung zu heizen. Und weil die Gesellschaft so töricht ist, den Produzenten der Ex-und-hopp-Artikel, der Einwegflaschen, Bierdosen, Kunststofftüten, Plastikbehälter nicht auch die Kosten aufzubürden, die entstehen, wenn man diese Bequemlichkeiten wieder außer Sicht schaffen muß, kauft Homo consumens rücksichtslos und blindlings immer noch jene Dinge, die seine Überlebenschancen dürftig erscheinen lassen. Angesichts der Müllawine kann man übrigens die Kurzsichtigkeit auch der kritischeren Vertreter von Homo consumens erkennen, die immer auf eingleisige technische Lösungen zusteuern, anstatt zu versuchen, in ökologischen Zusammenhängen zu denken und die biologische Ganzheit möglichst wiederherzustellen. Man plant heute in vielen Städten den Bau von Müllverbrennungsanlagen, die mit immensen Kosten die Exkremente der Überflußgesellschaft beseitigen sollen. In wenigen Städten ist eine viel bessere Alternative verwirklicht worden: Ausgelesener Müll wird kompostiert, das heißt in jene Humuserde verwandelt, die durch Überdüngung mit Mineralsalzen aus unseren Böden ausgeschwemmt wird. Auf diese Weise wird der Müll nicht nur beseitigt, sondern auch die natürliche Fruchtbarkeit des Bodens erhalten, die uns allein wirklich vitaminreiche und gesunde Ernten geben kann. Durch Überdüngung mit Mineralsalzen wird die Humuserde aus unseren Böden ausgeschwemmt. Deshalb gehen in allen Gebieten der Erde jedes Jahr Tausende von Hektar einst fruchtbaren Ackerlandes verloren, die ihrer wasserspeichernden Humusschicht beraubt sind und vom Wind davongeblasen werden. Allein die Sahara verschlingt jährlich 27000 Hektar Ackerland[3]; auch in den USA sind durch die Kunstdüngerverwendung neue Wüsten entstanden.

Aber Homo consumens findet ein solches Verfahren verständlicherweise wenig anziehend. Abfälle zu verbrennen scheint seinem eingleisigen Denken ungleich einleuchtender, als sie einem wochen- bis monatelangem Verrottungsprozeß zu unterziehen, in dem sie wieder zu Erde werden. Allerdings besteht hier bei nachlässiger Anwendung die Gefahr, daß Schwermetalle (Kadmium) aus dem Klärschlamm bzw. Müll den Kompost vergiften. Die wenigen Müllkompostierungsanlagen, die es schon gibt, erwirtschaften teilweise sogar einen Gewinn, weil ihr Kompost ein gesuchter Dünger ist. Ob das in größerem Maßstab auch möglich sein wird, ist noch fraglich. Aber jedenfalls wäre es dumm und kurzsichtig, den Aufbau von Müllkompostierungsanlagen deshalb abzulehnen, weil man vorgibt, in großstädtischen Ballungsräumen ohnedies keine Abnehmer zu finden. Wo es darum geht, seinen eigenen Abfall zu beseitigen, scheint Homo consumens auf einmal mit Blindheit für alltägliche Prozesse geschlagen, denen er selbst doch jeden Tag zum Opfer fällt. Wo kein Bedürfnis nach Kompost besteht, weil Kunstdünger doch soviel «moderner» ist, kann man dieses Bedürfnis mit Hilfe eines aufgeweckten Werbemanns mit Leichtigkeit produzieren. Das wäre einer der seltenen Fälle, in denen Reklame ihren Opfern und der Allgemeinheit wirklich nützt.

Eine andere Möglichkeit bei der Abfallverwertung ist in einer Farm bei San Diego, Kalifornien, schon verwirklicht. Dort hält George W. Grooth jun. 1000 Schweine, deren Mist einen 10-Kilowatt-Generator treibt und damit das ganze Gut mit Energie versorgt. Die Jauchegruben werden dabei dicht überdeckt und entstehende brennbare Gase zum Betrieb eines Motors verwendet. Das für den Motor nötige Kühlwasser fließt in einem 100 Meter langen Kupferrohr durch die Grube und hält in ihr die fäulnisgünstige Temperatur von 30 bis 35 Grad Celsius aufrecht. Ein kompletter Zyklus dauert etwa 20 Tage, aber der Prozeß hält sich selbst in Gang; Endprodukte sind Wasser, Kohlendioxid und Methan. Viktor Papanek, Designer und Mitarbeiter der Unesco, kommentiert: «Abgesehen von gelegentlichen Artikeln... über englische Exzentriker, denen es gelungen ist, ihre Autos mit Hühnerdung zu betreiben, weiß die Öffentlichkeit nichts von den gigantischen Energiequellen, die aus den körperlichen Prozessen der Verdauung erschlossen werden könnten.»[4]

Vergiftete Erde

Homo consumens ist überzeugt, daß alle Dinge nur für ihn da sind und ihre wahre Bedeutung in jenem Prozeß liegt, dem er sie unterzieht: sie in Müll zu verwandeln. Oscar Wilde sprach von einem Menschentyp, der von allen Sachen den Preis und von keiner den Wert kenne. Lange Zeit war Homo consumens denn auch überzeugt, daß jene Dinge, die nichts oder nur sehr wenig kosten, auch nichts wert seien – Luft, Wasser, Landschaft. Sein «Fortschrittsglaube» ist nicht ein wirklicher Glaube an die Wissenschaft, sondern die Überzeugung, nur das sei Wissenschaft, was seiner spezifischen Auffassung der Welt als gigantischer Rohstoffquelle für Konsumgüter entspricht. Verwertbarkeit, Güterproduktion, Verwandlung gewachsener Natur in Augenblicksskitzel (aus einem Baum, der Jahre wuchs, wird eine Illustrierte, die nach zwei Tagen in den Mülleimer wandert), Steigerung der Gewinnspanne ohne Rücksicht auf natürliche Zusammenhänge sind die Leitlinien, an denen sich orientiert, was Homo consumens für ein «fortschrittliches», «modernes» Bild der Welt hält. Auch der Intelligenteste kann oder will nicht begreifen, worum es in wissenschaftlicher Forschung tatsächlich gehen sollte – nämlich ums Ganze, um die Analyse von Systemen, ob sie nun der menschliche Organismus, ein Wasserlauf, das Wachstum der Pflanzen oder das System «Leben auf der Erde» schlechthin sind. Dieses Ganze kann man nur als Ganzes wirklich verstehen oder gar nicht. Homo consumens verweist auf die angeblich «exakten Wissenschaftler» in seinen Reihen, die – blind fürs Ganze – einen Teil manipulieren und glauben, das allein sei wirklich «exakte Wissenschaft».

Ein sehr bezeichnendes Beispiel für dieses Stück der Psychologie von Homo consumens haben wir schon erwähnt: die Selbstsicherheit, mit der sich Wissenschaftler lange Zeit gegen die Warnungen vor einer «toxischen Gesamtsituation» zur Wehr setzten. Wer einmal die Giftigkeit eines einzigen Stoffes an seinen Laborratten geprüft hatte (ohne auf schwer nachweisbare Dinge wie Chromosomenbrüche oder Erbschäden bei künftigen Generationen zu achten), der hielt sich für berufen, die Unschädlichkeit dieses Stoffes zu propagieren, Andersdenkende als «unwissenschaftliche Spinner» zu bezeichnen und der zuständigen Industrie in vielen Gutachten zu versichern, es drohe absolut keine Gefahr. Niemals aber wären sie auf den Gedanken gekommen, die Ganzheit der biologischen Situation zu beachten, in der jeder Giftstoff zusammen mit einigen hundert anderen, potentiell verdächtigen Stoffen auftritt.

Homo consumens akzeptiert wissenschaftliche Einsichten also nur so lange, wie sie ihn in seinem Verhalten bestätigen. Weil er damit dem Fachidiotentum vieler Wissenschaftler entgegenkommt, hat er immer eine Reihe anerkannter Autoritäten auf seiner Seite, die gewohnt sind, ihr Denken an jedem Punkt zu stoppen, von dem an es ihrer Identität als Homo consumens gefährlich werden könnte. Ein solcher Wissenschaftler würde etwa Kunstdünger auf einen Acker streuen, eine gesteigerte Ernte einheimsen und von nun an behaupten, Kunstdünger sei die wichtigste Waffe gegen den Hunger in der Welt. Diesen Sachverhalt glaubt er experimentell bewiesen und somit zum Dogma erhoben zu haben. Wenn nun die auf kunstgedüngten Feldern wachsenden Pflanzen immer anfälliger gegenüber Schädlingen werden, dann denkt Homo consumens nicht daran, den scheinbaren Fortschritt der Mineralzufuhr kritisch zu überprüfen. Im Gegenteil: Er verteidigt den Kunstdünger weiterhin und empfiehlt, einen zweiten Schritt zu tun, nämlich mit Hilfe eines neuen Konsumgutes – der Insektenvertilgungsmittel oder Pestizide – die Schädlinge zu bekämpfen. Wenn nun diese Schädlinge resistent werden und sich nicht mehr durch das Pestizid vernichten lassen (während die Singvögel, die bisher Insekten fraßen, in Massen sterben), dann überprüft Homo consumens wiederum nicht seine Grundkonzeption, sondern denkt in der ihm einzig und allein vertrauten Art weiter: Neue Pestizide müssen erfunden werden, die womöglich noch giftiger sind, bis zu vierzigmal im Jahr muß gespritzt werden. Und immer noch gibt er dieses Zerrbild wissenschaftlichen Denkens für die einzige «exakte» Wissenschaft aus.

Wer gewohnt ist, in natürlichen Systemzusammenhängen zu denken, wird hieraus ganz andere Schlüsse ziehen. Sie sehen etwa so aus: Die einseitige Mineraldüngung macht die Pflanzen krankheitsanfällig. Die Pestizide töten nicht nur schädliche Insekten, sondern auch deren natürliche Feinde und das reiche Bodenleben, das für die Fruchtbarkeit unentbehrlich ist und zugleich die Früchte schützt – wirklich gesunde Pflanzen werden nicht nennenswert von Schädlingen angegriffen. Also kann, wer seinen Pflanzen reiches Bodenleben und Humus in ausreichendem Maß zuführt, auch auf Pestizide verzichten. Solche Gedankengänge haben nichts Mystisches. Sie sind auch keine Alternative zur wissenschaftlichen Auffassung von Ackerbau, sondern ganz im Gegenteil Ausdruck einer weit wissenschaftlicheren – da systembezogenen – Auffassung als die Kunstdünger- und Pestizid-Teufelskreise der eng mit der chemischen Industrie verflochtenen «offiziellen» Agronomie. Deshalb sollte man sich hüten, das von Homo consumens gezeichnete Zerrbild der Naturwissenschaft für das einzig mögliche zu halten.

Der amerikanische Biologe Barry Commoner wies nach, daß Homo consumens die Landwirtschaft in eine Sackgasse getrieben hat. Wie oft in der Konsumwelt handelt es sich auch hier um suchtähnliche Mechanismen. Die Bauern, in Amerika wie in Europa, haben ihre Böden stickstoffsüchtig gemacht, durch Anfangserfolge ermutigt, durch eine rücksichtslose Propaganda der Industrie manipuliert. Das Pflanzenwachstum hängt meist vom Stickstoff im Boden ab; steht er in ausreichender Menge zur Verfügung, wird Phosphor zum «limitierenden Faktor». Commoner hat nun ausgerechnet, daß zu den sieben Millionen Tonnen natürlichen Stickstoffs, der jährlich in den Vereinigten Staaten von Pflanzen verbraucht wird, mindestens ebensoviel in Form von Kunstdünger kommt; Autoabgase und Kraftwerke stellen weitere drei Millionen Tonnen. Diese Belastung schädigt die Umwelt teilweise irreversibel, und zwar eine ganze Reihe natürlicher Kreisläufe zusammen.

Stickstoffdünger wird (im Gegensatz etwa zu Kompost) zu einem großen Teil ausgeschwemmt. Der Bauer kalkuliert das ein, und die an ihrem Absatz interessierte Industrie leitet ihn menschenfreundlicherweise dazu an. Mit dem Regenwasser geraten die Nitrate ins Grundwasser, in Flüsse und Seen, wo sie die Eutrophisation zusammen mit den Waschmittelrückständen fördern. Der Eriesee an der Grenze zwischen den Vereinigten Staaten und Kanada empfängt jährlich etwa 32000 Tonnen Stickstoff aus den umliegenden kunstgedüngten Feldern und 40000 Tonnen aus den städtischen Abwässern. Man hat ausgerechnet, daß er in den letzten 100 Jahren um 15000 Jahre «gealtert» ist (durch die von Flüssen eintransportierten Salze ist die Eutrophisation ein «natürlicher» Vorgang, der viele Binnenseen allmählich verlanden läßt; durch die Verschmutzung wird er nur ungeheuer beschleunigt).

Während das «Umkippen» der Flüsse und Seen nur Badelustige und Fische frustriert, geht eine andere Folge des Nitratverbrauchs unserer Landleute alle an: Das Trinkwasser wird vergiftet. Die amerikanischen

Gesundheitsbehörden haben 10 ppm (Teile auf eine Million) als zulässige Höchstgrenze festgesetzt. Bereits 1967 gab es einzelne Städte, die nach neuen Wasserquellen suchen mußten, weil ihre bisherigen diesen Wert überschritten hatten. Commoner hat eindeutig nachgewiesen, daß es der Stickstoffdünger ist, der die Brunnen verseucht, und zwar in ständig wachsender Anzahl. Dazu kommt die Gülle, wäßriger Mist aus der Intensivtierhaltung. Da die Agrarfabriken oft viel zuviel Mist für ihr Land produzieren, wird das Grundwasser belastet – eine zerstörerische Folge der «Veredelung» von Mais und Fischmehl zu Koteletts und Steaks. Nitrate sind deshalb gefährlich, weil sie leicht in Nitrite umgewandelt werden können, die das Hämoglobin, den Blutfarbstoff, so verändern, daß er nicht mehr genügend Sauerstoff transportieren kann. Vor allem Babies können auf diese Weise buchstäblich ersticken.

Doch die Probleme, die ein mit Stickstoffdünger überfütterter Acker stellt, reichen noch viel weiter. Der künstliche Dünger führt nämlich dazu, daß der Boden seinen natürlichen Stickstoffgehalt verliert und die Pflanzen das in Jahrtausenden gesammelte Humuskapital aufzehren. Wieder einmal zeigt es sich, daß Homo consumens nicht mehr von den Zinsen seiner Umwelt lebt, wie es in jedem funktionierenden Ökosystem sein muß, sondern die Substanz selbst angreift und verbraucht. Je mehr der Boden seinen natürlichen Stickstoff verliert, je weniger Humus er enthält, desto schlechter kann er Wasser binden, desto höhere Mengen an künstlichem Dünger werden nötig (die prompt in erhöhtem Maß ausgeschwemmt werden). Commoner hat mit Recht festgestellt, die amerikanischen Bauern hätten ihre Böden stickstoffsüchtig gemacht. Es sei, selbst mit Polizeieinsatz und massiven Verboten, kaum mehr möglich, sie davon abzubringen, Jahr für Jahr mehr Kunstdünger auszustreuen. Je länger und intensiver sie das täten, desto schwieriger wäre es auch für sie, darauf zu verzichten, da dann wirklich die ausgelaugten, denaturierten Böden erbärmliche Ernten eintragen würden. Man kann solche Landstriche durch Kompost wieder gesund machen, so daß sie endlich auch wieder mäßige Mengen von künstlichem Dünger vertragen. Aber dazu wäre es erst einmal nötig, die süchtigen Böden und ihre Bauern zu entwöhnen – eine kaum zu bewältigende Aufgabe.

Es scheint so, als müßte alles noch sehr viel schlechter kommen, ehe man sich entschließt, es besser zu machen. Einem Toten kann der beste Ratschlag nichts mehr nützen. Psychotherapeuten wissen, wie schwierig es ist, einen Süchtigen zu heilen: Das Suchtgift schließt seelische

Konflikte gewissermaßen kurz, es läßt keine innere Spannung aufkommen. Keine Energie bleibt übrig, die aufgewendet werden könnte, um einen Weg aus dem Teufelskreis herauszufinden. Homo consumens neigt dazu, mit der Wurst nach der Speckseite zu werfen, durch neuen Aufwand auszugleichen, was der alte offenbar nicht leisten konnte – neue Insektizide gegen resistente Insekten, neue, breitere Straßen, weil die alten verstopft sind, aus Kunststoffschaum produzierter Humusersatz für ausgelaugte Böden. Immer noch glaubt er daran, daß für jeden Schaden, den das Prinzip der Verschwendung produziert, auch ein technisches Hilfsmittel gefunden werden kann. So baut er Abgasentgifter in seine Automobile ein und plant lieber dreistufige Kläranlagen, als den Waschmittelkonsum einzuschränken. Etwa 30 Millionen Automobile sind heute allein in Deutschland zugelassen, zu denen täglich rund 3000 weitere kommen. Einer von acht Menschen hängt direkt oder indirekt von der Autoindustrie ab.

In einem vielgelesenen Blatt, das sich in Empfehlungen an seine Anzeigenkunden das «Schaufenster der Nation» nennt, einem wöchentlich erscheinenden Handbuch für die neuesten Überflüssigkeiten, wird Homo consumens über das aktuelle Thema der Vergiftung von Wasser, Erde und Luft unterrichtet. Der Leser erfährt, daß die Autoabgase heute die wichtigste Giftquelle sind – ein einziges Auto produziert im Jahr durchschnittlich 297 Kilogramm Kohlenmonoxid, 39 Kilogramm Kohlenwasserstoffe, 10 Kilogramm Stickoxide, 2 Kilogramm Staub, 1 Kilogramm Schwefeldioxide, ein halbes Kilogramm Blei. Der Umweltschutzreporter informiert Homo consumens darüber, daß in smogbelasteten Großstädten die Zahl der Bronchitiskranken laufend ansteigt und die der Lungenkrebsfälle die entsprechende Quote ländlicher Gebiete um das Doppelte übersteigt. Aber wenige Seiten später testet der Motorjournalist vom Dienst die neuesten Automobilmodelle, preist ihre komfortable Ausstattung, ihre rasante Beschleunigung, ihre Eignung als Zweitwagen. Selbst mit Berichten über die eigene Selbstzerstörung lockt man Homo consumens noch, diese Zerstörung weiterzutreiben. Und weil sein Denken nicht auf Einsicht in biologische Systeme hin orientiert ist, sondern die Umwelt säuberlich in Schubladen sortiert, fällt es niemandem auf, daß in der Illustrierten mit ihrem flammenden Aufruf gegen die Luftverschmutzung («Noch ist es nicht zu spät. Aber in wenigen Jahren könnte es zu spät sein ...») die Anzeigen genau das Gegenteil des redaktionellen Textes bewirken. Weil die

Anzeigen immer gleich bleiben und optisch der bei weitem eindrucksvollere Teil der Illustrierten sind, glaubt Homo consumens bewußt oder unbewußt endlich nur noch ihnen. Nächste Woche ist wieder die Sexwelle oder die neueste Entführung eines Millionärs an der Reihe. Dadurch, daß sie Neuigkeiten produzieren, machen die Massenmedien Homo consumens zum passiven Verbraucher von Informationen, aus denen er keine Schlüsse mehr zieht. Für alles, was man ihm da als aufregend hinstellt, kann sich ein Mensch gar nicht engagieren. Und so engagiert er sich endlich für nichts mehr.

Auch hier wirkt das Kontrastprinzip: Die großen optischen Medien, die angeblich ein weitmaschigeres Informationsnetz ausspannen, als es jemals früher möglich war, töten im Grunde jede Information, die ja nur dann wirklich Verhalten ändern kann, wenn sie *nicht* als ständiger Strom fließt. Niemand macht sich klar, daß die von ihm erworbenen Kinkerlitzchen bis herunter zur Plastiktüte, zum Haarspray, Lippenstift oder dem Feuerwerksatz für Silvester *sein* Beitrag zur Pollution sind, daß die mit elektrischen Kerzen besteckte Tanne in seinem Vorgarten sein Beitrag zur Luftverschmutzung ist.

Umweltgifte und Konsumverhalten

Homo consumens ist für den menschlichen Verzehr nicht mehr geeignet. In den USA enthält er bereits zehn bis zwanzig Teile DDT auf eine Million Teile Körpergewebe, was weit über dem für Nahrungsmittel zulässigen Wert liegt. Diese Daten sind seit geraumer Zeit bekannt, und viele Länder haben DDT verboten, vor allem auch, weil der Erreger der Malaria, die Anophelesmücke, inzwischen weitgehend resistent geworden ist. Im Gegensatz zum Menschen, der für solche Anpassungen eine viel zu langsame Generationenfolge und viel zu komplizierte Erbanlagen hat, können sich Insekten an die Gifte gewöhnen, mit denen man sie bekämpft. Manche werden sogar regelrecht süchtig – die beste Maßnahme, einer solchen Insektengruppe zu begegnen, besteht also darin, ihr das Mittel zu entziehen, mit dem man sie ursprünglich umzubringen suchte. – Immer noch werden Insektizide von Homo consumens eifrig verwendet, obschon die Sackgasse immer deutlicher wird, in die sie ihn manövrieren. Das natürliche Gleichgewicht der Insektenarten wird gestört, bisher unschädliche Sorten nehmen so rapide zu, daß ganze Ernten verlorengehen. Besser wäre es, das ökologische Gleichgewicht zu erhalten und die Pflanzen durch möglichst vollständige Ernährung widerstandsfähiger zu machen. Aber auch Homo consumens müßte sich ändern. Heute jammert die Hausfrau zwar darüber, daß man keinen Apfel mehr ungeschält essen kann, sie beklagt vielleicht sogar, daß alle Naturprodukte «gespritzt» sind. Aber würde sie sich dazu bereit finden, Äpfel zu kaufen, die nicht den rein kosmetischen Kriterien der EG-Marktordnung entsprechen?

Seit den Untersuchungen von 1966 durch den schwedischen Toxikologen Sören Jensen wissen wir, daß PCB mindestens ebenso verbreitet ist wie DDT. Es stammt aus Abgasen, die entstehen, wenn Schmieröle mit PCB-Additiven, Kunststoffe und Farben verbrannt werden. Babies nehmen es mit der Muttermilch auf, im Brustfleisch von Seeadlern fanden sich erstaunlich hohe Konzentrationen. Der Wanderfalke wird womöglich in den nächsten Jahren aussterben, weil er wie viele andere Raubvögel das DDT und PCB, das seine Beute enthält, nicht mehr los wird. Es häuft sich in seinem Körper an, stört seinen Stoffwechsel und stört seine Fortpflanzungsfähigkeit. R. W. Risebrough vom Meeresforschungsinstitut in San Diego hat gezeigt, daß fast alle Seevögel DDT und PCB enthalten, auch in Gebieten wie der Bay von Kalifornien, weitab von Industriezonen oder mit Insektiziden besprühten Wäldern.

Längst ist erwiesen, daß es ich um einen fatalen Irrtum von Homo consumens handelt, wenn er «unschädliche» Konzentrationen bestimmter Schadstoffe, etwa im Meerwasser, festlegt. Diese Stoffe sind dann zwar so fein verteilt, daß der Genuß dieses Wassers nicht unmittelbar schädlich ist. In der eingleisigen Denkweise von Homo consumens findet aber die Überlegung keinen Platz, daß viele Organismen über ganz erstaunliche Fähigkeiten verfügen, Fremdstoffe – auch Gifte – in sich anzureichern. Daher sind Austern heute sehr oft ein Genuß mit Reue. Selbst wenn sie aus nur leicht verschmutztem Wasser stammen, können sie die entsprechenden Giftstoffe tausendfach konzentriert enthalten und den Konsumenten umbringen. Dabei spielt die Löslichkeit solcher Substanzen eine wichtige Rolle. Für ein Tier, das im Wasser lebt, werden fettlösliche Gifte (wie DDT) verhängnisvoll, weil es sie zwar aufnehmen und speichern, aber kaum mehr ausscheiden kann. Dasselbe gilt für radioaktive Substanzen. Obwohl in einem See bei Oak Ridge die Konzentration an radioaktivem Cäsium nur 0,00033 Mikrocurie betrug, enthielt dort gefangener Seebarsch 35mal soviel. Blaukehlchen an den Seeufern hatten in ihren Knochen radioaktiven Phosphor in der 2000fachen Konzentration gespeichert, radioaktives Zink in der 8720fachen Konzentration. Den Weltrekord der Anreicherung minimaler Mengen von Schadstoffen zu gefährlichen Konzentrationen hatten wohl Schneckenlarven im Columbia River, USA, der die Abwässer eines Reaktors aufnimmt. Sie speicherten 350 000mal soviel Radioaktivität in ihrem Gewebe, wie das Wasser enthielt.[5]

Auch Vögel, die Insekten aus solchen Gewässern fangen, reichern Radioaktivität an – Schwalben konzentrierten sie auf das 75 000fache, denn sie fressen Insekten, die sich von Algen ernähren, die wiederum bereits ein Konzentrationsgefälle von 2000 zu 1 herstellen.

Quecksilber und Blei

Homo consumens hält sich eine zeitgemäße Art von Hofnarren, die ihm gelegentlich unangenehme Wahrheiten sagen (die er ihnen nicht abnimmt), vor allem aber zu seiner Belustigung beitragen: die Futurologen. Meist behaupten diese, sie könnten die Zukunft voraussagen, indem sie jene Einzelbereiche der Gegenwart, die sie besonders interessieren, zu gigantischen Dimensionen aufblasen. Den Redakteuren der Modezeitschriften kündigen Futurologen Wegwerfkleider aus Papier und Kunststoff an oder aber «mehrmaliges Kleiderwechseln am Tage als selbstverständliche Gewohnheit»[6]. Den Redakteuren medizinischer Blätter versprechen sie eine Lebenserwartung, die alsbald über 90 Jahre ansteigen werde. Den Sportlern versichern sie, im Jahr 2000 gäbe es nur mehr vier Arbeitstage pro Woche und 219 Freizeittage im Jahr; sich seinen Hobbies zu widmen, werde also in naher Zukunft verpflichtende Aufgabe. Den Badelustigen kündigen sie an, der Mensch werde alsbald die flachen Küstengewässer besiedeln – einen Lebensraum von verwunschener Schönheit und großen Reichtümern –, dort werde Homo aquaticus Algenwiesen ernten, um proteinreiche Nahrung zu gewinnen, er werde Fisch fangen und allmählich sogar lernen, Wasser in seine Lungen einzuatmen.

Homo consumens ist von solchen Prognosen fasziniert. Sie spiegeln ihm eine heile Welt vor, in der es immer so weitergehen wird wie bisher, in der alles besser, fortschrittlicher, schöner sein wird. Die Realität sieht anders aus. Seit einigen Jahren sinkt in manchen industrialisierten Ländern die durchschnittliche Lebenserwartung der Männer (in den «fortschrittlichsten» Ländern inzwischen auch die der Frauen). Die Küstengewässer sind kein Spielplatz für Homo aquaticus, es sei denn, er hätte die ernüchternde Absicht, sich als Müllsammler zu betätigen und statt blanker Fische alte Schuhe, Konservendosen, Plastiktüten oder treibende Klumpen von Ölteer zu erbeuten. Überkühn ist gar die Prognose, «wir werden Wasser atmen», wenn man sie nicht als das bewerten will, was sie ist: ein Selbstmordversuch, der mit hoher Wahrscheinlichkeit glückt. Denn selbst wenn wir das Wasser vertrügen – die in ihm gelösten Gifte brächten uns um. Homo consumens sorgt schon heute dafür, daß tagtäglich Millionen Tonnen von Produkten, deren biologische Effekte weitgehend unbekannt sind, in die Weltmeere fließen. So gelangt jeder flüssige Abfall ins Meer, ob man ihn nun legal – wie es bei besonders giftigen Abwässern vorgeschrieben ist – in der Nordsee versprüht oder illegal bereits auf der Rheinfahrt auspumpt. Auch was als gasförmiger Abfall in die Luft geblasen wird, endet sehr oft im Meer. Thor Heyerdahl konnte auf seiner Floßfahrt über den Pazifik selbst Hunderte von Meilen von der Küste entfernt das Meerwasser nicht guten Gewissens zum Zähneputzen benutzen.

Besonders unheilvoll sind die Schwermetalle, vor allem Quecksilber und Blei, die heute unsere Meere verseuchen. 1923 wurde erstmals ein Verfahren angewendet, Benzin durch Bleizusätze klopffest und besonders motorschonend zu machen. Das war eine Entdeckung ganz nach dem Geschmack von Homo consumens, die inzwischen dazu geführt hat, daß selbst mitten im Stillen Ozean die Bleikonzentration des Wassers um den Faktor zehn angestiegen ist. Ein etwa hundert Meter breiter Streifen des Erdreichs entlang der Autobahnen enthält so erhebliche Bleimengen, daß Obst und Gemüse aus dieser Zone für den menschlichen Verzehr nicht geeignet sind – falls man sie kontrolliert, was natürlich fast nie geschieht. Obschon das seit geraumer Zeit bekannt ist, haben die italienischen Ingenieure die Trasse der neuen *Autostrada del Brennero* mitten durch die Obstplantagen des Etschtals geführt. Ein Zyniker würde sagen, daß einem Obst mit 30 bis 40 Insektizid-Spritzungen etwas Blei auch nicht mehr viel ausmacht. Aber während die modernen Insektizide ziemlich rasch abgebaut werden, ist Blei – vor allem was seine organischen Verbindungen angeht, und das Bleitetraäthyl im Benzin gehört zu ihnen – kaum mehr loszuwerden, wenn es einmal in den

Körper gelangt ist. Es schädigt in erster Linie das Nervensystem, und niemand weiß genau, wie viele Fälle von Müdigkeit und Depressionen durch eine versteckte Bleivergiftung bedingt sind.

Man hat lange Zeit diese Möglichkeit bagatellisiert und behauptet, der Mensch könne durch die Lunge gar kein Blei aufnehmen, sondern nur durch den Darm, es sei erst dann erlaubt, von einer Bleivergiftung zu sprechen, wenn sich bestimmte – willkürlich angesetzte – Bleispiegel im Blut fänden. Inzwischen weiß man durch Tierversuche, daß Bleikonzentrationen in der Luft allein, die zu überhaupt keinen nennenswerten Veränderungen im Blut der Versuchstiere führen, deren Lebensdauer eindeutig herabsetzen. Nachdem jahrelang die Warnungen vor der versteckten Bleivergiftung als Panikmache hingestellt wurden, versucht man heute bleifreies Benzin vorzuschreiben, das etwas teurer ist. Homo consumens denkt verständlicherweise an eine Möglichkeit erst ganz zuletzt: seinen Benzinverbrauch einzuschränken.

Ebenso verheerend wie Bleivergiftungen wirken sich Quecksilbervergiftungen aus. Eine New Yorkerin, die nach einer geeigneten proteinreichen, fettarmen Ernährung für ihre Schlankheitskur suchte, entschied sich für Schwertfisch. Sie aß einige Wochen lang vorwiegend dieses hochwertige Nahrungsmittel und erkrankte alsbald an einer akuten Geistesstörung. Man brachte sie in eine Nervenklinik, wo sie sich bei normaler Ernährung langsam erholte. Entlassen, nahm sie die Schwertfischdiät wieder auf und erlitt prompt einen Rückfall. Erst nach zwei Jahren erkannte man endlich die wirkliche Ursache ihres Leidens: Schwertfisch enthält heute so viel Quecksilber, daß er – ähnlich wie Thunfisch – in großen Mengen nicht mehr zum Verzehr geeignet ist.

Daß Quecksilbervergiftungen zu psychischen Störungen führen, belegt das englische Sprichwort *mad as a hutter* (verrückt wie ein Hutmacher); denn die Hutmacher pflegten im vergangenen Jahrhundert mit quecksilberhaltigen Verbindungen zu arbeiten, die sie auch einatmeten. Quecksilbervergiftungen können zu einem sehr breiten Spektrum seelischer Störungen führen, die von Angstzuständen und Konzentrationsschwäche bis zu Halluzinationen, Gedächtniseinbußen und Schlaflosigkeit reichen. Daneben ruft Quecksilber auch noch körperliche Symptome hervor: Zahnfleischentzündungen, Zahnausfall, Durchfälle, Lähmungen. Diese Vergiftungserscheinungen interessieren heute nicht mehr nur den Hutmacher oder den Bergmann in einer Quecksilbermine. Etwa die Hälfte der Weltproduktion an Quecksilber erreicht die Ozeane, und die Vergiftung ist heute, obschon es lokale Herde wie die Ostsee gibt, durchaus global. Immer mehr Industriezweige benötigen Quecksilber, wobei die aufblühende Kunststoffindustrie zusammen mit den Papierfabriken der wichtigste Verbraucher und Vergifter zugleich ist. Man braucht Quecksilber als Katalysator bei der Vinylchloridsynthese (zum Aufbau von PVC-Kunststoffen, aus denen Folien, Behälter, Bodenbeläge, Ex-und-hopp-Flaschen bestehen). Man benötigt es in der Papierindustrie, in der Laboratoriumsmedizin zum Färben von Gewebeschnitten, als Elektrodenmaterial in der Sodaproduktion. Es gibt quecksilberhaltige Mittel gegen Pilze und Insekten, mit denen man Saatgut imprägniert, und auch Quecksilberphenylacetat-Zusätze in Wäschereien, die ebenfalls das Pilzwachstum bremsen sollen.

Wie bedrohlich diese Situation ist, erkannte man erst vor rund zehn Jahren, als in der japanischen Minimata-Bucht auf der Insel Kiuschu die Einwohner eines Fischerdorfes fast durchweg an den Symptomen einer Quecksilbervergiftung erkrankten. Viele von ihnen starben. Verantwortlich war eine Fabrik, die Kunststoffe auf der Grundlage von Vinylchlorid herstellte. Sie hatte ihre Produktion erhöht, denn die hygienischen Wegwerfpackungen sind eine Augenweide für Homo consumens und sehr geeignet, den Absatz überflüssiger Artikel zu steigern. Die Abwässer der Kunststoffabrik liefen direkt in die Minimata-Bucht. 1965 gab es einen nahezu identischen «Unfall» in Niigate am Agana-Fluß.[7] Man hatte aus dem Minimata-Unglück keine anderen Schlüsse gezogen, als dem Fabrikanten einen Prozeß zu machen und den überlebenden, teilweise verkrüppelten Fischern das weitere Fischen in der Bucht zu verbieten. Erst 1965 entschlossen sich die Japaner zu etwas einschneidenderen Maßnahmen. Sie verboten noch in einigen weiteren Flüssen das Fischen und führten Kontrollen bei den Fabriken durch, die Quecksilber verwendeten. Keine Rede davon, daß man auf die liebgewordenen, absatzsteigernden Kunststoffpackungen verzichtet hätte.

Auch Schweden hat sein Quecksilberproblem. Nach jahrzehntelanger Imprägnierung des Saatgutes mit Methylquecksilber ließ sich ein bedenklicher Gehalt in Hühnereiern nachweisen. Wer täglich zwei Eier verspeiste, nahm schon gefährliche Mengen von Quecksilber zu sich. Bismarck mit seinen fünf Frühstückseiern wäre im heutigen Schweden nicht alt geworden. Seit 1966 hat man dort nun verboten, Saatgut mit

Quecksilber zu imprägnieren. Aber die Papiermühlen und Kunststofffabriken leiten die quecksilberhaltigen Abwässer weiterhin in Flüsse, Binnenseen oder in die Ostsee. Deshalb haben nur die Landvögel seit 1966 wieder leicht abnehmende Quecksilberkonzentrationen in Fleisch und Federn; bei den Seevögeln kann man immer noch recht große Mengen finden.

Wer sich mit ökologischen Zusammenhängen auskennt, wird vermuten, daß dann auch Fische Quecksilber enthalten. Tatsächlich hat man in besonders mörderischen Exemplaren einen sehr hohen Gehalt nachgewiesen. Man sollte heute ohnehin an den Ostseeküsten besser keinen Fisch mehr essen. Er enthält mit hoher Wahrscheinlichkeit mehr Quecksilber und DDT, als der Gesundheit zuträglich sein kann. Mit ihrem Binnenmeercharakter ist die Ostsee ein Lehrbeispiel für die eifrige Zusammenarbeit einzelner Anliegerstaaten in Sachen Verschmutzung. Die Schweden sorgen für Quecksilber (20 Kilogramm pro Person und Jahr werden in Schweden an Quecksilber verbraucht; schätzungsweise die Hälfte gelangt direkt oder auf Umwegen ins Meer), die Deutschen und Polen für DDT, während die Russen die nicht geklärten Abwässer der Millionenstadt Leningrad beisteuern. Da die Schweden einen recht großen Anteil ihres Proteinbedarfs aus dem Fischfang dekken, haben sich die schwedischen Behörden entschlossen, erheblich duldsamer (oder nachlässiger) zu sein als etwa die Weltgesundheitsorganisation (WHO), indem sie die Toleranzgrenze auf 1 ppm Quecksilber festlegten. Die Ärzte der WHO halten 0,05 ppm für gerade noch zulässig. In England – ebenfalls ein Land mit vielen Küsten und einer blühenden Fischereiindustrie – hat man sich auf 0,1 ppm geeignet, während die Benelux-Länder nur ein Drittel dieser Menge zulassen. Wie vorsichtig man mit Quecksilber sein muß, zeigte sich schon bei der Minimata-Katastrophe: Obschon ihre Mütter keine Symptome der Vergiftung aufwiesen, kamen neunzehn Kinder mit angeborenen Schäden durch Quecksilber auf die Welt. Man vermutet, daß schon sehr kleine Dosen einzelne Körperzellen zerstören und auf diese Weise die körpereigene Abwehr gegen Infektionen vermindern oder auch Alterungsprozesse beschleunigen.

Die weltweite Umweltverschmutzung ist sicherlich eine der bedrohlichsten Folgen des Verhaltens von Homo consumens. Aber sie ist keineswegs der einzige Anlaß, seine Verhaltensweisen näher unter die Lupe zu nehmen. Sie werden nicht nur auf dem Umweg über die ökologischen Systeme der Erde, durch die Vergiftung von Wasser, Erde und Luft zum Überleben des Menschen schlechthin gefährlich, sondern tragen dazu bei, daß das Leben selbst weniger lebenswert ist, auch solange es nicht physisch unmittelbar bedroht ist. Für Homo consumens werden auch er selbst und sein Mitmensch zum Konsumgut. Da der Mensch durch sein Tun bestimmt und geprägt wird, Konsumieren aber die wichtigste Aufgabe von Homo consumens ist, verwischen sich die Unterschiede zwischen Konsumenten und Konsum. Der Mensch wird zur Ware, in einem neuen und weit unheimlicheren Sinn, als Marx es beschrieben hat.

Menschenwürde und Menschenkonsum

Wir leben heute in einer Situation, in der jede Ethik unrealistisch ist, die nicht möglichst viel Konsumverzicht verlangt. Konsumverhalten schlechthin muß zum Problem der persönlichen Moral, der individuellen, jedesmal überlegten Entscheidung werden. Ein entsprechendes «Konsumbewußtsein» zu wecken, wäre Aufgabe jener Massenmedien, die zwar geläufig vom Hunger in den Entwicklungsländern oder von der Umweltverschmutzung, von den überhandnehmenden Neurosen und dem schlechten Zustand der Volksgesundheit reden, aber fast nie wagen, wirklich den Primfaktor in seinem ganzen Gewicht zu beschreiben: den individuellen Verschwendungskonsum, die Maßlosigkeit des Menschen im Umgang mit seiner Umwelt und mit sich selbst. Dabei ist es auch nötig, endlich einmal zu erkennen, wieviel wir alle dadurch gewinnen können, daß wir weniger konsumieren. Konsumverzicht klingt nach Verlust, nach Frustration und Aufgabe wertvoller Befriedigung. Aber das ist ein falscher Eindruck, sosehr es den Manipulatoren aus der Werbebranche am Herzen liegen mag, ihn aufrechtzuerhalten. Man sollte sich daran erinnern, daß ein sehr wesentlicher Teil des Aufwands für Konsumgüter ausgesprochen gesundheitsschädliche Dinge betrifft; das Auto, wenn es – wie oft – süchtig benützt wird, schadet seinem Besitzer ebenso wie die Zigarette oder der in Reklamen immer als mild, rein, aromatisch, nie als Lebergift beschriebene Whisky. Soll man den Menschen nicht ihren Schnaps und ihre Zigaretten gönnen («mäßig, aber regelmäßig» fordert die um ein leicht puritanisches Image bemühte Reklame)? Aber was ist das für ein Leben, das allein durch Tabak und Alkohol erträglich scheint?

Der Konsumbegriff muß so weit gefaßt werden, wie er reicht. Selbstverständlichkeiten wie die elektrische Energie darf man nicht ausklammern, etwa die Leuchtreklamen, mit denen Homo consumens seine verseuchten Paradiese – die Einkaufszentren der Großstädte – schmückt. Jede Glühbirne, die sinnlos brennt, jede Stunde Fernsehen, jeder Arbeitsgang der Waschmaschine – das alles sind Konsumentscheidungen, die als solche erst einmal erkannt werden müssen, ehe sich in diesen Verhaltensbereichen etwas ändern kann. Irgendwo steht immer ein Kraftwerk, das Abgase in die Atmosphäre bläst, irgendwo wird immer ein Atommeiler gebaut, der potentiell tödliche Radioaktivität verbreitet. Es mag überspitzt klingen – aber die Möglichkeit besteht durchaus, daß wir durch unsere sorglose Verschwendung elektrischer Energie unser Enkelkind zum Tod an Leukämie verurteilen. Jedenfalls scheinen schon minimale Unterschiede in der radioaktiven Verseuchung der Umwelt die Häufigkeit, mit der Blutkrebs auftritt, zu beeinflussen, so daß hier größte Vorsicht angezeigt ist. Unsere Energieprobleme können nicht durch den Bau von Atomkraftwerken gelöst werden, wenn wir uns nicht noch weit gravierendere Probleme einhandeln wollen, sondern nur durch eingeschränkten Energiekonsum, im Idealfall durch ein Gleichgewicht zwischen dem Verbrauch und der Produktion von sauberer Wasser- und Sonnenenergie.

Erst wenn sich im Homo consumens eine beträchtliche Bewußtseinsveränderung vollzieht, werden es intelligente und ehrenwerte Menschen nicht mehr für intelligent und ehrenwert halten, durch möglichst geschickte Reklame Millionen von Jugendlichen zum Konsum der legalen Suchtgifte Nikotin und Alkohol zu verführen, werden Chefredakteure, die solche Verführung kritiklos drucken und mit dem nötigen, allgemein interessierenden Zwischentext versehen, sich nicht mehr in die Rolle des Richters der Nation wagen dürfen.

Sexualität als Konsumgut

Homo consumens wird selbst zum Konsumgut: ein Massenartikel, um werbewirksame Selbstverpackung bemüht, raschem Verschleiß ausgesetzt. Das wird in einzelnen Verhaltensbereichen deutlicher als in anderen, am deutlichsten aber in dem der Sexualität. Frauen erscheinen nicht nur in Illustrierten als sexuelle Konsumartikel; das Make-up, selbst über barem Busen zu tragen, sorgt für eine genormte Verpackung;

Reklamen für teure Kleidung, Sportgeräte, Autos, Zigaretten und Schnaps sind Hintergrund und Rahmen zugleich; Preisschilder werden diskreterweise nicht gezeigt. Die Männer sind die Konsumenten, aber ihre Rolle ist nur scheinbar überlegen. Kommerzialisierte Sexualaufklärung, die sich als höchst anregender Zwischentext für Illustriertenreklame erwiesen hat, dressierte auch das Männchen von Homo consumens auf ein Sexualverhalten, das den Absatz der verschiedensten Güter steigert, aber den Mann selbst unbefriedigt lassen muß, ja ihn neurotisiert.

Zunächst einmal bemüht man sich, ihn durch ständige Konfrontation mit nackten und wohlgeschmückten Sekundenschönheiten nicht viel anders als den Pawlowschen Hund auf ein Frauenbild zu fixieren, das dem Umsatz der Kosmetikbranche besonders nützlich ist. Da solche Indoktrination nur sehr ungenügend gelingt, weil der Mann so leicht sexuell reagiert, daß es kaum möglich ist, ihm derartige Feinheiten beizubringen, hält man ihn an, sein in der Berufswelt eingeübtes Leistungsdenken auch auf die Sexualität zu übertragen. Wie im vollautomatisierten Haushalt das Glück der Bewohner darin liegt, daß sie mit ihrem Gerät getreu der Gebrauchsanweisung umzugehen wissen, so wird sexuelles Glück als Sache der perfekten sexuellen Technik hingestellt. Wer die richtige Bedienungsanleitung kennt – jede erogene Zone ein Knöpfchen, das in der richtigen Reihenfolge gedrückt werden muß –, der kann sich mit dem Prädikat «idealer Liebhaber» schmücken. Ständig durch sexuelle Reize angeregt, die der Verhaltensforscher «überoptimal» nennen würde (auch die Möwen Niko Tinbergens zogen eine übergroße Attrappe ihrem natürlichen Ei vor), entwickelt sich das Männchen von Homo consumens zum eifrigen Käufer potenzstärkender Mittelchen (deren Ingredienzen, wenn sie rezeptfrei verkauft werden, laut Gesetz keine spezifische Wirkung entfalten dürfen, was die Werbung geschickt umlügt), potenzweckender Literatur und aller der tausend Überflüssigkeiten, die durch eine dichtere oder losere Assoziationsbindung an Sex verkauft werden – Wodka und Zigaretten, Rasierwasser und offene Sportwagen, lederbezogene Klubgarnituren und Betten mit automatischer Matratzenverstellung.

Es ist interessant und deprimierend zugleich zu beobachten, wie die Pseudoaufklärer der Sexwelle die Begegnung der Geschlechter zu einem konsumsteigernden Vorgang zu machen wissen. Das Gerede über die «natürliche» Haltung zur Sexualität ist sehr trügerisch, ähnlich wie die «natürlichen» Make-ups der Pseudohippies auf dem Titelbild von Modezeitschriften. Haare darf die Sexpuppe aus Fleisch nur an der richtigen Stelle haben (auf dem Kopf), nicht ihr Körpergeruch zieht den Liebhaber an, sondern ihr Parfum.

Da in der Welt von Homo consumens alles leicht zu haben ist und in jedem Fall durch die richtige Leistung verfügbar gemacht werden kann, verlangt er heute einen Orgasmus, wie er von seinem Auto verlangt, daß es die im Prospekt versprochenen Beschleunigungs- und Höchstgeschwindigkeitswerte auch erbringt. So kommt es dazu, daß Frauen, die sich früher über ihre rücksichtslosen Männer beklagten, heute unter einem technisch perfekten Vorspiel leiden, das ihnen den Eindruck vermittelt, sie seien ein Apparat, der immer dann funktioniert, wenn man nur zur rechten Zeit die richtigen Körperstellen knetet oder reibt. Der Orgasmus *muß* einfach zustande kommen, denn er mißt die sexuelle Leistung, das Konsumziel, und damit das Glück. Gelingt er nicht, dann fühlen sich beide Partner als Versager, und jeder sucht nun die Schuld dem anderen zuzuschieben – ein beliebtes Neurose-Spiel, das naturgemäß durch die in der Sexwelle entwickelten Spielregeln immer häufiger wird.

Wie nicht anders zu erwarten, wird der Genuß gerade durch die gesteigerte Reflexion, die erhöhte innere Spannung behindert. Man kann sich fragen, welche Frauen glücklicher waren: die unserer puritanischen Ururgroßväter, die nicht einmal wußten, daß es einen Orgasmus gibt (und das eventuelle Fehlen dieses nicht vorhandenen Konsumgutes[8] deshalb auch gelassen ertrugen), oder die Frauen der Gegenwart, die sich selbst für frigide halten, weil sie nicht erkennen, daß sie auch im sexuellen Bereich demselben Reklameideal nachlaufen wie in der Kosmetik. So wird die angeblich «frigide» Frau ständig an ihr vermeintliches Versagen erinnert, weil die sehr verschiedenen geschlechtlichen Reaktionen des Menschen in das normierte, standardisierte Begriffssystem von Homo consumens nicht passen. Jeder Psychotherapeut kennt heute Frauen, die es immer wieder mit angeblich «guten» Liebhabern versucht haben. Enttäuscht und verängstigt suchten sie schließlich ärztliche oder psychologische Hilfe. Es müsse da wohl körperlich oder seelisch etwas nicht stimmen, denn trotz aller Versuche sei bisher kein Orgasmus aufgetreten.

Die Flut sexologischer Informationen, die Inflation anregender Bilder, die der Kampf um Auflagenhöhe und Anzeigenkunden in die Illustrierten bringt, und die ein Milliardenpublikum ansprechenden Filme über den Konsumartikel Sexualität – sie alle sorgen dafür, daß jeder, der dem sexuellen Ideal von Homo consumens nicht entspricht, diesen seinen Defekt niemals vergißt. Welcher Schaden hier angerichtet werden kann, erweist die Praxis der Psychotherapeuten.[9]

Eine 28jährige Mutter von zwei Kindern fürchtet sich vor den Intimitäten in ihrer Ehe. Die ersten sexuellen Kontakte waren sehr glücklich und für beide zufriedenstellend. Durch Illustrierte «aufgeklärt», habe ihr Mann dann darüber geklagt, daß sie nicht zum Orgasmus komme. Erst wußte sie gar nicht, was er meinte, weil sie durchaus zufrieden war. Dann orientierte sie sich in einem Aufklärungsbuch, spielte ihm jahrelang den Orgasmus vor, ekelte sich aber immer mehr vor dem Geschlechtsakt.

Eine 24jährige klagt über ihren Mann, der ein ausgeklügeltes «Vorspiel» schematisch durchexerziert, sich als «Liebhaber mit den besten Zeugnissen» rühmt, die Empfindungen seiner Frau aber stets dadurch beleidigt, daß er wieder «nur seine Masche abzieht». «Wenn ich wirklich einmal erregt bin, macht er mir alles kaputt!»

Ein 26jähriger Lehrer gerät in tiefe Depressionen, weil er seine annähernd gleichaltrige Frau zwar liebt, aber nicht mehr sexuell begehrt. Er wagt sich nicht mehr auf die Straße, weil ihn die an jedem Kiosk und Kino ausgestellten Bilder erregen. Solche Mädchen seien für ihn aber unerreichbar. Um seine psychogene Impotenz zu überwinden, hat er seiner Frau schon Kinderkleider gekauft.

Ein 30jähriger klagt über Impotenz und vorzeitige Ejakulation. Seine Frau hat ihm kalt erklärt, ihr früherer Freund sei ein guter Liebhaber gewesen, habe immer dies und das gemacht; sie erwarte, daß er es ebenso halte.

Diese Beispiele zeigen ganz deutlich, wie Homo consumens alle Verhaltensbereiche mit seinem Lebensstil durchtränkt. Aus Liebe wird Sexualkonsum. Die Liebenden machen sich gegenseitig zum Konsumgut. Mit Reizwäsche ausstaffiert, zieht man nach dem Genuß anregender Mittel und aufregender Bilder ein Präservativ mit Noppen über das Glied, steckt eine erregungssteigernde Prothese an die Vagina. Man rüstet sich mit pflegenden Schaumbädern, sprüht ein Deospray in die «Intimzone» (möglicherweise die Sonderausführung mit Bananen- oder Erdbeergeschmack) und legt eine Platte mit Liebesgestöhn auf. Wem das nicht genügt, der kauft sich eine lebensgroße Plastikpuppe, aufblasbar, aus «fleischähnlichem Vinyl», in «allen Einzelheiten überraschend lebensecht», die «ideale Spielgefährtin für Junggesellen».

Der eigene Leib als Konsumgut

Homo consumens ist sein Leib fremd geworden. Er hat das Vertrauen zu dem Leben in sich selbst verloren, fürchtet sich einerseits vor ihm und sucht es andererseits dauernd zu verbessern und zu manipulieren. Er denkt sich gar nichts mehr dabei, wenn man ihn in Anzeigen oder Werbespots für Deoseifen, Imtimsprays, Anti-Schweiß-Stifte systematisch der eigenen Leiblichkeit entfremdet. Das betrifft vor allem die Frauen, aber beileibe nicht nur sie.

Deodorantien mit chemischen Zusätzen sind unhygienisch – das heißt: ungesund –, da sie das natürliche Gleichgewicht der Milchsäure produzierenden Bakterien in der Scheide zerstören und den verschiedensten Infektionen Vorschub leisten. Dennoch duldet jede der Frauenzeitschriften, die stets von sich behaupten, für die Interessen ihrer Leserinnen einzutreten, entsprechende Reklamen.

Jeder Leser von Illustrierten kennt die rührende Bildergeschichte von dem erfolglosen Mädchen, das sich absolut nicht erklären kann, warum sich ihre Liebhaber von ihr abwenden, warum sie beim Tanzen sitzen bleibt. Endlich nimmt sie die gescheite ältere Freundin beiseite und sagt: Körpergeruch – da nehme ich immer die X-Seife. Und schon badet das Mädchen, von X-Seife umschäumt, und ist alsbald strahlender Mittelpunkt jeder Gesellschaft. Körpergeruch! Da er nichts kostet und individuell ist, kann ihn Homo consumens nicht dulden. Und weil die Frauen heute in ihrer Doppelrolle als Hausfrau und Berufstätige so überfordert werden, soll es schon Fälle geben, in denen das Deospray das Waschen nicht ergänzt, sondern ersetzt.

Die Entfremdung des Leibes geht bei Homo consumens noch einen Schritt weiter. Wie weit, das zeigt ein Leserbrief an die Zeitschrift *Petticoat*: «Hat noch jemand einen Ehemann wie ich? Er interessierte sich für mich, weil ich eine langbeinige Brünette bin. Heute nach sechs Ehejahren hat er Lust auf Abwechslung und sehnt sich nach einer vollbusigen Blondine. Er ist nicht weggelaufen oder untreu geworden. Ich habe vielmehr heute eine lange, seidige blonde Perücke und einen Brustexpander für die tägliche Gymnastik.»[10] Damit ist der Schlager vom Mädchen, das seine Maskerade wechselt, um ihrem Freund das Image des Sexualprotzes zu geben («Heute blond, morgen braun – jeder denkt, der hat Fraun...»), Lebenswirklichkeit geworden. Die Mode dient nicht mehr, die Frau zu schmücken und anziehend zu machen, sondern die Frau wird terrorisiert, sich dem gerade modischen Typ anzugleichen. Sie gleicht den Schwestern von Aschenputtel, die sich Ferse oder Zehen amputierten, um in den Schuh zu passen, der zum Überwechseln ins Rollenfach der Prinzenbraut verhalf. Nicht nur Mode, Kosmetik, Deodorantien zeigen, wie Homo consumens sich selbst zum Konsumgut macht, sondern vor allem auch sein widersprüchliches, zum Teil geradezu absurdes Verhalten im Bereich der Gesundheit. Zu keiner Zeit waren die Menschen gesundheitsbewußter, und zu keiner Zeit haben sie mehr getan, um ihre Gesundheit zu ruinieren. Homo consumens erwartet, daß er für seine Leistung in der Arbeitswelt, für sein Bestehen im Wettbwerb einer auf Konkurrenz basierenden Gesellschaft die Konsumgüter verdient hat, die er sich leistet. Er hat fast völlig die Fähigkeit verloren, sich außerhalb seiner Arbeit anzustrengen, zu verzichten, etwas zu tun, das sich nicht sogleich positiv in den Bilanzen von Erwerb, Leistung, Prestige, Lust niederschlägt. Deshalb ist auch sein Gesundheitszustand so miserabel. Er findet sich zwar oft bereit, etwas für seine Gesundheit zu tun (vor allem Geld für sie auszugeben), aber fast nie, etwas um ihretwillen zu lassen (etwa keine Zigaretten mehr zu kaufen, wieder zu Fuß zu gehen, sich nicht mehr bei jeder Mahlzeit «vollzufressen»). Nicht selten erschöpft sich seine Aktivität darin, von anderen zu verlangen, mehr für die Volksgesundheit zu tun, vor allem vom Staat. Weit mehr, als Gesundheitsregeln zu folgen, die unbequem scheinen und nichts kosten, neigt er dazu, sich nach Rezepten zu richten, die zwar teuer sind, aber seine Bequemlichkeit schonen und ihm doch das wohlige Gefühl geben, «etwas für sich zu tun»: Vitamine zu schlucken, durch Biotonica mit Lecithin für seine überbeanspruchten Nerven zu sorgen. Wenn eine Illustrierte den Besuch von Vorsorgeuntersuchungen in den neugeschaffenen Zentren für Diagnostik empfiehlt, dann hat sie, ganz zufällig, den brillanten Einfall für die Titelzeile: «Ihr Körper muß zum TÜV» – in Anlehnung an die alle zwei Jahre vorgeschriebene Inspektion des Autos, bei der die Verkehrssicherheit der Wagen geprüft und der Neuwagenabsatz der Autoindustrie beschleunigt wird. Es ist schon so: Homo consumens erlebt seinen

Körper wie eine Maschine. Die Faszination, die von Verjüngungskuren und von Herztransplantationen, von einem «Austauschmotor» sozusagen, ausgeht, spiegelt diese Haltung ebenso wider wie der geradezu erschütternde Arzneimittelkonsum.

Medikamente als Konsumgut sind ein Kapitel für sich. Sie verdanken ihre Beliebtheit und ihren riesigen Umsatz vor allem der festverwurzelten Neigung von Homo consumens, Schäden, die sein Konsumverhalten auslöst, durch eine Art Flucht nach vorn zu «bewältigen»: indem er noch mehr konsumiert. Wenn das Auto deine Heimatstadt verpestet – kauf dir ein Auto, um ihr zu entfliehen. Wenn du einen Kater hast, weil du zuviel getrunken hast, trink nicht weniger, sondern nimm Alka-Seltzer. Wenn du von dem Gestank in deinem verräucherten Zimmer Kopfschmerzen bekommst, mußt du nicht weniger rauchen, schluck lieber eine Schmerztablette. Du hast dir einen Diabetes angefressen? Nimm doch Antidiabetika. Chronischer Raucherhusten? Als ob es keine beruhigenden, reizstillenden Hustensäfte gäbe! Du kannst nicht einschlafen, weil du dich tagsüber mit starkem Bohnenkaffee und Zigaretten fit gehalten hast? Nein, ein Mann in deiner Position kann es sich doch nicht leisten, schlecht ausgeschlafen zu sein! Nimm lieber ein Schlafmittel! Morgen bist du dann nicht richtig frisch? Nichts leichter als das: Es gibt da Medikamente – du gehst los wie eine Rakete, sage ich dir!

Solche Reden hört Homo consumens gern; denn da wird kein Verzicht verlangt, sondern ihm «etwas geboten». Und wie die Reklame ihn manipuliert, so manipuliert er sich selbst, indem er sich jeden kleinen Schmerz medikamentös abtreibt und auf diese Weise verlernt, auf seinen Körper zu hören, seinen leisen Protest zur Kenntnis zu nehmen, die Ursachen für dieses oder jenes Unbehagen zu erforschen und abzustellen – falsche Diät, zuviel Fett oder zuviel Zucker im Essen, schlechter Wein, der Kopfweh macht, ein noch unmerklicher Leberschaden, ein überanstrengter Herzmuskel. Wie alle Unterdrückten kann sich der Körper nur noch durch eine Revolte wehren. Der Herzinfarkt, der angeblich ohne jedes Vorzeichen Männer im besten Alter aus einem «Schaffen in voller Lebenskraft herausreißt» – wie oft ist er nichts anderes als der Notschrei eines mehrere Jahrzehnte gepeinigten Organismus, der wie ein aufmuckender Automat bei jedem leisen Widerspruch durch das Einwerfen einer Schmerztablette, eines Schlafmittels, eines anregenden Amphetamins beschwichtigt und zur «richtigen» Reaktion gezwungen wurde? Hat man da nicht vorher rücksichtslos gefressen, geraucht, getrunken, gehetzt, den Körper verbraucht wie eine Maschine, die bei Verschleiß leicht wieder ersetzt werden kann?

Auch diese Entfremdung von seinem Leib verstärkt in einem Rückkopplungsprozeß die selbstzerstörerischen Verhaltensweisen von Homo consumens. Wer es verlernt hat, mit Genuß und Sorgfalt zu essen, wird auch die minderwertigen Fertiggerichte schlucken, die heute auf den Markt kommen. Wer glaubt, für seine Gesundheit seien Krankenkasse und Arzt zuständig, denn die würden ja schließlich dafür bezahlt, der wird ohne viel Protest vergiftete Luft einatmen und insektizidhaltiges Obst verspeisen. Wer in blindem Fortschrittsglauben annimmt, die Medizin werde schon für jede Krankheit eine Therapie finden, wird sich nicht aufregen, wenn seine Umwelt mit krebserzeugenden Stoffen und mit Radioaktivität verseucht wird. Nonchalant mag dann Homo consumens genüßlich an der Zigarette ziehen und sagen, angesichts der allgemeinen Luftverschmutzung komme es darauf nun wirklich nicht mehr an.

Homo consumens macht alles, womit er zu tun hat, zum Konsumgut, also auch seinen eigenen Körper und den Körper seiner Mitmenschen – ob es sich nun um den Sexualpartner handelt oder um jenes Massenvergnügen, das man irrtümlich Sport nennt. Die Sportler selbst wissen nur allzugut, daß sie heute, ähnlich anderen Gewerbetreibenden des Showbusiness oder der Prostitution, Konsumgut sind. Sie werden verbraucht, um der Trägheit und Passivität von Homo consumens einen aufregenden Widerpart zu bieten, und müssen deshalb auch rechtzeitig ihren Ruhm nutzen und auf eine geeignete Altersversorgung bedacht sein. Während sich 22 Spieler auf dem grünen Rasen, umgeben von Werbesprüchen, die Lunge aus dem Leib rennen, sitzt der Zuschauer da und treibt mit einer durch reichlichen Bierkonsum geölten Stimme «seine» Mannschaft an.

Der Leistungsheroismus der Spitzensportler, die jeden Tag acht Stunden trainieren, jagt dem Durchschnittsmenschen so viel Scheu ein, daß er lieber ganz auf Sport verzichtet. Und die Sportler selbst zeigen die Entfremdung ihrem Körper gegenüber. Das beweisen nicht zuletzt die zahllosen Fälle von Doping, von künstlichem Aufputschen der Leistungsfähigkeit, um auch die letzten Reserven herauszupressen. Daß man Doping bei Amateuren wie bei Profis verbieten und durch strengste Kontrollen die Übertretung der Verbote verhindern muß, zeigt, wie wenig dieser Sport mit seinen ursprünglichen Zielen zu tun hat.

Mit oft auf lange Sicht gesehen ruinösen Mitteln putscht sich der Sportler zu Höchstleistungen auf, etwa durch die Muskelmast des Gewichtshebers oder Kugelstoßers mit Hilfe von Überdosen männlichen Geschlechtshormons und zwanghaftem Steak-Essen. Ist dann der Rekord geschafft, stehen weitere nicht in Aussicht, hört die Hetze auf. Nicht selten wird aus dem ehemals «Aktiven», dem Leistungssportler, in wenigen Jahren ein durchschnittliches Exemplar von Homo consumens, das mit den Aussichten auf den Rekord jede Lust an körperlicher Übung (und an dem Beitrag, den sie durchaus zum menschlichen Selbstgefühl und zur Selbstverwirklichung leisten kann) verloren hat.

Das passive Konsumieren von Sport hat den Sport selbst ruiniert und ihn zu einer trivialen Form des Schaugeschäfts gemacht. Wie zu erwarten, entdeckte die Reklameindustrie, die eigentliche Leitstelle für das Verhalten von Homo consumens, inzwischen längst, wie attraktiv der Sportler für ihre Zwecke ist.

Konsum und Dummheit

Während Homo sapiens geschaffen ist, jeden Tag zu lernen und klüger zu werden, lebt Homo consumens heute in einer Situation, in der er von Tag zu Tag dümmer wird. Die Höchstleistungen in Wissenschaft und Technik von der Atombombe bis zum Mondflug sind kein Gegenbeweis und nicht einmal ein Alibi. In ihnen mag sich der «Prothesengott» Mensch, wie ihn Sigmund Freud nannte, eindrucksvoll selbst begegnen. Die Wirklichkeit sieht anders aus. Wenn schon der Prothesengott zum simplen Menschen wird, sobald man ihn seiner eindrucksvollen Hilfsmittel beraubt, so droht der Prothesenmensch Homo consumens nicht einmal mehr ein Mensch zu bleiben, sobald man ihm seinen gekauften Flitter nimmt, sein Automobil stillegt, seine Fernsehkanäle verstopft, Supermärkte und Kaufhäuser schließt.

> «Ein Toilettensitz aus vierzehnkarätigem Gold
> (Kostenpunkt: 3000 Dollar).»
> Angebot aus einem amerikanischen Warenhaus

Wirklich ernst zu nehmen ist dieser Prozeß der Verdummung erst, wenn man bedenkt, daß er innerhalb weniger Generationen nicht mehr umkehrbar sein wird. Wie rasch das geschieht, zeigt sich etwa beim Handwerk. Es ist sehr schwierig, neue Möbel zu finden, die an Qualität an die alten heranreichen. Glasmalereien, die so gut sind wie die vor fünfhundert Jahren, wird heute niemand mehr herstellen. Die kunsthandwerklichen Betriebe in einer Stadt wie Florenz mit ihrer langen, ruhmreichen Tradition stellen sich jetzt durchweg auf Massenproduktion um. Schon 1970 war auch in einem damals noch relativ wenig entwickelten Land wie Italien die Kombination zwischen hoher handwerklicher Fähigkeit und künstlerischer Begabung kaum mehr zu finden. Gute Holzschnitzer, Ziseleure, Kupferstecher, Steinmetzen sterben aus. Die Künstler flüchten sich vor dem Gegenstand in die Abstraktion und glauben neue Ausdruckswelten zu erschließen. Nur wenige folgen ihnen nach; Homo consumens gewiß nicht. Er hält sich an Kitsch – an Polstergarnituren in einem Stil, der aus unerfindlichen Gründen «altdeutsch» genannt wird («Wohnwand, altdeutsch, sehr repräsentativ, Eiche gebeizt, antik bearbeitet... Polstergarnitur, altdeutsch, mit beidseitig verwendbaren Kissen... Knauf und Kugelfüße Buchenholz antik, Kissen aus Polyäther-Schaumstoff»), an die «Übertopfserie ‹Gotik›, eine neuartige, interessante Bereicherung seiner Wohnkultur! Motive nach mittelalterlichen Steinmetzarbeiten aus Kunststoff (sic!), zum Direktbepflanzen geeignet» – in Gold, Patinagrün oder Rot zu haben; an Zinngeschirr, dekoriert mit Auerhähnen und Jagdhunden; an Scheußlichkeiten aus Original-Muranoglas, an die Hollywoodschaukel und den Barockputto aus wetterfestem Kunststoff mit Natursteineffekt, dem man eine Pflanzenschale auf den Kopf schrauben kann.

Da Homo consumens das Leben in den Großstädten bevorzugt, in denen man reichlicher verdienen und mehr einkaufen kann, werden bald etwa 90 Prozent der Bevölkerung in ihnen leben. Vor fünfzig Jahren waren es nur 15 bis 30 Prozent. Der Natur entfremdet, macht es Homo consumens nicht mehr viel aus, sie zu zerstören. Wer kennt noch 100 verschiedene Pflanzenarten? Sie zu unterscheiden, waren bereits Jäger und Sammlervölker auf altsteinzeitlicher Kulturstufe fähig, wobei jedes erwachsene Mitglied der Gruppe über dieses Wissen verfügte. Homo consumens wird sagen, er sei doch kein Botaniker, wenn er eine Erle nicht von einer Ulme unterscheiden kann, er sei kein Ornithologe, wenn er eine Taube für einen Falken hält, kein Agronom, wenn er den Unterschied zwischen Winter- und Sommergetreide nicht mehr kennt. Und weil er im blinden Konsumieren, wie es die Reklame wünscht (der ja ein auf dem Niveau bedingter Reflexe funktionierender Menschentyp am allerbequemsten ist), jedes Verständnis für natürliche Zusammenhänge einbüßte, stört es ihn auch nicht mehr, wenn man Autobahnen durch unberührte Wälder legt («das ist billiger als durch eine Wohngegend»), wenn man reizvolle Moorlandschaften («sind ohnedies zu nichts nütze») in Großflughäfen verwandelt oder verlassene Steinbrüche, in denen eine Fülle seltener Orchideen gedeiht, als Müllgruben nutzt.

Es wäre ganz falsch, diese Dummheit, die sich im Verhalten von Homo consumens von Generation zu Generation deutlicher ausprägen wird, allein als intellektuellen Defekt anzusehen. Weniger das Denken an sich ist gestört, als seine Selbständigkeit, die Bereitschaft, größere Zusammenhänge zu sehen und sich nicht willenlos manipulieren zu lassen. Vor allem aber ist die Sinnlichkeit von Homo consumens schwer beeinträchtigt. Wenn er vor die Wahl gestellt wird, seinen Sinnen oder dem Marktgeschrei der Werbung zu trauen, dann entscheidet sich Homo consumens für das letztere. Die Frau, die sich ohne Make-up, lackierte Nägel, bemalte Augen und gefärbte Haare einfach nicht mehr schön finden kann, ist ein Beweis dafür. Aber solche Beweise finden sich in sehr vielen Lebensbereichen. Es ist bekannt, daß auch routinierte Raucher keinerlei Unterschied zwischen verschiedenen Zigarettenmarken feststellen können, wenn man die Etiketten entfernt oder ihnen die Augen verbindet. Dennoch pflegen sie auf «ihre» Marke zu schwören. Sie haben gelernt, ihre Sinne zu vergewaltigen und lieber der Reklame zu trauen, die ihnen als Prämie für diese Selbstverdummung unhaltbare Versprechungen macht. Noch viel ausgeprägter ist das beim Essen.

Da Homo consumens der Reklame, selbst wenn er über sie schimpft, mehr Glauben schenkt als seinen Sinnen, ist es für die Produzenten, die seine künstlich geschürten Bedürfnisse befriedigen, gar keine Frage mehr, welchen Weg man einschlagen muß, wenn man vor der Alternative steht, mehr zu werben, aber die Qualität zu verschlechtern oder weniger zu werben, aber die Qualität zu verbessern. Deshalb werden Unsummen in neue Packungen investiert, eben weil Homo consumens in seinem Fortschrittsglauben den neuen Fruchtsaft allein deshalb für gut hält, weil er neu ist, und dafür auch eine geringere Menge und einen etwas erhöhten Preis in Kauf nimmt.

Nicht anders als durch eine fortschreitende Verdummung kann man es auch erklären, wenn immer wieder für überteuerte Konsumgüter geworben werden darf – was ja dafür spricht, daß sie auch verkauft werden –, von denen jeder wissen sollte, daß sie auf gar keinen Fall erfüllen können, was die Reklame verspricht. Da gibt es Salben, die einen schlaffen Busen «straffen», «Super-Sauna-Anzüge» oder eine «Spezial-Schlankheitskosmetik-Creme extra stark», von der Homo consumens offensichtlich tatsächlich glaubt, sie ziehe die Fettpolster aus der Haut hervor. Was den «Sauna-Anzug» angeht, so nimmt Homo consumens offenbar an, der Mensch könne Fett ausschwitzen wie ein Spanferkel am Spieß.

Die Reihe solcher Beispiele ließe sich lange fortsetzen. Besonders unerfreulich ist, daß die ärmsten Sozialschichten mit dem geringsten Bildungsniveau den verdummenden Einfluß einer von Homo consumens beherrschten Gesellschaft am stärksten spüren. Sie, die am ehesten haushälterisch mit ihrem geringen Einkommen umgehen müßten, schenken selbst den dümmsten Versprechungen Glauben, weil für sie jeder Zweifel an den Massenmedien einer Majestätsbeleidigung gleichkommt und sie gar nicht mehr fähig sind, zwischen Reklame und Nachrichten zu unterscheiden. Besonders krasse Beispiele dafür habe ich in Italien gesehen, wo heute auch die ärmsten Halbpächter ein Fernsehgerät in der Wohnküche stehen haben, mit einer Plastikhülle gegen hereintropfenden Regen geschützt. Wenn man sie nach den Motiven für bestimmte, absurde Einkäufe fragt (etwa eine nagelneue Nähmaschine, obschon die alte ebensogut funktionierte), dann antworten sie mit genau den Sprüchen, die sie aus der Fernsehwerbung kennen. Ob es um Kunstdünger geht oder um Kaffee, immer wird gekauft, was im Fernsehen, das man offensichtlich für unfehlbar hält, angepriesen wurde.

Weitere Gründe für die Verdummung von Homo consumens haben wir schon angedeutet. Die immer mehr abnehmende Bindung an schöne, gut gearbeitete und erhaltenswerte Dinge verhindert, daß Homo consumens sich für die Gegenstände, mit denen er umgeht, wirklich interessiert und sie erforscht. Er kennt nicht nur keine Vögel, Blumen oder Bäume mehr, sondern er weiß auch nicht mehr, wie ein Radio funktioniert, wie man die Kohlen eines Elektromotors erneuert oder ein Türschloß repariert. Konsumartikel, die ja um ihres Absatzes und der Massenproduktion willen normiert, der Mode unterworfen und leicht ersetzbar sein müssen, ermutigen nicht dazu, sie eigenhändig reparieren zu lernen. Solche Reparaturen «lohnen sich nicht mehr» – für die produzierende Firma, die am Absatz eines neuen Geräts mehr verdient, auch wenn am alten nur ein winziger Defekt vorliegt, den ein geschickter Mechaniker in zwei Minuten beheben könnte. Aber der Mechaniker wird sich entmutigt abwenden, denn man hat ihm die Arbeit so schwer wie möglich gemacht. Das Kunststoffgehäuse etwa ist verschweißt, so daß man es gar nicht öffnen kann, ohne es zu beschädigen. Die Metallverbindungen sind genietet, nicht geschraubt, so daß es nicht möglich ist, ein Einzelteil auszuwechseln. So hat, wer sich ein solches Gerät kauft, ein Stück Verschwendung erworben. Homo consumens achtet zuallerletzt auf reparaturgünstige Konstruktion. So kommt es, daß zwar Fahrwerk und Motor unserer Autos immer leistungsfähiger werden, die Wagen aber auch immer schwieriger zu reparieren sind. Wegwerf- und Austauschteile beginnen zu dominieren. Die Dinge, mit denen sich Homo consumens umgibt, sind oft sehr rasch defekt, aber ihre Konstrukteure scheinen an diese Möglichkeit gar nicht gedacht zu haben. Hinter den glatten, gefälligen, lackierten oder polierten Oberflächen verschundet die Produktion. Die Dummheit des Käufers, seine blinde Verschwendungssucht sind ja eingeplant. Indem man voraussetzt, daß er ohnedies nichts reparieren will, hindert man ihn, es zu erlernen, sein Wissen zu erweitern, seine Fertigkeiten zu üben. So wird der Prothesengott nach seinen Hilfsmitteln süchtig: unabhängig von ihnen kann er nicht mehr leben.

Man könnte einwenden, daß es für den Menschen noch nie so leicht gewesen wäre, sich umfassend zu informieren, wie heute im Zeitalter von Homo consumens, in dem ein Drittel der Weltbevölkerung fast 90 Prozent der irdischen Güter produziert und verbraucht.[11] Man könnte etwa den Pop-Propheten und begeisterten Bewunderer von Werbespots, Marshal McLuhan, zitieren, der die elektronischen Medien als Erweiterung des menschlichen Nervensystems über den ganzen Planeten ansieht. McLuhan glaubt, jeder nehme durch den ständigen Fluß von Informationen über den ganzen Erdball hin ständig am Schicksal zahlreicher anderer Menschen teil. Die Welt sei zu einem Eingeborenendorf geworden. Aber der Medienforscher – mehr Essayist als Empiriker – übersieht, daß dieser Informationsfluß Homo consumens nicht aktiviert, sondern ihn passiv macht. Die ständig von überall her auf ihn eindringenden Sensationen haben keine universelle Teilnahme, sondern weit eher eine allgemeine Teilnahmslosigkeit produziert. Zudem wollen die Massenmedien es dem Zuschauer so bequem wie möglich machen. Sein künstlich erweiterter Horizont ist aus den leeren Fassaden Potemkinscher Dörfer zusammengesetzt. Niemand ermutigt ihn, etwas weiter nachzuforschen, denn morgen steht schon wieder etwas Neues auf dem Programm. Und indem Homo consumens jeden Tag die Stunden seiner Freizeit mit dem Verbrauch eines schwachen Aufgusses vielfältiger Eindrücke ausfüllt, wie ihn das Fernsehen frei Haus liefert, verliert auch sein eigenes Leben die Tiefendimension. Er gewöhnt sich unmerklich daran, seine Umwelt so zu betrachten, wie sie ihm der Bildschirm gewöhnlich zeigt: oberflächlich, konsum- und fortschrittsgläubig (was in Ländern mit kommerziellem Fernsehen wohl noch ausgeprägter ist als in denen mit staatlichen Fernsehanstalten). Der Ehemann, der zuerst eine langbeinige Brünette heiratet und nach sechs Jahren eine vollbusige Blondine wünscht, spiegelt diesen Prozeß sehr deutlich wider; das Publikum, das einen blutig ernsten Bankraub, von Fernsehberichten angelockt, mit Pfiffen, Gejohle und Beifallsklatschen feiert, als handle es sich um eine Fernsehshow, nicht minder.

Schon immer sind die Menschen mit vorfabrizierten Lebensschicksalen und Leitbildern konfrontiert worden. Selbst die urtümlichsten Kulturen der Jäger und Sammler verfügten über eine reiche Mythologie, in der typische Verhaltensprogramme niedergelegt und in allen ihren Konsequenzen durchleuchtet wurden. Die Griechen der Antike beobachteten vorgeformte Denk- und Erlebnisformen in ihren Schauspielen, die Christen in Liturgie und Legende. Aber die Konfrontation mit diesen das Verhalten prägenden Bildern dauerte immer nur kurze Zeit; die Konsequenzen mußten vom einzelnen selbst gezogen und erarbeitet werden. Im Fernsehen aber werden die Leitbilder in einer solchen Dichte und unerschöpflichen Fülle angeboten, daß der Verbraucher sie passiv konsumieren kann, ohne auch nur einen Augenblick über sein eigenes Leben nachzudenken und es gegenüber dem breiten Angebot an Cowboys und Detektiven, Kommissaren und Playboys, schönen Frauen und Showmasters abzugrenzen oder zu verwirklichen.

Marx hat von dem entfremdeten Industriearbeiter seiner Zeit gesagt, er sei in der Arbeit außer sich und nur außerhalb der Arbeit wirklich bei sich. Das stimmt für Homo consumens nur noch teilweise. Seine Arbeit mag bequemer, die Zeit, die er für sie aufwendet, kürzer geworden sein. Aber nicht nur seine Arbeit ist entfremdet, sondern auch der größte Teil seiner Freizeit, den er ja vor dem Fernsehgerät verbringt. Mit Neuigkeiten überfüttert, wird Homo consumens allmählich so abgestumpft und verdummt, daß er, den man auffordert, sich für so vielerlei zu interessieren, endlich für gar nichts mehr (sein unmittelbares Wohlergehen ausgenommen) Interesse aufbringt. Wer heute wirklich etwas verändern und nicht nur über Veränderungen reden will, der muß sich überlegen, ob er sein Anliegen durch die Massenmedien verbreiten sollte. Ist es erst einmal in eine eingängige Form gebracht, so mag Homo consumens sich vielleicht ein wenig davon beeindrucken lassen. Morgen aber wendet er sich wieder einem anderen Thema zu und wird, auf das erste angesprochen, müde abwinken: «Kenne ich schon.» Da die Massenmedien einfach gezwungen sind, Banalitäten zu Sensationen aufzublasen, glaubt Homo consumens sehr rasch, man setze ihm auch bei der Behandlung wirklich ernster Probleme wie etwa dem Umweltschutz ebenso Unwichtiges vor. Da es unmöglich ist, ein Thema wirklich stets seiner Bedeutung entsprechend zu gestalten (was von den Massenmedien, die ja vorwiegend Anzeigen unter die Leute bringen und nicht objektiv berichten wollen, meist auch gar nicht versucht wird), führt das ständige Aufblähen von Unwichtigem (Treuer Hund stirbt am Grab seines Herrn; Playboy X läßt sich scheiden, neuer Weltrekord im Goldfischverschlucken, Bankraub, Flugzeugentführung, Geiselnahme) endlich dazu, daß es für Homo consumens nichts Wichtiges mehr gibt.

Indessen produzieren die Massenmedien eben die Erscheinungen, die sie emphatisch beklagen. Bankraub mit Geiselnahme, Flugzeugentführung, Rauschgiftsucht und andere «modische» Delikte. Wie viele Kidnapper gäbe es ohne die sensationell aufgemachten Zeitungs- und Fernsehberichte? Wie viele Flugzeuge werden entführt, wie viele Banken beraubt? Welcher Jugendliche würde sich mit Haschisch und Opiaten zugrunde richten, wenn man nicht unaufhörlich über die künstlichen Höllen und Paradiese durch diese Drogen in der verlogensten Form berichtet hätte?[12]

Je dümmer ein Mensch ist, desto bereitwilliger konsumiert er blindlings. Dummheit betrifft hier nicht nur Intelligenzschwäche, sondern vor allem auch mangelnde Kritikfähigkeit, Schubladendenken, fehlendes Vertrauen in die eigenen Sinne. Je ausgeprägter diese Dummheit von Homo consumens ist – und sie wird sich, wenn nichts geschieht, von Generation zu Generation verstärken –, desto schwieriger wird es auch sein, klügerer Lösungen zu entwickeln und durchzusetzen. Schon heute glauben viele Menschen, es sei Ausdruck eines sozialen Verantwortungsgefühls, zu konsumieren, denn sonst ginge die Wirtschaft zugrunde. Daß heute die Produktion überflüssiger Güter die miserabelste Art ist, sichere Arbeitsplätze zu haben, sehen sie gar nicht mehr.

Der Formel «verdummen durch konsumieren» kann und muß man die Formel «lernen statt kaufen» entgegensetzen. Was Erziehung, Schulen und Gesundheitswesen angeht, sind die Industriestaaten in vieler Hinsicht unterentwickelte Länder. Hier gäbe es Arbeitsplätze, die weder den Menschen verdummen noch dazu beitragen, durch die Produktion von Schund unsere Umwelt zu zerstören. Und wenn dumme Menschen besonders viel konsumieren, so besteht auch die Hoffnung, daß mit dem Wachsen von echter Bildung, von Wissen um natürliche Zusammenhänge die rapide Vermehrung von Homo consumens eingeschränkt wird und Homo sapiens wieder die Oberhand gewinnt.

2. Die Erziehung zum Konsumenten

Leistungsdressur und Konsumverhalten

Weshalb eigentlich hält Homo consumens an einem Verhalten fest, das seine Umwelt und ihn selbst zu zerstören droht? Warum erkennt er die Unmoral nicht, die darin liegt, die Rohstoffquellen der Erde zu erschöpfen und das Überleben seiner Kinder aufs Spiel zu setzen, um seine künstlich angestachelten Bedürfnisse nach Überflüssigem zu befriedigen? Wenn Homo consumens in seinem Überfluß, in seinem Komfort wirklich glücklicher wäre als die Armen der Dritten Welt! Aber ist er das?

Das Konsumverhalten hat sehr viele Wurzeln. Wir wollen hier vorwiegend seine psychologischen Ursachen untersuchen. Seine ökonomischen Bedingungen hat John Kenneth Galbraith in seiner Arbeit über die Überflußgesellschaft bereits bloßgelegt.[13] Wie bedrohlich die Situation sich entwickeln würde, hat Galbraith in den fünfziger Jahren, als seine Untersuchung entstand, noch nicht absehen können. Globale Vergiftung und drohende ökologische Katastrophen zeichnen sich erst seit etwa zehn Jahren am Horizont der Welt von Homo consumens ab. Unsere Studie über die psychologischen Motive des menschlichen Konsumverhaltens versucht eine Synthese sozialgeschichtlicher, lernpsychologischer und psychoanalytischer Erkenntnisse zu geben. Jedes menschliche Verhalten ist ja durch viele Faktoren bestimmt.

Als erste Wurzeln des Konsumverhaltens müssen wir die Leistungsgesellschaft sehen, deren immense technische Fortschritte zur industriellen Produktion geführt und damit die wichtigste Voraussetzung für den Massenkonsum geschaffen haben. Weiterhin spielen grundlegende menschliche Eigenschaften eine wichtige Rolle, vor allem die Lernfähigkeit, deren Resultate man «Gewohnheiten» nennt. Sie dient insbesondere dazu, einen einmal erreichten Konsumpegel zu erhalten und binnen weniger Jahre den Verzicht auf zuvor unbekannte Annehmlichkeiten zu einer scheinbar schwierigen Aufgabe zu machen. Eine weitere bedeutsame Ursache des süchtigen Komsumverhaltens ist die vitale Frustration – was das ist, soll später erläutert werden –, die Homo consumens durch materielle Scheinbefriedigung zu kompensieren sucht.

Die Kenntnis dieser drei Aspekte des Konsumverhaltens – des historischen, des lernpsychologischen und des psychoanalytischen Aspekts –, die im folgenden untersucht werden sollen, macht auch die wichtigsten Mechanismen der Verführung zum Konsum durch Reklame und den bis zum Konsumterror gesteigerten sozialen Druck durchschaubar. Als Grundprinzip der Reklame wird dabei deutlich, daß stets Wesentliches – Glück, Liebe, Jugend, Gesundheit, Zufriedenheit, Sozialprestige, Erfolg – als verkäuflich hingestellt, tatsächlich aber Unwesentliches verkauft wird, das oft das Versprechen sogar in sein Gegenteil verkehrt, indem es Einsamkeit, Erfolglosigkeit und Krankheit einbringt.

Ein zusammenfassendes Modell der Erziehung zum Konsumenten, in dem viele Züge von Homo consumens kraß und übersteigert zutage treten, ist die Entstehung der Rauschgiftsucht. Rauschgift ist ein geradezu ideales Konsumgut, das deutlich macht, worauf es bei der Erziehung zum Konsumenten ankommt und auf welche Schwierigkeiten die Selbstentwöhnung von Homo consumens stößt.

Prinzip Leistung

Man muß sich hüten, Homo consumens als passives Wesen zu sehen, das nur an sein Vergnügen und seine Bequemlichkeit denkt. In seinem verschwenderischen Gehabe steckt etwas von Grund auf Unfrohes, eine Art Zwang, die man vielleicht auf die Formel bringen kann: «Hast du was, bist du was.» Wer sich mehr leisten kann, wer mehr konsumiert, der ist auch mehr wert, eben weil in seinem Konsum deutlich wird, daß er mehr geleistet hat, daß er «besser» war als ärmere Leute. So gesehen ist Homo consumens eine folgerichtige Weiterentwicklung des von der Prädestination überzeugten Kapitalisten, dessen ideologische Prägung durch die protestantisch-puritanische Ethik Max Weber gezeigt hat. Wer annimmt, daß Gott die Auserwählten bereits durch irdische Güter auszeichnet, der wird in seinem Konsum ein gottgefälliges Werk sehen. So theologisch denken aber nur mehr die wenigsten Menschen. Bezeichnend genug glauben sie heute, dem großen Götzen Mammon – der Wirtschaft – zu dienen, wenn sie konsumieren.

Doch scheint es notwendig, diesen Zusammenhang tiefenpsychologisch zu interpretieren. Nur dann werden die zwanghaften, kollektivneurotischen Wurzeln des Konsumierens in der Überflußgesellschaft deutlich. Sie aufzudecken ist notwendig; denn wer sich vom Konsum emanzipieren will, muß erst einmal die eigenen Motive genauer kennenlernen. Es kann kein Zufall sein, wenn ausschließlich von einer christlich bestimmten Moral geprägte Gesellschaften den Typ des Homo consumens hervorgebracht haben, wie wir ihn kennen. Besonders fesselnd an diesem Zusammenhang scheint, daß die Ethik des Evangeliums ja ausdrücklich freiwillige Armut und Besitzlosigkeit verlangt. Die frühen Christen haben diese Forderungen auch akzeptiert. Als die Kirche hingegen nicht nur selbst zu einer staatstragenden Kraft wurde, sondern auch ihrerseits eine strenge Hierarchie aufbaute, mußte diese Haltung offensichtlich aufgegeben werden. Geblieben ist eine weitgehend triebfeindliche Moral, die den Menschen als leibliches Wesen zu unterdrücken versucht.

Man kann diese Moral – die mit der Lehre Christi selbst nur sehr wenig zu tun hat, aber offensichtlich dazu beitrug, das organisierte Christentum zu einer außerordentlich erfolgreichen Religionsform zu machen – dadurch charakterisieren, daß den Menschen zunächst einmal ein massives Schuldgefühl eingeimpft wurde, indem man ihnen ihre natürlichen Wünsche und Bedürfnisse als unmoralisch, minderwertig, als Ausdruck von Perversion und Erbsünde schilderte. Da jeder Mensch die entsprechenden Wünsche und Bedürfnisse hat, konnte kaum einer dem Schuldbewußtsein entrinnen, das ihm von Kindheit an eingeimpft wurde. Wenn man will, hat die Kirche hier zum erstenmal in großem Maßstab ein Bedürfnis künstlich produziert, um den Menschen zu bestimmten Verhaltensweisen zu zwingen. Indem sie einerseits ein massives Schuldgefühl weckte und dem Gläubigen als Folge seiner natürlichen Triebhaftigkeit die ewige Verdammnis ankündigte, schaffte sie den idealen «Konsumenten», den zwanghaft-getreuen Abnehmer für ihre «Gnadenmittel», für Beichte, Absolution, Ablaß. Nun ist es für den Menschen sehr schwierig, ständig mit einem Schuldgefühl zu leben, das jedoch in der triebfeindlichen Erziehung schon von Kindheit an produziert wird. Die Psychoanalyse spricht von einem «Über-Ich», das als «Erbe des Ödipuskomplexes» gilt. Weniger verschlüsselt gesprochen: Das Kind macht sich die Verbote der Eltern zu eigen, die es mit den verschiedensten Drohungen (Liebesentzug, Strafe, Kastration) dahin bringen, seine sexuellen, seine Macht- und Geltungswünsche zu verleugnen. Die Gebote werden «verinnerlicht», zu einer seelischen Instanz erhoben. Nicht mehr die Mahnung von außen bringt das Kind nun zu «moralischem» Verhalten, zum Verzicht auf Triebbefriedigung, sondern die innere Stimme des Gewissens. Was aussieht wie ein Freiheitsgewinn – denn mit dem Erwerb des Über-Ich «braucht» das Kind die elterlichen Verbote nicht mehr –, ist zugleich auch ein Freiheitsverlust. Die äußeren Einflüsse der Eltern (und der ganzen Erziehungswelt) sind zwar überflüssig geworden; dafür aber ist der betreffende Mensch sein Leben lang an den verinnerlichten Einfluß gekettet. Immer wird er, auch der eigenen Einsicht zum Trotz, etwa die Sexualität als schuldbelastet erleben, selbst wenn er aus Protest zwanghaft geschlechtliche Kontakte sucht und äußerlich «hypersexuell» erscheint.

Das von einer triebfeindlichen Moral geprägte Über-Ich ist ein Kompromiß, den man nur deshalb nicht erkennt, weil in unserer Kultur, so der Schweizer Psychoanalytiker Harold Lincke, sein Fehlen noch weit nachteiligere Folgen hat als sein Vorhandensein. Der so geprägte Mensch lebt nicht glücklich mit diesem Kompromiß. Oft gerät er in Konflikte mit seinem Über-Ich und sieht sich gezwungen, nach einer möglichst reibungslosen Lösung dieser Konflikte Ausschau zu halten. Diese Lösung soll vor allem dazu dienen, die aus den trieb- und lebensfeindlichen Verboten des Über-Ich erwachsenden Ängste und Schuldgefühle abzuwehren.

Psychoanalytisch gesehen, dient das intensive Erfolgs- und Leistungsdenken, wie es auch Homo consumens auszeichnet, von früher Kindheit an (genauer mit der Überwindung des Ödipuskomplexes etwa ab dem sechsten Lebensjahr in der sogenannten «Latenzzeit») dazu, mit Über-Ich-Ängsten fertig zu werden. Menschliches Leistungsstreben ist zunächst eine durchaus gesunde und natürliche Ichleistung. Sie wird erst sekundär in den Dienst der Abwehr von Schuldgefühlen gestellt und erhält dadurch den zwanghaften Charakter der Leistungshaltung des typischen Zivilisationsmenschen westlicher Prägung.

Harold Lincke [14] hat noch auf eine zweite Möglichkeit, solche Ängste abzuwehren, hingewiesen: Das Ich des erfolgsorientierten Bürgers paktiert mit dem Über-Ich, es wird mit den leibfeindlichen moralischen Postulaten gewissermaßen identisch. Dieses Bündnis gibt der betroffenen Kultur eine Stärke und Überlegenheit, die sie höchst erfolgreich machen muß. Es bringt Menschen hervor, die ihre Aufgabe über alles stellen, die sich nicht durch das Streben nach Lust und Bequemlichkeit zurückhalten lassen – Erfinder, Entdeckungsreisende, ausdauernde Soldaten, kalte Planer, die sich mit rücksichtslosem Ehrgeiz durchsetzen. Erkennen wir hier nicht ein gesellschaftliches Ideal, wie es noch immer vorherrscht?

Diese Form der Abwehr koppelt sich mit den beiden anderen, schon von den Psychoanalytikern Anna Freud und Erik H. Erikson beschriebenen Abwehrmechanismen der Initiative und des Leistungsstrebens zu dem sehr starken Drang, die Umwelt zugunsten der eigenen Forderungen zu unterjochen. Wenn Herbert Marcuse dem Realitätsprinzip, das Freud als wichtigste Richtschnur für das angepaßte menschliche Verhalten bewertete, als «vorherrschende historische Form» das Leistungsprinzip gegenüberstellte[15], so ist die Welt von Homo consumens zusätzlich vom Prinzip des Sichleistenkönnens beherrscht. Darin liegt eine Paradoxie, die in mancher Hinsicht die bereits von Karl Marx im *Kommunistischen Manifest* ausgesprochene Prognose bestätigt, daß die kapitalistische Bourgeoisie nicht existieren kann, «ohne die Produktionsinstrumente, also die Produktionsverhältnisse, also sämtliche gesellschaftlichen Verhältnisse fortwährend zu revolutionieren».

Eben jener von einer triebfeindlichen Moral geprägte Zwangstyp, der «anale Charakter», wie ihn Freud nannte, hat die Überflußgesellschaft geschaffen. Nun soll er nicht mehr verzichten und hart gegen sich sein, sondern er muß sich möglichst viel Bequemlichkeit kaufen. Freud hat in einer Studie über «libidinöse Typen» diesen Anal- oder Zwangscharakter so geschildert: «Er zeichnet sich durch die Vorherrschaft des Über-Ichs aus, das sich unter hoher Spannung vom Ich absondert. Er wird von der Gewissensangst beherrscht an Stelle der Angst vor dem Liebesverlust, zeigt eine sozusagen innere Abhängigkeit anstatt der äußeren, entfaltet ein hohes Maß an Selbständigkeit und wird sozial zum eigentlichen, vorwiegend konservativen Träger der Kultur.»[16]

Eben durch ihre verinnerlichten Normen, ihre Fähigkeit zu angestrengter, selbständiger Arbeit, um derentwillen unmittelbare Befriedigung (das «Lustprinzip») zugunsten des Leistungsprinzips aufgeschoben wird, haben die Ahnen von Homo consumens jene Welt aufgebaut, in die er nun hineingeboren wird. Wir sehen uns hier unter einem etwas veränderten Blickwinkel mit eben dem Vorgang konfrontiert, den bereits Marx und Engels geschildert haben. Der Kapitalismus, der diesen verinnerlichten Normen, diesem anal-zwanghaften Charaktertypus als vorherrschender Persönlichkeitsstruktur seinen Aufbau verdankt – die Geschichte fast jedes der großen «Selfmademen» in den Vereinigten Staaten ist ein Beweis dafür –, wird durch den Aufbau der Überflußgesellschaft in einen inneren Widerspruch gedrängt, der eben das Ende dieser Produktionsform herbeizuführen droht oder verspricht, je nachdem, von welcher Seite her man die Situation betrachtet. Aber während Marx noch glaubte, daß durch die entstehenden, sich immer weiter vertiefenden Widersprüche des Kapitalismus diesem selbst ein Ende gesetzt würde – durch die immer zunehmende Akkumulation des Kapitals auf der einen, die positiv beschleunigte Verelendung der Arbeitermassen auf der anderen Seite –, verlief die tatsächliche Entwicklung ganz anders. Homo consumens wurde «entdeckt».

Die Entwicklung der Sozialdemokratie zeigte die Kompromißbereitschaft der zum Kleinbürgerstatus emporsteigenden Proletarier, während andrerseits die Söhne und Enkel der hartgesottenen Frühkapitalisten einsahen, daß Armut und Not der breiten Massen ihre Position nicht stärkten, sondern gefährdeten. Wesentlich ist dabei, daß mit der zunehmenden Verbürgerlichung des «entwurzelten Proletariats» alle Sozialschichten von eben jenen verinnerlichten Normen erfaßt wurden, die in der Anfangszeit der Industrialisierung nur die Ober- und Mittelschicht beherrschten. Reinlichkeit, Sauberkeit, autoritärer Zwang in der Erziehung, diese Merkmale breiteten sich in der sozialen Hierarchie immer weiter nach «unten» aus. Je mehr die Industrie dabei mechanisiert und automatisiert wurde, desto notwendiger war es auch, daß die Arbeiter selbständig handeln lernten, ohne stets einen Aufpasser im Rücken zu haben.[17]

Die industrielle Produktion hat rasch ihre Märkte erschöpft und die ursprünglichen Bedürfnisse der Menschen weitgehend befriedigt. Um ihre Zuwachsrate aufrechtzuerhalten, mußte sie neue Märkte erschließen, indem sie neue Bedürfnisse produzierte. Dabei wurde das auf zwanghafte Selbstkontrolle ausgerichtete Ideal des klassischen «Bürgers» umgewandelt: Schuldgefühle durften nicht mehr nur durch Leistung, sondern auch durch Konsum beschwichtigt werden.

Ein Prozeß setzte ein, den Marcuse die «kontrollierte Entsublimierung» nennt. Unter Sublimierung versteht die Psychoanalyse eine Abwehr der vom Ich nicht akzeptierten Wünsche (vor allem sexueller Natur), die in sozial annehmbare Form übersetzt werden. Goethe, der den *Werther* schreibt, statt die Verlobte seines Freundes zu verführen, wäre ein Beispiel. Die kontrollierte Entsublimierung stellte nicht die spontane Freiheit der menschlichen Antriebe wieder her, wie sie sich etwa in den urtümlichen Gesellschaften von Jägern und Sammlern äußern, auf deren Kultur das menschliche Triebleben in seiner biologischen Konstruktion zugeschnitten ist[18], sondern sie führte zu einer Pseudobefreiung. Nur jene Teil-Antriebe (Partialtriebe in der psychoanalytischen Lehre) werden «losgelassen», die den neuen Aufgaben von Homo consumens dienlich sein können. Die «Härte gegen sich selbst», wichtige Wertvorstellung der asketischen Heroen des Frühkapitalismus, wird nicht etwa ganz abgebaut. Auch die Über-Ich- oder Gewissensangst des Zwangscharakters bleibt bestehen. Aber beide Eigenschaften werden in ihrem Geltungsbereich beschränkt. Nur während der Arbeitszeit muß Homo consumens «das Letzte aus sich herausholen». Nachher hat er sich zu entspannen, er muß seine Freizeit genießen, hier und jetzt[19], keineswegs – wie der frühkapitalistische Selfmademan – erst wenn er sich «durchgesetzt» hat oder wenn er das sorglose Leben des Rentiers führen kann.

Die typische Erziehung zum Zwangscharakter, wie sie lange Zeit im Mittelstand vorherrschte, gehorchte dem von Lothar Hack beschriebenen Prinzip des «rigiden Funktionalismus», der strengen Forderung nach einem nachweisbaren Nutzeffekt. Unmittelbarer Lustgewinn wird stets gegenüber aufgeschobenen Formen der Befriedigung zurückgestellt – nicht bei schönem Wetter spazierengehen, sondern erst seine Hausarbeit in Englisch schreiben, sich nicht aus dem Kühlschrank bedienen, sobald man Hunger hat, sondern bis zur Essenszeit warten, ein Buch nicht lesen, weil es einem gefällt, sondern weil es auf der Bestsellerliste steht und man sonst nicht mitreden kann. Diese Form der Erziehung ist also ein ständiges «Um-zu»-Training. Immer werden Punkte gesammelt, Zweckrelationen eingeübt. Alles muß sich lohnen, es muß etwas «herausspringen», vor allem auf lange Sicht hin. Für Konsumaufschub und Investition – etwa in eine «solide Ausbildung» – ist diese Haltung sehr nützlich. Aber sie erweist sich für Homo consumens als hinderlich, dem man suggeriert: «Kauf jetzt, zahle später», ein Motto, das dem Ideal der Sparsamkeit und dem Vorsatz, nicht über seine Verhältnisse zu leben, widerspricht. Mit dem Umschwung zur Konsumgesellschaft mußten hier die Zügel lockerer werden. Das geschah aber nicht dadurch, daß man die triebfeindliche Erziehung abbaute oder das Über-Ich weniger betonte. Sondern zu den Abwehrmechanismen gegen Über-Ich-Ängste trat neben Initiative und Leistung, die mitgeholfen hatten, die Konsumgesellschaft aufzubauen, eine dritte Abwehrform: das Konsumieren.

Damit werden für uns einige sonst schwert erklärbare Eigenheiten von Homo consumens verständlicher. Vor allem wird seine Bereitschaft einsichtig, einen sozialen Konsumzwang bis hin zum Konsumterror zu gehorchen, mit der wir uns noch beschäftigen werden. Wer gewohnt ist, sich selbst zu beobachten, der wird herausfinden, daß er in Zeiten trauriger Verstimmung (Depressionen sind eine sehr typische Folge von Über-Ich-Ängsten) besonders viel und besonders unnütze Dinge kauft. Der unfrohe, teilweise zwanghafte Charakter des Leistungsstrebens ist durch die Konsumlizenz keineswegs aufgehoben. Das Sparsamkeitsgebot wird nur durch ein ebenso zwanghaftes Konsumgebot ersetzt. Konsumsucht und schlechtes Selbstgefühl hängen nach neueren Untersuchungen eng zusammen (vgl. S. 18). Dazu kommt, daß wiederholte Inflationen das Vertrauen in den Wert des Sparens ohnedies erschüttert haben und andererseits die Sicherheit, die die Sozialversicherung bietet, die eigene Sorge um ein ausreichendes Einkommen im Alter überflüssig erscheinen läßt.

Das Wesen der kontrollierten oder repressiven Entsublimierung liegt also darin, daß nicht etwa die Antriebe befreit werden, indem man die strengen Verbote des Über-Ich mildert. Vielmehr kanalisiert man das Triebleben in den engen Bahnen des sozial tolerierten Konsumierens und macht dadurch den scheinbar befreiten Menschen auch noch in einem Bereich manipulierbar, der sich bisher dem Zugriff solcher Zwänge entzog.[20]

Arno Plack hat sehr anschaulich geschildert, wie trotz aller Schein-Befreiung im «Klima der herrschenden Moral» das Konkurrenzstreben unerbittlich geblieben ist. «Der Zwang mitzumachen, um sich nicht vereinsamt zu fühlen, läßt einen jeden das Glück dort suchen, wo man es allgemein vermutet: im Erfolg vor anderen. So ist noch der böse Wille, den anderen eines auszuwischen, indem man sie überflügelt, motiviert von der Angst, von ihnen an den Rand der Gesellschaft bugsiert zu werden.»[21] Auch das Konkurrenzstreben wird unmittelbar in den

Dienst des Konsumverhaltens gestellt, indem man vor den anderen mit den eigenen «Statussymbolen» protzt.

Es ist nicht zu leugnen, daß auch heute noch die weit überwiegende Mehrzahl der Kinder in hohem Grad sexualfeindlich erzogen wird. Wenn wir bedenken, daß noch in 80 Prozent der Familien die Prügelstrafe für angemessen gilt, wird deutlich, wie wenig sich psychologische Erkenntnisse in Erziehungsfragen durchgesetzt haben. Die kindliche Sexualität wird fast immer abgelehnt, offen oder aber auf verschwiegenere Weise, indem die Eltern «gewisse Dinge» bei den Kindern ganz einfach mit Schweigen übergehen. «Die sittenstrenge Erziehung», sagt Plack, «treibt so erst das ‹Böse› hervor, das zu verhüten sie erklärt: die permanente ‹Sexualisierung› des Lebens.» Zwar gelingt es ihr nur selten, dem Menschen seinen Geschlechtstrieb «auszutreiben», aber sehr oft produziert sie ein dauerndes schlechtes Gewissen, so daß der Betroffene erotisch nie völlig befriedigt ist und deshalb auf verkappte oder offene Sexualität in der Reklame willig anspricht, ständig auf der Suche nach «uneigentlicher» geschlechtlicher Befriedigung.

Wir werden in unserer Betrachtung der oralen Frustration noch sehen, wie durch einen ernährungstechnischen Pseudofortschritt (den Ersatz der Mutterbrust durch künstliche Nahrung, «damit's ein Prachtkind wird») eben jener «Prachtmensch» herangezogen wird, der nach den Scheinbefriedigungen süchtigen Konsumierens strebt. Da nur die Mutterbrust dem Mund des Säuglings angemessene Befriedigung schenkt – die Psychoanalyse spricht von der «oralen Phase», ethologische Beobachtungen an Tieren bestätigen diese Gesetzmäßigkeit –, kann man auch in dieser zunehmenden oralen Frustration ein Stück leibfeindlicher Erziehung sehen.

Sehr deutlich wird die leib- und triebfeindliche Haltung bei einer näheren Analyse der sogenannten «Sexwelle», die angeblich die Befreiung der Sexualität zum Ziel hat. Hier wird nicht befreit, sondern ein bisher vom Leistungsprinzip verschonter Bereich des Lebens künstlich in dieses mit einbezogen. Im hektischen Konsumieren des ausgefeilten Liebesspiels, im Orgasmus-Zwang und auch noch im Sich-Rühmen des Mannes oder der Frau, wie viele Partner man schon erprobt habe, spricht sich diese Haltung aus. Wer so auf Höhepunkte pocht, ist nicht befriedigt; Besessenheit zeigt an, daß ein Mangel besteht.

Triebdynamisch gesehen, erfährt das menschliche Konsumverhalten seine erste Gestaltung während der oralen und analen Phase der geschlechtlichen Entwicklung. Man sollte solche psychoanalytischen Einsichten, die vor allem aus der gründlichen Rekonstruktion des frühkindlichen Schicksals neurotisch Kranker gewonnen sind, weder über- noch unterbewerten. Sicherlich wird der menschliche Charakter während der ersten sechs Lebensjahre entscheidend geformt. Da das Konsumverhalten ein sehr wichtiger Zug der Persönlichkeit des Zivilisationsmenschen ist, müssen Einflüsse aus dieser Zeit ebenfalls wirksam werden. Allerdings darf man hier keine strenge Beziehung zwischen Ursache und Wirkung erwarten. Spätere Einflüsse können ebenfalls prägende Kraft gewinnen. Angesichts eines so vielschichtigen Phänomens wie dem Konsumverhalten ist es kaum möglich, eine einheitliche, immer gegebene und ausschließlich wirkende Ursache zu finden. Die Anerziehung eines strengen Über-Ich, das Gewissensangst bewirkt und durch die Abwehr-Trias von Initiative, Leistung und Konsum beschwichtigt wird, spielt sicherlich eine wichtige Rolle. Aber in einer Konsumgesellschaft konsumieren auch Menschen ohne starken Leistungsehrgeiz und Gewissensangst, ganz einfach, weil die Möglichkeit dazu besteht.

Auch die orale Frustration, die den Teiltrieb des «Habenwollens» weckt und verstärkt, beeinflußt das menschliche Konsumverhalten. Und doch haben die Erfahrungen mit dem Kontakt zwischen verschiedenen Kulturen gezeigt, daß auch voll gestillte, gewiß nicht oral frustrierte Menschen Konsumgüter leidenschaftlich begehren können. Der primitive Papua ist sicher nicht oral frustriert, und doch kann der Kontakt mit den Konsumgütern des weißen Mannes seine Kultur vollkommen aus dem Gleichgewicht bringen, seine religiösen Traditionen zerstören und die Entstehung von sogenannten «Cargo-Kulten» begünstigen. In diesen Kulten wird den Formen der alten Religion ein neuer Inhalt gegeben. Nicht die faulen Weißen, die niemand je arbeiten sah, haben die schönen Konsumgüter, das «Cargo» produziert, sondern die Ahnen der Eingeborenen selbst. Die Weißen haben nur die Transportwege «besetzt», sie leiten Schiffe und Flugzeuge in ihre eigenen Häfen und stehlen die kostbaren Güter. Durch religiöse Reformen – etwa kollektiven Übertritt zum (dann sehr eigenwillig interpretierten) Christentum, Keuschheit, besondere Opferriten, den Bau von «Flugplätzen» und «Hafenanlagen» – muß man die Ahnen beschwichtigen und wird dann erreichen, daß das Cargo wieder in die Hände der Eingeborenen fließt und ein Goldenes Zeitalter anhebt.

Selbst auf eine Gesellschaft, die nicht dem Leistungsprinzip gehorcht, können also Konsumgüter sehr anziehend wirken. Wird dadurch der von uns postulierte Zusammenhang zwischen Leistungsprinzip und Konsumverhalten widerlegt? Keineswegs. Es zeigt sich nur, daß es sich auch hier nicht um eine strenge Kausalität handelt, sondern um ein Bedingungsgefüge. Nur in einer Gesellschaft, die dem Leistungsprinzip huldigt, kann das Konsumverhalten sich zu wirklich virulenten Auswüchsen steigern. Denn nur diese Gesellschaft wird in der Lage sein, einerseits eine Konsumgüterindustrie aufzubauen und andererseits ihre Mitglieder dazu zu bringen, daß sie sich für überflüssige Güter abrackern.

Ähnlich wie in der Sexwelle das Leistungsprinzip auf ein Gebiet übertragen wurde, auf dem es bisher nicht wirksam war, so wird in der Leistungsgesellschaft das Konsumverhalten zum Zwang gesteigert, sich bestimmte Dinge «zu leisten». Wie verständnislos begegnen leistungsfähige, erfolgreiche Exemplare von Homo consumens dem Neapolitaner, der auf die Frage, warum er denn nicht arbeiten wolle, sagt, «Ich habe heute schon gegessen». Entrüstet beobachten sie auf Orientreisen den Schmutz und die «Faulheit» der Bewohner: «Die können ja zu nichts kommen!»

Man könnte sich endlich fragen, ob nicht Leistungs- und Konsumprinzipien auch recht eng mit den klimatischen Verhältnissen zusammenhängen. Im Zeitalter der Soziologie sind solche Zusammenhänge anscheinend weniger aktuell. Aber nur ein kaltes bis gemäßigtes Klima, das – interessant genug – dem Menschen biologisch an sich nicht gemäß ist, da seine Wiege in den Tropen und Subtropen stand, ermöglicht jenes konstante Leistungsverhalten, das Vorsorge für einen langen, unfruchtbaren Winter erzwingt. Ist es ein Zufall, daß sich die puritanische Moral nur in einem gemäßigten Klima durchsetzen konnte? Daß die Industrialisierung nur in ihm begann?[22]

Wer viel leistet, muß sich viel leisten – auf diese Formel ließ sich der Zusammenhang zwischen dem Leistungsprinzip, das die Konsumgesellschaft schuf, und dem Konsumverhalten, das sie aufrechterhält, bringen. In einem nächsten Schritt wollen wir die Grundlage der Konsumgewohnheiten untersuchen, die wie das Sperrad im Aufzug einer Uhr verhindern, daß ein einmal erreichtes Konsumniveau wieder unterschritten wird: Wer sich ein Motorrad kaufte, wird nur auf ein Auto umsteigen, nicht aber zu seinem Fahrrad zurückkehren.

Konsumgewohnheit und Gewohnheitskonsum

«Gewohnheit ist ein eisern Pfeid (Hemd),
wer es auszieht, tut sich Leid.»
Sprichwort

Man hat den Menschen ein «Gewohnheitstier» genannt und erkennt nur selten, wieviel an Richtigem, aber auch Gefährlichem in dieser Aussage steckt. Relativ wenig von Instinkten gesteuert, die in praktisch allen Verhaltensbereichen von Lernvorgängen überformt und umgestaltet werden, ist der Mensch Herr über und Opfer seiner Gewohnheiten zugleich. William James, einer der Begründer einer biologisch-empirisch orientierten Psychologie, hat zuerst die Gewohnheit gepriesen. Gewohnheiten ersetzen dem Menschen die Instinkte, übertreffen sie aber auch. Denn während instinktives Verhalten nur im Verlauf langer Folgen von Generationen verändert werden kann, vermag sich der Mensch hier und jetzt rasch an eine neue Situation zu gewöhnen. Der Eskimo wird nach einem halben Jahr in einer zivilisierten Großstadt den Autos mit der gleichen Selbstverständlichkeit aus dem Weg gehen wie in seiner ursprünglichen Umgebung den Eisbären.

Die Gewohnheit, sagte James, bildet gewissermaßen die Ausgangsbasis höherer geistiger Leistungen. Nur indem sehr viele Kulturtechniken zu Gewohnheiten wurden, die automatisch ablaufen, ohne den ordnenden und kontrollierenden Eingriff bewußter Aufmerksamkeit zu benötigen, sind höhere seelische Leistungen überhaupt möglich. Nur weil er beim Lesen selbst nicht mehr «denken» muß, kann der Gelehrte den Sinn des Gelesenen rasch erfassen und über ihn hinaus denken. Wenn die vielen Leistungen, die wir gewohnheitsmäßig verrichten, alle Konzentration, Aufmerksamkeit, volle Zuwendung unserer geistigen Spannkraft benötigen, wäre es um unsere Produktivität sehr schlecht bestellt. Nur weil ich automatisch Auto fahren kann, ist es möglich, daß ich mir dabei die Pläne für einen Artikel zurechtlege, den ich erst morgen schreiben will. Wenn ein Mensch, etwa durch einen Schlaganfall oder eine Gehirnverletzung, jene Gehirngebiete verliert, in denen die Verhaltensprogramme seiner Gewohnheiten gespeichert waren, sehen wir auf einmal, wie unendlich mühsam ein Leben ohne sie ist. Dann muß der Betroffene in angestrengter Arbeit, mit winzigen, kaum merklichen Fortschritten neue Gewohnheiten aufbauen.

Von der Gewohnheit, die durch Lernprozesse erworben wird, muß man die Gewöhnung unterscheiden, die automatisch abläuft. Ihr ist es etwa zu danken, daß uns die Temperatur in einem lauen Raum sehr warm erscheint, wenn wir aus der Kälte kommen, kühl hingegen, wenn wir uns vorher in einem überheizten Zimmer aufhielten. Gewöhnung spielt auch mit, wenn etwa der Heroinsüchtige immer größere Mengen des Giftes braucht, um den erwünschten Effekt zu erzielen und die Entzugssymptome zu unterdrücken. Sein Organismus hat sich an das Betäubungsmittel gewöhnt und reagiert nun negativ auf die durch den Entzug verursachte Störung in seinem inneren Gleichgewicht.

Gewöhnung und Gewohnheit, passiv-körperliches Geschehen und Lernprozeß wirken in der Produktion von Konsumgewohnheiten zusammen. Das zentralgeheizte Haus, das klimatisierte Büro, wärmende, gut schließende Winterkleider, Ventilatoren im Sommer, die Klimaanlage im Straßenkreuzer – sie alle bauen Konsumverhalten auf Gewöhnung auf und machen Homo consumens abhängig. Sie lassen ihm einen Verzicht, wie er auf Grund seiner natürlichen Anlagen unschwer möglich wäre (denn schließlich hat der Mensch 99 Prozent seiner Evolution ohne solche Hilfsmittel überstanden), unmöglich erscheinen. Der sehr wesentliche, umsatzstarke Teil der Konsumgüterindustrie, der mit Hilfe suchtähnlicher Mechanismen seinen Absatz sichert, nutzt ebenfalls die Gewöhnung aus. Alkohol und Tabak, Kaffee und Tee werden bald unentbehrlich, auch wenn noch lange keine Abhängigkeit im Sinn eines krankhaften Alkoholkonsums oder einer Kaffee-Sucht besteht (die es durchaus gibt; ein Mädchen, das ich in einer Nervenklinik untersuchte, pflegte am Tag zwanzig Tassen extrem starken Bohnenkaffee zu trinken).

Feste Konsumgewohnheiten werden aus solchen Gewöhnungsprozessen aufgebaut und wirken auf diese zurück. Ein Mensch kann entdecken, daß ein bestimmtes Maß von Alkohol seine ängstliche Gespanntheit beseitigt. Er wird eine Trinkgewohnheit entwickeln, die nach dem Prinzip des bedingten Reflexes aufgebaut ist. Ursprünglich nur gegen einen Typ seelischer Spannung gerichtet, wird der Alkoholkonsum «generalisiert», er richtet sich gegen Spannungen schlechthin, endlich auch gegen die, welche durch das Trinken bedingt sind. «Warum trinkst du?» fragt Saint-Exupérys Kleiner Prinz den Säufer. «Weil ich mich schäme!» – «Warum schämst du dich?» – «Weil ich trinke!»

Es gibt zwei grundlegende Lernprozesse, durch die Gewohnheiten entstehen können. Der erste ist der bedingte Reflex, über den wir eben gesprochen haben. Vorgegebene körperliche Reaktionen erfolgen nicht mehr auf den «unbedingten» Reiz hin, der sie obligat auslöst (Futter-Speichelsekretion in dem berühmten Versuch Iwan P. Pawlows), sondern treten bereits nach einem «bedingten» Reiz auf, der mehrmals zusammen mit dem unbedingten gegeben wurde (Glockenton, Summer; ein Tier, das auf einen Glockenton reagiert, wird auch auf einen Gong oder Blasmusik antworten, freilich in etwas abgeschwächtem Ausmaß). Während beim bedingten Reflex («klassisches Konditionieren») die Reaktion schon von Anfang an bestand, aber der Reiz, auf den hin sie erfolgte, «ausgewechselt» wurde, ist es beim «operanten Konditionieren» anders. Hier werden neue Verhaltensweisen aufgebaut, indem man sie ganz oder in einzelnen Verhaltensschritten «verstärkt». Wie das klassische Konditionieren mit dem Namen Pawlows verknüpft ist, so das operante mit dem Namen B. F. Skinners, der zwar nicht zum erstenmal, wohl aber am eindrucksvollsten zeigte, wie sich durch schrittweise Verstärkung bestimmter Reaktionen sehr komplizierte Verhaltensmuster aufbauen lassen. Man kann dabei etwa Tauben dazu bringen, daß sie eine ganze Reihe von Knöpfchen durch Anpicken in einer bestimmten Folge einschalten (Skinner hat deshalb vorgeschlagen, dressierte Tiere in der Raumfahrt zu verwenden).

Konsumgewohnheiten werden meist durch eine Kombination dieser beiden grundlegenden Lernvorgänge schrittweise erworben. Später schleifen sie sich ein, automatisieren sich, werden durch Gewöhnung sekundär fixiert. Der Sechzehnjährige raucht gelegentlich, weil ihn dann die Kameraden, die ebenfalls rauchen, als ihresgleichen akzeptieren: Ihre Anerkennung ist der «Verstärker», der ein operantes, das heißt aktives Verhalten aufbaut. Dieses Verhalten beeinflußt nun den Gleichgewichtszustand des Organismus. Oft genug wiederholt, wird es zu einem spannungsmildernden Zug, der auch ohne äußere Verstärkung, ja allen Vernunftsgründen zum Trotz – Lungenkrebs, Gefäßschäden, Herzinfarkt, unnütze Geldausgaben – beibehalten wird. Das Prinzip des bedingten Reflexes, der angeborenen Ansprechbarkeit für bestimmte Reize, die sich umfunktionieren läßt, spielt etwa in der mit sexuellen Attrappen arbeitenden Reklame eine wichtige Rolle: Die «Beine Ihres Autos» – Reifen einer bestimmten Firma – stehen neben Mädchenbeinen, Whisky wird von verführerischen Mädchen kredenzt.

Unheilvoll an der menschlichen Gewohnheitsbildung ist für unsere heutige Situation, daß viele dieser Prozesse unmerklich ablaufen und so selbstverständlich scheinen, daß sie gar nicht mehr bewußt werden. Eine Plastiktüte im Supermarkt mit Bierdosen, PVC-Milchflaschen, Joghurtbechern, Konservendosen vollzupacken, den Abfalleimer, der sich immer rascher füllt, in die Mülltonne zu entleeren, das ist so alltäglich, so gewöhnlich und selbstverständlich, daß man kaum auf den Gedanken kommt, daß es anders sein sollte. Jedes dieser Dinge bedeutet eine winzige Bequemlichkeit mehr, es ist einmal «verstärkt» worden. Einwegflaschen muß man nicht mehr spülen, ebensowenig die Joghurtbecher aus Kunststoff; die Plastikflaschen können nicht zerbrechen. So geht das mit allen Dingen, mit den überflüssigen Kleidungsstücken etwa, die angeschafft werden, «weil ich mir schon zwei Jahre keinen neuen Mantel gekauft habe». Einkaufen ist immer ein kleiner Lustgewinn; das Geld verleiht eine gewisse (ärmliche, begrenzte, trügerische) Macht über den Verkäufer. Das alte Ich, mit dem man nicht ganz zufrieden ist, wird neu ausstaffiert und deshalb auch ein wenig «besser» – Selbstbetrug, aber ein «Verstärker» für das entsprechende Konsumverhalten, für die Konsumgewohnheit, die sich nun aufbaut. Fernsehen wird zur Gewohnheit – wie sehr, das wissen die cleveren Techniker, die ähnlich einem Notarzt sofort ins Haus kommen, wenn das Gerät streikt. Autofahren, der Skiurlaub, der eigene Swimmingpool, teure Delikatessen, der Whisky am Abend, das Bündel Illustrierte zum Wochenende – Dinge, deren Genuß «gewöhnlich» wurde, deren Fehlen aber schmerzt. Wie wir gesehen haben, unterstützt oft Gewöhnung die Gewohnheit. Die Haut der kosmetikbewußten Frau paßt sich an Make-up und Reinigungsmilch, an Tonic lotion und Gesichtswasser, an Nähr- und Feuchtigkeitscreme an. Wenn diese Frau dann irgendwo liest, daß Kosmetika überflüssig, ja schädlich sind, wird sie denken: Was für ein Unsinn, ich weiß noch, neulich hatte ich auf dem Wochenendausflug nach Venedig mein *beauty-case* vergessen, die Haut trocknete aus, gräßliche Falten und Flecken, ich sähe um fünf Jahre älter aus... Es nützt nicht viel, hier zu versprechen, daß die Haut nach einigen Monaten deutlicher Entzugssymptome ihre natürliche Elastizität wieder zurückgewinnt, ebenso wie man einem Süchtigen hundertmal versichern kann, er werde sich nach dreimonatigem Verzicht auf das Opiat prächtig fühlen, ohne daß er imstande ist, das zu glauben. So scheint es wichtig, Konsumgewohnheiten erst gar nicht entstehen zu lassen. Das ist fast immer einfacher, als bereits vorhandene wieder abzubauen. Nichts ist leichter, als das Rauchen gar nicht erst anzufangen. Es sich abzugewöhnen erfordert ein Maß an Willenskraft, das viele Menschen nicht aufbringen. Die Berichte aus Gefängnissen, wo sich Raucher die Goldplomben ausbrachen, um Zigaretten einzuhandeln, oder aus Gefangenenlagern, wo sie – selbst zu Skeletten abgemagert – ihre Eßration gegen Tabak eintauschten, reden eine deutliche Sprache.

Menschliche Gewohnheiten neigen dazu, automatisch zu werden und sich zu verselbständigen. Sie verhindern jede Suche nach neuen, besseren Lösungen. Die auf früheren Stadien der menschlichen Evolution lebenserhaltende Fähigkeit, erlerntes, nicht instinktives Verhalten auf eine Weise zu routinisieren, wie sie bisher angeborene Anpassungen des Verhaltens (die Erbkoordinationen und Instinkte) ermöglichten, wird in einem späteren Stadium der Evolution zu einer tödlichen Gefahr. Homo consumens wird vielleicht daran zugrunde gehen, daß er sich von seinen liebgewordenen Gewohnheiten nicht trennen kann, während er auf der anderen Seite fähig ist, sich allmählich an die immer schlechtere Qualität seiner Lebensbedingungen zu gewöhnen.

Im Januar 1972 sah der französische Meeresforscher Jacques Cousteau[23] das Ende fast allen Lebens in den Weltmeeren für das Jahr 1990 voraus, wenn die Pollution nur im bisherigen Umfang anhält, wobei die Entwicklungsländer mit ihrer rapiden Bevölkerungszunahme und ihrem wachsenden Industrialisierungsgrad gar nicht in die Rechnung einbezogen sind. Homo consumens liest diesen Bericht in seiner Zeitung mit einiger Anteilnahme. Sehr ernst aber nimmt er derlei nicht, denn er weiß ja ganz genau, daß in den Zeitungen immer alles übertrieben wird, und zwischen seriösen Wissenschaftlern und Pseudo-Futurologen zu unterscheiden hat er nicht gelernt. Aber es ärgert ihn doch, daß schon heute an der Riviera die Strände sämtlich verseucht sind, daß man in Marseille dreihundert Meter weit ins offene Meer schwimmen muß, um den menschlichen Darmbakterien zu entfliehen, daß am römischen Strand von Ostia, im Golf von Neapel und an anderen Küsten das Baden eigentlich verboten werden müßte, weil es gesundheitsgefährlich ist (die ansässigen Behörden verbieten es nicht, weil diese Orte von Badegästen leben).

Als Hauptquellen für die Verseuchung des Mittelmeers gelten heute die Großstädte, die menschliche Exkremente und Waschmittellaugen fast durchweg ungeklärt und ungereinigt ins Meer leiten, die Schwerindustrie, die Textilwerke, Färbereien, holzverarbeitenden Betriebe, die chemische Industrie, Papierfabriken, Putzmittelproduzenten, Werften, Tanker, Zementfabriken, die Landwirte, die Kunstdünger auf ihre Felder streuen und die Schädlingsbekämpfungsmittel spritzen. Homo consumens liest es in der Zeitung und trauert über seine Ohnmacht. Anonyme Übermacht ist es, die sein sommerliches Strandleben bedroht. Sie hat absolut nichts mit der Partei zu tun, die er wählte, mit dem neuen Auto, das er kaufte, mit den modischen Kleidern, die ihm unentbehrlich scheinen, obschon die vom letzten Jahr noch gut erhalten sind, mit den zahllosen Werbeprospekten, die er überall bestellt oder mitnimmt, mit den Illustrierten, die er liest, mit den in Einwegflaschen, Plastikbehältern und Konservendosen verpackten Waren, die er kauft. Das eine sind seine vertrauten Konsumgewohnheiten, das andere sind eben diese Konsumgewohnheiten, multipliziert mit Millionen.

Weil die eigene Konsumgewohnheit vertraut und alltäglich ist, ihre multiplizierten Folgen jedoch neu, ja sensationell, verliert Homo consumens diesen Zusammenhang völlig aus den Augen. Und keine der Instanzen, die heute Ethik «unter die Leute bringen», weist ihn auf diesen Irrtum hin, weder die Kirchen noch die Philosophen. Die Politiker streiten sich um ganz andere Dinge und wollen auf keinen Fall die Industrie oder die Konsumenten vergrämen; die Arbeiterführer können zwar die Unternehmer nicht sonderlich leiden, möchten aber ihre Anhänger nicht kränken, indem sie jener beherrschenden, tödlichen Macht den Kampf ansagen, zu der unsere kaum mehr bemerkten, alltäglichen Konsumgewohnheiten geworden sind.

Die falsche Mutterbrust

Während vor fünfzig Jahren noch praktisch alle Kinder mehrere Monate gestillt wurden, geht seitdem die Zahl natürlich ernährter Säuglinge rapide zurück. Heute werden in den meisten Industriestaaten nur noch wenige Kinder ausreichend gestillt; nach Studien aus den Vereinigten Staaten waren es gegenüber 38 Prozent im Jahr 1946 nur noch 18,9 Prozent der Säuglinge im Jahr 1967. Man kann davon ausgehen, daß der Mensch weit über 99 Prozent seiner Evolution gestillt wurde und daß er auf eine noch näher zu erläuternde Weise in seiner seelischen Entwicklung von dieser frühen Befriedigung abhängt. Homo consumens mißachtet diese Tradition. Weil man Säuglinge mit der Flasche aufziehen *kann*, glaubt er, daß das auch *richtig* ist. Obschon sich die zuständigen Fachleute – vor allem Kinderärzte und Psychotherapeuten – immer wieder leidenschaftlich für das Stillen eingesetzt haben, konnten sie sich nicht durchsetzen. Es scheint praktisch unmöglich, Homo consumens vom Wert einer Sache zu überzeugen, für die nicht Reklame gemacht wird, die nichts kostet, gesund ist und keine komplizierte Bedienung erfordert.

Wir hätten den Konsum von Säuglingsnahrung schon an einer früheren Stelle abhandeln können, ist er doch ein typischer Beweis dafür, wie ein natürlicher, gesunderhaltender Vorgang, an dem niemand verdienen kann, in der Welt von Homo consumens gegen den künstlich geweckten Bedarf nach schädlichen Ersatzmitteln ausgetauscht wird. Aber die orale Frustration, wie sie durch Flaschenaufzucht von Säuglingen fast notwendig entsteht, ist nicht nur ein Beleg für törichtes Konsumverhalten, sondern zugleich eine seiner Ursachen. Zufällig – wirklich zufällig? – arbeitet so die Werbung für schnell lösliche Kunstmilch und den völlig natürlichen Muttermilchersatz jenen Leuten in die Hände, die Homo consumens später mit Zigaretten, Alkoholika und anderen Ersatzbefriedigungen versorgen.

«Die Mutter ist so ‹modern›, daß sie alles mitmacht, was als ‹sportlich› gilt und jugendliches Aussehen garantiert. Sie zieht, schon aus Sorge um ihre ‹Figur›, die Kinder mit der Flasche auf und gewährt ihnen – dafür – später jede Art von Ersatzbefriedigung. Das Kind, das nur immer Wünsche äußert – und sie auch erfüllt bekommt, ist das gerade Gegenteil von dem im triebpsychologischen Sinne nicht frustrierten: Als Säugling gleich mit der Flasche ernährt oder früh entwöhnt, ist ihm von Anfang an jede erfüllte, leibhafte Beziehung zu einem anderen Menschen versagt, von der stillschweigenden Unterdrückung früher sexueller Impulse im engeren Sinn ganz zu schweigen. Ein so zur Autoerotik gedrängtes Individuum, dem schon die orale Phase keine sinnliche Befriedigung gewährt, muß zeitlebens auf orale Wünsche fixiert bleiben und selbstbezogen alles, was es bei anderen sieht, in einem weiteren Sinn ‹sich einzuverleiben› trachten. Der Klinikarzt, der zur hormonalen Stillegung der Milchdrüsen ‹rät›, fügt sich so zwanglos in das Bild einer leibfeindlichen Kultur, einer Kultur, die zugleich dem einzelnen ein sogenanntes gesundes Erwerbsstreben eingibt. Es ist hier auch kein Zufall, daß zu einer derart rüden biologischen Pervertierung die Institutionen schweigen, die es übernommen haben, sonst jede uneingeplante Regung eines natürlichen Triebes als Perversion zu verdächtigen oder als ‹Unsittlichkeit› zu verfolgen.»[24]

Soweit Arno Plack, der als einer der wenigen zeitgenössischen Ethiker die *moralische* Seite des Stillens erkannt hat. Einige Korrekturen und Ergänzungen sind aber noch nötig. Der oral frustrierte Mensch bleibt nicht nur an orale Wünsche «fixiert», also krankhaft gebunden, sondern er leidet auch sehr häufig an leichten Depressionen, die er nun durch Konsum beheben möchte, eben indem er sich «etwas gönnt». Es gibt eine Reihe von Forschungsresultaten, die das bestätigen. Fettsüchtige Kinder wiesen, wie B. Kujatt[25] feststellte, durchweg schwere Störungen in der Säuglingszeit auf. Keines von ihnen wurde richtig gestillt. Hier wird deutlich, daß sich aus der oralen Frustration ein Antriebsüberschuß des «Habenwollens» entwickeln kann, der zunächst nur das süchtige Essen betrifft, sich später aber durchaus auch auf andere Dinge erweitern wird.

Solche Vorgänge sind triebdynamisch gar nicht so schwierig zu verstehen. Der Säugling bleibt an der Flasche unbefriedigt, weil er biologisch auf die Brust «programmiert» ist. Nur sie bietet ihm nicht allein die nötigen Mengen von Eiweiß, Kohlehydraten und anderen Aufbaustoffen, sondern auch den angemessenen Umweltreiz für die Entwicklung seiner Antriebe. Man weiß seit längerer Zeit, daß viele Säuglinge auf solche Reize angewiesen sind, wenn sie eine normale Triebentwicklung durchmachen sollen. Rhesusaffen etwa brauchen – nach den Studien der Harlow-Gruppe – unbedingt den Kontakt mit einem Muttertier[26] während der ersten Lebensmonate. Fehlt er, dann gedeihen sie zwar äußerlich ganz gut, wenn man sie richtig ernährt, aber sie entwikkeln später krankhafte soziale Verhaltensweisen: Sie fliehen ängstlich vor Artgenossen oder greifen Schwächere rücksichtslos an und können sich nicht paaren. Man erklärt das damit, daß ein heranwachsendes Äffchen nur dann zur rechten Zeit Angst zu haben lernt, wenn es sich in den ersten Lebensmonaten an seine Mutter bindet. Fällt diese Bindung aus, dann ist das Tier der Angstreaktion, die sich vom dritten Lebensmonat an entwickelt, schutzlos preisgegeben.

Beim Menschen sind diese Zusammenhänge komplizierter, obschon man weiß, daß auch er unbedingt die individuelle Zuwendung mindestens einen anderen Menschen braucht. Das haben die Schäden, die durch Massenpflege in Säuglingsheimen auftreten, sehr deutlich gezeigt: Kinder ohne Mutterperson bleiben geistig zurück und zeigen im späteren Leben Gefühlsausfälle, die sie etwa zur Kriminalität disponieren.[27] Die künstliche Aufzucht ruft in vielen Fällen keine offenkundigen Schäden hervor. Aber sie ist mit einer Reihe erhöhter Risiken belastet, da die stillende Mutter dem Kind ganz von selbst gibt, was es an Hautkontakt- und Mundreizen braucht, während die nicht stillende sich besonders darum bemühen muß und es oft nicht tut. Wenn etwa das Loch des Flaschensaugers zu groß ist, so daß der Säugling sehr schnell seinen Magen füllt, während seine angeborene Saugtriebhaftigkeit dabei nicht befriedigt wird, dann kann es zu massiven Antriebsstörungen im späteren Leben kommen. Während der natürliche Saugvorgang das Baby befriedigt und über die (sehr enge) nervöse Verbindung zwischen Mundzone und Stammhirn offensichtlich die Grundlage für eine harmonische Entwicklung des Trieblebens legt, wird durch das Füttern mit dem Flaschensauger dieser wichtige Entwicklungsreiz gestört. Die Antriebe der Nahrungsaufnahme, die ja möglicherweise an der Wurzel des menschlichen Habenwollens und damit auch des Konsumverhaltens generell liegen (der Psychoanalytiker Harald Schultz-Hencke spricht von einem «oral-kaptativen Antriebsbereich»), können auf diese Weise hypertrophieren, sich ins Unmäßige, Wahllose steigern. Anders ausgedrückt: In der natürlichen Ernährung ist der Säugling genau dann «satt», wenn er genügend lange gesaugt hat, um seinen Magen zu füllen. In einer Millionen Jahre dauernden Evolution haben sich Mutterbrust und Sauginstinkt aneinander angepaßt. Es handelt sich ja, wie wir seit den grundlegenden Forschungen von Niko Tinbergen, H. F. R. Prechtl, A. Peiper[28] und anderen wissen, beim Saugen nicht um einen «Reflex», das heißt eine isolierte automatische Reaktion, sondern um ein Instinktverhalten, das eine spezifische Antriebsenergie zur Verfügung hat und diese auch «aufzehren» muß, wenn Befriedigung eintreten soll.

Das ist nun an der Flasche schwer möglich, und deshalb wird der flaschensatte Säugling im Gegensatz zum brustsatten nicht die sprichwörtliche Zufriedenheit zeigen, sondern weiter schreien und an seinen Fingern oder am Bettzipfel lutschen. (Das «Leerlauflutschen» kann man schon an Kälbern beobachten, die nicht saugen dürfen, sondern aus dem Eimer getränkt werden und deshalb zwanghaft ihren Körper oder Eisenketten zu belutschen beginnen.) Die Antriebsspannung wird also im Bereich der Nahrungsaufnahme dauernd überhöht sein. Viel spricht dafür, daß hier eine sehr wesentliche Ursache süchtiger Konsumwünsche zu finden ist. Der Wunsch nach Essen ist schließlich für das menschliche Überleben sehr wichtig; auf einer archaischen Kulturstufe dürfte – im Gegensatz zur Zivilisation – nicht der Sexualtrieb, sondern der Hunger die wichtigste Rolle im Triebleben spielen. Wenn wir uns überlegen, wo die biologische Wurzel des Triebes zu konsumieren liegen könnte, dann müssen wir wohl in diesem Bereich suchen. Und nicht zuletzt deshalb ist es recht glaubwürdig, wenn man eine schier diabolische Konsequenz darin erkennen will, daß Homo consumens seine Kinder oral frustriert und auf diese Weise die geeignete Triebgrundlage herstellt, die für seine soziale Fortpflanzung notwendig ist.

Man unterscheidet in der dynamischen Psychologie zwischen primären und sekundären Antrieben. Die primären sind allen Menschen gemeinsam und ruhen auf einer angeborenen Grundlage wie Hunger, Durst, Sexualtrieb, Ausscheidungstriebe und wohl auch Neugier. Die sekundären sind erlernt, und zwar in der Regel durch kulturelle Tradition, etwa der Wunsch, sich ein Buch zu kaufen, fernzusehen, einen guten Posten zu finden. Primäre und sekundäre Bedürfnisse stehen in einer engen Beziehung zueinander, das Fernsehen und Bücherlesen befriedigen die Neugier, die Arbeit dient dazu, Geld für die Erfüllung primärer Bedürfnisse – essen, trinken, Sexualität – zu erwerben. Die primären Triebe sind gewissermaßen die «Lokomotiven», die eine wechselnde Anzahl von «Wagen» sekundärer Bedürfnisse ziehen. Je stärker die Lokomotive, desto mehr Wagen kann man an sie hängen. Die orale Frustration dient nun dazu, eine besonders starke Lokomotive aus dem Antriebsbereich der Nahrungsaufnahme zu gewinnen, die viele sekundäre Bedürfnisse mit genügend Energie versorgen kann. Der Wunsch, an Zigaretten und Zigarren zu lutschen, ist dabei der eigentlichen Lokomotive noch recht nahe, während andere Konsumbedürfnisse weiter von ihr entfernt sein können. Hauptsache, man «läßt sich nichts abgehen».

Entsprechende Umformungen der Triebwelt lassen sich sogar bei Tieren experimentell provozieren. Wie William Thorpe[29] nachgewiesen hat, wird auch bei Ratten, die man als Jungtiere hungern ließ, die Antriebsspannung in diesem Verhaltensbereich dauernd überhöht. Der Drang entwickelt sich, gieriger als Vergleichstiere Nahrungsmittel und andere Objekte zu horten; er kann lebenslang erhalten bleiben. Wie der oral frustrierte Mensch sind diese Tiere offensichtlich immer in einer «Hungerstimmung».

Befragt man Mütter, warum sie ihre Babies nicht stillen wollen, dann findet man eine ganze Reihe von Argumenten. So wird immer wieder das unsinnige Gerücht unterstrichen, das Stillen ruiniere den Busen. Das ist sicher nicht richtig; ob eine Frau einen Hängebusen bekommt oder nicht, hängt keineswegs davon ab, ob sie nun ihre Kinder stillt oder sie mit der Flasche großzieht. Die Festigkeit des Bindegewebes ist ein weitgehend konstitutionelles Merkmal. Viele Frauen, die noch gar kein Kind hatten, haben schon eine schlaffe Brust, während andere auch nach längerem Stillen eine formschöne Brust behalten. Wenn man in solchen Fällen aber etwas genauer nachfragt, wird nicht selten deutlich, daß die befürchtete Entstellung des Busens nur ein Vorwand ist, hinter dem sich ganz andere Bedenken verstecken. Eine Frau sagt dann etwa: «Ich habe eine Zierbrust, keine Stillbrust», oder sie gesteht, daß es ihr widerlich ist, ein Baby an ihrem offensichtlich vorwiegend als erotische Attrappe gedachten Busen saugen zu lassen. Hier wird wieder deutlich, wovon wir schon oben gesprochen haben. Trotz aller Sexualisierung, ja gerade in dieser aufgeblähten «Sexwelle» sprechen sich leibfeindliche, triebfeindliche Haltungen aus. Der Busen wird als genormtes Sexualorgan erlebt, seine ursprüngliche Benutzung weckt Schuldgefühle. Biochemie und Hormonforschung konnten die psychologischen Resultate bestätigen. Einmal nimmt das Baby mit der Muttermilch nicht nur genau richtig temperierte, sterile und optimal zusammengesetzte Nahrung auf – diese Einzelheiten kann man zur Not auch imitieren –, sondern es erhält auch unersetzliche Immun-Stoffe, sogenannte Antikörper, die Brustkinder ganz erheblich widerstandsfähiger gegen Infektionen machen als Flaschenkinder. Zum zweiten bildet sich der von der Schwangerschaft her ausgeweitete Uterus bei stillenden Frauen viel schneller zur Normalgröße zurück. Endlich bedeutet Stillen einen vermehrten Schutz gegenüber Brustkrebs. (Er ist in Japan oder bei den Eskimos, wo alle Kinder ausreichend lange gestillt werden, erheblich seltener.) Dennoch wird, wie mir verschiedene Mütter bestätigt haben, in kaum einer Klinik etwas getan, um den Stillwillen zu wecken und zu fördern. Die Neugeborenen trennt man gleich nach der Geburt von der Mutter – eine ganz und gar «unnatürliche» Maßnahme – und bringt sie später in regelmäßigen Abständen zu ihr. Hat die Mutter nicht genug Milch, dann füttert man sofort mit der Flasche nach. Auf diese Weise wird schon von Anfang an der selbstregulierende Mechanismus des natürlichen Stillaktes schwer gestört.

Durch das Saugen an der Warze wird normalerweise ein die Milchsekretion förderndes Hormon in der Hypophyse produziert. Je mehr das Baby saugt, desto mehr Milch «schießt ein». Wenn man es aber mit der Flasche befriedigt, vermindert sich die Milchsekretion bald, und die ohnedies nicht sehr stillwillige Frau sagt mit Recht: «Ich habe ja keine Milch.» Tatsächlich hätten mindestens 95 Prozent aller Frauen genug Milch. Das zeigen nicht nur die Primitivkulturen, sondern es erwies sich auch in Konzentrationslagern, in denen alle Mütter ihre Kinder ausreichend stillen konnten, sobald deutlich wurde, daß andernfalls die Lagerleitung die Babies hätte verhungern lassen.[30]

Die nicht stillenden Mütter sind Opfer ärztlicher Gleichgültigkeit auf der einen Seite, massiver Reklame auf der anderen. So finden sie ihre leibfeindliche, unsichere Haltung gerechtfertigt, der Busen bleibt als Sexualattrappe erhalten. Die Abwehrhaltung von Homo consumens gegen biologische Regelungen, wie sie das natürliche Zusammenspiel von Milchproduktion der Brust und Saugverhalten des Babys darstellt, hat wieder einmal den Sieg davongetragen. Und während die ihrer eigenen Leiblichkeit entfremdete Mutter das Stillen ablehnt, «weil man da ja nie weiß, wieviel das Kind bekommen hat», schlägt sie wie selbstverständlich den technisch rationalisierten Weg ein: An der durchsichtigen Flasche mit Grammeinteilung läßt sich prächtig ablesen, wieviel das Baby «gehabt hat». Und während sie sich insgeheim vor der eigenen Muttermilch ekelt, während sie vor den sexuellen Empfindungen beim Stillen Angst hat, kann sie nun selbstsicher und beruhigt vor ihrem Gewissen die Werbesprüche aufsagen, mit denen man sie schon in der Klinik versorgt hat (in der gleich nach der Geburt freundliche Damen mit Prospekten und Pröbchen der verschiedensten Nährmittel auftauchten).

In prächtig aufgemachten Werbeschriften vergrößern die Hersteller von Babynahrung die Unsicherheit der Mütter geschickt: So behaupten sie, ein Säugling müsse schon vom vierten Tag nach der Geburt an zunehmen, wogegen an der Brust ernährte Kinder das erst von der dritten oder vierten Woche an tun. Wiegt die Mutter nun ihr Baby, wird sie rasch feststellen, daß sie das Stillen aufgeben *muß*, weil das Kind ja nicht so zunimmt, wie es der Kunstmilchproduzent verspricht. Sie ahnt nicht, daß die aufgeschwemmten, fetten Flaschensäuglinge krankheitsanfälliger sind und oft auch an Stoffwechselschäden (Fettsucht, Diabetes) leiden.

Wer kennt die Warenzeichen, nennt die Namen – Humana, Milumil, Pelargon, Lactana, Multival, Aptamil, Milfarin, «aus Liebe zum Kind», «damit's ein Prachtkind wird». Da gibt es den «neuen Playtex Baby-Stiller», der «so selbstverständlich ist wie natürliches Stillen», weil das Baby keine Luft mehr mitschluckt. Die Ernährung ist «sicher, naturnah», sie «legt den Grundstein für eine gesunde, natürliche Entwicklung», mit «wertvollen Vitaminen und Aufbaustoffen». Da weiß die Mutter wenigstens, was sie hat. Bei ihrer eigenen Milch weiß sie es nicht, denn über die verliert niemand ein Wort. Und wenn der oral frustrierte Säugling am eigenen Daumen sucht, was ihm die Mutterbrust verweigerte, dann kann man sich auch hier Abhilfe kaufen: «Dann hilft Daumexol, lokales Entwöhnungsmittel für hartnäckige Daumenlutscher... Durch den Geschmack seiner Bitterstoffe wird dem Kind ab 1. Jahr das Daumenlutschen bald verleidet.»

So einfach ist das; bis heute kann man Geld mit Dingen verdienen, die zu nichts anderem nütze sind, als Kinder seelisch krank zu machen. Wieder wird das widersprüchliche Verhalten von Homo consumens deutlich: Diese Eltern, die ihrem Kind mit bitterem Lack die Lust an der Ersatzbefriedigung Daumenlutschen verleiden, werden es später vielleicht wohlgefällig, sicherlich aber doch mit mehr Toleranz zur Kenntnis nehmen, wenn die orale Frustration durch das «Belutschen» einer Zigarette befriedigt wird. Der innere Sinn dieses Verhaltens liegt darin, daß der Daumen «von Natur vorhanden ist» und nichts kostet; deshalb darf er kein Bedürfnis befriedigen, das auch auf kostspieligere (und nebenbei erheblich gesundheitsschädlichere) Weise befriedigt werden kann.

Während im Ersten Weltkrieg die typische, kampfuntauglich machende Neurose das «Grabenzittern» war, gab es im Zweiten Weltkrieg auf beiden Seiten eine beträchtliche Anzahl Magenkranker. Das Ulkusleiden gehört zu den Musterbeispielen seelisch bedingter Krankheiten. Stress-Situationen, äußere Belastungen, die Geborgenheitswünsche wecken, führen bei Menschen mit einer bestimmten «Begabung» zur vermehrten Magensaftausschüttung dazu, daß sich der Magen gewissermaßen selbst verdaut. Wenn nun im Zweiten Weltkrieg sehr viele Magenkranke in die Lazarette kamen, so läßt sich das möglicherweise (so vermutet Arno Plack) damit erklären, daß bereits damals sehr viele Kinder unzureichend gestillt wurden.

Fassen wir zusammen: Wird die orale Entwicklungsphase, die Zeit, in welcher der Mund besonders lust- und triebbesetzt ist, nicht befriedigend erlebt, dann bleibt der Mensch seelisch in ihr stecken, an sie fixiert. Er entwickelt typische Verhaltensweisen von Homo consumens: Kettenrauchen, Eßsucht, Naschsucht, Trunksucht. Die zugrundeliegenden Antriebe sind recht komplex: Die orale Frustration wird einerseits direkt – eben im Mundbereich – ausgeglichen; andrerseits hat die frühe Versagung eine verborgene Depression ausgelöst, die ihrerseits nach «Heilmitteln» ruft – etwa der entspannenden Wirkung von Alkohol, von Haschisch, von Opiaten. «Der vollkommene Genuß des oral ‹Regredierten› aber ist die Verbindung von Sitzen und Trinken mit passivem Schauen und Hören: beim Fernsehen. Es ist schon phylogenetische Regression: Polypen gleich sitzen allabendlich Millionen angewurzelt auf dem Grunde der Nacht. Die Taucherglocke der Television flimmert lustig vor einem jeden. Und er bewegt sich. Aber nur die Fangarme kreisen zur unausgesetzten Versorgung des Mundes…»[31]

Wenig Zeit – viel Konsum

Ganz allgemein gehört es zu den typischen Merkmalen von Homo consumens, daß er wenig Zeit hat und deshalb seine scheinbar zeitsparenden Prothesen unbedingt braucht. Lieber nimmt die junge Mutter eine Halbtags- oder Ganztagsstellung an, als auf Waschmaschine, Geschirrspüler, ein schickes Auto, ein Farbfernsehgerät zu verzichten. Die alternative Lösung, nämlich weniger zu verdienen und dank der gewonnenen Zeit auch weniger zu konsumieren, erscheint Homo consumens lächerlich, altmodisch, seinem Emanzipationsstreben zuwider, das offensichtlich von den Frauen verlangt, sich noch mehr abzuhetzen als die Männer (während eine menschenfreundlichere Lösung doch gewiß darin läge, daß beide nur halbtags arbeiten, um Kind und Haushalt abwechselnd zu betreuen).

Sehr früh bekommt das Kind schon zu spüren, daß es in der Welt von Homo consumens, in die es hineinwächst, alles eher haben kann als Zeit, als geduldige Zuwendung, lange Gespräche. Schon das Stillen ist ja bei der modernen Mutter nicht zuletzt deshalb unbeliebt, weil es langsamer vor sich geht als das nachprüfbare Einfüllen von Nahrung in den Säugling mit Hilfe der Flasche. Christa Meves[32] hat einen Jungen mit schweren neurotischen Störungen behandelt, dessen Mutter selbst das

Saugen an der Flasche noch zu lange dauerte. Sie hatte als Schwester gelernt, wie man Babies mit Hilfe einer Sonde füttert, und praktizierte das nun bei ihrem eigenen Kind, weil es «so schön schnell ging».

Aber später wird dieses Merkmal in der Erziehung von Homo consumens noch viel deutlicher. Er liebt seine Kinder, gewiß, und sie dürfen ihn viel kosten – doch eines nicht, nämlich Zeit; denn die braucht er ja, um ihnen ihren Lebensstandard zu sichern und ihnen die vielen teuren Geschenke zu finanzieren, die das Kinderzimmer füllen «müssen». Die Art dieser Geschenke ist ebenfalls typisch: Sie liefern eine Miniaturausgabe der Prothesenwelt von Homo consumens, die noch viel schundiger ist als die Wirklichkeit, noch erheblich schneller kaputtgeht und so den Kleinen schon recht deutlich ankündigt, was da auf sie zukommt. Die Modelleisenbahn, die Autorennbahn, der ferngesteuerte Straßenkreuzer, die drahtlos über Funk bediente Planierraupe, die vielen kuscheligen Stofftiere, die Mondlandeausrüstung mit Astronautenhelm und Funksprechgerät, die Puppe mit der Schallplatte im Bauch («Hab mich lieb», piepst sie) und den vielen, vielen Kleidern zum Wechseln – das ist die Ersatzwelt, mit der die Kinder von Homo consumens heranwachsen und an die sie sich notgedrungen halten. «Verantwortungsbewußte» Eltern kaufen zusätzlich noch «etwas Didaktisches», um die Intelligenz des Nachwuchses zu fördern, mit dem sie sich selber nicht abgeben möchten. Und dann das Meer klebrigen Zukkers, der die Zähne ruiniert, die nach Pappe schmeckende Schokolade von Hasen und Weihnachtsmännern, mit denen man die Kinder abspeist, weil man ja keine Zeit mehr hat, mit ihnen zu reden. So wird ihnen der Mund gestopft. Kein Wunder, daß die fettsüchtigen Kinder immer mehr zunehmen und den Kinderärzten ernstlich Sorge machen, denn vier Fünftel von ihnen haben auch als Erwachsene Gewichtsprobleme.

Von zwei Seiten her prägt dieser Mangel an Zuwendung die Kinder. Einmal werden sie in ihrer vitalen Triebhaftigkeit frustriert, die ja auf jenes «steinzeitliche» Zusammenleben programmiert ist, in der ein Kind mehr als die Hälfte seiner Zeit in physischem oder Gesprächskontakt mit seinen Eltern, anderen Erwachsenen oder Spielgefährten verbringt.[33] Darüber hinaus lernen die Kinder schon sehr früh, gebieterisch nach Ersatzbefriedigung zu verlangen, mit deren Hilfe sie die unausgefüllte Zeit «totschlagen» können. Beide Faktoren multiplizieren sich: Je ausgeprägter die Frustration, desto stärker wird auch das Verlangen nach Ersatzbefriedigung. So kommt es, daß heute schon Kinder eben jenem Konsumterror unterworfen sind, der auch Erwachsene sich abplagen läßt. Wehklagend kommen sie zu ihren Eltern und erzählen von dem luxuriöseren Spielauto («mit echtem Motor») des Nachbarkindes, das sie unbedingt auch haben müssen. In diesem Alter hat sich dann das kindliche Konsumverhalten schon weitgehend verselbständigt. Eine wirksame Vorbeugung müßte sehr viel früher einsetzen; sonst wird es Homo consumens nicht mehr möglich sein, die Geister, die er rief, wieder loszuwerden.

Konsumverhalten und Sauberkeitszwang

Nach den Auffassungen der Psychoanalse folgt auf die «orale Phase», die Zeit der Munderotik, eine «anale Phase», in der die sexuelle Lust des Kleinkindes an den eigenen Ausscheidungen auf den Widerstand der Erzieher stößt. Heute wird immer deutlicher, daß diese von Freud und anderen Analytikern noch als naturnotwendig aufgefaßte «anale Phase» ein soziokulturelles Kunstprodukt ist. In Kulturen, die wenig Wert auf eine frühe Sauberkeitsdressur legen, ist sie praktisch unbekannt. Sie ergibt sich wohl nur aus dem Gegensatz zwischen kindlicher Selbstregulation (auch wenn man gar keine Maßnahmen zur «Reinlichkeitserziehung» trifft, werden Kinder mit zwei bis drei Jahren spontan sauber) und sozialem Druck, der dem Kind eine Leistung abverlangt, zu der es noch nicht imstande ist.

Jedenfalls zeigen Kinder, denen man selbst überläßt, wann sie nicht mehr in die Windeln machen wollen, nie Freude am Kotschmieren oder daran, den Stuhl zurückzuhalten. Das Interesse, vielleicht auch die gesteigerte Lust an Ausscheidungsvorgängen ist sozial, durch eine prüde Haltung bedingt. Erich Fromm hat es durch ein anschauliches Experiment illustriert. Verbietet man einem kleinen Kind strikt, sich mit einem kleinen dunklen Fleck an der Wand zu beschäftigen, dann steigert sich das Interesse an diesem Fleck so, daß nach wenigen Tagen ein Loch im Putz ist. Verbietet man einem Kind strikt, sich mit seinen Geschlechts- und Ausscheidungsorganen zu beschäftigen – dann produziert man eine Reihe jener Erscheinungen, die Freud (weil sie in seiner Epoche wohl bei allen Neurotikern auftraten) für allgemein menschliche Gesetze der Sexualentwicklung hielt. Da aber Sauberkeit und Reinlichkeit zu den wesentlichsten Werten von Homo consumens gehören, gibt es auch in seiner sexuell scheinbar befreiten Welt noch eine anale Phase. Wie nicht anders zu erwarten, werden die in ihr erworbenen, offenkundig oder latent neurotischen Züge für das Konsumverhalten nutzbar gemacht.

In der analen Phase bringt man den Kindern bei, daß schmutzig böse und sauber gut ist, daß reine Menschen auch eine reine Seele haben, daß Liebe nicht durch den Magen, sondern vor allem durch Waschmaschine und Badewanne geht. Während das natürlich heranwachsende Kind von selbst das Interesse an Urin und Kot verliert – offenbar ein stammesgeschichtliches Erbe, da auch Schimpansen ihren Kot meiden und sich bei Durchfall mit Blättern reinigen –, entwickelt das verfrüht oder hart zur Sauberkeit gezwungene Kind zunächst ein heftiges Interesse für seine Exkretionen (denn wenn sie nicht sehr wertvoll und bedeutsam wären – warum würden sich die Erzieher so bemühen, daß es seinen Kot und Harn auf dem Töpfchen «hergibt»?). Dafür bestraft, mit Liebesentzug bedroht, beginnt es nun, Schmutz zwanghaft zu fürchten, vor allem wenn in der Pubertät diese Antriebe noch einmal verstärkt auftreten und einen zweiten Verdrängungsschub erfordern. Die Angst vor Schmutz, vor Unreinheit, vor allem, was nicht blitzblank aussieht, dient nun der Abwehr unbewußter Fixierungen an die Lust am Kot, die sich in Verhaltensstörungen wie Kotschmieren, Kotspielen, dem Trinken des eigenen Urins aussprechen kann. Während für das auf eine natürliche Weise «sauber» gewordene Kind im Erwachsenenalter das Interesse an den Exkrementen vorbei ist, sobald es das Klosett verlassen hat, bleibt das sauberkeitsdressierte in seiner Phantasie den ganzen Tag im Klosett und muß nun durch zwanghafte Reinlichkeit diese unbewußte «Sünde» wiedergutmachen. Selbst wenn die unbewußten Phantasien keine Rolle mehr spielen, können solche Verhaltensweisen bestehen bleiben. Sie sind quasi selbständig geworden. Wenn es dann in der Welt von Homo consumens nicht mehr blitzt und blinkt, werden Ängste wach.

Diese Ängste haben zweierlei Funktion. Einmal führen sie dazu, daß Homo consumens für die Illusion der Sauberkeit viel Geld ausgibt, zum anderen verewigen sie sich selbst. Denn der sauberkeitsbewußte, reinlichkeitssüchtige Bürger wird seine Kleinkinder, die ihn ja an seine verdrängte anale Phase erinnern, so erziehen, daß sie zwangsläufig – wie er selbst – in eine anale Phase getrieben werden und endlich ebenso willige Opfer des vor den Konsumkarren gespannten Sauberkeitszwanges sind.

So geprägt, übersieht Homo consumens völlig, daß er längst in seinem

Kampf um Sauberkeit einen falschen Weg eingeschlagen hat. Möglicherweise ist es nur dank dieser trieb- und leibfeindlichen Erziehung, die eine ständige, krampfhafte Abwehr analer Wünsche produziert, möglich, daß immer noch unter dem Vorwand, Sauberkeit zu produzieren, die Umwelt verschmutzt und teilweise für immer zerstört wird. Daß die Unmengen an Waschmittelrückständen, die täglich in unsere Gewässer eingeleitet werden, aus klarem Wasser eine Algenbrühe machen, haben wir schon erwähnt. Aber allenthalben steckt der Schmutzteufel Pollution hinter der weißen Schürze von Frau Saubermann. Ihre Putzsucht, die viele Frauen hindert, sich ihrer inneren Leere bewußt zu werden, tobt sich jeden Tag stundenlang aus. Dabei wird eine Unmenge elektrischer Energie verbraucht, werden massenhaft Chemikalien in den Scheuereimer geschüttet. Die Waschmaschine läuft in vielen Haushalten nicht nur jeden zweiten Tag, sondern jeden Tag zweimal. Und natürlich schüttet Frau Saubermann die «richtige» – von dem Produzenten angegebene – Menge Waschpulver hinein. Denn die Wäsche soll doch fasertief weißgemacht werden, nur dieses Weiß, das strahlendste eines Lebens, zaubert Lachen auf alle Gesichter, bringt Erfolg für Mann und Kind.

«Unser Verhältnis zum Schmutz und Dreck ist gestört. Die meisten Menschen sind unaufrichtig, ja tief verlogen in ihrem vermeintlich notwendigen Kampf gegen den Dreck und für die Sauberkeit. Sie meinen etwas ganz anderes, wenn sie Staub, Sand, Erde, Farbe, Blut – was sonst noch alles Schmutz sein kann – verfolgen ... Dieses Bedürfnis nach Sauberkeit und Reinheit bezieht sich in Wirklichkeit gar nicht auf unsere Körperoberfläche, sondern auf unser Inneres», sagt Rolf Grigat.[34] Er glaubt, daß es das widersprüchliche, von Schuldgefühlen besetzte Verhältnis dieser Menschen zu sich selbst ist, das sie dauernd an ihrer geistigen und seelischen Sauberkeit zweifeln läßt. Solche Zusammenhänge werden dem Beobachter des Zeitgeschehens sehr oft deutlich: Wenn der Bürger Gammler oder antiautoritäre Kindergärten ablehnt, dann taucht in der Begründung regelmäßig das Wort «ungewaschen», «dreckig» auf. Wer weiß, welche Erwartungen psychologischer Art sich hinter den geheimnisvollen «Tiefenwirkungen» verstecken, hinter Märchennamen wie dem Elfenkönig Ariel, dem übermächtigen weißen Riesen, den Rittern auf einem frischgewaschenen Schimmel? Das andressierte und mit Schuldgefühlen belastete Reinlichkeitsstreben setzt jene Erziehungsmaximen fort, in denen ja auch das unbefangen mit Schmutz umgehende Kind «böse», «schlecht», seelisch unsauber ist.

Eben weil solche Zwänge hier eine wichtige Rolle spielen, ist Homo consumens nicht fähig zu erkennen, daß seine Angst vor Schmutz und sein Sauberkeitsfanatismus zu immer mehr Schmutz führen. Ein unheilvoller Teufelskreis wird in Gang gebracht: Die Pollution vermehrt die Waschzwänge, und die Waschzwänge steigern die Pollution. Das fängt bei den Waschmitteln, den Scheuerhilfen und Spülmitteln an, hört aber mit ihnen noch lange nicht auf. Die Energie, welche Wasch- und Geschirrspülmaschine fressen, fliegt quasi als Ruß und Staub auf Hemdkragen und Fensterbretter zurück.

Nicht genug damit. Die zwanghafte Schmutzangst von Homo consumens schlägt sich in einer ganzen Reihe von Konsumverhaltensweisen nieder, die wohl noch unheilvollere Folgen auslösen. Das gilt etwa für die allgemeine Abneigung gegen gebrauchte Waren, für die große Liebe zum «hygienisch» in Plastikfolien, Pappschachteln, PVC-Behältern, Klarsichthüllen geborgenen Konsumgut, das die Müllberge heute so anschwellen läßt. Wenn man ausrechnet, was heute allein Verpackungen kosten, kommt man auf die erschreckende Summe von allein 16 Milliarden Mark pro Jahr – nur in der Produktion, die Müllabfuhr nicht mitgerechnet. Jede dieser Wegwerfpackungen trägt dazu bei, daß ein wenig mehr Quecksilber die Meeresfische vergiftet, daß ein Wald mehr abgeholzt wird, daß die Atmosphäre mehr vergiftet wird.

Die Marktforscher wissen längst, daß Homo consumens daran nicht denkt, sondern gern bereit ist, für eine hygienische, werbetechnisch gut gemachte Packung mehr Geld auszugeben. Selbst für einsichtige Menschen ist es heute sehr schwer geworden, noch einzukaufen, ohne eine Menge überflüssigen, fast unzerstörbaren Kunststoff mit nach Hause zu schleppen. Verteidiger der Ex-und-hopp-Artikel sagen manchmal, man spare auf diese Weise Umweltschäden durch Spülmittel. Das ist eine typische Form von Pseudoökologie, die sicherlich parallel zum Wachstum des ökologischen Bewußtseins immer üppigere Blüten treiben wird: Konsumgüter mit «umweltfreundlichem Image». Es paßt zu den charakteristischen Verdummungsprozessen, wenn sparsame Autos, biologisch abbaubare Waschmittel und umweltfreundliche Plastiktüten vermarktet werden, als seien sie ein «aktiverer» Beitrag zum Umweltschutz als *kein* Auto, *kein* Waschmittel, *kein* Umweltschutzpapier, *keine* Plastiktüte.

«Lächerlich und grotesk» hat Grigat die unerbittliche Strenge gegen schmutzige Kinderhände und verschmierte Kindergesichter angesichts verschmutzter Luft, verseuchter Flüsse und Meere genannt. Aber diese Strenge ist nicht nur lächerlich, sondern sie ist auch in einem höchst unheilvollen Sinn konsequent. Durch sie wird die schmutzige Sauberkeit von Homo consumens von einer Generation auf die nächste weitergegeben, kann ein Menschentyp gedeihen, der im Gefühl reinster Unschuld, mit weißer Weste und blanken Manschetten veranlaßt, lästige Abwässer doch lieber gleich in den Rhein zu pumpen und nicht erst den Umweg in die Nordsee anzutreten. Wir können sicher sein, daß der Generaldirektor, der die Abfälle seiner Fabrik in einen Fluß leitet, sich durch das tägliche Wannenschaumbad ebenso die Illusion reinlicher Frische verleiht wie die schönheitsbewußten Frauen, die seine Produkte kaufen.

Der Sauberkeitszwang, mit dem Homo consumens die Ängste vor seiner aus der analen Phase stammenden Schmutzlust ausgleicht und doppelt ungeschehen macht, hat noch einige weitere Konsequenzen. Dem Kleinkind wird durch böse Worte für sein naives Interesse an Schmutz und durch Prügel für sein daraus erwachsendes Kotspielen die Sauberkeit eingetrieben. Die Erwachsenen erwerben dadurch die allen Werbetechnikern willkommene Gleichsetzung von neu und rein. Nur neue Dinge sind sauber; wer in der Welt von Homo consumens auf sich hält, benutzt kein Ding, das zwar noch voll funktionstüchtig ist, aber abgeschabt, gebraucht, verbraucht aussieht.[35]

Man könnte hier noch etwas tiefer nachforschen. Das Streben von Homo consumens, nicht mit den Dingen zu altern, die ihn umgeben, weist auf verdrängte Todesangst hin. Indem er periodisch seine Möbel, sein Auto, seine Kleider (noch ehe sie deutliche Gebrauchsspuren erkennen lassen) wechselt, hofft er, der eigenen Sterblichkeit ein Schnippchen zu schlagen. Und so kauft er in immer hektischerem Wechsel Güter, die nicht alt werden dürfen, während er die natürlichen Alterungsprozesse in seiner Umwelt maßlos beschleunigt. Von allem, was ihn umgibt, verlangt Homo consumens eine Ausstrahlung von Frische, Hygiene, Unmenschlichkeit. Selbst die Toten werden noch geschminkt. Die Reklame hat diesen Trend erkannt. Fast nie wirbt sie mit den Bildern älterer Menschen. Strahlende Jugend soll den Produkten das geben, womit sich der Käufer dann betrügen läßt. Vor allem in der Zigarettenwerbung ist diese Neigung sehr deutlich und zugleich besonders heimtückisch. Denn indem der Konsument Jugend kaufen möchte, zahlt er für den «Glimmstengel», den er tatsächlich bekommt, mit einem Stück Jugendfrische, ja mit Gesundheit und Leben.

Wo der schnell alternde Konsumartikel, den man nach Gebrauch – noch lange vor dem wirklichen Verbrauch – auswechselt und wegwirft, das tägliche Leben zunehmend bestimmt, färbt etwas von diesen Eigenschaften auf die Menschen selbst ab. Homo consumens weiß mit den alt gewordenen Exemplaren seiner Art nichts mehr anzufangen. Da er aber selbst schicksalhaft altert, sucht er diesen Prozeß durch kosmetische und Kostümhilfen aufzuhalten, gebärdet sich jugendlich, solange es eben gehen will.

«Produkte altern mit den Menschen, die sie kaufen. Produkte werden jünger durch junge Käufer! Sprechen Sie sie heute an – damit Sie auch morgen mit ihnen rechnen können.» Mit diesen Worten warb die Zeitschrift *Bravo* in der *Frankfurter Allgemeinen Zeitung* im Dezember 1967 um Inserenten. Dies zeigt sehr deutlich, wie eng hier die Beziehung zwischen Homo consumens und Konsumgut gesehen wird. Die jüngste, repräsentative Jugend-Untersuchung in der Bundesrepublik hat ergeben, daß sich «die klassischen Pubertätskonflikte... nicht mehr offen oder dem Bewußtsein zugänglich abspielen. 87 Prozent der befragten Zehn- bis Neunzehnjährigen ‹finden es zu Hause sehr gemütlich›. An erster Stelle der ‹Leitbilder›... stehen gepflegtes Aussehen, schicke und moderne Kleidung, höfliches Benehmen. Die Zehn- bis Vierzehnjährigen können spontan Namen von Haut- und Handcremes nennen, kleine Jungen sogar mehrere Lippenstiftmarken. Selbst die Versuche, die Jugendlichen zu positiven Staatsbürgern im Sinne des Systems zu erziehen, sind gescheitert. Je älter die männlichen Jugendlichen werden, desto weniger positiv ist beispielweise ihre Einstellung zur Bundeswehr. Für sie sind sämtliche ‹Ideale›, auch die institutionell gepflegten, mit zu großem Risiko verbunden; nur die Anpassung an die unmittelbare Umgebung ist sicher und gewinnbringend. Dafür funktionieren sie als Konsumenten um so besser, wie schon das Lippenstift-Ergebnis zeigt. Ab der frühesten Jugend haben sie ein Käufer-Bewußtsein; ihre soziale Identität scheinen sie hauptsächlich über dieses Bewußtsein zu beziehen.»[36]

Hier zeigt sich also die andere Seite der Prägung des Konsumierenden durch das Konsumierte. Wenn die Wortneubildung Homo consumens irgendwann noch unberechtigt schien – hier erweist sie sich als treffend. Diese jungen Leute erwerben ihre Identität im Konsum. Die

Zigarette, der dunkle Anzug, das Moped ersetzen den Reiferitus der Primitiven; der alternde Mercedesfahrer, der auf ein «jugendliches» Kleinauto umsteigt, sucht vergeblich, solche sozialen Prozesse umzukehren. In der Welt von Homo consumens, in der der Mensch sich selbst in ein Konsumgut verwandelt und sich magisch mit seinen Käufen zu verjüngen sucht, ist das Alter ohne echte Würde. Es wird zum rein negativen Zustand, zum Fehlen der Jugend, die in der Reklame gefeiert, millionenmal zum Sekundenideal aufgeputzt erscheint. Abseits von den Städten entstehen Heime für jene Alten, die nicht mehr als billige Kinderhüter dienen müssen. Man läßt ihnen Blumen schicken, man tröstet sich: Sie haben ja einen Fernsehapparat. Und wie die Liebenden früher beschlossen, zur selben Zeit den Mond zu betrachten und so eine Brücke zueinander zu schlagen, so ist alt und jung vor allem eines gemeinsam: das Fernsehprogramm.

Der «zufriedene Käufer» ist meist ein vital unbefriedigter Mensch. Er lebt in einer ständigen Spannung von oraler Frustration, Gewissensangst (als deren wesentliche Ursache wir die Sauberkeitsdressur in der analen Phase erkannten), mangelndem Vertrauen in seine Mitmenschen. Er hungert nach Lösungen, nach Erlösung. Die werden ihm auch geboten. Man verspricht ihm alles, füllt aber seine Hände, seine Taschen, seine Häuser mit Ersatz. Indem man ihm ständig die Möglichkeit bietet, im Konsumieren die eigene Misere zu vergessen, hindert man ihn, sein Elend zu ändern oder zu überwinden: neurotisches Elend, das aus traumatischen Prägungen in der oralen und analen Phase stammt, soziales Elend, wie das der entfremdeten Arbeit, um überflüssige und nutzlose Dinge zu produzieren. Mit der inneren Mechanik dieser Versprechen, in denen Homo consumens ständig Scheinlösungen für seine Probleme angeboten werden, beschäftigen wir uns im nächsten Kapitel: mit der Reklame.

Verführung zum Konsum

Weil die Reklame das geräuschvollste Element der Konsumgesellschaft ist, hat man sie oft auch für das wichtigste gehalten. Selbst Menschen, die ihrem eigenen Konsumverhalten völlig unkritisch gegenüberstehen und sich den Teufel darum scheren, wieviel sie zur Umweltverschmutzung beitragen, werden hellhörig und mißtrauisch, sobald von den «geheimen Verführern» die Rede ist. Die Werbeleute, deren Aufgabe es ist, das Image von Produkten zu schaffen und zu polieren, haben selbst das schlechteste soziale Bild. Ihr Prestige ist das geringste unter den gehobenen Berufen. Deshalb ist die Gefahr groß, die Werbung zum Sündenbock zu machen, als Ursache hinzustellen, was nur ein wichtiges Symptom ist. Wenn Vance Packard «das schwerste Verbrechen, das viele Triebmanipulatoren begehen», in dem Versuch sieht, «in unsere geheimsten Gedanken einzudringen»[37], dann müßte man unbedingt einen Schritt weitergehen und sich fragen, warum denn diese Gedanken so geheim sind. Gemeint ist bei Packard natürlich in erster Linie die Sexualität. Wenn es nun hier eine Reihe von Verdrängungen, von Fixierungen an die (unbefriedigende) Vorlust gibt, dann muß nicht die Reklame verantwortlich gemacht werden, sondern die trieb- und leibfeindliche Moral, deren Folgen sich die Reklame zunutze macht. «Die moralisch eingefärbte Entrüstung über die geheimen Verführer tut so, als werde der in seinem Unterbewußtsein belauschte Konsument eben dadurch in seiner Seele geschädigt, daß man seinen verklemmten Neigungen ein Ventil öffnet, für das er blechen muß.»[38]

Wir haben deshalb die Frustration vitaler Triebe, vor allem der frühkindlichen Bedürfnisse, bewußt an den Anfang gestellt. Aber wenn man die Reklame als Motor des Konsumverhaltens nicht überbewerten darf, so muß man sich auch unbedingt davor hüten, sie zu unterschätzen. Sie hat zwar die orale Gier nicht geschaffen, wie sie bei früh frustrierten Kindern entsteht, aber sie gibt ihr einen Inhalt – den «tröstenden» Konsum. Und in mancher Hinsicht trägt sie auch ihr Scherflein dazu bei, daß die Kinder oral frustriert werden, etwa indem sie für künstliche Ernährung der Säuglinge wirbt.

Hier wird auch die grundlegende ethische Problematik der Werbung deutlich. Als reiner Fachidiot und Manipulationstechniker stellt sich der Werbespezialist jedem Anliegen zur Verfügung. Er entwirft Reklame für Zigaretten und solche gegen Zigaretten, er preist den Alkohol oder die Enthaltsamkeit, je nachdem, wer ihn anwirbt und bezahlt. Wie kaum ein Exemplar von Homo consumens prägt ihn, was er tut. Sein Streben im Beruf ist «sich selbst möglichst gut zu verkaufen», dafür zu sorgen, daß «sein Typ gefragt» ist. Verärgert darüber, daß ihn Produzenten und Konsumenten gleichermaßen verachten, gewinnt er seine innere Befriedigung zurück, indem er den ersten das Geld aus der Tasche holt und die zweiten manipuliert. Wie könnte er jemals einen Zusammenhang zwischen den 20000 Lungenkrebstoten pro Jahr in Westdeutschland, den 64000 Lungenkrebstoten[39] in den Vereinigten Staaten und seiner geschickten Zigarettenreklame sehen! Während er sich als Diener des Fortschritts, als Vorkämpfer der Massenproduktion erlebt, fühlt er sich ebenso wie Homo consumens ganz und gar unschuldig an der verseuchten Luft, den stinkenden Strömen, den wachsenden Müllbergen.

Macht und Ohnmacht der Werbung

Homo consumens wird in zweierlei Hinsicht von der Reklame manipuliert: Einmal schafft sie neue Bedürfnisse, zum anderen trägt sie dazu bei, daß deren Befriedigung zu einem festen Bestandteil des Konsumentenverhaltens wird. Man muß dabei genau zwischen offener und versteckter Reklame unterscheiden. Die versteckte ist besonders heimtückisch. Sie besteht etwa darin, den Frauen einzureden, Intimsprays seien «hygienisch», oder Müttern zu versichern, ein Säugling müsse bereits nach einer Woche das Geburtsgewicht wieder erreicht haben.

Versteckte und deshalb besonders unerfreuliche Reklame sind auch die Gebrauchsanleitungen für viele Konsumgüter. Da wird Verschwendung zum Prinzip. Die Hälfte der empfohlenen Menge von Zahnpasta, Schaumbädern, Haarwaschmitteln würde ihren Zweck fast immer ebensogut erfüllen. Da aber die Werbeprospekte Homo consumens versichern, es sei in *seinem* Interesse, möglichst viel zu verbrauchen, tut er das willig. Von einer Flut tendenziöser Informationen überschwemmt, hat er längst verlernt, den eigenen Sinnen, der eigenen Erfahrung zu vertrauen.

An dieser Stelle wird auch deutlich, wie sehr Reklame auf die Dauer den Menschen psychologisch schädigt. Indem sie fast immer eine pseudoobjektive Information gibt, entweder versteckt lügt oder doch in jedem Fall die ganze Wahrheit verschweigt (wie die, daß Waschmittel Flüsse verschmutzen und Zigaretten die Bronchien schädigen), füllt sie die Welt von Homo consumens mit «Nebel».

Der Mensch ist in seiner körperlichen und seelischen Grundstruktur vom Leben in einer Gruppe aufeinander angewiesener Jäger und Sammler geprägt. Dieses Leben bestimmte 99 Prozent seiner Entwicklungsgeschichte, eine Zeit sehr intensiver genetischer Auslese, mit der verglichen die heutige Auslese nur noch äußerst langsam wirkt. Die menschliche Sprachfähigkeit dankt ihr Entstehen dem Überlebensvorteil, den genaue und differenzierte Kommunikationen innerhalb einer Gruppe von Jägern und Sammlern bieten können. Deshalb ist die erste, die spontane Reaktion eines Menschen auf eine sprachliche oder symbolische Kommunikation, *ihr Glauben zu schenken*. Wenn der steinzeitliche Jäger und Sammler erst überlegt hätte, ob der Warnruf seines Gefährten ein schlechter Scherz sei – der Säbelzahntiger wäre schon über ihn hergefallen. Hätte er daran gezweifelt, daß die Wurzeln und Beeren, die ihm seine Mutter als eßbar empfahl, auch wirklich eßbar seien, hätten sich seine Überlebenschancen merklich verschlechtert. So ist Homo sapiens biologisch auf Leichtgläubigkeit programmiert, und nicht zuletzt deshalb war es so einfach, ihn in Homo consumens zu verwandeln.

Seine erste Reaktion ist es, auch den unsinnigsten Versprechungen gläubig zu vertrauen. Der Mensch ist nicht dafür geschaffen, dauernd den widersprüchlichen und – genaugenommen – verlogenen Botschaften der Reklame standzuhalten. Ständig in seinem Vertrauen frustriert, glaubt er am Ende gar nichts mehr «wirklich», behält stets eine innere Reserve – «wird schon nicht so schlimm sein», «ist ja doch immer alles übertrieben» –, auch wenn er mit echten Problemen, echtem Elend konfrontiert wird. Weil die Reklame dauernd dafür sorgt, daß allein Waren wahrgenommen werden, entsteht der Eindruck, die Konsumwelt sei die einzig wirkliche. Über die Jugendlichen, die heutzutage ihre Identität hauptsächlich im Kauf bestimmter Konsumgüter erleben, haben wir schon gesprochen. In dieser Welt müssen alle Dinge zu kurz kommen, für die niemand Reklame macht: erfüllte Liebe, Selbstdisziplin und Verzicht, Bergsteigen ohne Gipfel-Spektakel, Wandern (nicht so: «Ich geh meilenweit für eine Camel-Filter!»), Meditation, Hausmusik, jede produktive im Gegensatz zur konsumptiven Tätigkeit. Zusammen mit der Flut nebensächlicher, aber sensationell aufgeputzter Informationen, welche die Werbung durch ihren Bedarf nach Anzeigenträgern erst ermöglicht, führt die Reklame zu einer geradezu ungeheuerlichen Verschundung mitmenschlicher Kommunikationen. Wo so viel als bedeutungsvoll und wertvoll hingestellt wird, wo sich so viel scheinbare Unentbehrlichkeit spreizt, ist endlich gar nichts mehr wichtig und wertvoll. Homo consumens, der jede Mordgeschichte, jeden Flugzeugabsturz, jeden Gesellschaftsskandal, jede Bettgeschichte eines Filmstars mit hungrigen Augen verfolgt, der sich tagaus, tagein anhören und ansehen muß, daß ein Waschmittel fasertiefer wäscht als das andere, daß eine Hautcreme porentiefer eindringt als die nächste, daß eine Zigarettenmarke mehr Jugend und Abenteuer verspricht als die andere – er wird endlich so gelangweilt, so gleichgültig, daß ihn auch die Nachricht nur noch eine halbe Minute beschäftigt, das Mittelmeer stehe kurz vor dem biologischen Tod oder ein Hund, der zehn Stunden Großstadtluft einatme, erleide eine ernstliche Vergiftung.

So schafft es eben die Reklame, die das Konsumverhalten in Gang halten hilft, daß warnende Stimmen, daß Kritik an diesem Konsumverhalten, am blinden Glauben an den Nutzen dauernden Wirtschaftswachstums konsumiert werden wie andere Pseudosensationen auch, daß der Blick des Illustriertenlesers nur noch hurtiger weitergetrieben wird zu jenen Anzeigen für Zigaretten, Whisky, Weinbrand und schnelle Autos, die noch eine heile Welt vorgaukeln. Die Reklame ist nichts anderes als Innenweltverschmutzung. Sie hat die Umweltverschmutzung erst ermöglicht und verstärkt sie zugleich.

Nun pflegen Werbeleute, die ihren Kunden gegenüber sehr gern auf die Macht ihrer Suggestionen pochen, die Konsumenten nicht selten zu trösten, indem sie mit ihrer Ohnmacht kokettieren. Ein Musterbeispiel ist etwa der von Edgar Schubert, dem Public-Relations-Mann der Gesellschaft der Werbeagenturen publizierte Artikel, in dem als eigentliche Ursache einer Kritik an der Werbung, wie kaum anders zu erwarten, der Wunsch nach einer Planwirtschaft erkannt wird. Wer hier gleich die Gespenster von Enteignung und Kommunismus an die Wand malt, der zeigt nur, daß es ihm gar nicht um Logik und Objektivität zu tun ist. Die These, die einzige Alternative zu einer offenkundig ruinösen Freizügigkeit sei der Zwang nach sowjetischem Vorbild, ist eine reine Zweckbehauptung. Daß man auch einen Mittelweg finden kann, wird in solchen Argumenten überhaupt nicht in Betracht gezogen, weil man ja nur darauf abzielt, Emotionen zu wecken, die dann jeder Veränderung des gegenwärtigen Zustands entgegenwirken.

Schubert weist zunächst darauf hin, daß für Werbung «gar nicht so viel» Geld ausgegeben werde. Sie mache «nur» ein Zehntel der Vertriebskosten und in den meisten Branchen lediglich ein Prozent der Produktionskosten aus, in manchen freilich fünf bis sechs Prozent. Dazu hätten kritische Studien in den letzten Jahren übereinstimmend gezeigt, daß der Umsatz einer bestimmten Firma nicht eindeutig von ihrem Werbeaufwand abhänge. Auch der Zusammenhang zwischen

Werbeintensität und Preissteigerung sei nicht nachzuweisen. Besonders werbeintensive Produkte wie Toilettenartikel und kosmetische Produkte hätten sogar geringere Preissteigerungen durchgemacht als wenig werbeintensive Produkte wie Fleisch und Brot.

So einfach ist das also. Wohlweislich erwähnt Schubert gar nicht, daß diese werbeintensiven Konsumgüter ohnedies überteuert sind. Die Grundstoffe für einen Kosmetikartikel kosten im Chemikalienhandel oft nur ein bis fünf Prozent des Endpreises. Auch die Prozentangaben (ein Hundertstel der Produktionskosten für Werbung) sind Augenwischerei, da die gesamte Produktion vieler Konsumartikel nach werbetechnischen Gesichtspunkten konzipiert ist und die «unreinen» Werbekosten deshalb die reinen oft um den Faktor Zehn übertreffen: Verpakkung, Vertreternetz. Bei vielen Kosmetikartikeln kostet das Fläschchen in der Produktion ebensoviel wie sein Inhalt und die Schachtel womöglich mehr als beide zusammen. Es sind immer nur Pfennigbeträge; denn die höchsten Unkosten verursacht, wie gesagt, der Vertrieb.

Heute würde ein Werbefachmann, der auf die Ohnmacht seiner Branche verweisen möchte, das kürzlich in den Vereinigten Staaten ausgesprochene Verbot der Zigarettenwerbung im Radio und Fernsehen erwähnen. Seit Januar 1971 durfte die bisher mit rund 200 Millionen Dollar dotierte Fernsehreklame nicht mehr ausgestrahlt werden. Der Erfolg: Zum erstenmal seit 1966 stieg in den Vereinigten Staaten der Pro-Kopf-Verbrauch von Zigaretten wieder an. Jeder über 17 Jahre alte Bürger rauchte im Jahr des Verbots durchschnittlich 3989 Zigaretten, und 64 000 Bürger starben an Lungenkrebs. Die Zigarettenfirmen waren einfach auf andere Werbeträger, vor allem Zeitschriften, ausgewichen. Sie hatten auch durch Tricks die Verbote umgangen und ihre Markennamen weiter im Fernsehen präsent gehalten: Da gab es auf einmal (die Beispiele sind erfunden) Lucky-Strike-Kaugummi oder Marlboro-Orangensaft. Das Schicksal der amerikanischen Anti-Zigaretten-Kampagne zeigt einmal mehr, daß man mit vereinzelten Maßnahmen niemanden von seinen selbstzerstörerischen Verhaltensweisen abbringen kann. Wirksame Wege – etwa ein völliges Verbot der Zigarettenreklame und einschneidende Preiserhöhungen – ist man in den USA nicht gegangen; das Fernsehverbot hatte nur eine Alibifunktion. Auch in Westdeutschland gibt man lieber Millionen für Anti-Zigaretten-Reklame aus, statt den einzig effektiven Weg der massiven Steuererhöhung zu beschreiten. Wir haben hierzulande ja «nur» 20000 Lungenkrebstote im Jahr. Grundsätzlich sollte man sich überlegen, ob man die Vernunft mit eben jenen Mitteln durchsetzen kann, die heute fast durchweg der Unvernunft dienen: mit Hilfe der Reklame. Es scheint mir sehr fragwürdig, ob durch «werbewirksame» Anti-Zigaretten-Propaganda etwas ausgerichtet werden kann. Wer sich auf diese Ebene begibt, handelt sich von Anfang an das Mißtrauen von Homo consumens ein, der sich zwar von der Reklame manipulieren läßt, ihr aber eben deshalb nicht wohlgesinnt ist.

Ehe wir auf die spezifischen Techniken der Reklame zu sprechen kommen, mit denen Homo consumens einer dauernden Gehirnwäsche unterzogen wird, noch ein Blick auf einen besonders raffinierten (und heimtückischen) Reklametrick, mit dem wir sicherlich in nächster Zeit zunehmend rechnen müssen. Eine ganze Reihe amerikanischer Großunternehmen hat sich unter dem Eindruck des wachsenden Interesses an Umweltschutz durch betont umweltfreundliche Anzeigen ein strahlendes Image verschaffen wollen. Doch zeigte sich in sehr vielen Fällen, daß dieses Bild erlogen war. Während die Manager in Anzeigen und Werbespots beteuerten, die Umwelt liege ihnen sehr am Herzen, wurde die Öffentlichkeit bewußt in die Irre geführt. Der Stahl-Gigant Bethlehem Steel, zweitgrößter Produzent der USA, stellte etwa in einer Anzeige stolz fest, seine aufgelassenen Kohlengruben würden zu umweltfreundlichen Fischteichen. In Anzeigen sah man verträumte Jungen mit der Angel am Ufer sitzen. Aber genauere Nachforschungen ergaben, daß die in das verseuchte Wasser ausgesetzten Fische gestorben waren und die örtlichen Behörden nicht einmal Badeerlaubnis erteilen wollten. Eine Elektrizitätsgesellschaft wirbt mit einem stattlichen Hummer für die Sauberkeit der Abwässer ihres Atomkraftwerks: «Er mag unser Werk» – freilich, weil er es nie kennengelernt hat, sondern von einem Meeresbiologen entliehen wurde. Die Firma Potlach, als Unternehmen der holzverarbeitenden Industrie für die weltweite Quecksilber-Pollution mitverantwortlich, zeigte ein prächtiges Farbfoto mit dem Text: «Es kostet uns ein Vermögen, aber dafür fließt der Clearwater-River immer noch klar dahin.» Das Bild war echt; es hatte nur einen Schönheitsfehler: Man hatte es *flußaufwärts* von der Potlach-Fabrik aufgenommen. In *Scientific American* warb die Ölgesellschaft Texaco damit, daß sie seit Jahren streng verboten habe, Öl ins Meer abzulassen. Aber es waren 800000 Liter Texaco-Dieselöl, die im April 1971 den Puget-Sund im Staat Washington mit der Ölpest überzogen.

Inzwischen haben bereits einzelne Werbeagenturen entdeckt, daß

Umweltschutz auf keinem Weg rascher, billiger und einträglicher erreicht werden kann als durch die freundliche Hilfe gefälschter Fotos und halbwahrer Daten. Die New Yorker Agentur von Joseph A. Viverito Ass. garantiert jedem Interessenten für 1,2 Millionen Mark Werbeaufwand einen umweltfreundlichen Imagewandel in wenigen Monaten.[40]

Man darf gespannt sein, welche Blüten das Streben der Werbeleute noch treiben wird, sich als Bannerträger des Fortschritts aufzuspielen, sobald sich die Einsicht verbreitet, daß Konsumverzicht einer der wichtigsten Wege ist, um aus der gegenwärtigen (und sich in Zukunft immer mehr steigernden) Misere herauszukommen. Vielleicht werden sie dann behaupten, X-Pralinen oder Y-Sekt würden uns den Konsumverzicht versüßen und erleichtern, oder uns versichern, sie wären schon immer eigentlich dafür gewesen, den Konsum von Kinkerlitzchen einzuschränken, aber man müßte doch Ausnahmen machen. Es sollte uns jedenfalls hellhörig machen, daß in der Reklame bereits die Hauptverantwortlichen für die Umweltverschmutzung als wahre Unschuldsmänner hingestellt werden. So gesehen, könnte sich diese pseudoumweltfreundliche Reklame als gefährlicher Bumerang erweisen. Sie tröstet Homo consumens, der wieder einmal glaubt, daß die «verantwortlichen Stellen» bereits etwas unternehmen. Sie gibt ihm ein neues Gefühl der Selbstsicherheit und liegt genau «auf seiner Wellenlänge», so wenn etwa Potlach behauptet: «Es kostet uns ein Vermögen, aber deshalb ist dieser Fluß noch sauber.»

Nicht das Konsumverhalten soll eingeschränkt und damit die ruinöse Verschwendung von Rohstoffen und Umweltreinheit vermindert werden, sondern durch zusätzliche Ausgaben, zusätzliche Maßnahmen, zusätzlichen Konsum sollen die bisher angerichteten Schäden beseitigt werden. Das paßt in das eingleisige «Fortschrittsdenken» von Homo consumens, für das Fortschritt heißt, daß es immer in der gleichen Richtung weitergehen muß wie bisher. Heute aber liegt der wirkliche Fortschritt (und damit die einzige Chance, daß wir ohne große Katastrophen in einer menschenwürdigen Welt überleben) in einem Stopp ruinöser Pseudofortschritte, vor allem des Fetisches Wirtschaftswachstum auf Kosten der Lebensqualität. Und ich möchte daran festhalten, daß wir selbst, in jedem einzelnen Konsumakt, mindestens ebenso verantwortlich für die Zerstörung der Umwelt sind wie die Industriebosse und Manager, die Abwässer in die Flüsse pumpen und

Staub in den Himmel blasen. Denn für diese Manager ist der Absatz gerade ihres Produktes viel wichtiger, als es für uns ist, eben dieses Produkt zu kaufen. Das darf uns keineswegs hindern, auch der Industrie die Abwässerkanäle mit allen Mitteln zuzustopfen. Aber die eleganteste und auch die einem neuen Menschenbild am meisten gemäße Methode muß hier Konsumverzicht oder mindestens eingeschränkter Konsum bleiben. Diese Einsicht wird sich ohnedies nur langsam durchsetzen, aber der Wandel sollte doch so deutlich und in seinem Fortschreiten so unerbittlich sein, daß die gesellschaftlichen Verhältnisse ihm durch Evolution folgen und daß einzelne Entwicklungsschritte unabdingbar werden.

Während die Werbespezialisten offensichtlich die ethische Seite ihrer Tätigkeit noch nicht erkannt haben, entwickeln einige Industrie-Formgestalter eine durchaus kritische Auffassung ihrer Arbeit. «Die Leute dazu zu bringen, daß sie mit nicht vorhandenem Geld überflüssige Dinge kaufen, nur um ihren Mitmenschen zu imponieren, ist wohl die schäbigste Art, sich heutzutage sein Geld zu verdienen», sagt Victor Papanek[41] von den Werbespezialisten. Nach ihnen gehören Designer, die durch Verantwortungslosigkeit und den Entwurf von überflüssigem Schund Schaden anzurichten, zu den «gefährlichsten» Berufen. Papanek: «Heute ist, dank der Tätigkeit der Designer, der Mord in Serienfertigung gegangen. Man konstruiert kriminelle Autos, durch die jährlich nahezu eine Million Menschen auf dem Erdball getötet werden, ersinnt immer neue Arten von unverweslichem Abfall, die unsere Landschaft verschandelt, wählt Stoffe und Fertigungsprogramme, die unsere Atemluft verschmutzen.» Er befürwortet demgegenüber Entwürfe, welche die Umweltprobleme lösen helfen, den wirklichen Bedürfnissen des Menschen dienen, nicht der Ausbeutung des Konsumenten.

Prinzipien der Reklame

Die Werbung geht davon aus, daß menschliche Bedürfnisse formbar sind und sich ebenso produzieren lassen wie Glasaugen, Kühlschränke oder Autos. Sonderbarerweise sind sich die Werbepsychologen geraume Zeit dieser Tatsache, die sie so sehr ausnutzen, gar nicht bewußt gewesen. Noch 1971 sah sich der Altmeister der Motivforschung Ernest Dichter[42] veranlaßt, seine Kollegen vor einem grundlegenden Fehler zu warnen. Man dürfe sich das Gesamtgebiet menschlicher Wünsche und Bedürfnisse nicht als Kreis vorstellen, als eine Art Torte, aus der man einzelne Stücke herausschneiden könne. Das hieße etwa, daß die optischen Bedürfnisse durch das Fernsehen zu einem bisher nie dagewesenen Grad befriedigt werden und auf diese Weise anderen Bedürfnissen auf diesem Gebiet – etwa dem Kauf von Illustrierten, von Bildbänden oder von Büchern – Lebensraum weggenommen wird.

Tatsächlich ist das aber nicht der Fall. Der Umsatz der Verlage hat mit dem Fernsehen zugenommen, ebenso wie erheblich mehr Schallplatten verkauft wurden, seit jedermann ein Radio sein eigen nannte. Der Appetit kommt mit dem Essen: «Man kann die Motivationen des Menschen viel eher mit einem immer dicker werdenden Gummiball vergleichen, der niemals platzt», sagt Ernest Dichter.[43] Man sieht, wie ungebrochen der Optimismus in den Reihen der Werbepsychologen noch ist. 1971, als Dichter diese Aussage machte, haben viele namhafte Gelehrte – darunter der englische Biologe Sir Julian Huxley – eben diese Expansionsideologie schon beschuldigt, den Untergang der Erde greifbar nahezurücken. Freilich, den Zusammenhang zwischen dem geblähten Gummiball von Konsumwünschen und dem «Weltuntergangsprogramm» will man vielfach noch nicht sehen.

Wir haben schon einmal über den Unterschied zwischen primären, biologisch bedingten und sekundären, erlernten, kulturellen, er-worbenen (auch durch Werbung) Bedürfnisse gesprochen. Während alle Menschen in weitgehend ähnlichem Maß sexuelle Bedürfnisse haben, bestimmte Nahrungsmengen brauchen, trinken und atmen, sich entleeren müssen, ein Mindestmaß an Wärme und wohl auch an Lebensraum benötigen, beginnt außerhalb dieser grundlegenden Bedürfnisse das weite, manipulierbare Reich der sekundären Wünsche. An Essen, Trinken und Ausscheidungen wenden wir – Gourmets und Gourmands ausgenommen – wenig mehr als zehn Prozent unserer Zeit. Der Rest ist überwiegend mit kulturellen Bedürfnissen ausgefüllt, und zwar bereits auf einem recht primitiven Kulturniveau. Die steinzeitlichen Jäger und Sammler in der Kalahari-Wüste brauchen nach neueren ökologischen Studien etwa zwei bis drei Stunden pro Tag, um genügend Essen und Brennholz zu beschaffen. Der Rest ist schon bei den Buschmännern, die ein über zehntausend Jahre altes Modell menschlichen Zusammenlebens darstellen, mit erlernten sozialen Aktivitäten ausgefüllt – Klatsch, Jagdgeschichten anhören, flirten, spielen, tanzen, religiöse Mythen weitervermitteln, Besuche machen.

Manches spricht dafür, daß ein sekundäres Bedürfnis zumindest in seiner Entstehungsphase mit einem primären gekoppelt sein muß. Später kann es sich dann verselbständigen, seinen eigenen Energiehaushalt abzweigen, der nichts mehr mit den ursprünglichen Trieben zu tun hat. Ein Mann mag zur See fahren, um seinen Lebensunterhalt zu verdienen (primäres Bedürfnis). Es kann nun sein, daß er später eine Erbschaft macht und also auch ohne die Seefahrt genügend zum Leben hätte. Doch die See fasziniert ihn – das ursprünglich sekundäre Bedürfnis hat sich verselbständigt, ist «funktionell autonom» geworden, wie Gordon Allport gesagt hat. Nun stehen aber auch solche autonomen, sekundären Bedürfnisse innerhalb einer Hierarchie, an deren Spitze in der Regel die biologischen, die primären Bedürfnisse bleiben. Es gibt Ausnahmen, vor allem da, wo suchtartige Mechanismen eine Rolle spielen. Der halbverhungerte Raucher wird womöglich seine Brotration gegen Zigaretten vertauschen, und der Heroinsüchtige wird eine Injektion des Opiats dem Zusammensein mit dem attraktivsten Geschlechtspartner vorziehen, wenn er schon mehrere Stunden auf das Rauschgift warten mußte. Aber in der Regel erfüllt der Mensch primäre Bedürfnisse zuerst; sind sie befriedigt, wendet er sich den sekundären zu.

Diese hierarchische Ordnung der menschlichen Bedürfnisse kann nun aber noch auf einem anderen Weg umgewandelt werden. Gerade er scheint für Homo consumens typisch. Wenn ein oder mehrere primäre Antriebe frustriert werden, dann fließt ihre Energie in der Regel den sekundären Wünschen zu. Das Bild des harmonisch sich nach allen Seiten ausweitenden, nicht platzenden Ballons, den Dichter schildert, wird man in diesem Fall etwa durch den Vergleich mit üppig wachsenden Schößlingen (den sogenannten «Räubern») aus einem gekappten Baumstamm ersetzen müssen. Wir haben schon gezeigt, daß vor allem die sexuellen Antriebe des Menschen in der Leistungsgesellschaft nicht befriedigt werden. Aber auch andere primäre Bedürfnisse von Homo consumens sind frustriert: sein Bewegungsdrang (vor allem jener der Kinder in den engen Wohnungen, über die Frau Saubermann herrscht), seine Neugier, die der meist entfremdeten, sinnleeren Arbeit keinen Reiz abgewinnen kann und deshalb auf süchtigen Reizkonsum in der Freizeit angewiesen ist. Dabei wird eine solche Triebfrustration, die viel Energie für Konsumwünsche freisetzt, gerade deshalb besonders gefährlich, weil sie – in früher Kindheit, etwa im Säuglingsalter oder in der analen Phase ertragen – dem Betroffenen später gar nicht mehr zu

Bewußtsein kommt. Er ist nur chronisch unzufrieden, ohne genau zu wissen, warum; er erlebt keine wirklich spannungslösende sexuelle Befriedigung und weicht eben deshalb in ein hektisches Konsumieren aus.

Das Verweilende, Ruhige, Gelöste der wirklichen Triebbefriedigung ist verlorengegangen; dieser Verlust nun kann eine Kultur besonders «erfolgreich», da aggressiv gegen die Umwelt und gegen die Mitmenschen, machen. Aber auch der Erfolg wird wie ein Rauschgift gebraucht. So ist auch bezeichnend, daß eben jene Länder, die in weltweiter kultureller Aggression Erdteile als Kolonien unterjochten, lange Zeit von einer triebfeindlichen «herrschenden Moral» geprägt wurden und daß gerade sie sich jetzt anschicken, die Erde selbst zu zerstören. Die Bevölkerungsexplosion in den früheren Kolonien ist ja in vieler Hinsicht auch eine Folge der Epoche des Kolonialismus. Der Zwang, sich zu «entwickeln» – wie selbstverständlich spricht man von «Entwicklungsländern» –, zerstörte das innere Gleichgewicht in jahrtausendelanger Geschichte entstandener Kulturen und weckte Bedürfnisse nach dem Lebensmodus von Homo consumens. Diese Schritte sind nicht mehr rückgängig zu machen; doch sollten wir nicht weiterhin an der billigen Überzeugung festhalten, die Weißen hätten Kultur und Zivilisation gebracht. Nein, sie haben ausgebeutet, beuten weiter aus und programmieren die «Entwicklungsländer» auf genau den Selbstmord,[44] den sie auch an sich vollziehen.

Wie die Verkrüppelung seines natürlich-leibhaften Trieblebens Homo consumens aggressiv nach außen macht, so führt sie auch dazu, daß die künstlich produzierten Bedürfnisse ungehemmt wuchern, daß sich im Konsumieren gerade die Energie austobt, die im Vitalbereich nicht zum Zuge kommen kann. Die Luft gelangt in den prall aufgeblasenen Gummiball der Bedürfnisse dadurch, daß man die natürlichen Auswege primärer Wünsche des Menschen verstopft hat. So bläht der Gummiball sich auf, bis er platzt.

Die Reklame beutet diese Situation sehr geschickt aus. Solange sie bescheiden bleibt, bietet sie nur Auswege an, schildert Ersatzbefriedigungen in freundlichen Farben, preist Vorzüge, scheinbare Erleichterungen. Viel öfter aber lügt sie versteckt. Sie stellt Wesentliches und Nichtkäufliches als käuflich hin, speist aber tatsächlich den Konsumenten mit einem minderwertigen Produkt ab.[45] Einige besonders häufige, typische Beispiele dieses Pseudoverkaufs von höchst schätzenswerten Dingen sollen nun untersucht werden. Aus diesen Formen der Reklame wird deutlich, welche primären Bedürfnisse frustriert sind und uns als Käufer manipulierbar machen.

Sexus und Pseudosexus

Die Technik, sexuelle Reize anzubieten, um dannn etwas ganz anderes zu verkaufen, ist geradezu ein klassischer Werbetrick. Der nackte oder teilbekleidete weibliche Körper dient nicht nur als Blickfang, sondern er verspricht auch etwas: «Wenn du das und das kaufst, gehöre ich dir.» Darin steckt aber auch eine geheime Drohung: «Wenn du nicht kaufst, so bist du nicht begehrenswert.» Deshalb kann man mit sexuell aufreizenden Bildern nicht nur für Whisky oder Zigaretten, für Möbel oder schnelle Wagen werben, sondern auch für Frauenunterwäsche, Strumpfhosen oder Badezusätze. Denn die Drohung: «Du bist nicht begehrenswert!» richtet sich ja vor allem gegen die Frauen.

Mindestens ebenso wichtig ist die Rolle von Pseudosexus als Blickfang und Leseanreiz in den Massenmedien. Jede Illustrierte muß ja sehr darauf achten, für die Anzeigenkunden, die diese Blätter tatsächlich finanzieren, attraktiv zu sein. Auch hier dominiert der Pseudosexus. In deutschen Illustrierten wird über die freizügigen, sexuell rasch bereiten Schwedinnen berichtet, in schwedischen über die lose Moral der deutschen Mädchen. Unwägbare, unverkäufliche Dinge, wie sexuelle Lust, Charme, Sex-Appeal werden als käuflich hingestellt und in Werbespots eindeutig käuflich erworben – die Seife mit dem X-Deodorant läßt das Mauerblümchen plötzlich aufblühen, die Zahnpasta Y gibt das Gefühl, «ganz sicher zu sein», wenn man sich dem Sexualpartner nähert (und verleiht auf dem Weg der Identifizierung die Illusion, die Zahnpasta selbst könne diese Annäherung beschleunigen, äußert die Drohung, wer nicht kaufe, müßte fürchten, abgelehnt zu werden). Neben dem sexuellen Zuckerbrot wirkt auch die Peitsche – die Angst, durch ungenügend weiße Wäsche, mißratene Frisur, ungenügendes Make-up, fettiges Haar jede Anziehungskraft einzubüßen.

Wo der Jugendliche im Medium solcher Manipulationen seine Identität findet und erst als Käufer sein Ich eigentlich entdeckt, bleiben Selbstsicherheit und Ichvertrauen sklavisch an den Konsum gebunden. Der Übertritt in die Glamourwelt der Mode, die dem fernsehsüchtigen Jugendlichen als «die Welt» schlechthin erscheint, wird durch den Erwerb von Konsumfetischen gesichert und bleibt zugleich an sie gefesselt. «Die Reklame», sagt Reimut Reiche, «schreibt ihm ja nicht nur die Kleidungsstücke vor und die durch sie bestimmten Foci der Partial-Erotisierung (Mini- oder Maxi-Rock), mit denen er und sein Partner sich schmücken müssen, um liebenswert zu sein. Sie schreibt ihm auch den Teint vor, die Haarfarbe und die Haarform (die dann seine natürliche Kopfform umformt), die Gestik, die er oder sein Partner anzunehmen hat, um spezifische Tätigkeiten, wie Zigarren- oder Zigarettenrauchen, tanzen, Whiskygläser halten, beischlafen, auf der Straße gehen, so zu verrichten, daß sein aktueller Identitätswert auf Kurshöhe erhalten bleibt.»[46]

Die individuellen Eigenschaften, die natürliche Farbe und Form der Haare, des Gesichts, um derentwillen man früher einen Menschen liebte, sinken in der Welt von Homo consumens zu Beiwerk, zu käuflicher Staffage ab. Dabei bleibt aber der Lohn für die Anpassung ebenso fiktiv wie die angedrohte Strafe. Wer sich modisch maskiert, kann in der Boutique und im Kosmetikshop keineswegs auch erotisches Glück kaufen. So kommt es, daß die Angst, für eine Gelegenheit nicht gerüstet zu sein, dazu führt, daß diese Gelegenheit selbst verpaßt wird. Wer Sexualität wollte und Pseudosexus kaufte, findet sich am Ende im Besitz von Kinkerlitzchen, die zu gar nichts taugen. «Hast du das denn nicht selbst gewollt?» fragen die Reklamemacher. Und um die aufsteigenden Gefühle des Ärgers, des Unbehagens zu beschwichtigen, verkaufen sie schnell ein neues, unerfüllbares Versprechen.

Jugend und Pseudojugend

Über das gebrochene Verhältnis von Homo consumens zu biologischen Gegebenheiten, wie dem natürlichen Altern des Menschen, haben wir schon gesprochen. So verheißt die Reklame auch stets geläufig ewige Jugend in einer freien, heiteren Welt von Cognac trinkenden Hippies und Künstlern, von Seglern, Cowboys, Piloten, Sportfischern – alle in einer freien, unberührten Natur. Jugendliches Aussehen, jugendliche Haut, eine jugendliche Figur – mit einer Unzahl jugendlicher Mannequins wird das unerfüllte Versprechen haut- und augennah wiederholt demonstriert und endlich glücklich die Pseudojugend an den Mann gebracht: als Zigarette, welche die Herzgefäße schneller altern läßt und die natürliche Verkalkung der Adern beschleunigt, als Make-up, das die Falten vermehrt, indem es sie für kurze Zeit zudeckt, als

Alkohol, der den natürlichen Verlust von einigen Millionen Nervenzellen pro Jahr immens beschleunigt und also ebenfalls das Versprechen ewiger Jugend nicht nur nicht erfüllt, sondern sogar in sein Gegenteil verkehrt.

Indem Homo consumens die jungen, neuen Produkte kauft, unter jungen, neuen Namen immer wieder denselben Schund, hofft er, die Zeit umzukehren und aus alt neu zu machen. Tatsächlich aber kommt es auf diese Weise dazu, daß er im Altern nur den Verlust sieht und nicht den Gewinn, und endlich, seelisch und in seiner Vitalität bankrott, das Rennen aufgibt, ohne auch nur einen Tag wirklich alt gewesen zu sein.

Erfolg und Pseudoerfolg

Da die Reklame alle sozialen Leitbilder von Homo consumens getreulich widerspiegelt, ist Erfolg vielfach der höchste Wert, den sie verspricht. Dieser Wagen, dieser Anzug, diese Krawatte, dieses Feuerzeug sind typisch für den erfolgreichen Menschen. Das Verhältnis von Ursache und Wirkung wird umgekehrt: Indem man dem Konsumenten weismacht, erfolgreiche Männer tränken, rauchten oder benützten das, was man ihm verkaufen will, scheint man ihm zu versprechen: Wenn du kaufst, dann bist du wie diese. Die Seife der Filmstars, das Autoputzmittel des berühmten Fußballspielers, die Uhr der Kaiser und Könige, der Orangensaft des Olympiateams – sie alle verkünden: Kaufe, dann bist du wie wir. Wie in vielen anderen Fällen spricht hier die Reklame das magische Denken an.

Wer die Seife oder den Lippenstift der Stars benutzt, wer durch sein Konsumverhalten dem weißen Riesen huldigt, der gewinnt Anteil an ihrer magisch verstandenen Übermacht. Und während Homo consumens auf das intellektuelle Niveau einer dressierten Ratte abrutscht, schwingen sich seine Tagträume, von der Reklame magisch gespeist, in die Flitterhöhen der Kinoschönheiten, Erfolgssportler, gekrönten Häupter empor. Selbst gebildete Menschen fallen diesen Illusionen zum Opfer; denn wie sonst hätte eine Arzneimittelfirma jahrelang die Ärzte mit dem Bild eines von jubelnden Männern getragenen Weißkittels ködern können, «erfolgreich zu sein», indem sie das Rheumamittel dieser Firma verschrieben.

Freiheit und Pseudofreiheit

Wer erinnert sich nicht an den Schlager von dem Duft der großen, weiten Welt: Klingende Musik, klarer Himmel, Flugplätze, wehende Fahnen – die Pseudofreiheit, ein Geldstück in einen staubigen Automaten zu stecken und ein Päckchen Luftverschmutzung zu kaufen. Da ist der weite, freie, unberührte Landschaftstraum über den Schären vor Stockholm, vom tieffliegenden Flugzeug aus gesehen; endlich, Zigaretten anzündend, Menschen, die (vielleicht quecksilberhaltige) Fische über dem offenen Feuer braten. Freiheit, die unverkäuflich ist und durch das Kaufverhalten selbst eher zerstört wird als gewonnen, stellt die Reklame als käuflich hin. Ganz allgemein wird heute der Trend immer deutlicher, in der Reklame eine unzerstörte Landschaft abzubilden und dem Beschauer eben die Verhaltensweisen abzufordern, die diese Landschaft zerstören werden. Die Raucher, die sich in der Wildnis Alaskas, in Schottland und an anderen unberührten Plätzen der Erde niederlassen – Motto: «Mehr erleben» – spiegeln eben jene heile Natur wider, die sie dann prompt mit Zigarettenkippen und anderem Müll bedecken. Wieder eine Paradoxie: Homo consumens wird eine Welt grünender Pflanzen, klarer Gewässer, reiner Luft vorgespiegelt, um ihn zu Käufen zu verführen, die Luft, Wasser und Erde verschmutzen. Kaum ein Werbefotograf für neue Automodelle verzichtet darauf, weit hinauszufahren und das Vehikel auf die letzte grünende Wiese zu stellen, die noch nicht zubetoniert oder asphaltiert worden ist, um eben jene Automobile aufzunehmen, denen sie als Werbehintergrund dienen muß. Eine ganze Industrie vermittelt Pseudourwüchsigkeit, Freiheit im Umgang rauher Männer mit unverfälschter Natur. Was Homo consumens dann «angedreht» wird, ist ein Motorboot, das stille Flußufer in lärmerfüllte, von Ölschleiern überzogene und mit Müll beladene Wasserskiplätze verwandelt, ein Wohnwagen, auf Plätzen mit hundert seinesgleichen gedrängt. Kaufe, und du wirst frei sein, verspricht die Reklame. Und im Kauf versklavt sich der Konsument, denn Zeit ist zwar Geld, doch die Rechnung läßt sich nicht umkehren: Geld ist nicht Zeit. Die Freiheit, die uns der Konsum verspricht, ist immer nur Pseudofreiheit.

Schönheit und Pseudoschönheit

Die nivellierte, bis in ihren Teint, ihre Figur und die Form ihrer Brüste hinein angepaßte Modeschönheit wird in den Illustrierten, den Versandhauskatalogen und den Werbespots der Fernsehindustrie (ja selbst noch in Gestalt der Ansagerinnen, die ja sämtlich ebenfalls geschminkt und bemalt auftreten «müssen») als einzig möglicher Typus des «schönen Menschen» hingestellt. Unzählige Anzeigen, vom Schlankheitsmittel bis zum angeblich Hautunreinheiten heilenden Stift oder Make-up, von der Deo-Seife bis zu den zahllosen Kostümfesten der Modezeitschriften, versprechen Schönheit – eben die Sekundenschönheit des Mannequins, zurechtgezupft, mit Stecknadeln und Watte in die rechte Form gebracht, mit falschem Busen, falschem Wind im Haar und dem durch Aussprechen des Wortes «cheese» auf die Lippen gezauberten Lächeln.

Von einem Durchschnittsmenschen getragen, nicht mehr kunstvoll von Stecknadeln festgehalten, enthüllt sich das bezaubernde Versprechen modischer Schönheit oft schon nach einem Tag, gewiß aber nach dem ersten Waschen als Schund. Die Nähte platzen, der Stoff knittert, die Farben erbleichen. Was tut's, Homo consumens ist bereits auf der Jagd nach der Pseudoschönheit des nächsten Monats.

Gesundheit und Pseudogesundheit

Gesundheit rangiert neben Jugend und Erfolg an der Spitze der Wertskala von Homo consumens. Freilich faßt er sie recht eigentümlich auf. Er nimmt an, Gesundheit sei sein selbstverständliches Recht. Um sie zu erhalten, müsse er nichts tun, als seinen Beitrag zur Krankenversicherung regelmäßig zu zahlen. Wird er nun krank, so ist es Aufgabe des Arztes, Homo consumens, der die Behandlung passiv über sich ergehen läßt und allenfalls aufmuckt, wenn man ihm einen seiner selbstverständlichen Genüsse verbietet, wieder in Ordnung zu bringen, ganz ebenso, wie der Autofahrer die Hinterachse überholen oder die Hausfrau den Elektriker kommen läßt, um eine defekte Küchenmaschine zu reparieren. Eifrig werden Heilmittel gekauft, die den Körper wieder «in Schuß bringen» sollen.

Auf keinem anderen Gebiet hat wohl die typische Konsumentenhaltung schädlichere Folgen als auf dem der Gesundheit, die ja in der Welt von Homo consumens fast generell durch Verzicht eher erhalten werden kann als durch Verbrauch. Aber wenn Homo consumens abnehmen will, dann kauft er nicht weniger Essen, sondern zusätzlich ein Abführmittel, einen Appetitzügler oder erbricht alles, was er erst in sich gestopft hat. Die Reklame für Zigaretten und Alkoholika zeigt immer und überall junge, glückliche, elastisch ausschreitende junge Leute; sie produziert die Illusion: «Kaufe, rauche, dann bist du wie wir», während doch die Botschaft eigentlich lautet: «Zahle, rauche, dann wirst du krank.»

Wenn man die Anzeigen auch nur einer einzigen Illustrierten durchblättert, findet man mindestens zehn Angebote von Pseudogesundheit, die echte Gesundheit versprechen. Da gibt es Psychotherapie im Versandhandel: Wenn sie, wie in fast allen Fällen, nichts nützt, ist natürlich der Käufer schuld, der die Vorschriften der «emotionalen Enthemmungsmethode» – «frei von Erröten, Schüchternheit, Sprechangst, Befangenheit» – nicht genau befolgt hat. Obschon es kaum mehr Neurosen gäbe, wenn sich jedermann durch die Lektüre psychologischer Broschüren oder das Anhören von Schallplatten kurieren könnte, wird für solchen Unsinn geworben. Mit dem Slogan: «Selbstvertrauen – Enthemmung im Schlaf», preist etwa ein mit Doktortitel geschmückter Mann seine Endlostonbänder an, die Homo consumens während seines Nachtschlafs von Angst und Hemmungen (Band I), von Schlaflosigkeit (Band II) und gar von Potenzschwäche (Band III) befreien sollen. So einfach ist es also, über Nacht (pseudo-)gesund zu werden, passiv und ohne Mühe.

Besonders aufdringlich und einträglich wird für die seelische Pseudogesundheit geworben. Homo consumens soll sich zwar im Wettlauf um Erfolg und Leistung weiter abstrampeln, um seinen Lebensstandard in neue Höhen zu treiben. Die nötige Entspannung kann er sich mit dem so erworbenen Geld kaufen – sei es als «brausende Spalt» («gegen Wetterfühligkeit, allgemeines Mißbehagen, Alkohol- und Nikotinkater»), sei es als Endlostonband, als Badezusatz («badedas befreit vom Alltag») oder als Zellaforte-Kur («Es gibt neue Vitalität, wirkt kräftigend auf das Allgemeinbefinden und hilft Ihnen, mit den Anforderungen unserer Zeit besser fertig zu werden... Zellaforte-plus wirkt auch gegen nervöse Magen- und Darmbeschwerden, allgemeine Abnutzungs- und Schwächeerscheinungen... Altersbeschwerden... kräftigt Herz und Kreislauf... wirkt günstig bei allgemeiner Adernverkalkung... beugt Galle- und Leberfunktionsbeschwerden vor»). Auch diese versprochene Gesundheit ist Pseudogesundheit; jeder Pharmakologe weiß, daß es kein Mittel gibt, das diese Versprechungen erfüllt. Unter dem Titel «Alltagsnervosität fördert sexuelles Versagen» wird Pseudopotenz verkauft – ein Mittel, das entspannt und gleichzeitig kräftigt, den gesamten Organismus von Grund auf regeneriert und zu einer «Dauerkräftigung» des Körpers führt. Nichts davon ist bewiesen, aber solange die Reklame für solche wirkungslosen Mittel nur Stärkung und Vorbeugung (nicht gezielte Heilung bestimmter Leiden) verspricht, kann der Staatsanwalt nichts dagegen unternehmen.

Die Reklame für Pseudogesundheit führt oft zur Zerstörung der Gesundheit. Kopfschmerzmittel etwa können, wenn sie zu oft genommen werden, zu Nierenschäden führen, die ihrerseits Kopfschmerzen verursachen. So macht sich das Medikament, das Wohlbefinden verspricht, in einem ruinösen Teufelskreis selbst unentbehrlich. (Das gilt vor allem für phenazetinhaltige Schmerzmittel.) Ein anderes Beispiel für vielkonsumierte Medikamente, die sich – anfänglich überflüssig – durch ihre eigenen Wirkungen unentbehrlich machen, sind die Abführmittel. Durch von der Werbung raffiniert unterstrichene Warnungen vor dem «Gift im Darm» glaubt Homo consumens, er könne sich die natürliche Unregelmäßigkeit seines Stuhlgangs nicht erlauben und greift in eine physiologische Regelung mit Mitteln ein, die seinen «trägen Darm» ankurbeln sollen. Das ist sehr einfach, und der Darm antwortet damit, daß er sich an den zusätzlichen Reiz gewöhnt und nun tatsächlich das «Entschlakkungsmittel» zu brauchen scheint. Wenn Homo consumens einmal sein Abführmittel nicht nimmt, stürzt ihn eine womöglich mehrtägige Verstopfung so in Sorge, daß er den Versuch schleunigst aufgibt. Dabei würde sich die natürliche Darmbewegung binnen weniger Tage wieder einspielen. Noch kein Mensch ist an einer solchen Verstopfung gestorben, aber an der Angst vor ihr wird viel verdient.

Ganz ähnliche Mechanismen machen viele Schlafmittel unentbehrlich. Immer verspricht die Reklame bequeme Hilfe gegen Störungen, deren Ursachen nur durch aktive Eigenleistung – Konsumverzicht (im Fall der Tabletten gegen Alkohol- und Nikotinkater), Kampf um reinere Luft, Vertrauen in den eigenen Organismus, Bewegung (bei Darmträgheit, Schlaflosigkeit) eine Umstellung der Lebensweise oder auch durch Psychotherapie (in der ja ebenfalls der Patient die aktive Arbeit des Sichänderns leisten muß) – beseitigt werden können. Durch die symptomatische Hilfe aber, die der Konsum gewährt, können solche Störungen eingeschliffen und zu ernstlichen Gefahren für die Gesundheit werden.

Jeder Reklamespezialist weiß, daß man bei Konsumenten mit dem Appell an Gefühle weit mehr erreichen kann als mit dem Appell an Einsicht und Vernunft. Der Kult des Irrationalen treibt oft sonderbare Blüten. Was im Leben mühsam und schwierig zu erreichen ist, wird zu billigen Preisen vermarktet: Heiterkeit und festliche Stimmung? X-Sekt und Y-Cognac zaubern sie herbei. Freundschaft? «Ihr guter Freund unter den Klaren», preist sich ein Schnaps an. Glück? An allen Ecken und Enden winken Glückskäufe. Wer Kölnisch Wasser verschenkt, der schenkt nicht Sprit mit Duftstoffen, maßlos überteuert und luxuriös verpackt, sondern er schenkt «Freude». Pralinen, nein, das ist kein oraler Trost, der Zähne und Magen verdirbt, sondern es sind Küsse, es ist die hübscheste Art, seine Liebe auszudrücken, kurzum ein Gefühlskonzentrat. Auf diese Weise wird Schund verkauft, werden Gefühle verschundet.

Fassen wir zusammen: Indem die Reklame Wesentliches als käuflich hinstellt, um Unwesentliches oder Überflüssiges, ja Schädliches zu verkaufen, wird auch das Wesentliche gefährdet: die Freiheit durch die Pseudofreiheit, die Schönheit durch die Pseudoschönheit, die Liebe durch die Pseudoliebe, die Gesundheit durch die Pseudogesundheit, das Gefühl durch Pseudogefühl. «Für den Verbraucher ist es selbstverständlich, daß er sozusagen alles bekommt, was er will, und daß er dafür nur Geld hinzugeben hat. Wie aber, wenn diese Einstellung übernommen wird in die Beziehung zwischen Ehegatten oder gar zwischen Eltern und Kindern?» hat E. Küng[47] gefragt und meint weiter: «Es ist leicht abzusehen, daß damit fundamental verstoßen wird gegen die Existenzgesetze derartiger Gruppen und daß ihr Zusammenhalt dadurch aufs schwerste gefährdet wird. Rechenhaftigkeit, Ausgleich von Leistung und Gegenleistung, Reduktion von Gefühlswerten auf Marktwerte, bloßes Nehmen, ohne zu geben, Bezahlung für geleistete Dienste – das alles sind Dinge, die den intimen zwischenmenschlichen Beziehungen zutiefst widersprechen. Wenn irgendwo, so hat die Verwirtschaftlichung des Lebens, zu dem die Konsumgesellschaft neigt, in diesem Bereich verhängnisvolle Spannungen zur Folge.»

Interessant ist noch, daß die Werbung nicht nur den Konsum steigert, sondern selbst ein sehr wesentliches Konsumgut darstellt. Eine Illustrierte ohne Reklame, ein Fernsehen, das völlig auf Werbespots verzichtet, wurden Homo consumens wohl recht trist erscheinen. Man wird mir vorwerfen, daß ich die Werbung verteufle, die ja auch nüchtern-informativ sein könne und sicherlich viel zu unserem bequemen, reichen Leben beigetragen habe, da sie ja ein Schmiermittel im Welthandel, eine Amme des Massenproduktes und damit eines wesentlichen sozialen Fortschritts sei. Aber darum geht es hier gar nicht. Die Werbung mag für sich selber werben, sie kann das sicherlich besser, als ein einzelner gegen sie zu protestieren vermag. Werbung für überflüssige, gesundheitsschädliche und die Umwelt bedrohende Konsumgüter ist unmoralisch.

Ehe wir genauer untersuchen, wie viele Konsumgüter überflüssig und umweltschädlich sind, müssen wir uns einem Extrem des Konsumverhaltens zuwenden: dem Konsumterror durch massiven sozialen Druck.

Konsumterror und Konsumzwang

Wir leben in einer freien Gesellschaft, nichts und niemand kann uns zwingen, bestimmte Dinge zu kaufen!

Ach wirklich? Und wie glauben Sie, wäre es um Ihre Karriere als Geschäftsmann bestellt, wenn Sie zehn Jahre lang denselben Wagen fahren würden? Oh, das wußte ich nicht, würde es heißen, daß es mit Ingenieur Müller so schlecht steht. Ich glaube, ich muß mich doch nach einem anderen Partner umsehen, wer weiß, wie lange er noch durchhält... Und schon bröckeln die Kontakte ab, der Verdienst sinkt. Müller, der sich dem Konsumzwang entziehen wollte, wird dadurch so arm, daß er zum Konsumverzicht gezwungen ist. Immerhin haben schon oft genug geringere Anlässe zu einem Bankrott geführt.

Es ist im Grunde auch nicht so wichtig, ob jeder Geschäftsmann, der seinen Erfolg nicht durch demonstrativen Konsum unterstreicht, wirklich Schaden leidet. Mindestens ebensooft wird dieser Konsumzwang ja von Homo consumens vorgeschützt, um sich ein bescheidenes Image zu geben. «Ich hätte ja gerne den VW behalten», sagte mir ein zum Prokuristen aufgerückter Versicherungsangestellter. «Aber in meiner Position kann ich mir das nicht leisten.» Und so kauft er einen «guten» Mittelklassewagen, etwa einen Peugeot, denn Mercedes – auch ein gebrauchter – wäre «zu hoch», das ist etwas für die Direktoren. Aber ein

Zwang besteht, ob der Konsument ihn nun als selbstverständliche Pflicht empfindet oder ob er durch die Macht der Umstände brutal von außen ausgeübt wird. Der angehende Rechtsanwalt braucht eine «Adresse», der angehende Architekt einen schicken Wagen, wenn er den Kunden und den Handwerkern imponieren will. Narrenfreiheit haben allenfalls Künstler, denn niemand erwartet, daß sie viel verdienen (und keiner würde ihnen einen Kredit geben).

Konsumterror im Umgang von Reihenhaushalt A mit Reihenhaushalt B ist längst Thema von Kabarett und Rundfunkglosse geworden. Frau Müller, die ihren Mann so lange aufhetzt, bis er auch ein neues Auto, auch ein Brillantcollier, auch eine Geschirrspülmaschine kauft, findet sich dem öffentlichen Spott preisgegeben. So schlimm ist das doch nicht, sagt der Zuschauer, und wischt sich die Lachtränen aus den Augen. Es ist ja nicht, daß ich müßte... aber neulich bei meinem Freund Alfred habe ich doch gesehen, daß es eine ganz andere Sache mit dem Farbfernsehen ist. Ich will doch zu Weihnachten ein Farbfernsehgerät kaufen!

Da Homo consumens in den Massenmedien fast ausschließlich Anreize zum Konsumieren findet, da man ihm die Zusammenhänge zwischen seinem Konsum und der ständigen Verschlechterung der Lebensqualität fast durchweg vorenthält, ist es ein sanfter Zwang, ein Terror mit Samthandschuhen, leise und unerbittlich wie die seidene Schlinge orientalischer Henker. Meist sind diese Zwänge schon ganz selbstverständlich, sie werden gar nicht mehr erlebt. «Man» kauft sich ganz von selbst zum rechten Zeitpunkt das neue Auto, wechselt die Adresse und die Clubsessel-Garnitur, sucht den gerade fashionablen Urlaubsort heim und dünkt sich der freieste Mensch in einer freien Gesellschaft. Ja, gerade weil er von den meisten Konsumenten längst verinnerlicht ist, ganz natürlich und selbstverständlich scheint, ist der Konsumzwang nahezu lückenlos. Wer da nicht mitmacht, findet niemanden, der sich auf seine Seite stellt. Ganz von selbst gehört er nicht mehr dazu, ein alberner oder bösartiger Wirrkopf, der eben nicht weiß, «wie man sich benimmt».

Wie aus raffinierter Berechnung läßt man dabei die Meinungsmacher selber aus dem Spiel – ihr Konsumieren ist wirklich freiwillig, sie leben in einer ökologischen Nische, in der man den Konsumströmungen teilweise entgehen kann. Politiker, Universitätsprofessoren, Schriftsteller, Journalisten, Funkautoren – sie können es sich leisten, wie Heinrich

Bölls Dr. Murke mit dem Fahrrad das Studio aufzusuchen, demonstrativ zu Fuß zu gehen, die öffentlichen Verkehrsmittel zu benutzen. Der kleine und mittlere Geschäftsmann, der Vertreter, der Angestellte, ein Reihenhausbewohner kann das nicht, weil er zuwenig Prestige hat, um gegen die normierten Rangattrappen der Konsumgüterindustrie anzukämpfen.

Man könnte sich an dieser Stelle fragen, warum die Menschen dem Konsumterror zum Opfer fallen. Die Ursachen dafür sind sicherlich vielfältig; wir haben bereits eine ganze Reihe von ihnen innerhalb dieser Analyse der «Erziehung zum Konsumenten» untersucht. Es wäre gewiß falsch, die Manipulation durch die Werbung als einzige Ursache hinzustellen. Leistungsethos, Angst vor der Zukunft, vitale Unzufriedenheit, orale Versagung in der frühen Kindheit, manipulative, unkontrollierte Werbung, sie alle wirken zusammen und verstärken sich gegenseitig. Indem er Lust zu spenden scheint, über die tägliche Hetze, die entfremdete Arbeit, den knappen Lebensraum hinwegtröstet, wird der Konsum zu demselben Zwang wie ein Rauschgift, das Vergnügen verspricht, aber Terror ausübt. Jeder Süchtige versichert, selbst wenn seine Abhängigkeit für Außenstehende überdeutlich ist, er könne aufhören, sobald er nur recht wolle – aber, so fügt er rasch hinzu, warum zum Teufel solle er denn wollen?

Dennoch wäre es verfehlt, nun ausschließlich im vital frustrierten, von der Leistungsgesellschaft geprägten, von der Reklame manipulierten Menschen den Konsumzwang zu beobachten. Er mag bei ihm zwar süchtig übersteigert, zum Ausgleich emotionalen Elends bitter nötig sein, doch gibt es auch so etwas wie eine konfliktfreie, grundsätzlich auch im keineswegs triebfrustrierten oder ichschwachen Menschen vorliegende Konsumbereitschaft. Allein das Vorhandensein vieler Konsumgüter macht sie begehrenswert.

Auch in einer leibfeindlichen, immer noch von der Lehre einer Erbsünde geprägten Gesellschaft gibt es glückliche Familien, in denen die Kinder weitgehend harmonisch heranwachsen, ohne oral frustriert, zwanghaft zur Sauberkeit angehalten, zur Leistung gedrillt zu werden. Dennoch gehen sie, erwachsen, nicht unberührt durch die Konsumparadiese moderner Warenhäuser, sondern greifen bald nach dieser, bald nach jener lockenden Frucht. Der Verzicht wird ihnen viel leichter fallen als den auf die Ersatzbefriedigung im Konsumieren zwanghaft angewiesenen Exemplaren von Homo consumens. Aber dieser Verzicht muß auch von ihnen durch Einsicht in die ökologischen Zusammenhänge erarbeitet werden, eine Einsicht, die sie leichter gewinnen werden, weil sie daran keine neurotischen Barrieren hindern.

Wir könnten uns fragen, warum eine solche offensichtlich angeborene Konsumbereitschaft beim Menschen besteht. Auch hier ist es nützlich zu überlegen, daß wir auf das Leben in einer kleinen Gruppe von Männern, Frauen und Kindern biologisch programmiert sind, die in einem weiten Areal als schweifende Jäger und Sammler leben. Die Angehörigen dieser Gruppe horten zwar keinen Besitz, der innerhalb ihres nomadisierenden Lebens nur eines wäre: eine Last. Aber sie sind es gewohnt, unbekümmert alles zu nehmen, was sich ihnen gerade bietet – Früchte, Wurzeln, Melonen, jagbares Wild. Es ist für unsere Überlegungen recht wichtig, daß ökologisches Denken für den «Naturmenschen» keineswegs typisch ist; er neigt, ebenso wie Homo consumens, zu einem unbekümmerten Raubbau. Das gilt allerdings nur für die Jäger und Sammler in Afrika, die nach neueren Studien praktisch im Überfluß leben. Buschmänner, Pygmäen und Hadza (ein Jägervolk in Tansania, Ostafrika) schöpfen die Nahrungsquellen in ihrem Gebiet bei weitem nicht voll aus. Sie essen nur die Hälfte der ihnen als eßbar bekannten Pflanzen, brechen unbekümmert Äste von Beerensträuchern. Räuchern sie wilde Bienen aus, um Honigwaben zu gewinnen, so geben sie sich keine Mühe, einen Teil der Waben zurückzulassen und so die Bienen zu ermutigen, ein neues Volk aufzubauen. Weibliche, auch trächtige Tiere werden ebenso geschossen wie männliche. Machen Jäger der Gruppe eine besonders große Beute, dann nehmen sie nur die näher gelegene und überlassen die unbequemer zu erreichende den Geiern (obschon in diesen Kulturen durchaus Techniken bekannt sind, Trockenfleisch herzustellen).

Ökologisches Denken ist also ein Kulturprodukt, das freilich oft schon auf steinzeitlicher Stufe gewonnen wird, wie bei den Eskimos, deren harte Lebensbedingungen – sie können, wenn die Jagderträge schlecht sind, nicht auf gesammelte Pflanzen ausweichen – eine viel sorgfältigere Verwertung ihrer Beute verlangen.[48] Es muß erlernt werden, während die natürlichen Anlagen des Menschen keine Hemmungen gegenüber dem Raubbau an seiner Umwelt enthalten. Das ist verständlich, denn den weit überwiegenden Teil seiner Entwicklungsgeschichte hatte der Mensch ja gar nicht die Möglichkeit, durch seine Begehrlichkeit seine Umwelt zu zerstören. Im Gegenteil: Die Begehrlichkeit selbst war es, die ihn gierig (auch neu-gierig) machte und auf diese Weise viel zu seinem biologischen Erfolg beitrug.

Wer nicht gewohnt ist, in den komplexen Bedingungsgefügen zu denken, mit denen sich die Verhaltensforschung auseinandersetzen muß, der wird nun in Versuchung kommen, die in den früheren Kapiteln erörterten Zusammenhänge zwischen Leistungsdenken, triebfeindlicher Erziehung, Gewohnheitsbildung und Konsumverhalten anzuzweifeln. Wenn der Mensch von Natur begehrlich ist und keine angeborenen Hemmungen gegen den Raubbau an seiner Umwelt hat, genügt das nicht, um die Verhaltensweisen von Homo consumens zu erklären?

In die Erziehung zum Konsumenten spielen sehr viele Faktoren hinein. Wer hier Verhalten ändern will, sollte möglichst viele Bedingungen überschauen. Nur in einer leistungsorientierten Gesellschaft kann es zu den Extremen des Konsumverhaltens kommen, die wir als Konsumzwang und Konsumterror beschrieben haben; nur in ihr ist auch die Produktivität so hoch, daß die Umwelt ernstlich bedroht wird. Aber auch eine wenig leistungsorientierte Kultur kann durch den Kontakt mit Konsumgütern einschneidend verändert, sogar zerstört werden. Praktisch überall hatten es die weißen Kolonisatoren nicht leicht, die Eingeborenen dazu zu bringen, für sie zu arbeiten. Denn die primitive Wirtschaft der unberührten Kultur befriedigte deren Bedürfnisse meist ohne große Mühe. Die Spanier halfen sich mit massivem Zwang; sie versklavten die Indios, folterten sie, wenn sie widerspenstig waren, importierten willigere Negersklaven, wenn sie die Ureinwohner ausgerottet hatten. Die Engländer wandten, vor allem in Melanesien, ein anderes System an. Sie setzten eine Kopfsteuer fest, die bar bezahlt werden mußte. Die einzige Möglichkeit der Eingeborenen, Bargeld zu erhalten, war die Kontraktarbeit. Es gibt aber auch noch eine dritte Methode, die im letzten Jahrhundert immer beliebter wurde. Man bot den Eingeborenen einfach eine Reihe von Konsumgütern, die ihnen gefielen. Nachdem sie sich mit ihnen vertraut gemacht hatten und sich nach dem schon geschilderten Prinzip der Gewöhnung an ihr Vorhandensein anpaßten, stieg auch ihre Bereitschaft, gegen Geld Arbeit anzunehmen.

Erst viel später erkannten die Eingeborenen, worauf sie sich eingelassen hatten. Ihre eigene Kultur war zerstört, und sie waren Proletariat in einer fremden Kultur, von der sie nur die Schattenseiten kennenlernten.

Selbst ein so fortschrittsbewußter Mann wie der Papua-Politiker Albert Maori Kiki gesteht in seiner Autobiographie: «Auch ich trauere um die vergangene Zeit. Wenn ich jetzt zurückdenke, scheint mir fast, daß wir damals gesünder und glücklicher waren... Das Leben in Orokolo (seinem Heimatdorf) ist trübe und langweilig geworden. Was haben unsere Menschen durch den kulturellen Kontakt gewonnen, der ihre Bräuche zerstört hat?... Natürlich gibt es jetzt auch bei uns das Christentum, aber es füllt die Lücke nicht, die die Zerstörung unserer eigenen Kultur hinterlassen hat.»[49]

Wir müssen also festhalten, daß tatsächlich in vielen Fällen die mildeste Form des Konsumzwangs allein durch das Angebot von Konsumgütern gegeben ist, dem die natürliche Begehrlichkeit des Menschen nicht zu widerstehen vermag. Ein Gegengewicht kann hier nur die Einsicht sein, daß die Konsequenzen des Konsums viel weiter reichen, als die ursprüngliche Begehrlichkeit ahnen läßt, und daß der angerichtete Schaden das Augenblicksvergnügen übersteigt. Dann wird der nicht süchtige Konsument verzichten können. Den süchtigen hingegen muß man zum Verzicht zwingen. Erst wenn er «entwöhnt» ist, wird er einsehen, daß dieser Zwang notwendig war.

3. Konsumverzicht

Eine realistische Utopie

Viele Menschen wissen heute: So kann es nicht mehr weitergehen. Aber ihre Konsumentenhaltung ist schon derart stark entwickelt, daß sie eine Lösung wiederum von anderen Leuten erwarten – die einen von der Regierung, die anderen von einer Revolution, die dritten dadurch, daß alles noch viel schlechter wird, ehe sich irgend jemand entschließt, etwas zu ändern. Ich verstehe den Konsumverzicht in jedem Fall als Einzelmaßnahme, die man weder über- noch unterschätzen darf. Sie wird immer dazu beitragen, das Maß der Umweltvergiftung zu vermindern; fast wichtiger noch sind aber ihre psychologischen Vorzüge. Dazu ist es vor allem notwendig, eine Ethik des Konsumverzichts zu skizzieren.

Mir scheint, daß es vor allem darauf ankommt, eine solche Ethik radikal genug zu formulieren. Die bisherigen Listen über umweltfreundliche Maßnahmen, die etwa der *World Wildlife Fund* zirkulieren läßt, sind geradezu lächerlich bescheiden. Wenn das heute in der Gesellschaft verwirklichte, ständig expandierende Konsummaximum wirklich einmal kritisch reflektiert werden soll, dann muß man schon mehr verlangen, als vom Kauf von Bier und Cola in Aluminiumdosen abzuraten («Sie werfen mit der leeren Dose viel Energie weg, weil zur Herstellung von Aluminium sehr große Elektrizitätsmengen erforderlich sind») oder sein Auto einem Abgastest unterziehen zu lassen.

Grundsätzlich *jeder* Kauf muß zu einer spezifisch ethischen Frage werden; *jeder* Konsumartikel ist ein Mosaiksteinchen in dem Moloch Umweltverschmutzung. Die Frage: «Ein neues Auto kaufen oder das alte behalten?» ist nicht nur eine finanzielle Frage, sondern auch und vor allem ein moralisches Problem, ebenso wie die Anschaffung einer Zweitwohnung, eines Zweitwagens, eines Farbfernsehers, neuer Möbel, neuer Küchenmaschinen, wie die Waschmittelmenge in der Waschmaschine oder der Kauf einer Geschirrspülmaschine, wie die Frage, ob man nun jeden Tag ein Wannenbad nehmen soll oder ob es nicht auch genügt, sich zu duschen. Wir sind längst zu viele Menschen, um uns eine andere Ethik überhaupt noch leisten zu können. Wir müssen lernen, daß wir nur bei jenen Tätigkeiten, die absolut keine Gefahr für unsere Umwelt darstellen, ein wirklich gutes Gewissen haben dürfen – etwa beim Spazierengehen. Es ist dumm und unethisch, nur «zum Spaß» mit dem Auto in der Gegend herumzufahren, elektrische Energie zu verschwenden, weil sie ja doch so billig ist, oder irgendeinen Gegenstand in Wegwerfpackungen zu kaufen, den man auch in einer Pfandflasche bekommen kann.

Die Ethik des Konsumverzichts

Menschliches Zusammenleben ist zwar ohne ethische Vorschriften undenkbar, aber bisher haben nur sehr wenige Entwürfe einer Ethik das Wohl der gesamten Menschheit genügend in Betracht gezogen. Immer waren Mörder Mörder, Diebe Diebe, weil sie Leben oder Besitz von Angehörigen der eigenen Gruppe – des steinzeitlichen Dorfes, der griechischen Polis, der deutschen oder französischen Nation – beschädigten. Galt der Mord einem Angehörigen der Fremdgruppe, dann war der Mörder mit einemmal ein wagemutiger Krieger, ein pflichtbewußter Soldat, der Dieb ein kühner Eroberer oder Kulturbringer (wie es die Geschichte des Kolonialismus überdeutlich gezeigt hat).

Heute haben sich viele zivilisierte Staaten geeinigt, auch ein sogenanntes internationales Recht anzuerkennen und Institutionen wie Interpol oder die UNO zu seinen Hütern zu machen. Aber hier fängt man nur die kleinen Gauner; die großen Konflikte werden immer noch nach dem Prinzip entschieden, daß ein Gramm Nutzen für die eigene Gruppe mehr wiegt als eine Tonne Schaden für die «anderen». Ob wir nach Bengalen, nach Vietnam, nach Südafrika oder nach Brasilien blikken (wo landhungrige «Zivilisierte» die Indianer zu Hunderten abschlachteten), überall wird deutlich, daß der Gruppenegoismus immer noch viel stärker ist als die Solidarität der Menschheit schlechthin. Die Besatzung des Raumschiffs Erde achtet kaum auf den Kurs und kümmert sich wenig um die rapide Zunahme hungriger Münder und die stete Abnahme der Lebensqualität. Zu sehr ist sie damit beschäftigt, kleinliche Vorteile zu gewinnen, kleinlichen Streit auszutragen, als daß sie an das Überleben des Ganzen denken könnte.

Für jeden Menschen, der intelligent genug ist, um dieses Ganze und seine ungeheuerliche Gefährdung überhaupt zu sehen, sollte klar sein, daß dieses Verhalten im höchsten Grad unmoralisch ist. Er kann sich nicht damit zufriedengeben, daß es seine eigene Gruppe – die der reichen Industriegesellschaft – ist, die 87 Prozent der Rohstoffquellen und Bodenschätze verbraucht, während sie nur ein Drittel der Weltbevölkerung stellt. Denn es entsteht auf diese Weise nicht nur ein gefährliches Gefälle zwischen Nord und Süd, zwischen den technischen Zivilisationen und den Entwicklungsländern, sondern die Lebensqualität in den Zivilisationen selbst sinkt rapide ab.

So liegt eine große Gerechtigkeit darin, daß eben jener Teil der Menschheit, der überflüssige Dinge in Massen produziert und wegwirft, an seiner Gesundheit Schaden leidet, seine Umwelt zerstört, seine mitmenschlichen Beziehungen einebnet und abtötet. Wie die anderen der Hunger, so töten ihn seine Gefräßigkeit und künstlich erzwungene Trägheit. Die in allen hochzivilisierten Ländern nachweisbare, rückläufige Entwicklung der durchschnittlichen Lebensdauer von Homo consumens redet hier eine deutliche Sprache. Aber selbst wenn die Quantität des Lebens nicht nennenswert beeinträchtigt wird – seine Qualität hat sich in den letzten Jahren deutlich verschlechtert. Das besagen die Computer-Modelle von Professor Jay W. Forrester[50], die das größte Glück der größten Menschenzahl für 1960 errechneten und danach für die Menschheit negative Prognosen geben. Und es zeigt auch ein Gang mit offenen Augen durch eine ganz beliebige Großstadt, die wir seit zehn Jahren nicht mehr gesehen haben (denn wenn wir in ihr leben, bemerken wir die Verschlechterung der Luft, die ausgreifenden Polypenarme der Vororte, das immer schmutzigere Flußwasser nicht mehr).

Die Zukunft wird kürzer sein als die Vergangenheit, hat Ernst Basler gesagt.[51] Mit einer jährlichen Zuwachsrate von zwei Prozent verdoppelt sich die Weltbevölkerung binnen 35 Jahren. Das reale Wirtschaftswachstum beträgt weltweit jährlich 3,3 Prozent, folgerichtig werden die nächsten sechzehn Jahre ebenso viele Veränderungen bringen wie die letzten 40 Jahre. Das heißt auch, daß die Umweltverschmutzung in demselben Tempo zunehmen wird. Die bisherigen Maßnahmen können kaum den Produktionszuwachs der Wirtschaft in den Industriestaaten auffangen und umweltunschädlich machen, während man in den Entwicklungsländern naturgemäß auf «langfristige, unproduktive Investitionen» (wie Wirtschaftsfachleute Umweltschutzeinrichtungen nennen) verzichten wird, um nur die kurzfristige Produktivität anzukurbeln.

In den letzten 90 Jahren hat Homo consumens bei einem jährlichen Anstieg der Erdölproduktion von etwa sieben Prozent nur den zwanzigsten Teil der natürlichen Erdölvorräte aufgebraucht. Wenn es aber so weitergeht, dann können wir in etwa 40 Jahren unsere Ölheizungen und Automobile ohnedies verschrotten: Es gibt kein Benzin und kein Heizöl mehr. Schlimmer ist, daß auch die natürliche Fruchtbarkeit durch Überdüngung mit Mineralsalzen langsam, aber sicher vermindert wird. Ein Schüler von Forrester, Dennis L. Meadows, hat ebenfalls mit Hilfe eines Computermodells die notwendigen Maßnahmen zu ermitteln versucht, um die ständige Abnahme der Lebensqualität aufzuheben, ja wieder einen Anstieg zu erreichen. Seine Empfehlungen: «Die durchschnittliche Kinderzahl pro Familie muß weltweit auf zwei beschränkt werden; die Nahrungsmittelerzeugung für alle Menschen muß absoluten Vorrang erhalten, auch wenn dies ‹unwirtschaftlich› sein sollte, soziale Dienstleistungen (Erziehung, Gesundheit) müssen Vorrang haben vor der Herstellung materieller Güter; die Produktion des landwirtschaftlich genutzten Bodens soll etwas zunehmen; die produzierten Güter sollen dauerhafter sein (Reparatur an Stelle von Wegwerfen); für Umweltschutz und Wiedergewinnung von Rohstoffen aus Abfall sollte mehr Energie gewonnen werden, auch wenn dadurch die Gesamtproduktivität zurückgeht.»[52]

Man darf also sicher sein, daß Konsumverzicht in seinen verschiedenen Formen ein wesentlicher Bestandteil jeder Ethik ist, die das Überleben des Menschen auf dieser Erde ermöglichen kann. Es wäre sogar denkbar, hier einzuwenden, er sei gar keine ethische Forderung, da man doch dort kaum von einer ethischen Entscheidung sprechen könne, wo die Alternative eine lebensbedrohliche Situation ist, die niemand herbeiwünscht. Aber der gegenwärtige Verzicht auf einen (gewiß fragwürdigen) Lustgewinn verdient doch diese Betrachtung. Die Rechnung müßte ja erst die nächste Generation zahlen.

Wir werden sehen, daß es hier gar nicht nötig ist, nun neue ethische Prinzipien zu entwerfen. Wenn man nur konsequent genug denkt und sich nicht von Werbespezialisten, Industriemanagern oder professionellen Optimisten (die etwa behaupten, mit einem mathematischen Modell könne man die Zukunft nicht voraussagen, weil der Mensch gerade in Notsituationen besonders kreativ werde – darauf also sollen wir uns verlassen!) beeinflussen läßt, dann laufen alle ethischen Prinzipien, die jemals von den großen Religionsstiftern, Philosophen oder philosophierenden Wissenschaftlern aufgestellt worden sind, auf eine solche Ethik des Konsumverzichts hinaus. Das mag übertrieben klingen, weil hier ein einzelner Bereich ethisch bedeutsamen Verhaltens herausgestellt wird. Aber es kann doch kein Zweifel daran bestehen, daß die christliche Nächstenliebe heute von uns Konsumverzicht (und Geburtenkontrolle) verlangt ebenso wie die uralte hinduistische Regel des Ahimsa, des Schutzes von Leben, oder die buddhistische Ethik. Wir können uns an die Tradition Platons ebenso erinnern wie an den Kyniker Diogenes, der Bedürfnislosigkeit als den größten Reichtum pries und den Konsumverzicht doch wohl etwas übertrieb, als er seinen ledernen Becher wegwarf, weil er einen Knaben aus der hohlen Hand trinken sah. Kants zentrale Maxime, wonach die persönliche Verhaltensregelung so beschaffen sein müsse, daß sie zugleich verbindliches Gesetz für jeden anderen Menschen in der gleichen Situation sein könne, ist ebenfalls ein sehr wichtiger Leitfaden. Wenn die Verhaltensweisen von Homo consumens einmal Allgemeingut der Menschheit werden sollten, wird das «Selbstmordprogramm» rasch bis zum bitteren Ende ablaufen. Die Grundthese des Pragmatismus, wonach die Ethik das größtmögliche Glück der größtmöglichen Zahl von Menschen sichern soll, kann eine Ethik des Konsumverzichts ebenso stützen wie die ethischen Konzeptionen des Marxismus. Sie sind ja der pragmatischen Lehre recht ähnlich, hier hat der Gedanke eine lange (und mißbrauchte) Tradition, Opfer für das Wohl künftiger Generationen zu bringen.

Den positiven Aspekten einer Ethik des Konsumverzichts stehen eigentlich keine negativen Aspekte gegenüber – es sei denn, man hält es für negativ, einen Menschen dazu zu zwingen, auf den Genuß von Gütern zu verzichten, die ihn selbst und seine Mitmenschen ruinieren. Da dieser Verzicht nur für Überflüssiges gefordert wird, dürfte keines der grundlegenden Menschenrechte verletzt werden. Das Streben der Industriellen, ihre Gewinnspannen auf Kosten der Umwelt und der allgemeinen Lebensqualität zu vergrößern, steht in keiner Charta der Menschenrechte.

Das Wort «zwingen» ist gefallen; es wird vielleicht meinen Lesern nicht behagen. Aber wie heute praktisch jedermann gezwungen ist, mitzukonsumieren, Überflüssiges zu kaufen, weil er das Notwendige gar nicht mehr bekommt, irreparablen Schund zu erwerben, weil sich die Produktion reparaturgünstiger, hochwertiger Güter weniger lohnt, so wird man auch Homo consumens zum Verzicht zwingen müssen. Erst wenn in den Städten nur noch ganz wenige Autos fahren, ist es wieder ungefährlich und angenehm, sein Fahrrad zu besteigen. In einer gesundeten, vom Konsumverzicht geprägten Gesellschaft wird die industrielle Produktion langsam abnehmen, bis ein Niveau erreicht ist, auf dem die Umwelt sich erholen kann.

Es gibt verschiedene Wege, um die Produktion solcher Güter stark einzuschränken. Der erste wäre rigorose Besteuerung, wobei die Erträge dieser Steuern dazu verwendet werden sollten, neue Arbeitsplätze in den Bereichen der Erziehung, des Umweltschutzes und der Gesundheitspflege zu schaffen, auf denen sich die öffentliche Armut der Konsumgesellschaft bisher am stärksten bemerkbar machte. Es ist absurd, daß in manchen Bundesländern eine Lehrerin vierzig Volksschüler unterrichten soll, während in vielen Geschäften vierzig Verkäufer auf ebenso viele Kunden treffen. Allerdings steht sehr zu befürchten, daß keine demokratische Regierung mit schwachen Mehrheitsverhältnissen es wagt, hier sinnvolle Maßnahmen zu ergreifen, solange sie fürchten muß, Entwöhnungsversuche könnten ihr Homo consumens als Wähler entziehen.

Deshalb steht der Konsumverzicht an der «Basis» der Gesellschaft, als individuelle, spontane Aktion, an der ersten Stelle einer Verwirklichung der hier angedeuteten Ethik. Wenn diese Ethik genügend verbreitet ist, werden sich Politiker auch eher zu gesetzgeberischen Maßnahmen bereitfinden und zunächst etwa vorsichtig besonders überflüssige (Kosmetika), gesundheitsschädliche (Alkohol, Tabak, Benzin) und umweltschädliche (Kunststoffpackungen, Einwegflaschen, Kunststofftüten und -folien, Automobile) Konsumgüter so hoch besteuern, daß Konsumverzicht erzwungen wird. Die Sicherheit der Arbeitsplätze kann trotzdem gewährleistet werden, da die Produktivkräfte ja in sehr personalintensive Arbeitsbereiche eingebracht werden sollen, nämlich in ein verbessertes Erziehungs- und Ausbildungssystem, in eine auf Prophylaxe hin orientierte Gesundheitsversorgung. Die bessere Schulbildung andererseits würde es den heranwachsenden Generationen noch leichter machen, sich vom Konsumverhalten zu emanzipieren.

Eine solche Entwicklung würde auch das Verhältnis zwischen den Industriestaaten und den Ländern der Dritten Welt einschneidend verändern. Man sähe nicht mehr nur die Armut, sondern auch eine Schonung der Umwelt dieser Länder, die Vorbild werden könnte. Vor allem aber wäre man in der Lage, sie nicht mehr als Rohstofflieferanten und neue Märkte für die eigenen Konsumgüter auszubeuten, sondern ihnen wirklich zu helfen, wiederum vor allem auf dem Gebiet der Ausbildung und der Gesundheitsfürsorge. Erst eine solche Hilfe, durch die nicht wie bisher eine winzige Oberschicht der Entwicklungsländer sich den Konsumgesellschaften angleichen kann, während die Massen verelenden, würde die Probleme der Dritten Welt (und damit das wichtigste Weltproblem) einer Lösung näher führen. Nur eine nicht auf Konsum abgestellte Gesellschaft kann den Menschen in den wenig entwickelten Ländern wirklich helfen.

Im Bereich der Europäischen Gemeinschaft werden jährlich bis zu 900 Millionen Kilo Obst vernichtet. Man hätte sie kaum in die Länder transportieren können, in denen Kinder bis zu ihrem zehnten Lebensjahr noch keine Orange, keinen Pfirsich gesehen haben. Aber im Herzen des italienischen Obstanbaugebiets, in der Emilia, haben in Großstädten wie Bologna fünf Prozent der Kinder noch nie Obst gegessen – weil es zu teuer ist.[53]

Emanzipation vom Konsumverhalten ist nicht zuletzt deshalb für eine echte Entwicklungshilfe lebensnotwendig, weil Homo consumens vielfach gar nicht in der Lage ist, angemessen auf die Bedürfnisse der Länder in der Dritten Welt zu reagieren. Er übergibt ihnen besonders gern seine abgewrackten Waffensysteme und eine Fülle überflüssiger Güter. Er liefert, wie im Fall Ghana, einige tausend Klosettschüsseln in eine Stadt ohne Wassernetz – eben jene Klosettschüsseln, die sich längst als verfehlte Methode erwiesen haben, menschliche Ausscheidungen zu beseitigen, weil sie das immer knapper werdende Trinkwasser verbrauchen. Er verkauft den Entwicklungsländern seine rasch verschleißenden Automobile, Kühlschränke, Fernseher, aber verhilft ihnen nicht zu einer funktionierenden Infrastruktur, zu einem guten Ausbildungssystem, das auf die Bedürfnisse des Landes zugeschnitten ist. Wenn in Paris allein mehr südvietnamesische Ärzte praktizieren als in ganz Vietnam[54], dann zeigt sich sehr deutlich, daß diese Ärzte falsch ausgebildet wurden. Man hat sie auf die Schulen von Homo consumens geschickt, sie nach seinen Bedürfnissen geprägt, kein Wunder, daß sie nicht mehr in ihr Heimatland zurückfinden. Warum sollen die Menschen in den Tropen nicht nackt und barfuß gehen und in einfachen Hütten wohnen? Die früheste Form des Bedürfnisexports war die strenge Mahnung der Missionare an die Eingeborenen in Afrika, Ozeanien, Australien und Amerika, ihre «sündhafte» Nacktheit mit europäischen Lumpen zu bedecken. Von den christianisierten «Wilden» konnte man nun mühelos für alte Kleider und schlechten Baumwollstoff wertvolle Naturschätze eintauschen. Die Feuerländer, die nicht an Kleider gewöhnt waren, verloren so ihre natürliche Abhärtung und sind nicht zuletzt deshalb praktisch ausgestorben. Ein vom Konsum emanzipierter Mensch wird sich nicht mehr bemühen, seinen eigenen, fragwürdigen Fortschritt in die Entwicklungsländer zu exportieren, um sie auf die Bedürfnisse seiner Exportindustrie zu prägen, sondern er wird versuchen, diese Menschen ihren eigenen Weg finden zu lassen und sie vor den Irrtümern zu bewahren, in die ihn sein technischer Fortschritt getrieben hat. Auf der anderen Seite sollte sich Homo consumens bewußt werden, daß seine Überflußgesellschaft in vieler Hinsicht nur durch eine systematische Ausbeutung der Dritten Welt möglich ist. Wenn er seinen Verschwendungskonsum zügelt, wird auch diese Ausbeutung abnehmen; aktive Hilfe muß eine solche negative Praxis unterstützen.

Wir haben bisher versucht zu zeigen, wie die Menschheit auf eine Ethik des Konsumverzichts angewiesen ist und aus ihr Nutzen ziehen kann. Aber was für alle gilt, gilt auch für jeden einzelnen. Wenn das heute praktizierte Konsumverhalten den Menschen verdummt, seine schöpferischen Fähigkeiten verschüttet, sein Gefühlsleben entleert und verkümmert, seine Gesundheit zerstört, dann wird der Verzicht auf dieses Verhalten der erste Schritt zu einer echten Selbstverwirklichung und einer neuen Identität des Menschen sein. Wenn der Konsumzwang heute die Beziehungen zwischen den Geschlechtern erfaßt und sie ihrer echten Bindungen entkleidet, dann wird Konsumverzicht eine echte Gleichberechtigung der Geschlechter und eine ausgewogene Verteilung ihrer Aufgaben ermöglichen.

Ich möchte hier nicht wie ein Werbetexter den Konsumverzicht beschönigen, indem ich nach der Grundforderung *be positive* – nur Positives sagen! – die teilweise harten Forderungen in vergnügliche Gewinne ummünze. Es ist nicht leicht für einen Süchtigen, sich vorzustellen, daß er sich entwöhnt besser fühlen wird. Glücklicherweise aber ist die Abhängigkeit des Homo consumens von seinen überflüssigen Gütern rein seelisch (mit Ausnahme der Gifte Alkohol und Tabak in den extremen Fällen des süchtigen Trinkers oder Rauchers), so daß eine Entwöhnung nicht ganz aussichtslos scheint. Wenn erst einmal unser täglicher Konsum zu einem in seinem ganzen Umfang erkannten Problem geworden ist, scheint mir schon viel gewonnen. Alternativen zum Konsumverhalten müssen erst wieder einmal denkbar werden. Die falsche Selbstverständlichkeit, mit der Homo consumens seine Umwelt und sich selbst zerstört, muß aufgegeben werden. Auf die Dauer gesehen können wir durch Wirtschaftswachstum und gesteigerten Konsum nur noch verlieren, durch Konsumverzicht nur noch gewinnen.

Konsum und Freiheit

Es gibt heute eigentlich keine ernsthaft diskutierte Ethik mehr, die nicht den Wert der Freiheit hoch einschätzt. Wie wir schon gesehen haben, sind Freiheit und Freizügigkeit Versprechen, mit denen die Reklame Käufer anlockt und mit denen politische Systeme einander zu übertrumpfen versuchen. Dabei wird Freiheit von Zügellosigkeit oder Willkür abgegrenzt. Nur solange sie die Freiheit des anderen achtet, kann sie Toleranz verlangen. Homo consumens ist überzeugt, die in seiner Welt gültigen Freiheiten: zu produzieren, was man will, zu verkaufen, wieviel man kann, und zu kaufen, was auch immer möglich ist, seien Zeichen eines erreichten hohen Freiheitsgrades, der unbedingt gegen Zwangswirtschaft, Beschränkung der freien Unternehmer und ähnliche Maßnahmen geschützt werden müsse.

Während die Reklame Freiheit verspricht, aber Pseudofreiheit, Unfreiheit und Sklaverei verkauft, ist in der Welt von Homo consumens jeder Akt des Konsumverzichts ein Schritt mehr zu wirklicher, innerer wie äußerer Freiheit. Und während in der Überflußgesellschaft die Freiheit, zu produzieren und die Produktion zu steigern, zu verkaufen und den Verkauf zu manipulieren, längst zur Zügellosigkeit geworden ist – denn die Freiheit des Nächsten wird durch diesen schrankenlosen Verbrauch natürlicher Rohstoffe, reiner Luft, sauberen Wassers, unverbauter Landschaft ja bedroht und zerstört, das Überleben der nächsten Generationen gefährdet –, finden wir im Konsumverzicht jene echte Freiheit wieder, welche die Freiheit des Nächsten nicht antastet, seine Zügellosigkeit jedoch in ihre Schranken verweist. Es ist kein Beweis für Freiheit, mit dem Auto durch die Straßen fahren und die Luft verpesten zu dürfen, sondern ein Beweis der Zügellosigkeit gegenüber den Fußgängern und den Bewohnern der Häuser, deren Recht auf reine Luft nicht respektiert wird. Man wird Konsumverhalten immer da durch Zwang begrenzen dürfen (und müssen), wo es die Freiheit anderer Menschen antastet. Und solange niemand wagt, diesen Zwang auszuüben, weil auch die Politiker von der Konsumwelt geprägt sind und selbst die einsichtigen unter ihnen um ihre Wähler fürchten, kann man nicht oft und laut genug sagen, daß zügelloser Konsum unmoralisch ist.

Jeder Gegenstand, den ein Mensch haben «muß», verkleinert seinen Freiheitsspielraum. Je weniger wir von unserem Konsumverhalten emanzipiert sind, desto enger und kleiner ist unsere Welt. Wer ein Badezimmer und jeden Tag frische Wäsche braucht, kann nicht in Berghütten oder im Zelt leben; wer nur noch ein Automobil, nicht aber seine Beine bewegen kann, ist für immer an die stinkenden oder staubigen Bänder der Straßen gefesselt und an die Angst, sein Vehikel könnte kaputtgehen, ohne daß eine Werkstätte in der Nähe ist. So geht das mit vielen Dingen. Viele Menschen haben es etwa, der Getränkeindustrie zur Freude, regelrecht verlernt, Wasser zu trinken, das besser schmeckt und auch weit gesünder ist als Limonade oder Cola. Aber Homo consumens erwirbt ja nicht dieses düstere Gebräu, sondern Pseudospannkraft, Pseudoanregung, Pseudojugend. Nur für wirklich reiche Menschen ist Besitz keine Bürde; für das durchschnittliche Exemplar von Homo consumens, das stets bis an den Rand seiner Verhältnisse konsumiert, wird er nicht selten zu einer Last, an der er schwerer schleppt als die Bagno-Sträflinge an ihren Eisenkugeln. Die Raten sind noch nicht bezahlt, und schon flimmert der Fernseher, die Waschmaschine gibt ihren Geist auf, das Auto bleibt auf der Landstraße liegen.

Wir sagten schon einmal, daß sich die Gleichung «Zeit ist Geld» nicht umkehren läßt. Selbst Märchenerzähler respektieren fast immer die bittere oder tröstliche Wahrheit, daß kein Milliardär auch nur einen einzigen Tag seines Lebens zurückkaufen kann. So wird die in der Konsumwelt verschüttete Wahrheit wieder deutlich, daß Geld nicht Zeit ist, sondern unendlich viel weniger wert. Und gleichzeitig kann man die verblüffende Tatsache entdecken, daß es gerade die mit zeitsparenden Apparaturen vollgestopfte Welt von Homo consumens ist, in der niemand Zeit hat, während in den ärmeren Ländern das (irische) Sprichwort gilt: «Als Gott die Zeit erschuf, hat er genug davon gemacht.»

Das Leben in einem Haus ohne fließendes Wasser, Straßenanschluß und elektrisches Licht könnte zeigen, daß der erzwungene Verzicht auf die Annehmlichkeiten des zivilisierten Haushalts vom Kühlschrank bis zum Telefon, von der Waschmaschine bis zur Ölzentralheizung nicht Zeit kostet, sondern Zeit schenkt. Und wenn man andererseits sieht, wie in der Konsumwelt immer schneller fertige Fertiggerichte, immer rascher arbeitende Mikrowellenöfen, immer stärker motorisierte Automobile verkauft werden, wie man selbst die Bankschalter so einrichtet, daß man sie vom Auto aus besuchen kann, und die Flugzeuge in Überschallgeschwindigkeit über den Atlantik schicken möchte (trotz der erschreckenden Lärmbelästigung und anderer Umweltschäden), dann muß man sich doch fragen, ob wir hier Zeit gewinnen oder sie verlieren.

Ich bin überzeugt, daß wir Zeit verlieren – einmal in der Form von Geld (der Mann macht Überstunden, um seiner Frau die Geschirrspülmaschine zu kaufen), zum zweiten in Form von Dienstleistungen für unsere geliebten Apparaturen (wieviel Zeit und/oder Geld kostet es, eine defekte Waschmaschine oder ein Auto zu reparieren), zum dritten, weil die scheinbar arbeitsparenden Maschinen Homo consumens verlocken, sein Zeitkonto gewissermaßen zu überziehen. Die Hausfrau läßt jeden Tag die Waschmaschine laufen und bringt die Kinder dazu, jeden Abend auch die noch tadellos saubere Wäsche einfach hineinzustopfen. Dann hat sie aber mit dem Trocknen, Bügeln und Einräumen der Wäsche mehr Arbeit, als sie früher mit ihrer wöchentlichen Handwäsche hatte (und verschmutzt auch die Umwelt erheblich mehr). Der Autobesitzer spart zwar einige Minuten mehr ein, wenn er selbst die Zeitschriften vom Kiosk mit Hilfe seines «Flitzers» abholt (ob er auch seinen Arbeitsplatz oder sein Urlaubsziel schneller erreicht als mit öffentlichen Verkehrsmitteln, ist ja heute schon fraglich). Aber diese Zeit verliert er (selbst wenn wir ihm den Kaufpreis nicht als Zeitverschwendung anrechnen) bereits beim Waschen und Frottieren, beim Wachsen und Pflegen, beim Warten in Werkstätten.

Der Wert der Zeit liegt vor allem darin, daß allein in ihr, und für jeden von uns nur in einer sehr begrenzten Spanne, menschliche Werte verwirklicht werden können, darunter auch der der Freiheit. Dehmel hat es in seinem Arbeiter-Gedicht ganz deutlich gesagt:

«Und uns fehlt nur eine Kleinigkeit,
um so frei zu sein, wie die Vögel sind:
nur Zeit.»

So ist es heute noch; aber im Gegensatz zur Epoche des Frühkapitalismus gibt es für Homo consumens einen Ausweg, um seine geraubte Zeit und mit ihr seine Freiheit zurückzuerobern: den Konsumverzicht. Er würde ihn nicht nur von Überstunden befreien, die vielfach schon fast zur Regel geworden sind, sondern vor allem auch die angebliche «Freizeit» wieder zu einer wirklich freien Zeit machen, die nicht mehr zwanghaft-süchtig mit den verschiedensten Formen des Konsums ausgefüllt werden «müßte», mit Fernsehen, dem Wochenendausflug im Auto, dem Schlangestehen am Skilift. Konsumverzicht würde wieder wirklich freies, verweilendes Reisen ermöglichen, nicht die vorgefertigten, abgepackten Standardreisen, die in bunten Prospekten angeboten werden.

Konsumverzicht und Gesundheit

Mehr Gesundheit ist ganz gewiß eine der wichtigsten Vorzüge des Konsumverzichts. Die meisten Konsumgüter sind nicht nur überflüssig, sondern direkt oder indirekt gesundheitsschädlich. Der Mensch ist nicht dazu geeignet, körperlich untätig zu sein. Er sollte jede Gelegenheit begrüßen, seine Muskeln, Atmung und Kreislauf zu üben – sei es, indem er das Auto wann immer möglich in der Garage stehen läßt und zu Fuß geht oder mit dem Rad fährt, sei es, indem er den altmodischen Handrasenmäher oder Sense und Sichel einem motorisierten Mäher vorzieht, der Lärm und Auspuffgase verbreitet.

Homo consumens neigt dazu, körperlich träge zu werden; eine lange Reihe der verschiedensten Krankheiten von Muskeln, Herz und Kreislauf wird dadurch begünstigt. Als Mittel gegen die Trägheit empfiehlt man ihm neue Konsumgüter, etwa den Home-Trainer im Hobbykeller. Aus dem Konsumverzicht selbst ein körperliches Training zu machen, an diese heilsame Maßnahme will niemand denken. Wenn die Hausfrau, die soviel Sorge um ihre schlanke Linie hat, einmal alle Hilfsapparaturen in ihrer Küche ausschalten würde, wäre das vielfach eine bessere Schlankheitskur als die viel empfohlenen, kalorienarmen Magenfüller, Abführpillen, Appetithemmer und Spezialdiäten. Eine halbe Stunde zu Fuß zur Arbeit zu gehen ist bestimmt gesünder für Herz und Kreislauf als alle Stärkungstränklein, blutreinigenden Tees und Margarinebrote der Welt. Natürlich macht niemand Reklame dafür, und man muß schon einen gesunden Haß gegen die Konsumwelt aufbauen (Mißtrauen, Kritik allein genügen nicht, da man dauernd mit Werbung überhäuft wird), um auf solche Lösungen zu kommen.

Es ist schwer zu sagen, wie viele Menschen ihre Gesundheit durch die beiden törichten Formeln «Zeit ist Geld» und «Ich leiste schließlich etwas, deshalb kann ich mir auch dies und das leisten» ruinieren. Sie haben einfach keine Zeit, an ihre Gesundheit zu denken. Ihr Prestigedenken wird zur Zeitbombe: Wer mit dem Wagen unterwegs ist, genießt mehr Ansehen als ein Fußgänger oder Radfahrer; selbst die Sportarten, die am wenigsten der Gesundheit dienen, genießen in der Welt von Homo consumens das meiste Ansehen: Skilanglauf, der eine weit bescheidenere Ausrüstung verlangt, oder Schlittschuhlaufen sind viel weniger angesehen als der Abfahrtslauf, bei dem man sich beim Anstehen am Lift erkältet und bei der Abfahrt die Knochen bricht. Im Sommer ist es natürlich auch viel «wertvoller», mit dem Motorboot auf dem Anhänger zu verreisen, als sich am Ziel ein Ruderboot zu mieten.

Von den Genußgiften Alkohol und Tabak, für die jedes Jahr in den meisten Industrieländern mehr Geld ausgegeben wird als für Unterricht und Erziehung (in Deutschland 30 Milliarden), haben wir schon öfters gesprochen. Die Werbung beutet hier sehr geschickt die Sehnsucht nach einer scheinbar «produktiven» Beschäftigung aus (der Raucher «gestaltet» etwas, indem er phallische Wolken von sich gibt). Je härter das Getränk, je mehr Homo consumens davon vertragen kann, desto mehr ist er auch wert, wird ihm suggeriert. Und so stopft er sich mit Gift voll und verdächtigt jeden, der keine Lust hat, blöder Ziererei oder eines weibischen Charakters. Die Konsummarionette beschimpft den freien Menschen, weil ihm die fortschrittlichen Fäden fehlen, an denen sie zappelt. Magisch ziehen sie diese Fäden in jedes Restaurant oder Café – dort ein Bierchen, hier eine Tasse Kaffee und ein Stück Torte, obschon man ja eigentlich ein paar Kilo abnehmen müßte. Jeder Raucher, der in Gegenwart eines Nichtrauchers in einem geschlossenen Raum seine Zigarette anzündet, erfüllt den Tatbestand der Körperverletzung. Denn auch das passive Rauchen schädigt die zarten Flimmerepithelien, welche die Bronchien auskleiden, und begünstigt so die Entstehung von Entzündungen, ja möglicherweise auch von Lungenkrebs.

Fast alle Exemplare von Homo consumens sind tödlich gekränkt, wenn man ihnen sagt, daß ihr Rauchen stört. Und die meisten Nichtraucher haben nicht etwa ein gesundes Mißtrauen gegenüber den Rauchern, sondern sie leiden eher an Schuldgefühlen, daß sie nicht aus purer Solidarität ihre Lungen ebenfalls krank machen.

In der Wegwerfgesellschaft wirft sich der Mensch selbst zum Müll. Biologisch darauf programmiert, jeden Tag mehrere Stunden zu Fuß zu gehen, legt er selbst kurze Strecken nur noch am Volant seines Wagens zurück. Unter den primitiven Jägern und Sammlern findet man keinen, der über der Körpermuskulatur überflüssige Speckpolster trägt. Obgleich Homo consumens mit wissenschaftlicher Genauigkeit ermittelt hat, daß Fettleibigkeit die Lebenserwartung deutlich verkürzt und die Anfälligkeit für die verschiedensten Krankheiten vergrößert, haben mindestens 50 Prozent der Menschen in unserer Konsumgesellschaft einen bemerkenswerten Fettansatz. Jeder zehnte etwa dürfte krankhaft dick sein.

Fassen wir zusammen: Konsum ist fast immer gesundheitsschädlich, Konsumverzicht fast immer gesund. Wenn wir weniger essen und nur wirklich notwendige Medikamente einnehmen, möglichst nicht mit dem Auto fahren, wenn ein Weg auch zu Fuß zurückgelegt werden kann, wenn wir auf Zigaretten und Alkoholika verzichten, Trinkwasser wieder schätzen lernen – dann gewinnen wir nicht nur Freiheit und Zeit, diese Freiheit zu genießen, sondern auch Gesundheit, die allein Zeit und Freiheit wertvoll machen kann. Wenn uns unser Leben ohne diese Genüsse leer vorkommt, dann ist es nicht ein Zeichen dafür, daß wir sie brauchen, sondern eher dafür, daß etwas mit uns und unserem Leben nicht stimmt. Auch hier wird der Entschluß zum Konsumverzicht zur Stunde der Wahrheit; die symptomatischen Kuren, die uns der unersättliche Konsum überflüssiger Güter bisher gewährte, müssen einer kausalen Behandlung Platz machen. Nur sie wird unsere körperliche Gesundheit erhalten und uns möglicherweise zeigen, daß wir etwas für unsere seelische tun müssen. Gesundheitsgewinn bringt übrigens auch in fast allen Fällen der Konsumverzicht im Bereich angeblich käuflicher Gesundheit. Solange der Mensch, der ein sehr vollkommenes biologisches System verkörpert, vernünftig lebt, braucht er keine künstlichen Hilfsmittel, keine Vitamine, Spurenelemente, Stärkungstränklein, Frischzellen. Durch unvernünftige, unbiologische Lebensweise verursachte Schäden können diese Mittel auch nicht beseitigen. Nützlich sind Vitaminpräparate ohnedies nur, wenn der Arzt eindeutig Mangelerscheinungen festgestellt hat. In jedem Fall sind Vitamin-Spurenelement-Kombinationen Humbug, die gegen Müdigkeit, Lustlosigkeit, Konzentrationsschwäche und andere in der Regel entweder überhaupt nicht krankhafte (wie Müdigkeit) oder fast durchweg seelisch bedingte Beschwerden empfohlen werden. «Biotonika», Kräuterliköre, Melissengeist und ähnliches sind nichts als überteuerter Schnaps und keine gesundheitsfördernden Mittel. Wer jeden Tag eine Stunde spazierengeht, der tut weit mehr für seine Gesundheit, als er in irgendeiner Apotheke kaufen kann.

Müll und Moral

Was ich kaufe, gleichgültig ob Nahrungsmittel, Hausgerät, Benzin, Zeitung, Illustrierte, Buch, Autozubehör – ist immer auch ein ethisches Problem. Was ich wegwerfe, ob Einwegflasche, Kunststoffteller, Verpackung, ausgedientes Gerät, Christbaum oder ausgelesene Zeitungen – auch das ist immer eine Frage der Moral. Soviel wie möglich soll erhalten werden, so wenig wie möglich gekauft und weggeworfen. Homo consumens muß die Befriedigung neu entdecken, die darin liegt, einen schon lange benutzten Gebrauchsgegenstand durch Pflege wieder «jung» zu machen. Er muß lernen, wenn er schon auf ein Auto nicht verzichten kann, doch ein Modell zu erwerben, dem er zehn Jahre und mehr die Treue halten kann; wenn er dann nicht mehr als wirklich notwendig fährt, wird ihm das zumindest bei einigermaßen solide konstruierten und gut gepflegten Fahrzeugen auch heute noch keine Schwierigkeit machen. Mit jedem Auto, das verschrottet wird, gehen viel Energie und Rohstoffe verloren, fast immer viel zu früh.

Auch versteckter Konsum, etwa von elektrischer Energie, muß entdeckt, bewußtgemacht und bewertet werden. Dazu gehört auch, daß wir jene Personengruppen, die eine führende Rolle in der Manipulation und Dressur von Homo consumens spielen, besonders kritisch sehen. Durch Aufklärung und Appelle an die Einsicht müssen wir etwa den Werbeleuten klarmachen, daß sie eine Verantwortung tragen, der sie bisher ganz und gar nicht gerecht werden. Das gleiche gilt für die Produzenten überflüssiger Güter. Zigarettenfabrikanten sollte man zur Gruppe der *white collar criminals* rechnen – wenn auch der Verzicht eines einzelnen, weiter am Tod von jährlich 50000 Menschen allein in Deutschland mitschuldig zu werden, durch die Ausweitung des Umsatzes seiner weniger von moralischen Skrupeln behelligten Zunftgenossen keine große praktische Auswirkung hätte. Darauf aber kommt es nicht an; es handelt sich um eine ethische Frage, um persönliche Verantwortung. Ich bin überzeugt, daß der Rücktritt des Inhabers einer großen Zigarettenfabrik aus ethischen Gründen, die Umwandlung seines Vermögens in eine Stiftung zur Früherkennung von Lungenkrebs, nicht ohne Folgen für die Haltung der Öffentlichkeit auf diesem Gebiet bleiben würde.

Eine Müll-Kritik wird darauf gefaßt sein müssen, daß jeder an den verschiedenen Konsumkreisläufen Beteiligte versuchen wird, Verantwortung abzuschieben. Der Produzent wird sagen, er könne ja gar nichts herstellen, was nicht gekauft werde, er komme also nur einem Bedürfnis der Massen nach. Er wird leugnen, die Bedürfnisse produziert zu haben, die er nun befriedigen «muß». Der Produzent, der Werbefachmann, der Konsument, sie alle werden sich damit herausreden wollen, daß, sollten sie auch auf Produktion, Werbung, Konsum verzichten, gewiß andere an ihrer Stelle produzieren, werben, konsumieren würden. Von raufenden Kindern, die sich im Schulhof gegenseitig beschuldigen, mit der Rauferei angefangen zu haben, wird diese Technik der moralischen Entlastung ebenso angewandt wie von Erwachsenen bis hin zum Politiker. Immer sind die anderen schuld, und so muß sich am Ende niemand ändern. Vom ethischen Standpunkt aus sind derartige Ausreden nicht haltbar.

Wenn die Ethik des Konsumverzichts bestimmten Personengruppen besonders kritisch gegenübersteht, so akzeptiert sie jedoch andere und wertet sie, die in der Konsumgesellschaft abgewertet wurden, wieder auf. Das gilt etwa für Wissenschaftler, die nicht in der *big science* forschen, also nicht Entdeckungen machen, die technisch, vor allem waffentechnisch nutzbar sind: Historiker, Biologen, Psychologen, Ärzte, Soziologen. Auch unter ihnen gibt es Fachidioten, die sich zu willigen Dienern der Manipulation von Homo consumens machen. Ärzte, die wenig mehr sind als ausführende Organe der pharmazeutischen Industrie, Psychologen, die Motivforschung nur betreiben, um neue Konsumgüter günstig an den Käufer zu bringen, Soziologen, die sich für Marketing anwerben lassen. Auch die Mehrzahl der pädagogischen Berufe, Krankenpfleger, Sozialarbeiter, viele Beamte werden mit der Emanzipation vom Konsumverhalten aus ihrer Rolle am Rande der Überflußgesellschaft befreit. Wer stets das neueste Automodell vor seiner Garageneinfahrt stehen hat, wird damit rechnen müssen, daß man ihm kritisch begegnet; wie auf dem Wasser das Segelboot vor dem

Motorboot Vorfahrt hat, (allerdings nicht, weil es umweltfreundlicher ist, sondern weil es sich schlechter manövrieren läßt), so wird der Fußgänger und Radfahrer vor dem Autofahrer bevorzugt werden, der ohnedies aus Wohngebieten und städtischen Straßen verbannt gehört. Man wird es sich auch nicht mehr erlauben dürfen, den einzigen Verkehrsteilnehmer, der keine giftigen Abgase verbreitet und dessen Zusammenstöße absolut unschädlich sind – den Fußgänger – wie einen Maulwurf in lange unterirdische Gänge zu treiben, nur damit die Autofahrer schneller vorwärtskommen.

Konsumverzicht und Landwirtschaft

> «Viel verkaufen, wenig kaufen, nichts verkommen lassen!»
> Prinzip der guten Landwirtschaft –
> aus einem italienischen Lexikon von 1790

In allen Konsumgesellschaften sind die Bauern ein Stand ohne Würde. Früher Herren über weite Landflächen, müssen sie heute schwerer arbeiten als Industriearbeiter und werden schlechter dafür bezahlt. Deshalb – so die Doktrin der EG – sind nur Unternehmen von einer Größe rentabel, die dem Besitzer einen Reingewinn in der Höhe des Monatslohns eines Industriearbeiters garantieren. Der Bauernhof muß wie ein Industriebetrieb rationalisiert und für eine Monokultur mechanisiert werden. Die Bauern protestieren gegen ihre wirtschaftliche Benachteiligung. Mit Subventionen allein kann man ihnen nicht helfen. Der Markt für die Grundnahrungsmittel ist naturgemäß begrenzt, ihr Absatz kann nicht ebenso aufgeblasen werden wie der von Konsumgütern, während Preissteigerungen aus politischen Gründen – sie träfen ja vor allem die ärmeren Schichten – im Rahmen bleiben müssen. Die Agrarpreise in der EG liegen ohnedies weit über den des Welthandels. In der Konsumgesellschaft ist der Produzent notwendiger Güter eindeutig benachteiligt.

Für den Bauern gibt es eine Reihe bisher unerschlossener Möglichkeiten, die aus der zunehmenden Einsicht in die Notwendigkeit von Umweltschutz und Konsumverzicht abgeleitet werden können. Zunächst einmal braucht man von einem Landwirt, der auf eigenem Boden in einem eigenen Heim wohnt, nicht dasselbe Einkommen zu verlangen wie von einem Industriearbeiter, der Miete zahlen und jedes

Hühnerei, jedes Stück Fleisch, jedes Pfund Mehl kaufen muß. Erst wenn die angeblich einzig «rentable» Monokultur – nur Weizen, nur Milch, nur Hühner – nach EG-Muster verwirklicht ist, wird das Leben auf dem Bauernhof nicht mehr so billig sein: So produziert die EG-Doktrin in ihren Konsequenzen genau das, wovon sie schon als Forderung ausgeht. Der Monokultur-Bauer, der seinen Garten umpflügt, seine Obstbäume absägt, seine Hühner schlachtet, seine Schweine verkauft und überall nur noch Getreide sät, braucht wirklich das Einkommen des Industriearbeiters, denn wie dieser muß er nun alles Lebensnotwendige im Supermarkt einkaufen.

Demgegenüber wird auch der kleinere Hof überleben können, wenn sich der Bauer entschließt, aus dem Produktions- und Konsumrennen auszuscheiden. In manchen Gegenden kommt ihm der Staat – nicht nur aus Einsicht, sondern gezwungenermaßen – entgegen. In Oberbayern und im Allgäu wäre beispielsweise sehr schnell jede Attraktivität für die Hauptindustrie – den Fremdenverkehr – dahin, wenn die «unrentablen» Bergbauernhöfe verlassen würden. Das verfaulende Gras auf den ungepflegten Wiesen würde nicht nur die Touristen vertreiben, die grünende Almen suchen, sondern auch die Ökologie ganzer Landstriche gefährden. Denn nur auf einer gepflegten Alm sickert das Regenwasser in den Boden; auf einer ungepflegten rinnt es an den umgeknickten Halmen entlang wie an einem Strohdach, stürzt ins Tal, verursacht Überschwemmungen und schwemmt Erdreich weg, so daß am Ende vielfach nur die kahlen Felsen übrigbleiben. Die Quellen versiegen, Wasser wird knapp. Deshalb hat in Bayern das sonst wenig aktive Umweltschutzministerium «erwogen», den Bergbauern ein Gehalt als Landschaftsgärtner zu zahlen, um sie in ihren unrentablen Höfen zu halten.

Auch wo solche Hilfen noch nicht geplant sind, kann sich ein Bauer ein recht auskömmliches Leben sichern, sobald er nicht mehr nur an die Rentabilität seines Betriebes denkt, sondern vor allem daran, wie er Unkosten reduzieren kann, indem er viele Dinge für den täglichen Gebrauch selbst produziert, im Idealfall genügend, um den Verkauf an einige andere Familien zu ermöglichen. Aufwendige Maschinen, Kunstdünger, Schutzgifte sind für einen auf Qualität abgestellten, differenzierten Betrieb nicht mehr nötig. Es ist kein Zufall, daß die Agrar-Kommunen in Amerika und Europa heute einen ähnlichen Lebensstil verwirklichen, ohne den Sachverstand des Berufslandwirts.

Je mehr sich der Mensch von Konsumgütern abhängig macht, seine Tätigkeit ihnen anpaßt, in seinem Gefühlsleben von ihnen geprägt wird, desto weniger Würde besitzt er. Wir haben schon gesehen, wie für Homo consumens selbst die geschlechtliche Liebe zum Konsumartikel wird, wie er es nicht gelassen hinnehmen kann zu altern – in einer Welt, die verlangt, Altes wegzuwerfen, sobald es die ersten Zeichen von Verschleiß zeigt. Im Konsumverzicht jedoch gewinnt der Mensch eine neue Würde. Wenn er nicht mehr sklavisch den nur der Reklame dienenden Sekundenschönheiten der Illustrierten ergeben ist, wird er mit dem Geschlechtspartner altern können, ohne zu glauben, durch Scheidung und «Neuerwerb» seinem imaginären Ideal nahekommen zu müssen. An die Stelle der hektisch konsumierten Sexualbeziehung wird eine verweilendere, ausdauernde Erotik treten, die nicht zu raschem Wechsel des zum Sexualobjekt gewordenen Partners neigt, sondern eher danach strebt, die personale Beziehung zu vertiefen.

Homo consumens nimmt oft auch in seinen mitmenschlichen Beziehungen ein typisches Verhalten an. Mit seinem Nächsten geht er um wie die brasilianischen Pflanzer mit dem fruchtbaren Dschungelboden, den sie durch rücksichtslose Monokultur in wenigen Jahren zu einer unfruchtbaren Steppe auslaugen, während sich ihre Kaffeeplantagen immer weiter in den Urwald hineinfressen. Der Wegwerfmensch nimmt den anderen als Geschlechts- oder Geschäftspartner, als «Kumpel» für einige Zeit, gibt sich mit seinem funktionalen Aspekt zufrieden, verläßt ihn, wenn ihm anderswo ein günstigeres Angebot gemacht wird. Im Konsumverzicht wird nun die Möglichkeit zurückerobert, einen Menschen als vitalpsychische Einheit zu «erkennen», ebenso wie ein mit seinem Land verwachsener Bauer in Europa (mindestens vor dem Überhandnehmen von Homo consumens) seinem Boden im Lauf der Zeit die verschiedensten Ernten abrang. Die Verschwendung, auch im mitmenschlichen Bereich, hört auf. Jeder Mensch wird als unteilbar, als Individuum entdeckt, bewahrt, respektiert, nicht als genormter Massenartikel mit Idealmaßen und dem von der modischen Saison geforderten «Typ».

Im Konsumverzicht werden wir auch erkennen, wie sehr uns die Massenmedien, vor allem das Fernsehen mit vergröberter, schablonisierter, primitivierter Menschlichkeit abspeisen, mit Konflikten, die unrealistisch sind und von eindimensionalen Puppen vorgespielt werden. Ein wirklicher Mensch, den wir im Gespräch allmählich kennenlernen, vermag tausendmal mehr Informationen zu geben als sämtliche Fernsehprogramme oder Filme. Nur weil im Fernsehen die Information über menschliches Verhalten, über seelische Vorgänge «vorgekaut» und durch Vergröberung deutlicher, «spannender» gemacht wird, sitzt Homo consumens Abend für Abend vor dem Fernsehschirm und kommt nicht mehr von dessen Faszination los, während Männer, Frauen, Kinder neben ihm, die das wirkliche Leben verkörpern, ebenso fasziniert von der Illusion das Geschehen auf dem Bildschirm verfolgen. Homo consumens läuft sein Leben lang einer Fata Morgana nach wie ein Schatzgräber, der nicht erkennt, daß unter seinen Sohlen die wirklichen Schätze liegen.

Passivität ist ein hervorstechender Zug von Homo consumens. In allen Verhaltensbereichen, die nichts mit seinem vorwiegend durch sein Verlangen nach sicherem Verdienst und guter Altersversorgung bestimmten Beruf zu tun haben, nimmt er die typische Konsumentenhaltung ein. Für sein Geld muß ihm «etwas geboten werden» – Unterhaltung, Nervenkitzel, gut aufbereitete Lektüre, viel Bequemlichkeit, Pseudojugend, Pseudoerfolg (und wie die Reklameversprechen auch lauten mögen). Galerien betritt Homo consumens mit umgehängtem Transistorgerät, das er am Eingang gemietet hat: Es erklärt ihm die wichtigsten Daten der wichtigsten Bilder – warum denn selbst sehen, selbst entdecken, selbst denken? Im Dom von Florenz, in der Peterskirche, im Pantheon, auf der Akropolis steht Homo consumens neben einem viersprachigen Automaten, der ihm sagt, was sehenswert ist. Er sieht gar nicht hin, sondern macht davon Fotografien. So ersetzt ihm das Gerät jede eigene Aktivität außer einer: zu bezahlen. Nur wenn er sich weigert zu zahlen, kann er wieder aktiv werden, denn nun *muß* er es, er muß nachlesen, mit anderen Menschen sprechen, seinen eigenen Sinnen wieder vertrauen. Konsum macht nicht nur passiv, sondern auch dumm und unschöpferisch. Konsumverzicht aktiviert nicht nur, sondern er weckt auch neue geistige und schöpferische Fähigkeiten. Deshalb sind auch wirklich schöpferische Menschen fast ohne Überlegung gegen typisches Konsumverhalten weitgehend immun, nicht nur was passive Vergnügungen wie das Fernsehen angeht, sondern auch etwa in ihrer «Bohème»-Gleichgültigkeit gegenüber Kleidern.

Der Suchtcharakter des Konsumverhaltens spricht sich auch da aus, wo Homo consumens verdummt wird, seine schöpferischen Fähigkeiten verliert, seine mitmenschlichen Beziehungen nach dem Ex-und-hopp-Prinzip handhabt. Wo sich solche Mechanismen eingeschliffen haben, gibt es bald keine Alternative mehr. Wer es sich angewöhnt hat, mit Frauen (oder Männern) so umzugehen wie mit einem neuen Automodell, das man beim ersten Blick begehrt, jedoch ohne Reue aufgibt, sobald ein scheinbar besseres, schöneres, neueres auftaucht, zu dem wird bald kein Mensch mehr so viel Vertrauen haben, daß er wirklich ohne Reserve bei ihm verweilt und sich hingibt. Wer jeden Abend den passiven Kitzel des Fernsehens wahllos über sich ergehen läßt, der wird bald nicht mehr die Ausdauer und Initiative zu konstruktiveren Tätigkeiten aufbringen und selbst, wenn er in fremde Länder reist, den Polstersessel in Flugzeug, Bahn und Bus nicht aufgeben, sondern von ihm aus die Neuigkeiten betrachten wie zu Hause Tagesschau und Krimi. Wer nach dem Prinzip lebt: «Lieber öfter mal was Neues», der wird bald unfähig, Altes zu erhalten. Einmal kann er in seiner Neophilie keine alten Gegenstände mehr ertragen (vielleicht weil sie ihn an sein eigenes Alter, seinen eigenen Verfall erinnern), zum anderen hat er auch die Fähigkeit verloren, sie zu reparieren. In seinen mitmenschlichen Beziehungen verarmt, ist Homo consumens auch nach dieser emotionalen Armut, die in direkter Beziehung zu seinem materiellen Wohlstand steht, süchtig geworden. Es braucht solche austauschbaren Kontakte, weil er andere nicht mehr erträgt.

Indem ihm die Emanzipation vom Konsumverhalten seiner dauernden Selbstbetäubung entreißt, schafft sie die Voraussetzung für den Abbau auch dieser sekundären, suchtartigen Mechanismen. Die entsprechenden Fähigkeiten sind nicht verloren (denn sie gehören zur biologischen Grundausrüstung des Menschen), sie sind nur verschüttet. Räumt man den Müll weg, der sie bedeckt, die Verschundung der materiellen und sozialen Bedingungen, die verdummende Bequemlichkeit, so findet sich darunter immer noch Homo sapiens.

Die Nicht-Wegwerfgesellschaft

Kürzlich hat Rudolf Chimelli in einem Bericht aus dem Orient[55] gezeigt, wieviel Erfindungsgabe und ökologische Einsicht allein durch Armut geweckt werden können, die bei einem durchschnittlichen Jahreseinkommen zwischen 1600 (Libanon) und 550 (Ägypten) Mark die mehrfache Nutzung jedes Gegenstandes geradezu erzwingt. In Kairo werden leere Gasfeuerzeuge, die man hierzulande wegwirft, sobald die Füllung oder der Feuerstein verbraucht ist, sorgfältig nachgefüllt. Autos fahren 35–40 Jahre; «unrentable» Reparaturen gibt es nicht. Im Libanon verwerten Spezialisten fast alle Abfälle: Marmeladegläser, Weinflaschen, ja selbst Glasscherben (für die örtlichen Glasbläser) werden gesammelt. Alte Autoreifen, hierzulande ein gravierendes Umweltproblem (da faktisch unzerstörbar; denn ihre Verbrennung bildet giftige Dämpfe, im Boden verwittern sie nicht, in Müllkippen gelagert, bilden sie einen absolut sterilen Boden – und das bei einem Jahresanfall von 30 Millionen Stück), werden im Orient zunächst einmal spiegelglatt gefahren. Dann werden sie runderneuert; wenn sie dazu nicht mehr taugen, macht man Tragetaschen für Sand oder Mörtel aus ihnen und verarbeitet kleinere Stücke zu Schuhsohlen. «In der Syrischen Wüste», sagt Chimelli, «ist ein Chrysler oder Cadillac, den in Amerika schon wieder ein Sammler erwerben würde, keine Seltenheit. Aus Sparsamkeit mit einem Dieselmotor versehen, auf dem Dach beladen mit Kisten, Körben und Ballen, der Kofferraum überquellend, besetzt von einem Dutzend Passagieren, verkehrt er mit 45 Kilometern in der Stunde als Überlandtaxi der Billigklasse.»

Kaum ein europäischer Mechaniker, der ja wenig mehr fertigbringt, als wirklich oder angeblich kaputte Teile auszubauen und sie durch neue zu ersetzen, würde mit der Geschicklichkeit der Orientalen konkurrieren können, die total zerbeulte Kotflügel glätten, Chromleisten geradebiegen und neu verchromen. Ersatzteile, die nicht mehr greifbar sind, aus einem Metallblock feilen und fräsen.

Diese Beispiele sollten uns einmal mehr dazu veranlassen, das Entwicklungshilfe-Konzept von Homo consumens kritisch zu überdenken. Es wäre gewissenlos, eine solche in vielen Punkten unserer Konsumgesellschaft überlegene Nicht-Wegwerfgesellschaft an unseren eigenen, ruinösen «Fortschritt» anzugleichen. Man kann mangelnde Hygiene auch anders beheben als durch Import von Waschmaschinen und Detergentien; Geburtenkontrolle sollte nicht (wie in Indien) durch die Belohnung mit einem Transistorradio für die vollzogene Sterilisierung erkauft werden. Wenn wir weiter unseren eigenen, selbstzerstörerischen Fortschritt exportieren, ist es um das Überleben von Homo consumens auf diesem Planeten schlecht bestellt.[56]

Möglichkeiten und Grenzen des Konsumverzichts

Individueller Konsumverzicht kann Reformen «von oben» durch die mit der Regierungsgewalt beauftragten Vertreter des Volkes nicht ersetzen. Am Beispiel des Radfahrers oder Fußgängers, der in Großstadtstraßen Leben und Gesundheit aufs Spiel setzt, weil nur er verzichtet und die anderen nicht, wird das schon deutlich. Auf der anderen Seite ist aber die individuelle Verwirklichung von Konsumverzicht eine wesentliche Voraussetzung solcher Reformen. Denn die zum Konsumverzicht entschlossene Familie kann eher Perioden der Arbeitslosigkeit oder Einkommensverlust überbrücken.

Auf dem Weg zur Nicht-Konsumgesellschaft müßten wir in jedem Fall durch eine Periode fehlender Vollbeschäftigung hindurch, in der die Produktivkräfte von der Zerstörung der Umwelt auf die Erhaltung des Menschen und der Natur umgepolt werden. Solange man den Bürgern mehr Umweltschutz verspricht, ohne ihnen ein Ende des Konsumismus anzukündigen, betreibt man Augenwischerei. Die Welt *nach* Homo consumens sähe so aus: Wenige, rein funktionelle, sehr qualitätsvolle und reparaturfreundliche Konsumdinge – Kleider, Möbel, Haushaltsgeräte, rigoros besteuerte Autos – und kaum mehr Genußgifte. Demgegenüber ein reiches Angebot hochwertiger Nahrungsmittel (die herkömmlichen Gütekriterien, die das Aussehen bewerten, wären durch Qualitätsmaßstäbe, etwa beim Obst, ersetzt) und vor allem Dienstleistungen – Schulen, Kindergärten, Volkshochschulen, gruppenpsychotherapeutische Clubs, Krankenhäuser, die ihre Hauptaufgabe darin sehen, Krankheiten vorzubeugen, nicht sie erst entstehen zu lassen und dann zu behandeln. Zweifellos wäre auch in einer solchen Gesellschaft Vollbeschäftigung möglich.

Es wäre wohl nicht nötig, das Privateigentum an den Produktionsmitteln abzuschaffen, sondern nur, verantwortlichen Umgang mit diesen Produktionsmitteln sicherzustellen. Wo Einsicht nicht erreicht wird, ließen sich Zwangsmaßnahmen wohl nicht umgehen; auf diese Weise könnte eine Auslese jener Unternehmer erreicht werden, die sich in die Nicht-Überflußgemeinschaft einfügen, weil sie erkannt haben, daß das Interesse der Allgemeinheit und die Sicherung des menschlichen Überlebens (des Überlebens auch ihrer eigenen Kinder) wichtiger sind als maximale Profite, die man später mit der eigenen Existenz bezahlen muß. Freilich: Solange man keine solchen «Filter» ansetzt, welche die gewissenlosen und unverantwortlichen Unternehmer von den einsichtigen und verantwortungsbewußten trennen, wird man nur gewissenlose sehen. In einer nach einem ungezügelten Konkurrenzsystem aufgebauten Wirtschaft werden immer die den Ton angeben, die ohne Rücksicht auf die Gebote der Menschlichkeit stets möglichst dicht an den Grenzen des Erlaubten bleiben. Stellen wir uns vor, wir würden in einer großen Konsumreform jene Artikel verbieten oder stark einschränken, die entweder überflüssig, umweltschädlich oder gesundheitsgefährlich sind. Auf der anderen Seite müßte jeder Produzent, der eine neue Ware auf den Markt bringen will, nicht nur nachweisen, daß sie nicht die Umwelt schädigt, sondern auch dem Käufer wirklich nützt.

Und die Gesichtspunkte, die Kriterien? Würde hier nicht ein ungeheurer Streit ausbrechen, würden sich nicht Stimmen erheben, welche die Unentbehrlichkeit von Lidschatten und Lippenstift verteidigen, den hohen Wert modischer Kleidung betonen, die Segnungen der Automobiltechnik, des Alkohols, ja der Zigarette? Ich bin überzeugt, daß man hier viel diskutieren müßte. Aber die Tatsache, daß man sich über das Verhältnis von Nutzen und Schaden bei manchen Konsumartikeln nicht rasch einigen wird, sollte doch nicht den Blick darauf verdecken, daß es angesichts vieler Konsumgüter überhaupt keinen Zweifel geben kann. Außerdem würden sich Einzelmaßnahmen zur Unterstützung des Konsumverzichts ebenso gegenseitig ergänzen, wie es heute der schier lückenlose Konsumterror tut. Wenn die Straßen bewohnter Gebiete für Privatautos gesperrt werden, mindert sich deren Anziehungskraft sehr stark, vor allem, wenn gleichzeitig die Steuer für Benzin drastisch erhöht wird. Auch die als überflüssig und schädlich erkannten Konsumgüter muß man nicht geradezu verbieten; es würde genügen, für sie erst einmal generell die Steuer auf zum Beispiel 200 Prozent drastisch zu erhöhen. Ausnahmen würden nur für Nahrungsmittel und andere, als gesundheitlich oder erzieherisch wertvoll anerkannte Produkte gemacht.

Solche Pläne wird mancher Leser für utopisch oder für dilettantisch halten. Vielleicht sind sie beides. Aber mir scheint, daß sie aus einer nüchternen Betrachtung unserer Situation geradezu zwingend hervorgehen. Fast alle Autoren, die sich eingehend mit den Überlebensproblemen des Menschen auf diesem in seiner Ökologie so einschneidend veränderten «Müllplaneten Erde» beschäftigt haben, kündigen dem

Konsumismus das Ende an. Wie dieses Ende aussehen soll, sagt aber niemand. Ich finde, es ist an der Zeit, sich hier einmal konkret Gedanken zu machen. Dabei ist es nötig, sich erst einmal auf jene menschlichen Werte zu besinnen, die allgemein anerkannt sind und deren Befriedigung sowohl unseren natürlichen Anlagen entspricht wie auch unser Überleben – das heißt unsere Umwelt – nicht gefährdet. Unzweifelhaft ist Gesundheit ein erster Wert dieser Art, Wissen der zweite, Freiheit der dritte. Ob diese drei genügen, muß jeder für sich entscheiden; mir scheint, sie genügen tatsächlich. Der erste Wert sichert unsere körperliche und seelisch-geistige Integrität, die beiden anderen unsere Selbstverwirklichung. Freiheit allerdings bleibt nur so lange ein Wert, als sie nicht die Freiheit enthält, andere Menschen zu schädigen – sie auszubeuten, zu verdummen, ihre Gesundheit zu gefährden. Wer diese drei Werte akzeptiert, wird über kurz oder lang zu einem ähnlichen Weg geführt werden, wie wir ihn hier aufzuzeigen versuchen. Je drängender die Umweltprobleme, je deutlicher die seelischen und sozialen Schäden durch den Verschwendungskonsum werden, desto häufiger dürften auch die Versuche werden, seine Gefahren zu bagatellisieren. Man wird immer wieder versprechen, daß durch weitere Verschwendung die Schäden der bisherigen Verschwendung aufgehoben und korrigiert werden können: durch materialreichere, rascher verschleißende Sicherheitsautos die Zahl der tödlichen Verkehrsunfälle (heute ist für junge Männer zwischen 20 und 30 Jahren der Autounfall die häufigste Todesart), durch Abgasentgifter die Luftverschmutzung, durch dreistufige Kläranlagen die Vergiftung der Gewässer, durch spezielle Filter die Schäden durch die Zigarette, durch eine Unmenge an Erziehern und Therapeuten die seelischen Schäden. Man wird Unsummen für Bücher und Zeitschriftenartikel ausgeben, in denen «nachgewiesen» wird, daß Kunstdünger und Insektizide unentbehrlich sind («Gift oder Hunger», heißt diese falsche Alternative). Man wird sich weigern wollen, den Müll großer Städte zu kompostieren, weil sich die bei seiner Verbrennung entstehenden Abgase leichter «absetzen» lassen als der gewonnene, natürliche Dünger. Wenn darauf hingewiesen wird, daß Homo consumens in einigen Jahrzehnten die Energiereserven der Erde aufgebraucht haben wird, dann verweist man auf die großen Möglichkeiten der Atomkraft und bagatellisiert die entstehenden Gefahren.

Besonders kühne Exemplare von Homo cosumens behaupten, der Mensch werde sich auf biologischem Weg, durch natürliche Auslese, an die von ihm so einschneidend veränderten Verhältnisse anpassen – wie sich etwa Insekten durch Resistenzbildung an DDT oder Bakterien an Antibiotika angepaßt haben. Man kann nur hoffen, daß diese Prognose als das erkannt wird, was sie ist – als Selbstmord.

Einmal müssen von einer Insektenart sehr viele Tiere erst durch DDT sterben, um die widerstandsfähigen auszulesen, weiter entwickelt sich eine solche Widerstandskraft erst über Generationen hinweg – bei Insekten geht es also viel schneller als bei uns. Und endlich ist bisher noch nie bei einem so komplexen Organismus wie beim Menschen eine so weitgehende und rasche Anpassung an biologisch einschneidend veränderte Umweltverhältnisse beobachtet worden. Da ist es viel wahrscheinlicher, daß eine derart überstrapazierte Art ausstirbt. Es gibt auch Nieten in der Lotterie der Selektion – die Dinosaurier und die Säbelzahntiger sind ausgestorben, und ihre Umwelt hat sich kaum so einschneidend verändert wie die von Homo sapiens in den letzten Jahrhunderten. Da werden Arten mit konstitutionell höherer Widerstandskraft schon eher das Rennen machen: Wenn nicht Ratten und Mäuse, dann sicher Insekten und Bakterien, die tausendmal höhere Dosen von Giften und Radioaktivität aushalten als der Mensch.

Eine realistische Utopie kann in keinem Fall davon ausgehen, daß der Mensch sich an die von ihm verursachten ökologischen Störungen ohne Schaden anpaßt. Sie darf auch nicht erwarten, daß neue Verschwendung den Schaden einholen kann, den die bisherige Verschwendung verursacht. Wir werden uns mit der Energie begnügen müssen, die wir gewinnen können, ohne der Umwelt zu schaden und ohne begrenzte Rohstoffquellen auszuschöpfen. Die wichtigsten Quellen sind dabei Wasserkraft, Sonnenenergie und vulkanische Energie, keinesfalls aber die Atomkraft. Wenn man uns einreden will, der Bau von mehr und mehr Atomkraftwerken sei unerläßlich, weil sich der Energiebedarf in zehn Jahren verdoppeln wird – dann ist das kein Argument *für* Atomkraftwerk mehr, sondern nur noch eines *gegen* die Verdoppelung des Energiekonsums. Jeder weitere Fortschritt des Konsums, jedes weitere Wachstum der Produktion sind nur auf Kosten der Lebensqualität möglich.

Wir sollten uns darüber freuen, daß die Geburtenziffern in Deutschland zurückgehen, statt auf einmal Klagerufe auszustoßen (während wir von den Entwicklungsländern immer noch verlangen, Geburtenkontrolle zu üben). Mit einer Population von 30 bis 50 Millionen wären wir dicht genug bevölkert, vielleicht bereits zu dicht. Wenn man immer nur von den anderen erwartet, daß sie Vernunft zeigen und ihr Bevölkerungswachstum einschränken (damit man sich womöglich dann als «Volk ohne Raum» gebärden kann), wird bald der Tag kommen, an dem allen Menschen der Untergang droht. Solange für die Mächtigen mehr Menschen auch mehr Macht bedeuten, wird sich die Geburtenkontrolle schwerlich durchsetzen können. Muß wirklich alles noch viel schlechter sein, ehe es besser werden kann? Es scheint so. Wir können nur hoffen, daß es am Tiefpunkt der Konsumgesellschaft noch die Basis für eine Umkehr ohne den totalen ökologischen Zusammenbruch gibt.

Die Praxis des Konsumverzichts

Homo consumens kauft meist bedenkenlos; selbst als sogenannter «kritischer Konsument» überlegt er sich nur, welche Ware ihm den reellsten Gegenwert bietet. Der vom Konsum emanzipierte Mensch kauft, ohne nachzudenken, gar nichts; wenn er aber etwas kauft, dann wird er zuallererst die Frage stellen, ob die Anschaffung in einem vernünftigen Verhältnis zu seiner Selbstverwirklichung steht. Das Nichtkonsumieren ist für ihn also ebenso Naturzustand geworden wie für Homo consumens der Konsum.

Allerdings geht die Emanzipation vom Konsumverhalten noch einige Schritte weiter. Verschwendung bleibt Verschwendung, auch wenn sie uns nichts kostet. So ist eine typische Antwort von Homo consumens, der etwa in seiner Mietwohnung vergißt, den Wasserhahn in der Küche zuzudrehen: «Das zahlt ja ohnedies der Hauswirt.» Unsere Mülltüte wird zum Anzeiger unserer Moral. Da steht sie und füllt sich jeden Tag aufs neue mit den Resten überflüssiger Dinge, mit Kunststoffen, Einwegflaschen, Verpackungen, alten Zeitungen, Illustrierten, organischem Abfall.

Ehe wir hier weiter ins Detail gehen, sollten wir vielleicht überlegen, an welchen Dingen nicht gespart werden darf. Es ist nützlich, auf die schon zuvor genannten Werte Gesundheit, Wissen, Freiheit zurückzugreifen. Sobald sie gefährdet werden, hört Konsumverzicht auf, sinnvoll zu sein. Es ist töricht, am Essen zu sparen oder Bildungschancen auszulassen. Solche Konflikte dürften sehr selten auftreten. In der Regel ist, wie wir gesehen haben, Konsumverzicht weit gesünder als Konsum; er aktiviert unsere Lernfähigkeit und erweitert unsere Freiheit.

Die Emanzipation vom Konsum kann in völligem Verzicht oder in mäßigem Gebrauch bestehen. Wer braucht wirklich ein Auto? Sicher nicht der Großstädter, der nur wenige Schritte von der Bus- oder U-Bahn-Haltestelle entfernt wohnt. Eher vielleicht der Bewohner eines Vorstadthauses. Aber auch wenn er sein Auto wirklich benötigt (in vielen Fällen käme er mit einem Taxi genausogut zurecht und würde sich viel Ärger ersparen), darf er keineswegs in diesem Verhaltensbereich jeden Gedanken an Konsumverzicht aufgeben. Er kann etwa jeden Fahrkilometer kritisch prüfen. Autofahren «nur zum Spaß» wie ein Halbstarker, der mit dem Moped um den Häuserblock saust, ist moralisch angreifbar. Ähnlich steht es mit vielen Dingen. Wegen seines potentiellen Bildungswerts ist ein Fernsehgerät nützlich. Aber warum sollten es nicht mehrere Haushalte zusammen benutzen, um die Umweltbelastung möglichst gering zu halten? Kann man die Fernsehzeit nicht einschränken? Der Betrieb des Geräts kostet viel Strom; die Folgen einer Fernsehsucht sind psychisch zerstörerisch.

Mäßiger Verbrauch ist auch im Umgang mit Wasser, elektrischer Energie, Kohle und Heizöl angezeigt. Jede Lampe, die unnötig brennt, jede Heizung, die nicht genau einreguliert ist, trägt zur Zerstörung unserer Umwelt bei. Warum sich für viel Geld riesige Häuser bauen, die in keinem Verhältnis zu dem durchschnittlichen Raumbedarf einer Familie stehen? Jedes unnötige Gerät, das wir anschaffen, braucht Energie – es brauchte sie schon, als es produziert wurde, und verbraucht sie weiter, wenn wir es betreiben. Wir müssen uns stets vor Augen halten, daß alles, was wir kaufen, nicht erst dann die Umwelt belastet, wenn es verbraucht ist und zum Müll geworfen wird, sondern bereits in dem Moment, in dem es hergestellt wird. Deshalb sollten uns auch die Dinge, die wir geschenkt bekommen, nicht begeistern – Gratismuster, Gratisproben, Gratisprospekte, «Konsumbibeln», wie die Versandhauskataloge, Werbegaben.

Leider ist auch unser Gesundheitswesen schon sehr stark von der Konsumhaltung durchdrungen. Am Morgen verteilen die Schwestern in den Kliniken Beruhigungspillen und Abführmittel, Schmerztabletten tagsüber, abends Schlafmittel. Gerade sie, die als Gesundheitserzieher wirken sollten, bestimmen die Kranken, sich mit Hilfe von Tabletten selbst zu manipulieren. Die Ärzte unternehmen nichts dagegen. Wer die Routine des praktischen Arztes kennt, muß zugeben, daß ein Computer sie oft nicht schlechter leisten würde: eine kurze Frage nach den Symptomen, eine oberflächliche Untersuchung, der Griff zum Rezeptblock, damit ja niemand ungetröstet nach Hause geht. Sicher sind drei Viertel dieser Rezepte eine Anleitung zum Verschwendungskonsum, die verschriebenen Mittel eigentlich unnötig. Aber es ist für alle Teile bequemer so, obschon auf die Dauer die Gesundheit der Patienten und die Selbstachtung des Arztes Schaden leiden.

Erziehung wider den Konsum

Ein vom Konsum emanzipierter Mensch wird sich bemühen, seine Kinder zu Anti-Konsumenten zu erziehen. Das ist im Prinzip einfacher als die Selbsterziehung, weil Kinder ja noch nicht konsumsüchtig sind, sondern es erst gemacht werden müssen. Das geschieht einmal durch das Vorbild der konsumierenden Eltern, andererseits durch die oralen Frustrationen und die mangelnde Zuwendung, über die wir schon gesprochen haben. Eltern, die Zeit genug für ihr Kind haben, können es relativ leicht vom Konsumzwang befreien. Eltern, die keine Zeit haben, sich ihren Kindern zuzuwenden, geraten in Gefahr, sie mit eben den materiellen Belohnungen abzuspeisen, die die Konsumwelt auch ihnen in so reichem Maß bietet.

Dem Kind wird gewissermaßen durch reichliche Süßigkeiten, viel Spielzeug, hübsche Kleider schon früh gezeigt, wie man das seelische «Loch» in der Persönlichkeit zustopfen kann, das durch die frühe Versagung elterlicher Zuwendung aufgerissen wurde. Die Mutter, die ihr Baby in die Krippe gibt, weil sie ja arbeiten «muß», fügt sich so in eine Welt ein, in der man schon von Anfang an das wirklich Notwendige für überflüssig hält und das Überflüssige für unentbehrlich. Auf diese Art frustrierte Kinder lernen sehr schnell, eben jene Techniken des Konsumterrors einzusetzen, unter denen – auf einer anderen Ebene – die Erwachsenen leiden. Wenn der Nachbarssohn ein neues Go-Kart oder einen ferngesteuerten Bagger bekommen hat, dann wird eben so lange über die eigene Benachteiligung geklagt, bis die für solche Argumente empfindlichen Eltern das so sehnlich gewünschte Spielzeug ebenfalls kaufen.

Die Erziehung wider den Konsum muß einsetzen, ehe ein Kind überhaupt konsumieren kann, ehe es gelernt hat, seelische Spannungen und Konflikte auf diese unheilvolle Weise zu beschwichtigen. Sie besteht darin, dem Kind zu geben, was es wirklich braucht – Zuwendung, Zärtlichkeit, einen Freiraum, der größer ist als die sieben Quadratmeter Kinderzimmer und der vom Hausmeister überwachte Hof oder Rasenplatz. Wo die Eltern Zeit für ihr Kind haben, da werden ein Block Papier, ein Bleistift und eine Schere zu einem aufregenderen Geschenk als die schnittigsten Autos und die entzückendste «sprechende Puppe», die drei vorfabrizierte Sätze quäkt. Aufwendige Geschenke sind nicht nur überflüssig, sondern auch schädlich; das Kind kann mit ihnen nicht eigenschöpferisch umgehen und dadurch seine Intelligenz üben. Das kann es allenfalls, indem es sie kaputtmacht; aber auch hier bleibt der Nutzen gering, da die Maschinerie eines Batterieautos oder einer Sprechpuppe für ein kleines Kind entschieden zu kompliziert ist, um ihr Funktionieren zu begreifen.

Die Prägung zum Konsumverhalten erfaßt heute immer jüngere Altersgruppen. Der Teenagermarkt setzt jedes Jahr allein in den Vereinigten Staaten über 30 Milliarden Dollar um. Die Reklame hat dort bereits entdeckt, daß man mit revolutionären Phrasen Teenagerkleidung verkaufen kann. Die Konsumverzicht-Epidemie unter den Hippies und Punks ist so regelrecht unterlaufen worden. Protestsänger gegen die Konsumgesellschaft werden in wenigen Jahren zu Schallplattenmillionären. Einzelgänger, die in Armee-Parkas oder alten Lederjacken herumlaufen, funktionierte man zu Konsumleithammeln um: Die Kaufhauskonzerne werfen massenhaft Parkas und Jacken aus Antic-Leder auf den Markt.

Der Reklame ist es teilweise gelungen, die Jugendlichen zu manipulieren, indem sie sich ihrem gesellschaftskritischen Stil angepaßt und etwa «nonkonformistische» Zigaretten (wie Rothändle, Gauloises) verkauft hat, um nur ein Beispiel zu nennen. Aber gerade die Kritiklust der Jugend, ihre Gleichgültigkeit gegenüber vielen Konsumattrappen schafft auch Ansatzpunkte für eine Erziehung zum Konsumverzicht. Die Jugendlichen interessieren sich heute vor allem dafür, Erfahrungen und Erlebnisse zu kaufen, nicht materielle Produkte, die Erfolg oder Prestige garantieren.

Das Engagement vieler Jugendlicher für die Dritte Welt und für Umweltschutz wird ein weiteres Motiv für Konsumverzicht sein. Der Erwachsene kann sich noch mit dem Spruch «Nach uns die Sintflut!» trösten; der Jugendliche darf sich darauf nicht verlassen. Er ist vital an einer Welt interessiert, in der man leben kann, und sicher bereit, dafür sehr viele Dinge aufzugeben, die seinen Eltern heute noch selbstverständlich scheinen.

Allerdings kann man eine kritische Einstellung zum Konsum und politisches Engagement für die Dritte Welt bisher vorwiegend bei den besser ausgebildeten Jugendlichen finden. Deshalb wird jeder Vertreter einer Emanzipation vom Konsumverhalten sich dafür einsetzen müssen, die Bildungschancen der Jugendlichen zu verbessern. Ihre Kritikfähigkeit sollte unbedingt geschult werden, *bevor* sie in die Arbeits- und Konsumwelt eintauchen; denn dann ist es oft zu spät. Der süchtige Konsum wird als Trostmittel benötigt, der für die entfremdete, eintönige Arbeit entschädigt.

Konsumfeste

Besonders deutlich wird der Konsumterror an bestimmten, von der Reklameindustrie aufgegriffenen (wie Weihnachten) oder erst künstlich produzierten (Muttertag, Vatertag, Valentinstag) Konsumfesten. Es ist nicht einfach, sich solchen Zwängen zu entziehen, die man in ihrer ganzen schamlosen Manipulation erkennen muß. Wir tun unseren Kindern wirklich keinen Gefallen, wenn wir ihnen zu Ostern Zähne und Magen mit Schokoladenhasen ruinieren. Was geht es die Blumen- und Pralinenindustrie an, ob wir unsere Mütter lieben oder unsere Schuldgefühle am Muttertag durch aufwendige Geschenke wieder für ein Jahr beschwichtigen? Konsumfeste stellen immer nur eine trügerische soziale Solidarität her, in der jeder Partner abspringen kann, wenn anderswo ein vorteilhafteres Angebot lockt.

Freizeitkonsum

Ein besonders konsumintensiver Lebensbereich ist die sogenannte Freizeit. Durch ihre Konsumintensität wird sie nicht selten zu einer sehr unfreien Zeit. Wer fotografiert, hat meist nicht mehr vom Leben, sondern erheblich weniger – immer eine schwere Tasche über der Schulter und im Kopf die Frage nach Belichtungszeit, Blende, Ausschnitt, nicht mehr nach dem, was er wirklich sieht. Auf Reisen fotografieren viele Exemplare von Homo consumens millionenfach fotografierte Objekte noch einmal, statt sich diese Dinge anzusehen. Gewiß werden mindestens 95 Prozent aller Filme vergeblich (nicht umsonst!)

belichtet, ohne daß der Fotograf «mehr vom Leben hat». Es ist eine Illusion, wenn Homo consumens annimmt, er könne durch seine Hobbyfotografie die schönen Augenblicke seines Lebens festhalten. Im Gegenteil: Durch den Zwang, sie zu konservieren, werden sie nur entwertet; als Konserven wieder aufgewärmt, lassen sie ihn die Misere des Augenblicks noch deutlicher fühlen.

Man sollte immer, wenn man einen Schritt zum Freizeitkonsum machen will, überlegen, ob es nicht klüger ist, den entsprechenden Gegenstand – ein Segelboot, ein Campingzelt – zu leihen, statt ihn zu kaufen. Auf diese Weise wird das eigene Konsumverhalten verdünnt; zudem bleibt man freier. Wer sich für einige tausend Mark eine Campingausrüstung oder ein Tauchsportset gekauft hat, der wird nun campen oder tauchen, auch wenn er alsbald die Lust dazu verliert.

Wir müssen den Reiz des wirklich vom Konsum unbeschwerten Freizeitverhaltens wieder lernen, auf einem Bauernhof mithelfen, ein Pferd mieten, mit dem Skizzenblock statt des Fotoapparats reisen. Das Ideal ist nicht mehr, möglichst viel Lärm zu machen, möglichst viel Müll zu hinterlassen und möglichst viele Andenken mitzunehmen, sondern zu sehen, zu hören, lange zu bleiben, vieles gründlich zu lernen und wieder zu gehen, ohne daß wir etwas anderes zurücklassen oder mitnehmen als die Sympathie der Bewohner des besuchten Landes und Erinnerungen.

Haustiere

Auch Hunde und Katzen sind in der Welt von Homo consumens Konsumartikel. Sie werden, oft dem Diktat der Mode getreu, mit Stammbaum erworben, durch eine Fülle einschlägiger Artikel vom Gummiknochen bis zur Luxus-Hundehütte, vom Katzenkörbchen bis zur Spezialnahrung (selbstverständlich mit «Vitaminen und Aufbaustoffen») verwöhnt und wieder «abgeschafft», wenn man sich nicht mehr für sie interessiert, weil sie alt geworden sind, vom viel zu vielen Fressen kränkeln, weil man die Wohnung wechselt und in die Stadt zieht. Wenn man bedenkt, daß in Amerika 80 Prozent des gesamten Ertrags der Fischerei – ein Schatz an wertvollen Proteinen, der genügen würde, um alle afrikanischen Kinder mit ihren durch Einweißmangel aufgeblähten Bäuchen gesund zu machen – an Katzen verfüttert werden, scheint die Haustierhaltung auf einmal aus der Pseudotierliebe, als die sie sich gern gibt, zu einem Akt des Menschenhasses zu werden. In einer überfüllten Welt, auf einem Planeten mit einer Milliarde unterernährter Bewohner wird es zumindest fragwürdig, sich mit Hunden und Katzen zu umgeben. Ist es wirklich ein Akt der Tierliebe, einen Boxer in die Zweizimmerwohnung aufzunehmen, einen Dackel mit Tatar zu füttern oder eine Villa mit sieben Siamkatzen zu bevölkern? Die Anziehungskraft von Tieren auf Kinder wird in der Regel weit überschätzt, desgleichen der pädagogische Wert eines Haustiers. Kennenlernen kann man Tiere auch im Zoo, wo man vielleicht für Kinder besondere Räume einrichten sollte, in denen sie mit ausgewählten Exemplaren in körperlichen Kontakt kommen können. Ideal für Kleinkinder sind im übrigen nicht Hunde oder Katzen, sondern Riesenschildkröten.

Gebrauchtwaren kaufen?

Der *second hand shop*, in dem man Kleider aus zweiter Hand kauft, der Flohmarkt, der Trödler, die Gebrauchtwarenhandlung, das Antiquitätengeschäft – sie alle gehören teils in die Welt von Homo consumens, teils enthalten sie eine Alternative zu ihr, ein Stück Konsumverzicht. Auch der Absatz von Gebrauchtwaren hilft, die Produktion (und damit die Zerstörung der Umwelt) zu steigern, aber er tut es weniger direkt.

Gebrauchtwarenerwerb ist nur dann wirklich eine konsumwidrige Maßnahme, wenn er ein Ding davor bewahrt, zu Müll oder Alteisen gemacht zu werden. Manche besonders erfinderischen Leute haben mit einer guten Portion Glück ganze Wohnungseinrichtungen aus dem angeblichen «Trödel» gewonnen, den weniger intelligente Exemplare von Homo consumens auf dem Bürgersteig für die Müllabfuhr bereitstellten. Was wir vor dem Weggeworfenwerden bewahren, ist wirklich unser – ganz ohne einen Beitrag zur großen Verschwendung. Wer seinen Verstand und seine Hände gebrauchen lernt, wird viele von Homo consumens und seinen Einpeitschern (jenen «Handwerkern», die nichts Eiligeres zu tun haben, als etwas für irreparabel zu erklären, um ein neues Gerät zu verkaufen) bereits aufgegebene Gegenstände retten und einer neuen, sinnvollen Verwendung zuführen. Konsumverzicht setzt so einerseits Intelligenz voraus, wird aber andererseits zu einer wichtigen Triebfeder, seine Fähigkeiten zu entwickeln.

Vielleicht habe ich mir zuviel Mühe gegeben zu zeigen, daß «Selbstverständliches» und scheinbar Notwendiges überflüssig sind, während man Homo consumens erst einmal darauf hinweisen müßte, wie er das offenkundig Überflüssige begeistert verehrt: Sportwagen, ein zweites Auto für die Ehefrau, ein drittes für den heranwachsenden Sohn, eine Ferienwohnung am Meer, ein tragbares Fernsehgerät fürs Schlafzimmer, die zweite Gefriertruhe, den Wäschetrockenapparat, den Bügelautomaten, den Infrarotgrill, den Mikrowellenherd, den Badezimmerteppich. Oder Autozubehör, gleich vier Scheinwerfen zusätzlich, weil es so sportlich aussieht, breitere Magnesiumfelgen und Super-Rennsportreifen, einen röhrenden Rennauspuff, ein griffiges Holzlenkrad oder – mäßiger – geblümte Schonbezüge und ein Väschen. Schließlich einen Jollenkreuzer, mit den unzähligen «Extras» für Freizeitkapitäne, eine eigene Motorjacht, um dem Küstenbetrieb zu entfliehen und den Frieden einsamer Buchten zu zerstören. Ich rede von dauerhaften, hochwertigen, gewiß auch hübschen, aber nicht der Mode unterworfenen Kleidern – aber ich sollte doch vom unentbehrlichen Pelzmantel reden, von Biberlämmern und Kaninleoparden, vom falschen und vom echten Nerz, von den Robbenkindern, die Leben und Haut lassen müssen. Da gibt es Frauen, die den Konsum zelebrieren wie einen Kult, und Männer, die sie mit Geld versorgen, weil sie keine Zeit für sie haben, und denken, «Frauen müssen so sein», «Luxusgeschöpfe», die selbst zum Luxusartikel geworden sind.

Wer sieht, mit welchem Ernst, mit welcher Leidenschaft konsumiert und gekauft wird, von der Hausfrau im Supermarkt ebenso gespannt, hypnotisiert, hektisch wie von der Modedame in der Boutique, der möchte dem Konsumverzicht nur geringe Chancen einräumen.

Die Chancen des Konsumverzichts

«Ich gebe ja zu, daß Ihre Überlegungen auf den ersten Blick ganz logisch sind. Aber dennoch – Einwände gibt es viele, wohl zu viele. Zunächst einmal muß Ihnen doch klar sein, daß Konsumverzicht ein sehr anspruchsvolles ethisches Programm ist. Nur sehr wenige werden überhaupt dazu fähig sein, und diese wenigen müssen sich doch mit Recht fragen, ob ihr Opfer nicht sinnlos ist. Ein Promille weniger Müll – was macht das schon aus?»

Mit diesem Argument sucht man heute eine ganze Reihe von Mißständen zu entschuldigen. So ist es beispielsweise wirklich umweltschädlich, Einwegflaschen und PVC-Behälter für Milch zu produzieren. Aber wenn die Gesetzgeber Maßnahmen erwägen, um die zuständigen Industriezweige zu etwas vernünftigerem Verhalten zu zwingen, begegnet man ihnen mit Argumenten ähnlich denen, die während eines Abfall-Hearings in Bonn zu hören waren: Die Einwegflaschen machen «knapp ein Prozent» im Hausmüll aus; deshalb will die Hohlglasindustrie auch weder ihre Produktion einschränken noch sich an der Müllbeseitigung beteiligen. Als «Kompromiß» boten die Glasindustriellen dem zuständigen Minister an, zukünftig auf den Slogan «Ex und hopp» zu verzichten.[57]

Wenn wir jedermann gestatten, sich damit zu verteidigen, daß sein winziger Beitrag zur Umweltzerstörung ohnedies unbedeutend sei, dann wird es so weitergehen wie bisher. Ob es sich bei dem «winzigen Beitrag» um den tausendsten oder milliardsten Teil der Umweltzerstörung handelt, scheint mir moralisch bedeutungslos. Quantitative Gesichtspunkte haben bei qualitativen Entscheidungen wenig Gewicht. Zugegeben, der Beitrag des einzelnen zur Zerstörung (im Verschwendungskonsum) oder zur Rettung der Umwelt (im Konsumverzicht) mag gering sein. Aber er ist keinesfalls irrelevant.

«Ich gebe zu, daß es weder in der Logik noch in der Ethik gerechtfertigt ist, einen kleinen Beitrag mit Null gleichzusetzen. Die Position der Herren von der Glasindustrie scheint auch mir recht zweifelhaft. Aber Sie sind nicht auf meine Kritik eingegangen, daß Sie ein elitäres Programm vorschlagen. Sie geben doch selbst zu, daß Konsum verdummt. In unserer Gesellschaft wird schon sehr lange konsumiert. Woher um Himmels willen sollen Selbstkritik und Einsicht auf einmal kommen, um gegen die Konsumepidemie immun zu werden?»

In repräsentativen Umfragen wurde festgestellt, daß 60 bis 70 Prozent der Bevölkerung «mehr Schutz vor Umweltverschmutzung» für dringend erforderlich halten. Auf die Frage nach den notwendigsten inneren Reformen der Zukunft antworteten drei Viertel der Bevölkerung: «Kampf gegen die Verschmutzung von Luft und Wasser, Maßnahmen gegen die Lärmbelästigung.» Diese Forderung steht vor der nach dem Bau von Schulen und Krankenhäusern, Straßen und Universitäten.[58] Gerade jenes Ziel, das nur durch Konsumverzicht erreicht werden kann, hat also schon eine Massenbasis.

«Sie sind ein unverbesserlicher Optimist. Das Ziel, gewiß, das ist leicht unter die Leute zu bringen, denn jeder will eine reinere, gesündere Umwelt. Aber der Weg dazu darf nicht unbequem sein. Sie haben doch selbst gesagt, wie ihn sich Homo consumens vorstellt: als neuen Konsum, der die Schäden durch den früheren zudecken soll. Ich muß auch sagen, daß mich Ihre Behauptungen, dieser Weg sei nicht gangbar, keineswegs überzeugt haben. Warum soll man nicht das Auto durch Abgasentgifter und bleifreies Benzin entschärfen können? In England haben die strengen Gesetze gegen Verschmutzung doch zumindest Teilerfolge gehabt, ohne die individuelle Verschwendung nennenswert einzuschränken. Der berüchtigte Smog über London und anderen Industriestädten ist lockerer geworden, seit raucharme Brennstoffe vorgeschrieben sind; in der Themse gibt es wieder viele Fischarten, die dort vor zwanzig Jahren nicht existieren konnten. Warum nicht diesen unbequemeren Weg gehen? Homo consumens wird ihn gewiß eher einschlagen als den des Konsumverzichts.»

Konsumverhalten ist nicht nur deshalb abzulehnen, weil es die Umwelt zerstört. Ich habe doch eine ganze Reihe weiterer, psychologischer und sozialer Gründe genannt, die uns zu einer Ethik des Konsumverzichts führen müßten. Aber ganz abgesehen davon glaube ich nicht, daß man auch nur einen nennenswerten Bruchteil der durch den Konsumismus angerichteten Schäden mit Hilfe zusätzlicher Maßnahmen verhindern kann. Konsumverzicht beseitigt die Ursache der Schäden. Wenn Sie etwa die Automobile mit Abgasentgiftungsanlagen versorgen, dann verhindern Sie nicht, daß weiterhin jedes Jahr eine Viertelmillion Menschen an Verkehrsunfällen sterben und zehnmal so viele verletzt, teilweise verkrüppelt werden. Sie verhindern nicht, daß immer weitere Bereiche von Wiesen und Wäldern mit Asphalt und Beton bedeckt, immer mehr Städte zerstört werden, daß die Menschen weiterhin durch Bewegungsmangel ihre Gesundheit beeinträchtigen. Sicherlich sind Abgasentgifter eine sehr gute Sache. Sie können den Konsumverzicht ergänzen. Aber sie können und dürfen ihn nicht ersetzen, wie niemals eine symptomatische Kur die kausale Behandlung ersetzen darf. Natürlich können Sie einem Menschen, der an Krebs leidet, einfach ein Schmerzmittel geben. Aber es ist doch besser zu versuchen, den Tumor zu entfernen.

«Sie würden also den Bau von besseren Kläranlagen, gesetzliche Vorschriften zur Reinhaltung von Luft und Wasser durchaus begrüßen? Sehen Sie hier nicht die Gefahr, daß Homo consumens an diesem Punkt stehenbleibt, daß er sich durch Ausflüchte beruhigt und im übrigen weiterkonsumiert wie bisher?»

Gewiß bestehen diese Gefahren. Aber wir müssen beide Wege gehen; sie ergänzen sich, wenn auch der Konsumverzicht wichtiger ist (und andererseits von der Konsumentschärfung mehr in den Massenmedien die Rede sein wird). Nehmen wir zum Beispiel den Flugverkehr. Die üblichen «wissenschaftlichen» Prognosen rechnen mit einer kontinuierlichen Steigerung. Deshalb werden trotz der heftigen Proteste von Biologen, Ärzten und Naturfreunden auch neue Landebahnen gebaut. Vielleicht könnten Sie durchsetzen, daß die Düsenriesen etwas weniger Lärm machen und ihre Abgase so entgiften, daß nicht mehr ein einziger Jumbo-Start so viel Gift und Schmutz produziert wie 5000 Volkswagen zur gleichen Zeit. Sie könnten möglicherweise sogar wieder Zeppelinluftschiffe bauen, die sehr viel umweltschonender sind. Aber wenn Sie nicht Konsumverzicht erwägen – den Verzicht auf unnötige Flüge –, dann werden Sie keinen Schritt weiterkommen. Man sollte das Fliegen rationieren, um nicht weitere Flugplätze bauen, den Lärm und das Luftchaos vergrößern zu müssen. Daneben kann man immer noch darauf hinarbeiten, daß die Flugzeuge sauberer und leiser werden, damit nicht der Sonneneinfall auf die Erde von Jahr zu Jahr geringer wird, bis eine neue Eiszeit anfängt.[59] Ein umweltbewußter Mensch wird also nicht nur möglichst wenig fliegen, sondern auch keinesfalls seinen Fuß in ein Überschall-Verkehrsflugzeug setzen.

«Gut, ich verstehe, obschon ich immer noch fürchte, daß Sie mit den überzeugendsten Worten den Konsumverzicht nicht zur beliebtesten Maßnahme gegen unsere Umweltprobleme machen werden. Aber ich will nun von einer ganz anderen Seite aus argumentieren: Verlangen Sie nicht vom einzelnen, was nur die Gesellschaft leisten kann? Bürden Sie nicht ihm eine Last auf, um das Versagen der Sozietät zu entschuldigen, um nicht zeigen zu müssen, daß diese spätkapitalistische Konsumgesellschaft an ihren inneren Widersprüchen zugrunde gehen muß, weil sie auf der Ausbeutung des Menschen durch den Menschen beruht? Ist die Ausbeutung und Zerstörung der Umwelt in ihrer ganzen Maßlosigkeit nicht nur eine Fortführung dieser kapitalistischen Grundhaltung? Indem Sie nach Konsumverzicht verlangen, ohne die Ausbeuter und ihre Agenten in Werbung, Meinungsmache und Politik anzugreifen, reihen Sie sich da nicht unter jene unpolitischen Handlanger des Kapitals, die eine neue Ethik verlangen und dadurch von den eigentlichen

Ursachen, den eigentlichen Punkten, an denen eine Reform einsetzen müßte – nämlich den Eigentumsverhältnissen – ablenken?»

Ihre Argumentation erinnert mich ein wenig an die eines Studenten, der eine Vorlesung über Entwicklungspsychologie oder Strafprozeßrecht mit der Forderung unterbricht, man sollte über die Bedeutung dieser Themen für die Atomrüstung diskutieren. Man muß sich hüten, solche Postulate lächerlich zu machen, denn natürlich *haben* beide Dinge durchaus etwas miteinander zu tun. Wer glaubt, er könne gelassen weiter Entwicklungspsychologie und Jurisprudenz betreiben, ohne sich um Politik zu kümmern, reiht sich ein in die Phalanx jener Fachidioten, die bisher immer noch als Wissenschaftler die Macht der Mächtigen gefördert haben. Andererseits aber ist es ebenso falsch anzunehmen, Entwicklungspsychologie und Jurisprudenz müßten aufgegeben werden, um *nur noch* über die Atomrüstung zu reden. Man kann doch das eine tun, ohne das andere zu lassen; man kann gegen den Rüstungswahnsinn kämpfen, auf eine gerechtere Gesellschaftsordnung hinarbeiten und gleichzeitig möglichst objektive wissenschaftliche Forschung treiben oder individuelle ehtische Forderungen aufstellen. Mir scheint sogar beides notwendig. Ich habe aus einer primär psychologischen und biologischen Analyse des Konsumverhaltens die ethische Forderung nach Konsumverzicht abgeleitet, weil ich mehr von Psychologie und Biologie weiß als von Soziologie und revolutionärer Theorie. Statt von Umsturz zu reden, fordere ich doch zu etwas auf, das jeder Mensch, hier und jetzt, ohne weiteres leisten kann – zum Konsumverzicht. Er ist eine Antwort auf sehr viele Probleme zugleich. Doch das marxistische Programm scheint ihn nicht zu enthalten, es läuft eher darauf hinaus, Unterschiede im Konsumverhalten einzudämmen als den Konsum selbst. Auch in sozialistischen Ländern macht man Versuche, eine Kleidermode zu schaffen, mehr Autos zu produzieren, Farbfernsehgeräte herzustellen. Die zum Konsumverzicht führenden gesellschaftlichen Reformen enthalten eine Entwicklung zu einem «Sozialismus mit menschlichem Gesicht» hin. Der Schwerpunkt der Produktivkräfte wird vom Konsum auf das Erziehungs-, Ausbildungs- und Gesundheitswesen verlegt, die Zügellosigkeit (nicht die Freiheit) der Produzenten beseitig, die Verantwortung der Besitzenden für das Gemeinwohl nicht nur in ethischen Forderungen, sondern in gesetzlichen Vorschriften festgelegt.

«Ich weiß nicht, ob ich Ihnen beipflichten kann. Sie werden mir sagen, man könne doch Konsumverzicht üben und dennoch ein Marxist sein, getreu Ihrer Maxime, das eine zu tun und das andere nicht zu lassen. Aber es ist und bleibt doch ein elitäres Programm! Wer keine entfremdete Arbeit leistet, ein Schriftsteller und Psychologe wie Sie, ein bildender Künstler, ein Schauspieler – er mag sich entschließen, seinen Konsum einzuschränken, weil seine Arbeit ihn ohnedies befriedigt. Aber der Industriearbeiter, der an seinen Büroschreibtisch, an seine Zahlenreihen und die immer gleichen Brieftexte gefesselte Angestellte – er wird den Konsum mehr brauchen, obschon er ihn sich weniger leisten kann, als Droge, als Ersatzbefriedigung, weil er Manipulationen und Zwängen weniger Widerstand leisten kann.»

Das ist leider richtig. Ich habe auch schon gesagt, daß eine Ethik des Konsumverzichts jene Manipulatoren besonders scharf verurteilt, die trotz besserer Einsicht minderwertige Produkte an den Mann bringen. Ich verstehe nicht, warum die Kirchen immer noch über die Zulässigkeit vorehelichen Geschlechtsverkehrs streiten, während sie auf die weit schädlicheren und unmoralischeren Praktiken, etwa der Werbung, nicht hinweisen. Der Arbeiter, der kleine Angestellte ist vielleicht mehr zu Einsichten bereit, als Sie ihm zutrauen.

«Sie haben irgendwo geschrieben, daß Sie auch die Ereignisse der Rüstungsproduktion zu den überflüssigen und gesundheitsschädlichen Konsumgütern rechnen. Wie sieht es in Ihrer Anti-Konsumgesellschaft mit der Rüstungsindustrie aus?»

Es spricht doch manches dafür, daß unsere Rüstung nicht Freiheit schützen soll, sondern Zügellosigkeit – die hohen Profite vieler Unternehmer und den Neokolonialismus, wie der Vietnamkrieg doch deutlich gezeigt hat. Wenn wir den Weg zur Anti-Konsumgesellschaft einschlagen, dann werden solche Gründe für bewaffnete Auseinandersetzungen fortfallen und mit ihnen die Notwendigkeit einer Fortsetzung der bisherigen Rüstungsindustrie, die in allen fortgeschrittenen Ländern einen bedeutenden Beitrag zur Zerstörung unserer Umwelt leistet (man denke nur an die Verschwendung von Energie, Treibstoff und von Landschaft für Flug- oder Schießplätze). Ich glaube, daß ein Mehr an Konsumverzicht im Westen sehr zur politischen Entspannung beitragen könnte.

«Ich will diese neue Utopie nicht auch noch kritisieren, sondern eine Frage aufgreifen, die ich schon lange stellen wollte: Was soll der vom Konsum emanzipierte Mensch, der ja wohl die Hälfte seiner Ausgaben spart, denn mit diesem Geld anfangen? Sind Sie so sicher, daß die Menschen überhaupt soviel Freiheit vertragen?»

Ich denke, wenn es ihnen gelungen ist, sich vom Konsum zu emanzipieren – auch vom Freizeitkonsum –, dann ganz gewiß. In jeder Großstadt gibt es Museen, Kirchen, Kunstschätze, Bibliotheken: Man kann sich mehrere Jahre lang mit sehr fesselnden Dingen befassen, ohne mehr zu brauchen als ein Paar Augen, einen klaren Kopf, gesunde Beine und viel freie Zeit. Übrigens wollte ich noch auf Ihren Vorwurf zurückkommen, Konsumverzicht sei elitär. Warum nicht? Wenn es uns gelingt, mode- und geschmacksbildende Eliten zu Vorbildern für den Konsumverzicht zu machen, dann ist schon viel gewonnen. Ein Universitätsprofessor, der mit dem Rad fährt, wird vielleicht einige Studenten dazu bringen, sich kein Auto zu kaufen.

«Da habe ich aber den Verdacht, daß hier die Ökologie wie eine neue Mode praktiziert, konsumiert und wieder verlassen werden kann, wenn man irgendwo etwas Fesselnderes entdeckt!»

Das will ich nicht hoffen. Die Ökologie ist so wenig eine Modefrage wie das Überleben des Menschen und die Qualität unserer Umwelt. Wir müssen uns nur hüten, diese Probleme zu Tode zu reden und so Homo consumens den Eindruck zu vermitteln, daß schon andere – die Verantwortlichen, die Politiker, die doch auch die alarmierenden Berichte lesen müssen – etwas tun werden, er selbst jedoch untätig bleiben kann. Es ist doch deutlich geworden, wie es um uns steht. Weitere Expansion des Konsums ist tödlich. Die Technik wird den Wettlauf mit ihrem Schatten nicht gewinnen, wenn wir ihr nicht Zeit geben, indem wir auf das Wachstum der Verschwendung verzichten. Jeder von uns ist für unsere Zukunft mitverantwortlich, und er kann etwas für eine bessere Zukunft tun, sofort, von heute an. Er muß sich nicht einmal anstrengen, er muß nichts leisten. Er muß sich von einem Verhalten emanzipieren, durch das die begrenzten Vorräte des Raumschiffs Erde aufgezehrt, ihn seiner Menschenwürde beraubt, Atmosphäre, Wasser und Boden vergiftet werden. Praktisch jeder Konsumartikel, den wir kaufen, trägt zu diesem Prozeß bei. Homo consumens ist, wie vor einigen Jahrmillionen der Dinosaurier, schon heute zum Aussterben verurteilt. Die Frage ist noch offen, ob Homo sapiens diesen Untergang überleben wird. Es liegt an uns, wie die Antwort ausfallen wird.

Die Belastungsgrenze ist erreicht

Wenn Spitzensportler immer jünger werden, dann hat das auch einen Grund, der nicht zu Flutlicht und Beifallsrauschen paßt: Während die menschliche Muskulatur trainiert werden kann, ist das bei den sogenannten «bradytrophen» Geweben, wie Sehnen, Knorpel und Bänder nicht oder nur sehr begrenzt der Fall. Sie halten einer extremen Belastung nur kurze Zeit stand, versagen oft schon während des Trainings. Die vielen Sportprinzen und -prinzessinnen, die von ehrgeizigen Eltern und Trainern auf eine Bahn gehetzt werden, die sie später humpelnd verlassen, fallen in der Öffentlichkeit nicht weiter auf. Die Sportpresse behandelt Verletzungen wie Unglücksfälle. Spitzensportler wissen, wie schmal der Grat ist, auf dem sie balancieren. Wer aber dieses Wissen nicht gut verdrängen kann, bleibt nicht an der Spitze. Ihm fehlt der Mut zum letzten Risiko. Daß *dieser* Sport, *diese* Sportberichterstattung mit Gesundheitserziehung nicht das geringste zu tun haben, ist inzwischen wohl allen klar, die nicht in dieser Einsicht durch ihre Interessen behindert werden.

Der heimliche Lehrplan des Spitzensports geht in eine andere Richtung. Wie bringt man Menschen dazu, gesundheitliche Gefahren und das Gefühl für die Grenzen ihrer Belastbarkeit zu verleugnen? Die Antwort lautet: indem man sie in ein solches Training ohne Rücksicht auf die Gesundheitsgrenzen schickt und die so Trainierten der Jugend als Helden und Vorbilder anbietet. Viele um den Zustand unserer Umwelt und die ständig wachsende Giftbelastung besorgte Menschen haben sich schon gefragt, wie es kommt, daß unser Wissen um diese Risiken so wenige Folgen hat. Eine Sportideologie, die den menschlichen Körper als Maschine ansieht, mit der man buchstäblich alles Mögliche anstellen kann und muß – einziges Kriterium ist der Erfolg –, trägt hierzu gewiß viel bei.

Sie fügt sich in einen blinden Fortschrittsglauben und bestätigt ihn. Es kann doch keine Rede davon sein, daß die Menschheit in ihrer Gesundheit gefährdet ist, wenn die Weltrekorde jedes Jahr um einige Zentimeter oder Zehntelsekunden verbessert werden! Was wir, freiwillig oder unfreiwillig, wissentlich oder unwissend an Giften in uns hineinessen, trinken, atmen – wir sind schließlich sportlich, unser «Ausgleichssport» wird die Übel schon wieder aus der Welt oder doch wenigstens aus unserem Organismus schaffen!

In dieses Szenario fügt sich ein Marathonlauf am 1. Mai 1986, als im Münchner Straßenstaub so hohe Strahlenwerte gemessen wurden, daß in jedem Atomkraftwerk die Alarmsirenen geheult hätten. Das Bedienungspersonal konnte *von außen* nicht mehr in den Versuchsreaktor Garching eintreten, von einer automatischen Radioaktivitäts-Sperre behindert. Zu eben dieser Zeit ließen die Behörden einen Volkslauf durch die verseuchten Straßen zu. Ahnungslose Läufer taten alles, um sich bis in die Lungenspitzen mit Jod- und Cäsium-Isotopen aus Tschernobyl vollzupumpen. Marathonläufer sind harte Burschen. Was schadet denen schon ein bißchen Radioaktivität?

Mir scheint, die Belastungsgrenze der Sehnen und Knorpel, die im Leistungssport so oft überschritten wird, ist nur ein handgreifliches Beispiel für eine Umgangsform mit uns selbst, die viel weiter verzweigt und auch viel folgenschwerer ist. Lange bevor die Bänder im Kniegelenk reißen, muß der Sportler gelernt haben, seine Gefühle zu verleugnen – seine kreatürliche Angst, seine Schmerzempfindungen, die ihn warnen könnten, wenn er auf sie hören würde. Aber diese inneren Grenzen sind in seinem militarisierten Innenleben nur ein innerer Schweinehund, auf den er nicht hören darf.

Vor einigen Jahren gebar eine Frau in New Jersey ein Kind, das sie bei sich behalten wollte, eine Reaktion, die wir von einer jungen Mutter erwarten würden. Aber die 30jährige Mary Beth Whitehead hatte sich mit dem Sperma eines Mannes befruchten lassen, dessen Frau zwar selbst keine Kinder bekommen konnte, jedoch gerne eines von ihrem Mann gehabt hätte. Sie hatte einen Vertrag unterschrieben, für 10000 Dollar (rund 16000 Mark) dieses Kind auszutragen. Sie war eine Leihmutter. Technisch ist das alles längst gelöst, kein Problem.

Aber anscheinend sind die menschlichen Gefühle ebensowenig unbegrenzt belastbar wie die bradytrophen Gewebe. In New Jersey soll jetzt geklärt werden, ob der Leihmüttervertrag rechtskräftig war. Zunächst jedenfalls hat ein Richter das Neugeborene der Mutter «entzogen» und das Sorgerecht dem Ehepaar Stern übertragen, wie es im Vertrag stand. Die leibliche Mutter drohte daraufhin mit Selbstmord, wenn sie ihr Baby nicht zurückbekomme. Jetzt sollen die Gerichte entscheiden, wem das Kind gehört, eine Aufgabe, die Salomo nur einmal lösen konnte (denn sobald der Trick bekannt ist, wirkt er nicht mehr). Kein Urteil wird die seelischen Verletzungen lindern können, die sich alle Beteiligten durch die Verleugnung ihrer emotionalen Belastbarkeit zugefügt haben. Wie mag sich ein Kind fühlen, das in einer solchen Spannung aufwächst?

«Wo bleibt das Denkmal für den deutschen Deserteur im Zweiten Weltkrieg?» hat Daniel Cohn-Bendit auf einer der «Reden über das eigene Land» in den Münchner Kammerspielen gefragt. Wir bräuchten viele solche Denkmäler, die mithelfen, die Wirkung der rücksichtslosen Leistungshelden in Krieg und Frieden einzudämmen. Statt alles Machbare auch zu tun, sind in Zukunft Kompetenzen des Verzichts, des Rückzugs, der Zurücknahme gefragt. Gerade weil solche Vorbilder fehlen, fällt es uns gesellschaftlich wie individuell so schwer, auszusteigen, aufzugeben, solange noch Zeit ist. Der Leistungssportler und die Leistungsgesellschaft wandern auf einem schmalen Grat. Die Grundhaltung, daß man nur mit schlechtem Gewissen aufhören darf, alles Machbare auch zu tun, treibt Menschen in Situationen, wie sie jetzt der Prozeß in New Jersey bloßlegt.

Freie Fahrt für Sklaven

Eine Autobahnbaustelle. Stauwarnung. Auf einer Brücke steht ein Mann und winkt die Fahrer auf die rechte Spur. Die meisten bremsen, ordnen sich ein. Einige tun so, als hätten sie nichts gesehen, fahren geradeaus auf der linken Spur weiter. Andere, die sich schon eingeordnet hatten, wittern ihre Chance und schießen wieder aus der Warteschlange rechts heraus. Backenmuskeln auf der rechten Seite spannen sich, Zähne knirschen: Wartet nur, euch werden wir's zeigen. Einige scheren nach rechts aus, pflügen durch eine frischgemähte Wiese, die sich unter ihren Rädern in eine Schlammpiste verwandelt, suchen eine Seitenstraße zu erreichen.

Alltag im Straßenverkehr. Lange bevor sich die Spur wirklich verschmälert, haben sich auch die Kühnsten eingeordnet, nicht ohne zeitraubendes Blinken, Bremsen, va banque-Spiel um einen Blechschaden. Indessen wird hinten die Schlange immer länger, steigen Druck und Ungeduld. Jeder kämpft gegen jeden, stets bereit, dem anderen seinen unrechtmäßigen Vorteil heimzuzahlen, vielleicht auch, sich selber einen solchen Vorteil zu ergattern.

In Los Angeles ist es selbstverständlich, bei einer Baustelle den Straßenraum auszunützen und dann im Reißverschluß-System die Spuren zusammenzuführen. Hierzulande traut die Autobahnbaumeisterei den Fahrern eine solche Reife gar nicht zu. Lange bevor es notwendig ist, fordern die Schilder schon auf, sich einzuordnen. Dann wird, wie die zweite Stufe der Folter, ein Überholverbot gesetzt. Am Ende fährt eine disziplinierte Schlange einen halben Kilometer neben einer freien Spur zu der Engstelle. Um genau diesen halben Kilometer und um die Zeit, die unser stets klemmender Reißverschluß kostet, ist die Schlange hinten zu lang.

Einen Tag nach diesen Beobachtungen auf der A 8 zwischen München und Stuttgart kam es auf der A 9 bei Allershausen zu einer jener Serienkarambolagen, bei denen in zwanzig Sekunden insgesamt 172 Fahrzeuge in Schrott verwandelt wurden. Zwei Menschen starben, über zwei Dutzend wurden schwer verletzt, der Sachschaden geht in die Millionen. Auf der Gegenfahrbahn stauten sich die Neugierigen zu einer zehn Kilometer langen Schlange. Als Unfallursache gab die Polizei bekannt, was jeder vorher wußte: Zu schnelles Fahren (diesmal nicht bei Nebel, sondern auf nasser Fahrbahn), zu dichtes Auffahren. Gibt es geistige Urheber solcher Katastrophen? Es sind alle Politiker, welche seinerzeit die Einführung des Tempolimits boykottiert und sabotiert haben.

Die sogenannte freie Fahrt für freie Bürger hat ganz offensichtlich verhängnisvolle Folgen, nicht nur für den Wald, sondern auch für die seelische Situation der Autofahrer. Sie führt dazu, daß die Menschen unter die Diktatur der Maschinen fallen. Sklaven ihrer eigenen Motorisierung, können sie ihr eigenes Verhalten nicht mehr steuern und versagen dann auf dramatische Weise. Demgegenüber gibt der bewußte Verzicht auf die Höchstgeschwindigkeit eine Gelassenheit, der man kaum mit vernünftigen Argumenten unterstellen kann, sie sei mündiger, freier Bürger unwürdig. Diese Verfälschung von Begriffen wie Freiheit und Verantwortung macht unsere Umweltdiskussionen so peinlich. Immer wieder wird ein vernünftiger Umgang des Menschen mit seinen eigenen und mit den Grenzen der Umwelt verhindert. Man macht ihn glauben, sich durch weisen Umgang mit seiner Gier und Zügellosigkeit zu beschränken bedeute Freiheitsverluste, Schritte in einen totalitären Zwang.

Unser Verzicht auf ein Tempolimit enthält einen ganzen heimlichen Lehrplan, ist eine Schule der Rücksichtslosigkeit, des zerstörerischen Konkurrierens aller gegen alle, die Verwandlung von Mitteln (PS-

Stärke) in Zwecke (Geschwindigkeit um jeden Preis, «Zeitersparnis»). Die Rücksichtslosigkeit, mit der sich deutsche Autofahrer ihre Vorfahrt nehmen, die Unhöflichkeit, mit der die Besitzer der schnellen Schlitten auf der Autobahn jedem, der langsamer als sie überholt, sein Idiotentum hinübergestikulieren, die latente Neigung zu Selbstjustiz und Rechthaberei, sie alle werden ständig dadurch gefördert und unterstützt, daß unsere Gesetzgeber den Autofahrern immer noch vermitteln wollen, es gebe keine Grenzen nach vorn, außer denen, die der Luftwiderstand ihnen aufnötigt. Die Hoffnung, durch den Bau «schnellerer» Straßen das Autofahren sicherer zu machen, erweist sich zunehmend als Illusion. Die Planer haben die Rechnung ohne den Menschen gemacht. Psychologisch ist nachgewiesen, daß Höchstgeschwindigkeiten auf den Autobahnen die Fahrer betäuben wie Alkohol. Der Rauschzustand, in dem die Kritikfähigkeit erheblich beeinträchtigt ist, überträgt sich suggestiv auf andere. Je mehr und je schneller die Autobahnen befahren werden, desto ausgeprägter sinkt auch die Fähigkeit der Lenker, mit Kurven und Hindernissen angemessen umzugehen. Stören auf der Schnellstraße Nässe oder Nebel die in kindischer Unkritik erwarteten «optimalen Bedingungen», so werden die Piloten schnell zu Todesengeln für sich und andere. Appelle an Vernunft, Einsicht und Disziplin sind hier zutiefst unvernünftig. Sie bemänteln nur den Status quo, die politische Förderung von triebhafter Konkurrenz und blinder Maschinensklaverei, an der die Verantwortlichen festhalten. Wer schließlich eine Werbeagentur beauftragt, für ein freiwilliges Tempolimit Reklame zu machen, handelt als Politiker so ähnlich wie ein Rauschgifthändler, der zum Heroin eine Broschüre liefert, die auf Glanzpapier dem Fixer sagt, wie er sich beherrschen kann.

Herr Ökosund und die Risikogesellschaft

Herr Ökosund entstammte einer gutsituierten bürgerlichen Familie. Gründlich und gewohnt, das abzuschließen, was er angefangen hatte, machte er sein Staatsexamen als Germanist und promovierte, ehe er im Erdgeschoß des elterlichen Stadthauses ein Reisebüro einrichtete: Travel alternativ. Da ihm von der Vermieterin Umbauten und Einstand finanziert wurden (sie war seine Schwester, das Vorhaben brachte beiden Steuervorteile), konnte er sein Startkapital in Werbung und ein modernes Computersystem investieren. Wer bei ihm einen Urlaub buchte, fand in einem kostenlosen Gutachten sämtliche Umweltbelastungen des Reiseziels aufgelistet: Becquerelwerte der lokalen Nahrungsmittel, Schwermetalle und Pestizidreste im Boden, Grundwasserbelastung, an Küsten Meeresanalysen, Entfernung von Wiederaufbereitungsanlagen, Chemiewerken oder Atomkraftwerken, Artenvielfalt.

«Dieser Service ist etwas ganz Besonderes» pflegte Herr Ökosund zu sagen. «Natürlich beklagten wir die Umweltverschmutzung zutiefst. Wir alle haben uns hier Versäumnisse vorzuwerfen. Mein Dienstleistungsunternehmen erfüllt zwei wichtige Aufgaben. Einerseits ermöglicht es dem Kunden, und das ohne nennenswerte Mehrkosten, im Urlaub etwas für – nein, ich verbessere mich – gegen seine Gesamtbelastung mit Schadstoffen zu tun. Andrerseits weckt sie das öffentliche Bewußtsein und enthält – indirekt, aber wirksam – einen Appell an uns alle, die wachsende Belastung mit krebserregenden und erbgutschädigenden Stoffen nicht bedingungslos hinzunehmen. Sie werden es nicht vermuten: gerade bei Flitterwöchnern ist unser Angebot außerordentlich beliebt. Ein Kunde, den wir ideell unterstützen, versucht gerade, die Kosten für unsere ökologische Urlaubsanalyse als außergewöhnliche Belastung von der Steuer abzusetzen. Er führt einen Prozeß vor dem Oberfinanzgericht.»

Natürlich hatte Herr Ökosund nicht nur seinen eigenen Urlaub in die nachweislich gesündesten Gegenden verlegt, sondern auch sonst versucht, seine Lebensweise auf die von ihm so tief beklagte Umweltsituation einzustellen. Er fuhr mit einem großen Wagen in sein Büro, dessen Klimaanlage mit dem neuen, doppelt wirksamen Filtersystem gegen Luftschadstoffe ausgerüstet war. «Ein Katalysatorauto, selbstverständlich», sagte er zu seinem Lehrling, der ein grünes Fahrrad mit orangefarbigem Werbeaufdruck benützte. «Ich finde es gesünder, mit dem Rad nach der Arbeit in Reinluftgebieten zu fahren.»

Herr Ökosund wohnte in einem solchen Gebiet. Trotz der gestiegenen Benzinpreise waren ihm die Vorteile dieser Lage eine hohe Summe wert gewesen. Inzwischen bekam man gelegentlich Luxusvillen billig, in deren Nähe unglücklicherweise eine Mülldeponie entdeckt worden war, die Boden und Grundwasser verseuchte.

«Gottlob sind wir inzwischen politisch weitergekommen», sagt Herr Ökosund. «Wer jetzt investiert, kann zumindest dieses Risiko ausschließen. Eine echte Katastrophe, wo die früher überall ihren Müll abgeladen haben. Ist Ihnen schon aufgefallen, daß mein Beispiel Schule macht? Neulich hat in der Innenstadt Öko-Mobil aufgemacht, ein Makler für Grundstücke und Eigentumswohnungen, jede mit ihrem ökologischen Belastungsgutachten. Ich finde großartig, wie sich unsere freie Marktwirtschaft auf die Bedingungen unseres industriellen Lebens einstellt!»

Herrn Ökosunds Haushalt wird von ihm ständig überwacht. Er verfügt nicht nur über einen präzisen Geigerzähler, sondern auch über ein kleines chemisches Labor, mit dem er Nahrungsmittel untersucht. Schon von Berufs wegen abonniert er die wichtigsten Öko-Test-Zeitschriften. «Natürlich bin ich Nichtraucher», erklärt er seinen Besuchern. «Schließlich darf man in unserer Zeit die Belastung nicht willkürlich steigern. Aber wenn Sie sich ein wenig in die Materie einarbeiten, werden Sie schnell herausfinden, daß die Anti-Zigaretten-Kampagnen die wirkliche Situation vernebeln. Da wird gesagt, daß Sie ein erhöhtes Lungenkrebsrisiko haben, wenn Sie in einem Büro mit einem Raucher zusammen arbeiten, aber verschwiegen, daß die Außenluft in Großstädten oft 400mal soviel Benzpyren enthält wie eine verqualmte Bude. Nein, ohne umfassende Umweltbilanz sollte heute kein informierter Bürger mehr wohnen, essen, trinken oder in Urlaub fahren!»

«Aber wer kann sich denn diesen Service leisten?»

«Sehen Sie mich an! Ich habe mit gepumpten vierzig Mille angefangen! In diesem Öko-Bereich sind noch unerschöpfliche Gewinnmöglichkeiten!»

«Und die Arbeitslosen? Was wird aus den Menschen, die sich keine anderen Wohnungen leisten können, als die mit der höchsten Belastung? Die Gemüse, Obst und Fleisch kaufen müssen, das ohne Schadstoff- und Becquerelangaben auf den Markt kommt? Und die Menschen in den Entwicklungsländern?»

«Wissen Sie, ich bin Geschäftsmann, kein Sozialarbeiter. Ich bin ein von Grund auf liberaler Mensch und für jeden Schutz von Minderheiten zu haben, den wir finanzieren können. Aber sind die Probleme nicht für *alle* längst unlösbar? Wir können persönlich versuchen, damit umzugehen. Sie sehen ja, was ich tue, um die Schäden für mich und meine Familie zu minimieren. Wir können nach Lösungen in der Kommunalpolitik suchen. Da bin ich engagiert. Sie können sicher sein, daß in die Nähe meines Wohnorts kein Chemiewerk und keine Atomanlage kommt – dazu haben sich hier schon zu viele führende Politiker und

Manager angesiedelt. Wir suchen nach Lösungen auf nationaler Ebene, indem wir beispielsweise das verseuchte Milchpulver nach Ägypten exportieren. Es geht schließlich immer um Risikoabwägung. Finden Sie es etwa menschlicher, Kinder verhungern zu lassen, als sie durchzufüttern, um den Preis eines insgesamt doch nur gering erhöhten Krebsrisikos?»

«Sehen Sie eine solche politische Lösung auf nationaler Ebene auch darin, daß in den städtischen Zonen mit der höchsten Umweltverschmutzung (und auch auf den am meisten belasteten Arbeitsplätzen in der Industrie) heute vorwiegend Gastarbeiter eingesetzt werden?»

«Halten Sie mich nicht für zynisch: Ja! Auch hier muß doch jeder klardenkende Mensch die Frage der Risikoverteilung einbeziehen. Wer in seiner Heimat Hunger und Armut verläßt, ist eben bereit, mehr Gefahr auf sich zu nehmen.»

«Dann werden also die Bürger jener Staaten, die am meisten zur Umweltverschmutzung beigetragen haben, auch die besten Chancen haben, der Gefahr zu entgehen, die sie selbst schufen?»

«Gewiß, denn sie sind am höchsten entwickelt, besitzen den größten Wissensstand und einen technischen Vorsprung, den die anderen nicht einholen können!»

«Und Sie gehen davon aus, das die Unterprivilegierten diese Ungerechtigkeit hinnehmen werden?»

«Im allgemeinen sicherlich. Es wird Ausrutscher geben, wie neulich, als eine Gruppe australischer Umweltschützer einen unserer Stammkunden verprügelt hat, einen Sandoz-Manager, der sich vier Wochen in Alice Springs erholen wollte. Aber bedenken Sie: die Menschen wollen doch gar nicht wissen, wie bedrohlich ihre Lage ist. Was kümmert sie schon ein Krebsrisiko, das um einen Faktor zwischen drei und zehn höher ist, solange sie selbst gesund sind? Die glauben doch viel lieber dem staatlichen Beschwichtigungsexperten als einem neutralen, wissenschaftlichen Gutachten. Die wissen doch gar nicht, was Radioaktivität ist, was chlorierte Kohlenwasserstoffe. Und sind glücklicher damit, auch wenn sie vielleicht ein bißchen früher sterben müssen als wir. Denn das müssen Sie doch zugeben: Mein Leben ist schließlich viel schwieriger als das eines ökologischen Laien. Wenn ich mein Anti-Psycho-Stress-Programm vergesse, ist mein Herzinfarktrisiko wohl zehnmal höher als seines!»

«Und wie soll das alles weitergehen?»

«Als Kaufmann denke ich vorwiegend bis zur nächsten Bilanz, als Kommunalpolitiker bis zur nächsten Wahl. Aber wenn Ihnen ein Realist wie ich zu langweilig ist, könnte ich Sie mit Dr. Blubo vom neodarwinistischen Verein bekannt machen!»

«Sind das die Verrückten, die erwarten, daß die Umweltvergiftung vor allem minderwertige, lebensunfähige Lebewesen ausrotten und eine Auslese auf einen widerstandsfähigen Übermenschen hin bewirken wird?»

«Sie machen sich Ihr Urteil sehr einfach. Wenn Sie wüßten, wer alles diesen Verein von Dr. Blubo finanziert, würden Sie nicht so abschätzig sprechen.»

«Aber solche Leute kann doch niemand ernst nehmen!»

«Das haben bornierte Idealisten, die kein Gespür für politische Strömungen haben, schon oft gesagt. Aber meistens konnten sie es nur so lange sagen, bis die Politiker, die sie nicht ernst nahmen, an die Macht kamen und sie zum Schweigen brachten.»

Nachwort

Ein Dichter (ich glaube, Hugo von Hofmannsthal) hat einmal gesagt, die Menschen würden nicht zuviel leiden, wie sie immer beklagen, sondern zuwenig. Mir scheint, daß sich hier keine sadistischen Neigungen ausdrücken, sondern Betroffenheit. Wir sehen immer wieder, wieviel überflüssiges, auswegloses Leid sich Menschen dadurch zufügen, daß sie den kleinen Schmerz, den erträglichen Verzicht unter den Teppich kehren – bis sie schließlich, im übertragenen wie im buchstäblichen Sinn, an dem angesammelten Giftmüll ersticken. Untergangsszenarien, wie Hoimar von Ditfurths «So laßt uns denn ein Apfelbäumchen pflanzen», enthalten den Versuch, die schlummernde Leidensbereitschaft zu wecken, ehe es zu spät ist. In diesem Zusammenhang möchte ich auch die Darstellung des Herrn Dr. Ökosund und seines Kollegen Dr. Blubo einordnen. Sie ist ein Versuch, Szenarien zu entwerfen, die den Blick für die Umweltproblematik schärfen. So können wir die Zukunft ins Auge fassen und uns fragen: wollen wir sie so?

Anmerkungen

1 Goodman, Paul, *Aufwachsen im Widerspruch*. Darmstadt 1971.
2 Taylor, Gordon Rattray, *Das Selbstmordprogramm. Zukunft oder Untergang der Menschheit*, Frankfurt a. M. 1971.
3 Taylor, a.a.O.
4 Papanek, Victor, *Design for the Real World*. New York 1971.
5 Taylor, a.a.O.
6 *Die Zeit*. 14 (1971).
7 Taylor, a.a.O.
8 Man wird mir vielleicht vorwerfen, diesen Begriff hier überdehnt zu haben. Tatsächlich aber erhält das Konsumgut Frau erst im Orgasmus für Homo consumens vollen Wert, so daß es erlaubt sein mag, eine seelisch-körperliche Reaktion als Konsumgut zu bezeichnen, wie ja auch andere Dienstleistungen zu Konsumgütern werden.
9 Die zitierten Kasuistiken stammen von Karl Bönner. Vgl. auch: Schmidbauer, Wolfgang, *Kleine Psychotherapie*. München-Planegg 1970.
10 In: *Petticoat* vom 15.11.1969. Zitiert nach: Greer, a.a.O.
11 *Der Spiegel* schätzte diesen Wert im Januar 1972 auf 87 Prozent.
12 Jürgen vom Scheidt hat diese Zusammenhänge in dem gemeinsam mit dem Autor herausgegebenen *Handbuch der Rauschdrogen*, München 1972[3], gründlich untersucht. Die Bedeutung dieser Faktoren zeigt vielleicht auch die Tatsache, daß es in der DDR nur rund acht Tötungsdelikte pro Jahr und pro einer Million Einwohner gibt, in der Bundesrepublik dagegen 34.
13 Galbraith, John Kenneth, *Gesellschaft im Überfluß*. München 1970.
14 «Die Verbündung mit dem Über-Ich verleiht dem Ich eine Stärke und Härte, die es im Kampf mit den Trieben unnachgiebig, unangreifbar und für künftige Revisionen und Anpassungsleistungen unzugänglich macht... Das mit dem Über-Ich identifizierte Ich verhält sich der Umwelt gegenüber genauso grausam und selbstherrlich wie das Über-Ich ursprünglich gegenüber dem Ich.» In: *Psyche*. 24 (1970).
15 Marcuse, Herbert, *Triebstruktur und Gesellschaft*. Frankfurt a.M. 1965. Vgl. auch: Marcuse, Herbert, *Der eindimensionale Mensch*. Neuwied 1966. Reiche, Reimut, *Sexualität und Klassenkampf*. Frankfurt a. M. 1969.
16 Freud, Sigmund, *Gesammelte Werke*. Bd. 14, Frankfurt a. M. 1955[2].
17 Reimut Reiche zeichnet in *Sexualität und Klassenkampf*, a.a.O., ein nicht ganz realistisches Bild dieser Veränderungen. Er geht davon aus, daß der Kapitalismus erst durch Konsumverzicht ermöglicht wurde (die ständische Gesellschaft verzehrte, was sie produzierte, ebenso eine archaische Ackerbau- oder Nomadensozietät). Ein Teil der Bevölkerung verzichtete freiwillig oder gezwungen darauf, den Gewinn unmittelbar zu konsumieren, und investierte ihn als angesammeltes Kapital. Demgegenüber ist darauf hinzuweisen, daß der Kapitalist auch damals getreu seiner puritanischen

Prägung im erlaubten Genuß irdischer Güter einen Beweis dafür sah, zu den zum ewigen Heil Berufenen zu gehören. Homo consumens hat wohl eher diese Seite der kapitalistischen Ethik – «Wer etwas leistet, kann sich etwas leisten» – übernommen, als daß er im Zuge einer Lockerung des angeblich «ständigen Gebots des Konsumverzichts» im Frühkapitalismus erst zum Homo consumens wurde.

18 Vgl. auch: Schmidbauer, Wolfgang, *Jäger und Sammler*. München-Planegg 1972.

19 Der Werbeslogan, der behauptet, eine spezielle Cognac-Marke helfe dem «Pyramidenkletterer, zwischendurch konzentriert zu relaxen», spiegelt diesen Prozeß sehr deutlich wider.

20 Vgl. auch: Reiche, a. a. O.

21 Plack, Arno, *Die Gesellschaft und das Böse. Eine Kritik der herrschenden Moral*. München 1967.

22 Toynbee und Huntington haben die These aufgestellt, daß die Subtropen für den ersten Schritt der Kulturentwicklung – die neolithische Revolution mit dem Beginn des Ackerbaus, der Viehzucht und der Städtegründung – besonders günstig seien, während die gemäßigten Klimazonen für die Weiterentwicklung dieser Kulturtechniken zur Industriegesellschaft optimal geeignet seien. Beide bemühten sich jedoch nicht, die dabei ablaufenden psychologischen Prozesse zu erklären, wie es hier versucht wurde. Vgl. auch: Huntington, E., *Mainsprings of Civilization*. New York 1945. Bohnet, M., *Die Entwicklungstheorien. Ein Überblick*. In: *Das Nord-Süd-Problem. Konflikte zwischen Industrie- und Entwicklungsländern*. Hg. von M. Bohnet. München 1971.

23 Bericht in der *Süddeutschen Zeitung* vom 8. 1. 1972.

24 Plack, a. a. O.

25 Kujatt, B., *Über Fettsucht in der Präpubertätszeit*. In: *Analytische Psychotherapie und Erziehungshilfe*. 129 (1952).

26 Allerdings können Geschwister im Experiment die Mutter ersetzen, nicht aber in der Natur, da sie dem Affenbaby keine Nahrung bieten.

27 Eine ausgezeichnete Zusammenfassung der entsprechenden Forschungen von Harlow, René A. Spitz und anderen gibt: Schmalohr, Emil, *Mutterentbehrung bei Mensch und Tier*. München 1968.

28 Prechtl, H. F. R., *Eigenart und Entwicklung der frühkindlichen Motorik*. In: *Klinische Wochenschrift*. 34 (1956). Peiper, A., *Instinkt und angeborenes Schema beim Säugling*. In: *Tierpsychologie*. 8 (1951).

29 Thorpe, William, *Learning and Instinct in Animals*. London 1963.

30 Spitz, René A., *Vom Säugling zum Kleinkind*. Stuttgart 1967.

31 Plack, a. a. O.

32 Meves, Christa, *Verhaltensstörungen bei Kindern*. München 1971.

33 Irenäus Eibl-Eibesfeldt hat das in einer Studie über die Buschmänner objektiviert.

34 Grigat, R., und R. Kemmler, *Autoritäre oder antiautoritäre Erziehung?* München 1971.

35 Da sich meine eigene Konsumfeindschaft darin ausdrückt, möglichst wenig neu zu kaufen, mußte ich mir schon oft von konsumgewohnten Verwandten und Bekannten anhören, in solch einem Gerümpel (meine Möbel aus dem 19. Jahrhundert) könnten sie nicht leben.

36 Diese Auswertung einer Marplan-Studie, 1967 in Frankfurt a. M. erstellt, entnahmen wir: Reiche, a. a. O.

37 Packard, Vance, *Die geheimen Verführer*. Frankfurt a. M. und Berlin 1962.

38 Plack, a. a. O.

39 *Der Spiegel*. 3 (1972).

40 *Der Spiegel*. 3 (1972).

41 Papanek, a. a. O.

42 Dichter, Ernest, *Strategy of desire*. London 1960.

43 Dichter, Ernest, *Überzeugen, nicht verführen*. Düsseldorf 1971.

44 Zur Geschichte des Kolonialismus vgl. auch: Pazcensky, G., *Die Weißen kommen*. Hamburg 1970. Zum Fortschrittsglauben vgl.: Lévi-Strauss, Claude, *Traurige Tropen*. Frankfurt a. M. 1960.

45 Zahlreiche Beispiele dafür finden sich in: Menge, Wolfgang, *Der verkaufte Käufer*. Wien 1971.

46 Reiche, a. a. O.

47 Küng, E., *Der Geist der Konsumgesellschaft*. In: *Neue Zürcher Zeitung* vom 21. 11. 1971.

48 Schmidbauer, a. a. O.

49 Sehr viel ausführlicher und gründlicher dargestellt sind diese Probleme in: Schmidbauer, Wolfgang, und Jürgen vom Scheidt, *Handbuch der Rauschdrogen*. München 1972^{3}.

50 Forrester, Jay W., *Der teuflische Regelkreis*. Stuttgart 1972.

51 In: *Stuttgarter Zeitung* vom 18. 12. 1971.

52 Meadows, Dennis L., *Die Grenzen des Wachstums*. Stuttgart 1972.

53 Menge, a. a. O.

54 *Stuttgarter Zeitung* vom 18. 12. 1971.

55 In: *Süddeutsche Zeitung* vom 24. / 25. / 26. 12. 1971.

56 Vgl. auch: Ehrlich, Paul R., und Anne H. Ehrlich, *Bevölkerungswachstum und Umweltkrise*, Frankfurt a. M. 1972.

57 *Der Stern*. 4 (1972).

58 *Der Stern*. 4 (1972).

59 Hier handelt es sich nicht um Spekulationen, sondern um durchaus realistische Befürchtungen von Forschern am Massachusetts Institute of Technology (MIT), die gezeigt haben, daß in Überschall-Flughöhe ausgestoßene Staubpartikel jahrelang in der Stratosphäre bleiben können.

Teil II: Auf dem Weg zur Selbstgenügsamkeit («Im Körper zuhause»)

Einleitung

Als Kind bin ich oft in die Buchhandlung Waldbauer in Passau gegangen, wenn ich etwas Taschengeld gespart hatte. Zu dem Verkäufer, der mich fragte, was ich mir wünschte, sagte ich: *«Ein Tierbuch.»*

Ich züchtete Fische und Kanarienvögel, mit wechselndem Erfolg. Es war eine Zeit, in der man in Niederbayern, wo ich aufwuchs, noch stundenlang mit dem Rad über Landstraßen fahren konnte, ohne daß einen mehr als zwei Autos überholten. Wir haben in der Donau gebadet und in den Altwässern des Inn, von denen wir so begeistert waren, daß meine Mutter oft die Geduld verlor und aus einem in den Sand gesteckten Stock eine Sonnenuhr baute, an deren Signal zum Heimgehen wir uns zuverlässig hielten. Ich erinnere mich an den leicht fauligen Geruch des heißen Sandes und an die Wechselbäder zwischen dem eiskalten, reißenden Gebirgswasser und den klaren, von der Sonne aufgeheizten Altwässern. Aus ihrem schlammbedeckten Boden sprudelten Quellen wie kleine, unterseeische Vulkane. In dem damals noch frei fließenden Bach gab es Forellen und Gründlinge, in den hohen Sandwänden nisteten Vögel.

Die mit solchen Erinnerungen verknüpfte emotionale Beziehung zur Natur ist ein Teil meiner Motive, über Ökotherapie zu schreiben. Obwohl mich Schule, Studium und Beruf mehr und mehr dem kindlichen Leben in und mit der Natur entfremdet haben, ist mir ein Stück dieser Bindung erhalten geblieben. Nach dem Studium kaufte ich ein Bauernhaus in der *Toscana*, das – ohne fließendes Wasser und Straßenanschluß – zu verfallen drohte. Als ich Psychotherapeut wurde, konnte ich nicht mehr, wie früher, als freier Schriftsteller das Sommerhalbjahr in meiner privaten Wildnis um das Haus in *Vicchio* verbringen, in einer Landschaft, die nicht von Straßen wie von Messern zerschnitten war. Die Psychotherapie bindet an die großen Städte.

Als ich den *Homo consumens*[1] schrieb, diskutierte ich einen Abend lang heftig mit einem Freund, der als Graphiker arbeitet und unter anderem auch Firmenwerbung macht. Damals fühlte ich mich ihm moralisch weit überlegen – dem Komplizen der Konsumwerbung, dem Fahrer eines gefräßigen amerikanischen Straßenkreuzers. Ich war besser, ein Psychotherapeut, dessen Waren die Umwelt nicht mittelbar oder unmittelbar verschmutzen, der ein bescheidenes Dieselauto benützt.

Heute fühle ich mich ihm nicht mehr überlegen. Ich glaube nicht mehr an eine moralische Überlegenheit in meiner Form, Geld zu verdienen, und auch nicht mehr an einen moralischen Unterschied zwischen Dieselautos und Straßenkreuzern. Und ich finde es sinnvoller, meinen eigenen Beitrag zu den Selbstmordprogrammen (leider gibt es ja schon mehrere davon) der Industriegesellschaft genauer zu untersuchen, als mich über die Beiträge anderer zu entrüsten.

Ein anderer Vorläufer dieses Buches ist meine Arbeit über *Jäger und Sammler*. Diese altsteinzeitlichen Kulturen habe ich schon geliebt, als ich sie nur aus Büchern kannte. Nur sehr zögernd war ich bereit, sie wirklich in Augenschein zu nehmen. Es brauchte Zeit, bis ich diese Widersprüche klären konnte. Kinder, die im Einklang mit den Menschen ihrer Umgebung aufwachsen und nicht gezielt auf «Leistung» erzogen werden, sind ein Traum, den Psychotherapeuten mit ihren Patienten träumen und den sie in den Primitivkulturen verwirklicht sehen. Jean Liedloff beschreibt das in ihrem Buch über die *«Suche nach dem verlorenen Glück»*[2]. Wer aber selbst seine eigene Kultur, die Umwelt, mit der er in langen Jahren vertraut geworden ist, verlassen will, um Primitivkulturen zu erforschen, muß ein hochentwickeltes Leistungsverhalten aufweisen, eine große Fähigkeit, Bindungen und Ängste zu unterdrücken. Wenn meine «Feldforschung» lange Zeit darin bestand, auf einer Wiese in der Toscana zu liegen und über Büchern wie *«Man the Hunter»* von Richard Lee und Irven DeVore zu träumen, dann war ich diesem Forschungsgegenstand emotional näher, aber rational ferner als meine Kritiker, die – wie Irenäus Eibl-Eibesfeldt – auf ihre Expeditionen und Filmdokumente pochten.

Meinem Buch über *«Jäger und Sammler»* [3] und Jean Liedloffs Arbeit über die zivilisierten Erwachsenen, die so vergeblich den Zustand nachholen wollen, den ihnen nur das Aufwachsen bei den Yequana wirklich gegeben hätte, ist die Vorstellung vom *«evolutionär Richtigen»* gemeinsam. Es gibt demnach Bedingungen, unter denen der Mensch glücklich leben kann, und andere, die ihn unglücklich machen. Die Menschen der altsteinzeitlichen Kulturen, die keinen Begriff für Arbeit kennen, sind glücklicher als wir. Die Psychotherapeuten versprechen die Wiedergutmachung der Schäden durch unsere Erziehung. Die kindlichen Gefühle von Angst, Verlassenheit, hilflosem Haß müssen als «Primärerlebnisse» in therapeutischen Situationen, von Experten angeleitet, wiederholt werden, um die emotionale Ganzheit in unserer Leistungsgesellschaft zurückzugewinnen. In dem evolutionär kurzen Zeitraum, der unsere Zivilisation hervorbrachte, hat der Mensch die Umwelt verloren, in der er mit seinem Körper und seinen Gefühlen zu Hause sein kann. Er mußte lernen, sein Gespür dafür zu unterdrücken, was richtig für ihn ist. Innere und äußere Kontrolle im Dienst der verschiedensten Obrigkeiten waren der Ersatz. So haben wir eine Kultur, die Glücksgefühle nur noch als «Entladung gestauter Erregung» zuläßt, wie Freud sagt.

Das Indianerbaby gewinnt, immer auf dem Rücken der Mutter geschaukelt, von Anfang an Weltvertrauen. Ist es als Symbol für die Sehnsucht des Weißen geeignet, der dauernd unzufrieden ist und Glück nur in ferner Zukunft sucht? Auch dies ist ein Traum, diesmal ein ethnologischer. Die glücklichen Indianer sind von einer verderblichen Leidenschaft besessen, sich unglücklich zu machen, die Güter der Zivilisation durch Arbeit zu erwerben oder ihren Kummer, daß es ihnen nicht gelingt, im Alkohol zu ertränken. Es entwertet den Traum vom Leben im Gleichgewicht mit der Natur nicht, wenn wir zugestehen, daß die Träumer immer wieder bereit waren, ihn für den Alptraum der Zivilisation aufzugeben. Aber es macht mich ärgerlich, wenn neue Therapieformen eine Neugeburt verheißen und Therapeuten sich anmaßen, die gegenwärtigen Leiden durch die Umweltzerstörung durch ein Nach-Erleben kindlicher Frustrationen aufzuheben: Während die Tannen sterben, wachsen wir emotional immer höher.

«Im Körper zuhause» ist ein Versuch, Hindernisse wegzuräumen, die der emotionalen Empfindung und damit auch den emotionalen Lösungen unserer verzweifelten Situation entgegenstehen. Ich versuche, die Verleugnungen aufzuheben, mit denen wir uns trösten, und die Ratschläge der Experten in Frage zu stellen, die uns verwirren. Erst wenn alle Erwartungen auf eine Lösung von außen zerstört sind, können wir uns auf unsere inneren Lösungsmöglichkeiten besinnen.

Diese stehen nicht in diesem Buch, weil ich nicht glaube, daß meine eigenen auch für andere gelten. So gesehen, ist die Ökotherapie ein Gegengewicht zum Psychoboom, in dem Traumbilder, Meditationen, «Gestalten», Emotionen, Bewegungen, körperliche und seelische «Symptome» von Fachleuten behandelt und damit der eigenen, inneren Orientierung weggenommen werden.

Ich habe überlegt, als ich an diesem Buch schrieb, ob ich nicht mehr Ratschläge geben sollte. Ich dachte an das «Positive», an das Körpergefühl, an die Erfahrungen mit der Nicht-Behandlung von Krankheiten. Aber kann ich wirklich positive Gefühle vermitteln, indem ich über sie schreibe? Die geschriebene Aussage ist normativ, sie entfremdet den Leser von seinen eigenen Gefühlen. Gut gemeint, wird sie zum Paradox: Sei spontan! Richte dich nach deinen Gefühlen! Höre auf deinen inneren Arzt! Vertraue auf die Selbstregulation in deinem Körper! Gefühle lassen sich durch Bilder vermitteln – ein gutes Beispiel dafür scheint mir Tolkiens Welt – oder aber, indem man versucht, die Hindernisse für sie zu beseitigen. Wissenschafts- und Expertengläubigkeit ist ein Hindernis für sie. In Erziehung und Psychotherapie gibt es eine öde Wüste, die von Experten beherrscht wird, und einen fruchtbaren, faszinierenden Dschungel, in dem keine solche Ordnungsmacht regiert. Hier gedeihen die verschiedensten Bilder, jedes steht für sich, spricht für sich, es gibt verschiedene, gleich gültige Lösungen für die Probleme des Lebens. Das heißt nicht, daß sie identisch sind, ebensowenig, wie die Pflanzen im Dschungel identisch sind. Die Öde, welche die Experten herstellen, beruht auf ihrer Monokultur des Nützlichen, in der Erziehung beispielsweise der Leistung.

Zusammen mit Freunden habe ich lange darüber nachgegrübelt, ob ich ein neues Wort wie «Ökotherapie» in den Titel aufnehmen soll. Jedenfalls will ich damit keine neue «Schule» der Psychotherapie begründen und mich in Zukunft als Experte für ökologische Therapie zu Talk-Shows einladen lassen. Die Grundlage der ökologischen Wahrnehmung beruht nicht wie die klassische Naturwissenschaft auf dem Ausschalten der Gefühle, um wiederholbare Ergebnisse zu erzielen, sondern auf der Verbindung von Gefühl und Einsicht, um die Einzigartigkeit des Lebens in seiner ganzen Vielfalt zu erhalten. «Small is Beautiful»[4] – die Rückkehr zum «menschlichen» Maß zielt ebenfalls dahin, die Vielfalt der Organisations- und Lebensformen zu fördern, indem emotionale Bedürfnisse anerkannt werden. Die technokratische Tendenz läuft darauf hinaus, die emotionalen Bedürfnisse zu verleugnen, so daß am Ende die blinde Primitivität der Macht- und Ausbeutungssteigerung alles unterjocht und einebnet.

Während die etablierten Einrichtungen der Industriegesellschaft dadurch funktionieren, daß sie Gefühle geringschätzen und sich auf Sachzwänge berufen, sind die Entscheidungen für die «Alternativen» emotional begründet. Die emotionale Seite aller Menschen in diesen Gesellschaften ist «alternativ», sie wird aber durch die herrschende Geringschätzung zum Schweigen gebracht. Auch die Wähler der Technokraten, ja die Technokraten selber haben eine bessere Gefühlsbeziehung zu Wiesen, Wäldern und klaren Flüssen als zu Trabantenstädten, Schnellstraßen und Kanälen. Sie haben nur gelernt, ihre Gefühle zu verachten, und gefühlsbezogene Argumente desgleichen. Jeder Schritt, der zu mehr emotionaler und geistiger Autonomie führt – also zu mehr Bereitschaft, nach dem zu handeln, was wir unabhängig von allen äußeren Gehirnwäschen als innerlich richtig für uns selbst empfinden –, ist ein Schritt zum Überleben. Er bietet nicht viel Hoffnung und keine Sicherheit des Erfolgs. Er wird kaum unseren Ansprüchen standhalten, die an maschinenmäßiger Vollkommenheit orientiert sind. Aber er ist, wenn schon nicht gut, so doch das Beste, was wir tun können.

1. Verleugnung in der Industriegesellschaft

Der Neurotiker wendet sich von der Wirklichkeit ab, weil er sie – ihr Ganzes oder Stücke derselben – unerträglich findet.

*S. Freud**

«Dann möchtet Ihr also, daß wir uns nach Minas Tirith oder Dol Amroth oder Dunharg zurückziehen und dort sitzen wie Kinder auf Sandburgen, wenn die Flut kommt?» fragte Imrahil.

*J. R. R. Tolkien***

* S. Freud, Formulierungen über die zwei Prinzipien des psychischen Geschehens, Ges. Werke VIII, Frankfurt am Main 1955, S. 230

** J. R. R. Tolkien, Der Herr der Ringe, Bd. III, Stuttgart 1978, S. 173

Wir alle können nur leben, indem wir ständig Gedanken und Gefühle *verleugnen*. Der lockere, gewissermaßen noch luftdurchlässige Mantel der Verleugnung schützt unseren empfindlichen seelischen Apparat besser als der undurchdringliche, entfremdete Panzer der Verdrängung, in der uns jeder Zugang zu einer abgespaltenen Welt verlorengeht. Sicherlich weiß der Autofahrer, der bequem dahingleitet, daß er in den nächsten Sekunden in einem Gewirr aus verbogenem Blech und splitterndem Glas unter gräßlichen Schmerzen sterben kann. Aber er verleugnet dieses Wissen. Gelingt es ihm nicht, wie es manchmal nach Unfällen oder aus einem nicht weiter faßbaren Anlaß geschieht, dann sagen wir (in diesem Fall die Gruppe meiner Berufskollegen, der Psychotherapeuten): Dieser Mann leidet an einer Phobie, an einer ungesteuerten Angst. Er kann behandelt werden, indem man ihn in abgestuften Übungen desensibiliert oder indem man versucht, die unbewußten Konflikte aufzudecken, die hinter der Phobie stehen.

Interessanterweise scheint das erste Verfahren aussichtsreicher und schneller wirksam. Vor einigen Jahren habe ich ein Buch aus dem Amerikanischen übersetzt[5], in dem ein Psychologe mit schlecht verhehlter Schadenfreude über einen Mann aus Los Angeles berichtete. Dieser begab sich in Psychoanalyse, weil er Angst hatte, auf den Stadtautobahnen der kalifornischen Metropole zu fahren, die wohl von allen Großstädten den höchsten Landschaftsverbrauch aufweist. Der Patient änderte durch die Therapie seinen Beruf, ließ sich scheiden, gewann neue Interessen und neue Freunde – die Angst vor den Stadtautobahnen behielt er. Daraus läßt sich – und *Perry London* versäumt es nicht – die Überlegenheit der Verhaltens- über die Einsichttherapie ableiten. Was ist schon von einer Behandlungstechnik zu halten, die alles mögliche bewirkt, nur das nicht, wozu sie eingesetzt wurde? Früher dachte ich, der Mann aus Los Angeles wäre mit einer Verbindung von analytischem Aufdecken und verhaltenstherapeutischem Üben am besten bedient gewesen.

Inzwischen bin ich von solchen Vorschlägen abgekommen. Ich frage mich: Ist es überhaupt sinnvoll, ohne genauere Prüfung anzunehmen, die Phobie vor den Stadtautobahnen sei Ausdruck einer Krankheit? Drückt nicht dieser Patient eine Sensibilität gegenüber einem umweltzerstörenden, die Menschen überfordernden Wahnsinn aus, die den «gesunden» Verkehrsteilnehmern fehlt? Seine Verleugnungsmechanismen arbeiten nicht mehr so einwandfrei, wie das bei anderen Einwohnern von Los Angeles der Fall ist. Aber wir müssen nicht nach Kalifornien gehen, um solche Überlegungen anzustellen. Auch hierzulande gibt es genug Autofahrer, die sich nicht in eine Großstadt wagen. Leiden sie alle an Angstneurosen, oder woran leiden die Menschen, die routiniert jeden Tag ihren Wagen durch die überfüllten Straßen steuern? Wie sehr wir es uns angewöhnt haben, gut funktionierende Verleugnungsmechanismen mit seelischer Gesundheit gleichzusetzen, zeigt auch die Einstellung zu den Flugphobien. Es gibt nicht wenige Leute, die große Angst haben, ein Flugzeug zu besteigen. Viele leiden nicht darunter; sie fliegen einfach nicht, sehr zum Kummer der Fluggesellschaften, die gelegentlich eigene Trainings für solche verlorene Kunden anbieten. Andere empfinden ihre Phobie als so störend, daß sie sich behandeln lassen.

Der moderne Flugverkehr frißt nicht nur Landschaft und Energie, produziert Lärm und gefährdet Menschenleben, sondern er führt dazu, daß wir Gefahr laufen, überall und nirgends zu Hause zu sein. Südseeinseln verwandeln sich in mit Beton armierte Flugzeugträger. Von den Dschungelpisten wandern die Touristen scharenweise zu den letzten «wilden Indianern» und konservieren in Fotos, was sie suchen und durch diese Suche zerstören: Leben im Einklang mit der Natur. Manche Anthroposophen sagen, daß eine Mutter ihr kleines Kind nach der Rückkehr von einer Flugreise erst einen Tag später sehen soll. Ihr Astralleib ist noch nicht angekommen, und das dafür empfindliche Baby kann dann die Mutter nicht annehmen. Ich verstehe nichts von Astralleibern, aber ich finde diesen Hinweis treffend. Unsere Verarbeitungskapazität ist auf Fußreisen zugeschnitten. Alles, was schneller wird, können wir nur noch rational bewältigen, emotional aber nicht. (Radfahren und Reiten sind vielleicht Ausnahmen.)

Je länger ich als Psychotherapeut arbeite, desto mehr wird mir deutlich, daß sich in der gegenwärtigen Industriegesellschaft niemand einem zerstörerischen Prozeß entziehen kann, in dem immer mehr natürliche, sich selbst regenerierende Kreisprozesse durch destruktiven Konsum ersetzt werden. Landschaft, die Reinheit von Flüssen, von Luft, die Schönheit und Regenerationsfähigkeit des Wachsenden und Gewachsenen werden durch gemachte Gegenstände und Gebäude ersetzt, die Natur in Müll verwandeln. Man sollte meinen, daß der Psychotherapeut damit nur wenig zu tun hat. Er kann sich freuen, daß er nicht unmittelbar an den industriellen Produktionsprozessen beteiligt ist, die

Bäume in Altpapier und Mineralien in Schrott oder Gift verwandeln. Aber der Versuch, sich in der Industriegesellschaft ein gutes Gewissen dadurch zu erhalten, daß man die Opfer der zerstörten Umwelt behandelt und ihnen ihr Schicksal erleichtert, überzeugt mich nicht mehr. Er wird immer beliebter. Eine heftige Konkurrenz hat eingesetzt; die besten Abiturienten werden nicht mehr Ingenieure und Manager, sondern Ärzte und Psychologen.

Ein Freund, der sich vor einigen Jahren als Nervenarzt niedergelassen hat, erzählte mir neulich, wie sehr ihn und seine Kollegen die wachsende Zahl der Antragsteller auf die Anerkennung als Behinderter oder als Frührentner verbittern. Ein Arzt der rund sechzig Stunden pro Woche arbeitet, soll einen Angestellten per Gutachten unkündbar machen oder berenten, dessen Symptome er bei sich selbst nicht als Grund akzeptieren würde, auch nur einen einzigen Tag nicht in die Praxis zu gehen! Mein Freund erzählte mir auch, wie sein früherer Chefarzt dieses Problem gelöst hatte: Er schrieb keine Rentengutachten mehr, weil er sich darüber so ärgern mußte. Seine Assistenten taten es für ihn.

Ich versuche in solchen Situationen gelassen zu bleiben. Es fällt mir auch leichter, ich bin kein Arzt und muß deshalb nicht hinter dem Krankheitsbegriff versteckte Sozialpolitik treiben. Mich interessiert es auch mehr, was hier im Helfer vorgeht. Eine Ärztin, deren Behandlungen ich mit ihr besprach und die von mir lernen sollte, beschrieb mir einmal ihre Wut über eine Patientin, die sich mit vierzig Jahren berenten lassen wollte. Ich konnte sie dazu bringen, über ihren Ärger nachzudenken und ihn nicht mehr für etwas Schicksalhaftes, Selbstverständliches zu halten. In der nächsten Kontrollstunde erzählte sie mir einen Traum: Sie war als Patientin in das Nervenkrankenhaus in Haar bei München eingeliefert worden. Dort traf sie die Frau wieder, die sie so geärgert hatte. Sie waren jetzt beide Patienten und verstanden sich gut. Jedoch nagte in der Ärztin das Gefühl: *«Wie steht es denn mit meiner analytischen Abstinenz, wenn ich mit meiner Patientin zusammen in der Klapse sitze?»*

Mir scheint, es ist einfacher, abstrakt vom notwendigen Verzicht auf weiteres Wirtschaftswachstum zu sprechen, als konkret mit anzusehen, wie Faulheit und Berentungswünsche um sich greifen. Aber was gibt mir das Recht, jemanden zu tadeln, der keine Lust hat, eine Arbeit weiter zu verrichten, zu der ich auch keine Lust hätte? Entweder bin ich konsequent und akzeptiere seelische Gründe – oder ich huldige einer doppelten Moral, entlaste den Arbeitnehmer, der «aus Versehen» die Hand in die Drehbank bringt oder sich ein blutendes Magengeschwür zulegt, während ich den ehrlichen Faulen durch Rentenverweigerung zur «Vernunft» zu bringen versuche. Was ist das für eine Vernunft, die unbewußt inszenierte Unfälle oder Krankheiten entschuldigt, bewußte Verweigerung jedoch bestraft?

Wir kommen wieder zurück zum Ausgangspunkt: zur Verleugnung. Wer sich selbst beschädigt, um «wirklich» krank zu sein, bedroht das gesellschaftliche Verleugnungssystem nicht. Sein Leiden ist faßbar, «objektiv». Das Verleugnungssystem kann keine Lücken zulassen. Es läge nahe, rational begründete, zusammenhängende Entscheidungen (wie den Berentungswunsch des Faulen) für günstiger zu halten als irrationales, selbstschädigendes Handeln. Aber das rationale Handeln darf nicht einem letztlich irrationalen, leistungsfixierten Wettbewerbssystem widersprechen, zu dessen Folgen der Zwang zu wachsender Umweltzerstörung gehört.

Wer verleugnet, gesteht durchaus zu, daß es das gibt, was er verleugnet. Aber er weigert sich, wirklich anzuerkennen, was es bedeutet. Der *Verdrängende* erschrickt, wenn ihm bewußt gemacht wird, was er verdrängt hat. Er sucht eine neue Orientierung. Der *Verleugnende* wechselt die Ausflucht. Am liebsten würde die Atomindustrie uns glauben machen, daß Radioaktivität nicht gefährlicher ist als Sonnenschein. Wenn das nicht mehr geht, heißt es wenigstens, daß die natürliche Radioaktivität viel stärker ist als alles, was wir von einem Reaktor zu erwarten haben. Und wenn das nicht mehr glaubhaft ist, dann heißt es, wenn wir nicht gewisse Risiken auf uns nähmen, würden die Lichter ausgehen und die schreckliche Steinzeit begänne wieder. In der Verleugnung wird vor allem Betroffenheit abgewehrt. Ein typischer Spruch dazu ist: *«Das Gute an diesen Argumenten ist nicht neu, und das Neue nicht gut!»* Damit ist das, was betroffen machen könnte, abgewertet, während das längst Bekannte abgelegt werden kann. Alles darf beim alten bleiben. «Das hat mir schon mal jemand gesagt», antworte ich, wenn ich eine Aussage, die mich betrifft, nicht an mich heranlassen und keine Beziehung zu dem aufnehmen will, der sie vorbrachte.

Ehe wir uns mit dem Mechanismus beschäftigen, durch den Verleugnungen zustande kommen, kurz ein Blick auf das, was verleugnet wird:

1. Die Sinnlosigkeit vieler Bereiche unserer Arbeit, in der wir Zeit und damit Leben drangeben, um uns an der Herstellung oder dem Kon-

sum von Dingen zu beteiligen, die weder nützlich noch notwendig sind.

2. Die Ausbeutung der Laien durch die Fachleute, der Besitzlosen durch die Besitzenden, der Kinder durch die Erwachsenen. Diese Ausbeutung ist teils materiell, teils narzißtisch (d. h., der Ausgebeutete stützt und stärkt das Selbstgefühl des Ausbeuters).
3. Die Zerstörung der Umwelt, solange sie mich selbst nicht unmittelbar betrifft. Wenn neben meinem Vorgarten eine Schnellstraße oder hinter meinem Häuschen ein AKW gebaut werden sollen, reagiere ich alarmiert und kämpferisch. Aber ich bin ohne weiteres bereit, zu verleugnen, daß ich selbst Schnellstraßen benutze und Strom abnehme, und dadurch indirekt den Bau von Schnellstraßen oder AKWs fördere (ich halte diese Vereinfachungen in diesem Zusammenhang für entschuldbar).
4. Die Unmenschlichkeit von Mehrheitsentscheidungen, wenn die Betroffenen kein Vetorecht haben. Brokdorf oder die neuen Flughäfen in München und Frankfurt sind völlig legal zustande gekommen. Aber wenn die Umwelt einer Minderheit zugunsten einer Mehrheit zerstört wird (wie es durch den Bau von Schnellstraßen, Flughäfen und Kraftwerken jeden Tag geschieht), dann wird eine Demokratie unglaubwürdig, welche dieses Vorgehen rechtfertigt.
5. Die Gefühle von Angst und Unsicherheit angesichts einer Zukunft, in der es unmöglich so weitergehen kann wie in den letzten Jahrzehnten, in denen die Industriegesellschaften nicht von den Zinsen des Umwelt-Kapitals gelebt, sondern das Kapital selbst aufgezehrt haben. Es ist klar, daß diese Strategie scheitern muß, daß die gegenwärtige Lebensform soviel Zukunft hat wie die Dinosaurier in den Sümpfen der Jura-Zeit. Ebenso klar ist, daß die Mehrheit der denkenden Menschen dieses Wissen verleugnet.

Ohne diese Verleugnungen wäre nicht denkbar, was in den letzten Jahrzehnten geschehen ist und weiter geschieht. Die Macht der Verleugnung hängt mit der Entwicklung des bürgerlichen Bewußtseins zusammen, in der die Auflösung der feudalen Treuebindungen zugunsten der Durchsetzung durch individuelle Arbeit bzw. Kapitalverwertung eine wesentliche Rolle spielt. Die bürgerliche Revolution betonte den Wert der Freiheit des Phantasierens (*«Sire, geben Sie Gedankenfreiheit»*, sagt Posa in Schillers ‹Don Carlos›). Verweigerte Gedankenfreiheit drückt aus, daß Gedanken gefährlich sind, daß es – wie die heilige Inquisition annahm – für die gesellschaftliche Ordnung bedrohlich ist, wenn jemand sich zwar angepaßt verhält, jedoch durch sein Denken das geordnete Weltbild in Frage stellt. Der «aufgeklärte» Fürst hingegen gewährt Gedankenfreiheit, läßt die Gazetten niedriger hängen – solange die Handlungen der Bürger angepaßt bleiben, können ihre Gedanken frei sein. Im Evangelium steht noch, daß der nicht besser ist als ein Ehebrecher, der nur in Gedanken sündigt. Die bürgerliche Gedankenfreiheit widerspricht dem, und Freuds These vom seelischen Schaden, den Verdrängungen möglicherweise anrichten, markiert den Schritt von der Gedankenfreiheit des 19. zu den freien Einfällen des 20. Jahrhunderts. Wer mehr perverse oder aggressive Phantasien zuläßt, kann sich eher besser als schlechter beherrschen, lautet die Aussage der Psychoanalyse.

Das Zustandekommen des bürgerlichen «falschen Bewußtseins» und seiner Verleugnungen läßt sich vielleicht mit einem Vergleich erfassen. Wenn es darum geht, etwas zu verstecken, gibt es zwei Möglichkeiten: Ich kann jede Spur davon beseitigen, oder ich kann so viele Spuren legen, daß jeder, der danach sucht, vollständig verwirrt ist und die Suche aufgeben muß, weil er sich immer wieder durch falsche Fährten getäuscht sieht. Die erste Vorgehensweise ist die feudale, «mittelalterliche», biblische. Die zweite entspricht dem bürgerlichen Bewußtsein und ist heute im Zeitalter der Massenmedien und des wachsenden Informationskonsums noch weiter vervollkommnet worden. Diese Taktik enthält bereits den grundlegenden Mechanismus der Verleugnung. Es wird auch deutlich, weshalb sie erfolgreicher ist als die absolute Unterdrückung. Manche Wahrheiten lassen sich nämlich gar nicht mehr unterdrücken. Sie können nicht aus der Welt geschafft werden. Aber es ist ohne weiteres möglich, so viele andere, verwirrende Informationen neben sie zu stellen, daß keine klare Entscheidung mehr möglich wird.

2. Die Lust am Untergang

Die Leistung der Rauschmittel im Kampf um das Glück und zur Fernhaltung des Elends wird so sehr als Wohltat geschätzt, daß Individuen wie Völker ihnen eine feste Stellung in ihrer Libidoökonomie eingeräumt haben. Man dankt ihnen nicht nur den unmittelbaren Lustgewinn, sondern auch ein heißersehntes Stück Unabhängigkeit von der Außenwelt. Man weiß doch, daß man mit Hilfe des ‹Sorgenbrechers› sich jederzeit dem Druck der Realität entziehen und in einer eigenen Welt mit besseren Empfindungsbedingungen Zuflucht finden kann.

*S. Freud**

«Armer alter Gríma! Armer alter Gríma! Immer wird er geschlagen und beschimpft. Wie ich ihn hasse! Ich wünschte, ich könnte ihn verlassen!» – «Dann verlaßt ihn doch!» sagte Gandalf. Aber Schlangenzunge warf Gandalf aus seinen Triefaugen nur einen Blick voller Angst zu, und dann schlurfte er rasch hinter Saruman her.

*J. R. R. Tolkien***

* S. Freud, Das Unbehagen in der Kultur, Ges. Werke XIV, Frankfurt am Main 1955, S. 436

** J. R. R. Tolkien, Der Herr der Ringe, Bd. III, Stuttgart 1978, S. 295

Den Psychotherapeuten wie den Ökologen beschäftigen heute mehr und mehr Sucht- und Entzugserscheinungen. Es ist sicher kein Zufall, daß Süchtige am deutlichsten dazu neigen, ihre Abhängigkeit zu verleugnen. Sie trinken nicht, keinen Tropfen – und wenn sie doch trinken, dann nur ganz wenig, ganz selten –, und wenn sie doch regelmäßig trinken, dann ist es ganz klar, daß sie jederzeit Schluß damit machen könnten. Fast jeder Fixer ist dabei, endgültig aufzuhören – zuvor aber braucht er noch den ganz bestimmt letzten Schuß. Der Arbeitssüchtige (die wohl immer noch häufigste, sicherlich aber sozial am meisten anerkannte Form der Sucht) will nach dem nächsten Urlaub ganz bestimmt kürzer treten, endlich mal Zeit für die Hobbies, die Familie haben, endlich mal richtig ausspannen. Aber jetzt muß er eben leider noch mal voll ran, der Durchbruch steht kurz bevor...

Für den Süchtigen dient die Verleugnung dem Versuch, den Kuchen zu haben und zu essen. Er will die Lust behalten, die er aus seinem Verhalten bezieht, aber gleichzeitig die schädlichen Folgen vermeiden, von denen er weiß. Da beides in der Realität nicht möglich ist, weicht er in eine von Verleugnungen seiner Ohnmacht und Abhängigkeit bestimmte Phantasie aus. Diese Verbindung von Merkmalen läßt sich ohne größere Veränderungen auf den vorherrschenden Verhaltenstypus in den Konsumgesellschaften übertragen. Auch sie wollen den Kuchen behalten und ihn gleichzeitig aufessen, sie verleugnen den Schaden, den sie anrichten, die schleichende Selbstzerstörung, an der sie sich beteiligen. Die Parallelen gehen noch weiter. Zwischen der steigenden Kriminalität und der wachsenden Zahl von Drogenabhängigen in den Großstädten der Industriegesellschaften besteht ein enger Zusammenhang. Der Alkoholsüchtige kann, weil sein Rauschmittel legal verkauft wird und deshalb nicht übermäßig teuer ist, viel länger sozial und wirtschaftlich überleben als der Fixer.

Dieser kann in der Regel nur noch auf illegalem Weg Geld verdienen, um seine illegale Droge zu kaufen. Er wird zum Dealer, zum Zuhälter; die süchtigen Mädchen prostituieren sich. Aber welcher Unterschied besteht eigentlich zwischen dem Fixer, der mit gezücktem Messer einem Passanten in New York das Geld für den Stoff abknöpft, ohne den er nicht glaubt leben zu können – und dem amerikanischen Politiker, der laut über eine militärische Invasion in die ölbesitzenden Länder nachdenkt, wenn diese ihre «Verpflichtungen» den Industriestaaten gegenüber vergessen?

Es gibt Hochrechnungen, nach denen es in etwa zweihundert Jahren in den USA mehr Alkoholiker als Nicht-Alkoholiker geben wird. Das ist natürlich als Prognose fragwürdig, aber es drückt einen Trend aus, der in allen Industrieländern ähnlich ist: Es werden immer mehr Drogen verbraucht. Die Umsätze von Alkohol, Tabak oder den zahlreichen Schlaf-, Beruhigungs- und Aufputschmitteln nehmen zu. Über die illegalen Rauschgifte (Heroin, Kokain, Haschisch) sind keine Zahlen bekannt – außer denen der Drogentoten und denen der beschlagnahmten Mengen von Rauschgiften bzw. der verhafteten Dealer, die in allen Industrieländern mit wenigen Ausnahmen ansteigen. Neben Arbeit kann auch Fernsehen eine Droge sein. Es unterhält, verwöhnt, schafft Illusionen, macht passiv und abhängig.

Die Süchte der Individuen und der industriellen Gesellschaften haben noch weitere Gemeinsamkeiten. Zu den wesentlichen Mit-Ursachen der Sucht gehört ein schwindendes Gesundheitsbewußtsein. Normalerweise besteht ein Zusammenhang zwischen Gesundheit und Lust. Der gesunde Organismus wird narzißtisch besetzt, d. h. als etwas erlebt, welches das Selbstgefühl steigert. Der Süchtige ist nur wenig oder gar nicht in der Lage, diese Lust an der Gesundheit zu erleben. Sie beruht unter anderem darauf, daß Anspannung und Entspannung einander in zyklischem Wechsel folgen, wie Schlafen und Wachen, Aktivität und Passivität, Einatmen und Ausatmen. Die Sucht, d. h. die innere Bindung an ein äußeres Mittel, welches scheinbar unabhängig von diesen zyklischen Prozessen Lust verschaffen soll, tritt dann auf, wenn die Lust aus diesen zyklischen Vorgängen zerstört worden ist.

Es ist dabei sehr wesentlich, daß es so etwas wie eine ganz individuelle Lust gar nicht gibt. Um den Wechsel von Anspannung und Entspannung zu genießen, muß ein soziales Wesen wie der Mensch sich in seinen Beziehungen geborgen fühlen. Diese Geborgenheit entsteht durch ein Gleichgewicht zwischen (aktiv) lieben und (passiv) geliebt werden. In der für die Leistungs- und Industriegesellschaft vorherrschenden Erziehung wird dem Kind beigebracht, daß es nicht wegen seiner Bereitschaft, seine Eltern zu lieben, geliebt wird, sondern nur wegen seiner Fähigkeit, sich an ihre Erwartungen anzupassen – zu arbeiten, etwas zu leisten, «gut» zu sein, das «Schlechte» von sich abzuspalten.

Damit vermindern sich auch die Möglichkeiten, die ersehnte Geborgenheit aktiv in menschlichen Beziehungen herzustellen. Der suchtgefährdete Mensch ist immer auch narzißtisch gestört. Er fühlt sich zu schwach zu lieben und will diesen Mangel durch ein übermäßiges Bedürfnis nach Geliebtwerden ausgleichen. Alle müssen ihn lieben, weil er eigentlich niemanden lieben kann, sondern nur versucht, «gut» zu sein. In der Konkurrenzgesellschaft wird aber nicht geliebt, wer «gut» ist. Er wird allenfalls bewundert, oft auch gehaßt. So steht der narzißtisch Gestörte in einem unlösbaren Dilemma. Alle Anstrengung läßt ihn nicht zur Ruhe kommen, denn er findet keine Geborgenheit in mitmenschlichen Beziehungen. So muß er sich die Geborgenheit, die innere Ruhe künstlich verschaffen. Er greift zu den verschiedenen Mitteln, welche die Gesellschaft anbietet.

Wer insgesamt gute Chancen darin sieht, durch seine Anpassungs- und Abspaltungsstrategien genügend Zuwendung zu bekommen, wird eher bei den legalen Suchtmitteln bleiben. Er sucht eventuell auch durch ständige Arbeit («workaholic») die innere Leere zu bewältigen, die durch seinen frühen Gefühlsverzicht entstanden ist. Wer keine Erfolgserlebnisse hat, dem bleibt endlich nur der Haß – Haß auf die Gesellschaft, Haß auf sich selbst, Haß, der die Liebe von außen, die so gesucht wird, immer auch vergiftet und unglaubwürdig macht.

So liegt es nahe, die von außen erlebte Gleichgültigkeit und Einfühlungslosigkeit, verknüpft mit den unnachsichtigen Leistungsforderungen der bürgerlichen Erziehung, auf die Beziehung zum eigenen Körper zu übertragen. Er soll, wie das angepaßte Kind den Eltern, seinem «Besitzer» prompt und ohne Widerstand die Reaktionen liefern, die von ihm verlangt werden. Er soll aushalten, was an Giften in ihn hineingekippt oder hineingespritzt wird. Wenn er es nicht tut, sind eben neue Mittel, neue Gifte notwendig.

Auf eine ganz ähnliche Weise wie der Süchtige mit seinem Körper geht die Industriegesellschaft mit ihrer Umwelt um. Sie soll die erwünschten Reaktionen liefern – sonst setzt es was! Sie soll die Gifte vertragen, die in sie gekippt, versprüht oder verpulvert werden. Wenn sie es nicht tut, müssen neue Mittel her. Den Fluß vergiften und ein Hallenbad bauen, lautet das Motto. Wie der Süchtige die Vielfalt seiner Gefühle und Erlebnisse einengt auf das coole Streben nach der Giftbeschaffung, so wird die Natur unter den Gesichtspunkten der Verwertbarkeit reduziert – werden Flüsse begradigt, Mischwälder durch Monokultur ersetzt. Äußerlich ist dem Süchtigen sein körperliches Wohl egal, doch hinter dieser Gleichgültigkeit steckt Haß. Äußerlich ist auch den profitorientierten Managern der Industriekultur die Natur egal, doch möglicherweise steckt dahinter ebenfalls Haß, Abneigung gegen alles, was sich einem auf das Erwirtschaften von Profiten ausgerichteten Weltbild noch entzieht. Anders kann ich so groteske Vorgänge gar nicht verstehen, wie sie sich beispielsweise an den Küsten des Mittelmeers abspielen. Wo eine schöne Bucht zum Baden lockt, wachsen riesige Apartmenthäuser aus Beton in die Höhe, die gerade das zerstören, was so anziehend war (auch ganz unmittelbar, denn die Abwässer fließen ungeklärt neben dem Badestrand ins Meer). Noch deutlicher wird dieser Haß in der Beziehung zwischen den kolonialistischen Kulturen und den Primitivkulturen z. B. der amerikanischen Indianer.

Dieser Haß verwirrte die Indianer völlig. Sie waren durchaus bereit, Überlegenheiten der Weißen zu respektieren. Aber sie konnten nicht verstehen, weshalb die Weißen die Überlegenheit der Indianer in einem ganz wesentlichen Bereich – nämlich in Einklang mit der Natur in einem ökologisch stabilen System zu leben – nicht nur nicht anerkannten, sondern die Indianer deshalb haßten, sie für minderwertig erklärten, für faule Wilde, die nichts mit dem Land anfangen können (weshalb es doch durchaus gottgewollt sei, es ihnen wegzunehmen). Ökologische Weisheit, die oft darauf hinausläuft, nichts zu tun, und alles zu lassen, ist von den Europäern schon immer als Faulheit verdächtigt worden. Das Leben im Kontakt mit der Erde gilt als schmutzig und die Überzeugung, daß wir weder unsere Kinder noch Land besitzen können, als heller Wahnsinn. In den primitiven Kulturen beruht die schamanistische Psychotherapie gerade darauf, daß der individuelle Körper nichts Vereinzeltes, kein Privateigentum seines «Besitzers» ist, sondern Allgemeingut, Teil des sozialen Zusammenhangs. Das gleiche gilt für das Land und für die Kinder. Für die amerikanischen Indianer, die sich sehr anschaulich ausdrücken können, ist der Umgang der weißen Farmer und Bergwerksmanager mit der Erde dem Versuch vergleichbar, das Fleisch der eigenen Mutter aufzureißen, es zu vergiften und ihre Knochen zu zerbrechen.

Die Betrachtung des Süchtigen zeigt eine lehrreiche Karikatur dessen, was eine umweltzerstörende Gesellschaft den Individuen antut, die an dieser Zerstörung teilhaben. Wir haben bisher eine ganz wesentliche Parallele noch nicht erwähnt: den Zwang zur Dosissteigerung, der für den Süchtigen ebenso kennzeichnend ist wie für die kapitalistische Industriegesellschaft (und wohl auch für die konkurrierenden sozialistischen Gesellschaften des Ostblocks). Für den Außenstehenden ist es verrückt, wenn ein Fixer, der ohnehin nicht mehr genug Geld für Heroin hat, um so höhere Mengen braucht, je weiter er herunterkommt. Wieso kann er sich nicht beherrschen? Wieso kann er, wenn er endlich einen kleinen Vorrat des Giftes hat, mit diesem nicht haushalten? Weshalb muß er fast zwangsläufig die Dosis so weit steigern, daß er am Ende bei jeder Injektion an der Grenze zu der tödlichen Überdosis steht, die ihn durch Atemlähmung auslöschen kann? Aber wer die Akteure auf der Szene des Wirtschaftslebens beobachtet, die immer noch, jeder für sich und gegen alle anderen, nach mehr Wachstum ihrer Produktion, ihres Umsatzes und ihrer Profite streben, sollte sich eigentlich nicht mehr über das irrationale Verhalten des kleinen Fixers wundern.

Es ist für die Automobilproduzenten selbstverständlich, daß sie nur durch Produktionssteigerung und Modernisierung die Krise bewältigen können. So investieren deutsche, amerikanische und japanische Konzerne Milliardenbeträge. Jeder hofft, daß die zwangsläufigen Schrumpfungen die anderen treffen, nicht ihn selbst. Der Beitrag zum Umweltschutz liegt darin, daß die Autos, wenn sie vernünftig gefahren werden, zehn Prozent weniger Benzin verbrauchen als bisher: fauler Zauber in einer stets zu Verleugnungen bereiten Gesellschaft, in der wir jetzt wieder mit gutem Gewissen in die Zukunft fahren können.

Das Bild des Süchtigen gibt nur wenig Anlaß zum Optimismus. Die Ursprünge der Sucht sind im dunkeln. Sie liegen weit zurück, in einer Kindheit, in der das innere Gleichgewicht zerstört und durch seine ungesunde Abhängigkeit von äußerer narzißtischer Bestätigung ersetzt wurde. Die Drogenabhängigkeit stellt einen Versuch dar, diese Abhängigkeit rückgängig zu machen, sie unter Kontrolle zu bringen. Im Grunde wissen wir nicht viel Sicheres über die Wurzeln der Sucht. Aber wir wissen, wie schwierig es ist, mit dieser Ersatzbefriedigung aufzuhören, wenn sie einmal als Lösung einer sonst unlösbar erlebten Lebenssituation eingeschliffen ist. Vielleicht mußte der Süchtige als Kind oft Probleme lösen, die gar nicht die seinen waren, mußte er sich narzißtischen Erwartungen anpassen, die ihn überforderten und für die er nicht konnte. Jetzt aber ist es gerade umgekehrt: Die Sucht gibt ihm die Möglichkeit, seine inneren Probleme zu veräußerlichen, seine Angst in ein Räuber-und-Gendarm-Spiel hinauszuverlegen, so zu tun, als ob die Gesellschaft oder die Droge an allem schuld und er für seine Selbstzerstörung nicht verantwortlich wäre.

Ich habe als Therapeut gute Ansatzmöglichkeiten, wenn ich einen Gewinn an Lebenslust verspreche, die Beseitigung lästiger Einschränkungen oder die Bewältigung schmerzlicher Gefühle. Aber vom Süchtigen muß ich zunächst einmal verlangen, etwas aufzugeben. Er soll es für eine ungewisse Zukunft tun, in der er vielleicht einmal gesündere Formen des Lustgewinns kennenlernen könnte. Kein Wunder, daß er nur unter äußerem Zwang (etwa von einer Gefängnisstrafe bedroht) zu einer Behandlung bereit ist, kein Wunder, daß er so lange wie möglich versuchen wird, sowohl die Droge wie die Chancen eines drogenfreien Neubeginns zu behalten, d. h. sich selbst zu belügen.

Nicht viel anders ist die Art, in der sich die Industriegesellschaft vorgaukeln will, sie könnte beides behalten, die Verschwendung und die Zukunft, den Raubbau an der Natur und das ökologische Gleichgewicht. Ich muß nur eine einzige Illustrierte durchblättern, um zu sehen, daß diese Art süchtiger Verschleierung heute gewissermaßen zu einem von der Konsumwerbung geschaffenen Umweltbewußtsein wird:

«*Wieder Kontakt aufnehmen mit der Natur. Mal wieder so wie früher spazierengehen, richtig wandern, mit Rucksack und so, lange Radtouren machen. Mit dem Bus rausfahren ins Grüne, auf Wald- und Wiesenboden laufen. Und dann irgendwo ‹Picknick im Freien›. Unter freiem Himmel schmeckt plötzlich alles anders, redet man anders, versteht man sich plötzlich anders.*

Mit unserem ... möchten wir Sie zu dieser neuen, fröhlichen Wochenendmode verführen ...» (Ein Warenhaus).

«*Gewinn ein Stück aus ... Country. 100 000 qm Land oder 30 000 US-Dollar in bar. Teilnahmekarten überall, wo es ... gibt. Der Bundesgesundheitsminister: Rauchen gefährdet Ihre Gesundheit.*» (Das Foto zeigt ein Blockhaus in einer vom Autoverkehr unberührten Landschaft; im Vordergrund zwei Reiter.)

«*Die Qualität der modernen Industrieerzeugnisse entspringt sozialer Verantwortlichkeit; sie ist das Ergebnis ernster Bemühungen um technische und ästhetische Vollkommenheit.*»

«*... Er hat Temperament zum Fahren und 5 Gänge zum Sparen. ... gibt wirtschaftlichem Fahren eine sportliche Note. Seine aerodynamisch günstige Form trägt zum Benzinsparen bei, zugleich betont das attraktive Styling den sportlichen Charakter.*»

«*Der neue ... Aufregend vernünftig.*»

«... Weil viele die besten Jahre ihres Lebens auf der Straße verbringen müssen. Zum ruhigen, entspannten Fahren tragen auch die neuentwickelten Leichtmetall-V8-Motoren bei. Sie bauen ihre hohe Leistung bereits im mittleren Drehzahlbereich auf und ermöglichen damit eine nerven- und energieschonende Fahrweise. Andrerseits erlaubt die Charakteristik dieser Motoren den blitzschnellen Zugriff auf beruhigende Leistungsreserven. Das Mehr an Leistung realisieren die neuen Motoren mit einem bis zu 12% niedrigeren Kraftstoffverbrauch... Fahrzeugnutzen und Werterhaltung stehen unter der Maxime wirtschaftlicher Vernunft. Das heißt, bei ihrer Realisierung wurde die begrenzte Verfügbarkeit von Energie und Rohstoffen verantwortungsvoll berücksichtigt...»

Es geht alles: Wir können weiterhin den Kuchen behalten und ihn aufzehren, wir können vernünftig und verschwenderisch zugleich sein, die Umwelt kaputtmachen und sie erhalten. Es gibt vernünftige, verantwortungsvolle Techniker und Manager, die dafür sorgen. Die Produkte werden ständig verbessert, und mit ihnen wird sich unser Leben ständig verbessern. Wir werden es schaffen, immer noch schneller zu fahren und doch weniger Benzin zu verbrauchen.

3. Die Ohnmacht der Einsicht

Ich kann wenigstens ohne Entrüstung den Kritiker anhören, der meint, wenn man die Ziele der Kulturstrebung und die Mittel, deren sie sich bedient, ins Auge faßt, müsse man zu dem Schluß kommen, die ganze Anstrengung sei nicht der Mühe wert, und das Ergebnis könne nur ein Zustand sein, den der einzelne unerträglich finden muß.

*S. Freud**

Der Tod war allgegenwärtig, weil die Númenorer immer noch, wie sie es auch in ihrem alten Königreich getan und es deshalb verloren hatten, nach einem sich niemals ändernden Leben trachteten.

*J. R. R. Tolkien***

* S. Freud, Das Unbehagen in der Kultur, Ges. Werke XIV, Frankfurt am Main 1955, S. 505

** J. R. R. Tolkien, Der Herr der Ringe, Bd. II, Stuttgart 1978, S. 328

Was motiviert einen Süchtigen, sich zu verändern? Die Erfahrungen der Therapeuten verdichten sich dazu, daß es letztlich an der gegenwärtigen Lust-Unlust-Bilanz hängt. Eine Aufrechnung der Zukunft gegen die Gegenwart klappt in der Regel nicht. Erst wenn der Süchtige seinen individuellen Tiefpunkt erreicht hat, an dem die Unlust, welche er sich durch seine Sucht bereitet, die Unlust aufwiegt, welche er durch ihre Beendigung fürchten muß, kann er sich wirklich zu einer Therapie entschließen. Das heißt aber noch ganz und gar nicht, daß Rückfälle nicht mehr auftreten werden. Viele Süchtige glauben sogar, daß es beispielsweise nur trockene Alkoholiker, keine «geheilten» Alkoholiker gibt – und sie glauben das mit gutem Grund. Ich halte diese Aussage wie die meisten Allgemeinaussagen über seelische Störungen für widerlegbar, aber für viele Einzelfälle trifft sie sicherlich zu.

Das Tückische an der Sucht-Entstehung ist, daß an ihrem Anfang die Alternative zwischen Lustgewinn und Lustverzicht steht, an ihrem Ende die Alternative zwischen zwei Formen von Schmerz und Unlust. Das Suchtmittel baut seine Herrschaft dadurch auf, daß es einen Gewinn verspricht – den Rausch, die Ekstase, die Betäubung, das Heraustreten aus dem tristen Alltag in eine erfüllte Gegenwart. Es befestigt aber seine Herrschaft nicht durch Lust, sondern durch Schrecken und Angst. Erst wenn die Angst, weiterzumachen, ebenso groß geworden ist wie die Angst, aufzuhören, hat die Therapie eine Chance. Suchtkrankentherapeuten wissen, wie oft diese Alternative nur vorübergehend erlebt wird. Der abgemagerte, von Furunkeln bedeckte und mit Hepatitis infizierte Fixer will aufhören; der nach einigen Wochen Krankenhausbehandlung gutgenährte, wohlgewaschene Patient hingegen führt nach der Rückkehr in seine ganz persönliche Hölle, die er dem Anpassungsangebot der Therapie vorzieht.

Diese Rückfallneigung zeigt, daß der Süchtige die Hölle nicht wahrnimmt, in die er sich wieder begibt. Sobald die unmittelbaren Nachteile der Schreckensherrschaft des Suchtmittels nicht mehr gegenwärtig sind, treten die wohltätigen Seiten dieser Herrschaft in den Vordergrund. Ich möchte gerne einen Bereich jenseits von Optimismus und Pessimismus erreichen, in dem ungestörte Überlegungen darüber möglich sind, ob die Existenzform des Süchtigen nicht eine innere Folgerichtigkeit hat, die unsere medizinische und juristische Ideologie gerade deshalb so heftig verdammen, weil sie das gundlegende Dilemma der Industriekultur widerspiegelt. Ist es erlaubt, zu vermuten, daß wir keine Chance haben, mit den selbstmörderischen Konsequenzen unseres eigenen Fortschritts fertig zu werden?

Viel spricht dafür, daß die Wurzeln des Raubbaus an der Umwelt in den Produktions- und Verkehrsformen liegen, die der Kapitalismus geschaffen hat. Aber die Erwartungen an den Sozialismus sind in der Praxis sozialistischer Gesellschaften enttäuscht worden, was Marx ja vorausgesehen hat (als er sagte, er würde in einer solchen Gesellschaft nicht leben wollen). Der Kapitalismus braucht die Illusion und auch die Praxis der Alternativen zu ihm, ähnlich wie der Süchtige die Illusion braucht, er könne irgendwann und irgendwie doch noch aufhören. Insofern haben die marxistische Analyse des Kapitalismus und der Aufbau der sozialistischen Gesellschaften im Zeichen des Wettbewerbs mit dem Kapitalismus die Herrschaft einer strukturgewordenen Sucht nur befestigt, die Natur auszubeuten, um kurzfristigen Lustgewinn zu erzielen.

Diese Ausbeutung wurde immer mehr gesteigert, während die ideologischen Entwicklungen darauf hinausliefen, in einer Abfolge von Pseudo-Revolutionen das Ende der Ausbeutung zu versprechen: das Ende der feudalistischen Ausbeutung durch Stand und Privilegien in der bürgerlichen Revolution, die Befreiung aus dem Joch der Kolonialherrschaft in den Revolutionen der Kolonien gegen die Mutterländer, das Ende der Ausbeutung durch die Bourgeoisie in den sozialistischen Revolutionen. Unter dem mitreißenden Klang der revolutionären Hymnen erstickte die Klage der ausgerotteten Tiere, der zerstörten Landschaften, der hingemordeten Primitivkulturen. Unsere bisherigen Revolutionen laufen darauf hinaus, durch immer neue Verteilungen zu verschleiern, daß uns das Verteilte gar nicht gehört.

Versuchen wir, die Erfahrungen aus der Suchttherapie auf die Situation der Ökologiebewegung anzuwenden, dann wird auch deutlich, daß unser Anliegen hoffnungslos ist, zumindest auf kurze Sicht. Appelle an die Einsicht, Informationen über die langfristige Schädlichkeit des Suchtverhaltens, Mahnungen zu Verantwortung und Reflexion müssen versagen. Genauso ist es in der Ökologiebewegung: Die Informationen über Raubbau, Plünderung, Verschmutzung, Übervölkerung bewirken praktisch außerordentlich wenig. Wer als Suchtkrankentherapeut seinem Klienten eine Aufklärungsbroschüre in die Hand drückt oder ihn moralisch unter Druck setzt, würde sich im Kreis seiner Kollegen lächerlich machen. Die analytische Brillanz und das praktische Versagen des Marxismus haben gezeigt, daß die Strukturen des falschen Bewußtseins stärker sind als eine rationalistische Aufklärung. Der Ökologiebewegung droht ein ähnliches Schicksal. Freiwillige Einschränkung des Raubbaus an der Natur von Aufklärung und moralischem Druck zu erwarten ist ähnlich sinnvoll wie solche Maßnahmen bei einem Fixer. Sie dienen eher der Gewissensberuhigung des Mahners als dem Überleben des Ermahnten. Nicht wenige ökologische Autoren verhalten sich so naiv.

Die Gefahr dabei ist, daß wir dadurch der Sache nicht nur nicht nützen, sondern ihr sogar schaden. Wir geben uns selbst und denen, die in Wirklichkeit gar nichts verändern wollen, das Gefühl, daß doch etwas getan wird – ähnlich wie das Bundesgesundheitsministerium und die Massenmedien Reklame für die Drogenhändler machen, indem sie kostspielige und von Aufklärung sowie moralischem Appell strotzende Informationen über Rauschgift und tödliche Gefahren der Sucht verbreiten. Wir verhalten uns ähnlich wie ein Bundeskanzler, der – weil er sein Gewissen entlasten, scheinbar etwas tun und doch nichts verändern kann – zu einer freiwilligen Richtgeschwindigkeit auf den Autobahnen oder einem freiwilligen fernsehfreien Tag pro Woche aufruft.

Wenn Einsicht und freiwillige Maßnahmen so wenig erwarten lassen, läge es nahe, sich etwas von Zwangsmaßnahmen zu versprechen. Doch abgesehen davon, daß gewählte Regierungen eines Volkes von Süchtigen kaum überleben können, wenn sie eine Entwöhnung dieses Volkes versuchen, haben Zwangsmaßnahmen noch andere Nachteile. In den USA brachte eine Mehrheit puritanischer Interessengruppen ein Gesetz durch, das den Ausschank von Alkohol verbot. Die Folge war keineswegs ein sinkender Alkoholkonsum, sondern ein enormes Ansteigen der illegalen Produktion und das Entstehen von Verbrecherorganisationen, die bis heute das öffentliche Leben in den USA mitbestimmen. Die menschlichen und sozialen Kosten der Prohibition waren höher als der Gewinn. Sie wurde wieder abgeschafft. Eine andere Erwartung richtet sich auf die Sachzwänge in der Entwicklung des Konsumsystems. Die Industriegesellschaften haben sich selbst energiesüchtig gemacht, indem sie zunächst die hohen zukünftigen Kosten verleugnet und sich an dem billigen Lustgewinn der Anfangszeit ergötzt haben. Sie gingen mit sich selbst um wie die Dealer mit einem Kunden, den sie erst anfixen müssen: Er erhält den Stoff zu einem Bruchteil der Kosten, die er später dafür zahlen muß, wenn er gar nicht mehr anders kann, als ihn zu brauchen.

Die höheren Energiekosten werden aber die Raubbauwirtschaft sowenig beenden, wie der Dealer seine Kunden dadurch verliert, daß er höhere Preise fordert. Erst wenn wirklich kein Stoff zu keinem Preis zu haben ist, muß der Süchtige eine Lösung finden. Er wird sie nun aber nicht in einem Verzicht, sondern in einem Wechsel des Suchtmittels suchen, wie die Industriegesellschaften, die Strom aus Atomenergie gewinnen wollen. Damit läßt sich die Fixierung an den anfänglichen Gewinn unter Verleugnung der Folgekosten noch einmal durchspielen.

4. Die Chance der Ratten

So sinkt mir der Mut, vor meinen Mitmenschen als Prophet aufzustehen, und ich beuge mich ihrem Vorwurf, daß ich ihnen keinen Trost zu bringen weiß, denn das verlangen sie im Grunde alle, die wildesten Revolutionäre nicht weniger leidenschaftlich als die bravsten Frommgläubigen.

*S. Freud**

—

Ich bin müde und kummervoll und verängstigt. Aber ich habe noch eine Tat zu tun oder sie zu versuchen, ehe auch ich erschlagen werde… Ich muß den Feurigen Berg suchen und das Ding in den Krater der Schicksalsklüfte werfen. Gandalf hat das gesagt. Ich glaube nicht, daß ich jemals dorthin gelange.

*J. R. R. Tolkien***

* S. Freud. Das Unbehagen in der Kultur, Ges. Werke XIV, Frankfurt am Main 1955, S. 506

** J. R. R. Tolkien. Der Herr der Ringe, Bd. II, Stuttgart 1978, S. 316 u. 333

Es heißt, daß die Ratten zuerst ein sinkendes Schiff verlassen und der Kapitän zuletzt. Das spricht für die Weisheit der Ratten, nicht für den Mut der Kapitäne, die sich meist auch ein eigenes Rettungsboot bereithalten, während die Ratten schwimmen müssen und nur wenig Chancen haben, festes Land zu erreichen. Den Hippies, Alternativen, Aussteigern pflegt man vorzuwerfen, daß sie – ähnlich wie die Ratten – unproduktive Schmarotzer einer funktionierenden Industriegesellschaft sind, daß sie ihre Stereoanlage betreiben und womöglich gar ihr Schrottauto fahren wollen, während sie gegen Atomstrom und Umweltverschmutzung protestieren. Ich möchte das sinkende Schiff verlassen, daher meine Sympathie für die Ratten. – Aber ich will nicht ertrinken, sondern wachsam bleiben und hoffen, daß es möglich ist, aus den Wrackteilen neue Schiffe zu bauen, die nicht so rasch untergehen.

Sicher, auch die Ratten würden am liebsten den Kurs ändern. Aber sie können sich der Mannschaft nicht verständlich machen. Sie sind offensichtlich inkompetent, haben keine Ahnung von den Echoloten, dem Radar und dem Aufbau der Antriebsmaschinen. Sie spüren, daß der Untergang näher kommt. Vielleicht können sie versuchen, eine Rattenarche zu bauen, ein Schiff, das keinen selbstzerstörerischen Kurs steuert. Ihre Chancen sind gering, denn sie haben nur das Baumaterial aus dem bestehenden Schiff, in dem der Untergang bereits einprogrammiert ist. Sie können auch nicht zuviel abzweigen und für sich verwenden, denn sonst würde der Kapitän eine große Rattenjagd veranstalten, wie schon früher auch. Er hätte große Lust dazu, soviel ist gewiß. Das würde die Mannschaft für einige Zeit von ihren düsteren Vorahnungen befreien und ihr einen handfesten Feind liefern, den man bekämpfen kann.

Die ökologische Veränderung der Gesellschaft ist ähnlich aussichtsreich wie die Rückverwandlung eines Dinosauriers in eine Eidechse. Wenn wir glauben, unsere persönlichen, moralischen Entscheidungen seien imstande, den Untergang aufzuhalten oder hinauszuschieben, dann ist das für mich verständlicher und sympathischer als die üblichen Verleugnungen der Industriegesellschaft. Aber es ist auch eine Form der Verleugnung. Die Vernunft ist zu einem Superlativ entwickelt worden, um die Unvernunft zu tarnen: die bürgerliche Aufklärung, die bürgerliche Naturwissenschaft haben den Raubbau ermöglicht und vervollkommnet. Kommunismus und Sozialismus verbergen, daß das ganze System verloren ist und sich nicht durch die bisherigen Formen der Aufhebung des Privateigentums an Produktionsmitteln retten läßt. Die Industriegesellschaft hat den Marxismus verkraftet wie ein Gefängnisdirektor, der in einer Häftlingszeitschrift den Speisezettel oder das Kulturprogramm der Anstalt kritisieren läßt. Gelegentlich wechselt er sogar einen unbeliebten Wärter aus. Die Häftlinge singen dann revolutionäre Lieder und fühlen sich den anderen Häftlingen, die es länger unter ihren Wärtern aushalten, weit überlegen. Die Industriewelt ist voller solcher vorgeblicher Unterschiede, Konkurrenzen, Fortschritte. Sind jetzt die Russen vorn in der Weltraumfahrt oder die Amerikaner? Sind die japanischen Autos besser oder die deutschen? Sind die schwedischen Plattenspieler besser als die schweizerischen? Ist der Sozialismus in Kuba, in China besser als der in der Sowjetunion oder in Polen? Alles Augenwischerei. Die Ratten im Bauch des Schiffes werden die gelehrten Kommentare und Artikel darüber allenfalls zernagen, um ihre Nester auszupolstern.

5. Anpassung und Liebe

Wie der vorsichtige Kaufmann es vermeidet, sein ganzes Kapital an einer Stelle festzulegen, so wird vielleicht auch die Lebensweisheit raten, nicht alle Befriedigung von einer einzigen Strebung zu erwarten.

*S. Freud**

Pickels Gedanke war, mehr und schneller zu mahlen, das sagte er jedenfalls. Er hat noch andere Mühlen wie diese... Doch seit Scharrer kam, mahlen sie überhaupt kein Korn mehr. Da ist immer Gehämmere und aufsteigender Rauch und Gestank, und nicht mal nachts hat man Frieden in Hobbingen. Und sie gießen absichtlich Unrat aus; die ganze untere Wässer haben sie verunreinigt, und die fließt ja in den Brandywein. Wenn sie das Auenland zu einer Wüste machen wollen, dann sind sie auf dem richtigen Weg.

*J. R. R. Tolkien***

* S. Freud, Das Unbehagen in der Kultur, Ges. Werke XIV, Frankfurt am Main 1955, S. 443

** J. R. R. Tolkien, Der Herr der Ringe, Bd. III, Stuttgart 1978, S. 330

Man könnte einwenden, daß auch auf früheren Stufen der Kulturentwicklung, etwa beim Übergang von den halbseßhaften Altpflanzern zu den höherentwickelten Ackerbaugesellschaften, die Menschen lernen mußten, eine Form des Raubbaus (ein Stück Wald roden und auf dem durch die Asche fruchtbaren Boden einige Jahre anbauen, und dann ein neues Stück zu roden usw.) durch sorgfältigere Pflege des Mutterbodens zu ersetzen. Wird die wachsende Bedeutung des Denkens und Sprechens über Ökologie auch schrittweise eine ähnliche Veränderung unserer Umgangsformen mit der Umwelt bewirken?

Ich rechne mit viel größeren Widerständen, weil die Dimensionen heute anders sind, sowohl die des Raubbaus wie vor allem die eines wachsenden Bevölkerungsdruckes und einer parallel dazu immer erbitterter werdenden Konkurrenz um die Energiequellen. Der Altpflanzer war nicht süchtig nach seiner eigenen Lebensform. Sie enthielt mindestens genauso viele Unbequemlichkeiten wie die des seßhaften Bauern. Der Altpflanzer bewegte sich gewissermaßen auf einem falschen Weg in der Ebene, während die Industriegesellschaft einen falschen Weg in vorher undenkbare Höhen der Bequemlichkeit und Naturbeherrschung eingeschlagen hat.

Um zu einem ökologischer denkenden Bauern zu werden, mußte der Altpflanzer nur umlernen, er mußte keinen für sein Selbstgefühl schmerzlichen Weg zurück antreten, hinunter, zu einer Ebene, die er als primitiv verachtete. *«Steinzeit – nein danke»* kleben sich heute die Atomkraftbefürworter auf ihre Autos. Sie wissen natürlich nicht, wovon sie reden. Aber der Vergleich mit dem falschen Weg in die Höhe muß noch ergänzt werden. Die Menschen in diesen Hochkulturen haben verlernt, umzukehren. Sie sind als Individuen und als Teile eines Systems kaum fähig, einen einmal erreichten Fortschritt preiszugeben, eine einmal verwirklichte Bequemlichkeit zu lassen, Kontrolle über die Natur aufzugeben. Ihre Lebensform gleicht der des Haifischs, der ständig voranschwimmen muß, um nicht zu ersticken. Daß einzelne, bedeutungslose Teile des Systems fähig sind, innezuhalten, umzukehren, bescheidener zu werden, darf uns nicht darüber hinwegtäuschen, daß das ganze System sich in einer anderen Richtung bewegt und darin wider das bessere Wissen der Wissenden auch fortfährt. Es ist eine Aufgabe ohne viel Hoffnung, daran etwas zu ändern – ähnlich aussichtsreich wie ein Wettrennen zwischen einem Porsche und einem Fahrrad. Wir können nur warten, bis dem Porsche das Benzin ausgeht.

Als ich letztes Jahr in die Schweiz fuhr, um auf einer Tagung über Umwelterziehung zu sprechen, überlegte ich am Steuer meines kleinen Diesel-Autos, worum es eigentlich geht. Wäre es nicht genauso sinnvoll, einen gefräßigen Straßenkreuzer zu fahren – ja sogar sinnvoller, denn ich würde mehr zum raschen Zusammenbruch der Verschwendung beitragen? Ich hielt an einem Rastplatz bei Sankt Gallen. Die umsichtige Verwaltung hatte hier einen kleinen Trimm-dich-Pfad für die Autofahrer angelegt. Er schien mir ein Symbol. Umwelterziehung! Was ist das – auf graues Papier schreiben, über die Ursachen der Verschmutzung von Wasser, Erde und Luft lernen, Ökologie pauken, womöglich mit Noten? Im Tagungshaus gab es bereits Unmengen bedrucktes Papier, Lehrmaterial über die verschiedensten Unterrichtseinheiten zur Umwelt. Ich beschloß, den versammelten Lehrern eine naive Umweltpädagogik zu verleiden. Was soll ein Fach Ökologie an einer Schule, die als ganze Raubbau lehrt, die ganz und gar vom Leistungsprinzip aufgefressen ist?

Vielleicht der Punkt, wo sich die Ökotherapie eindeutig von der Psychotherapie unterscheidet, ist die Frage nach der Wiederherstellung von Arbeitsfähigkeit. *«Arbeiten und lieben können»*, hat Freud als Ziele der Behandlung genannt. Ich habe oft beobachtet, daß eine Zunahme der Leistungsfähigkeit des Patienten als Therapieerfolg geschätzt wurde. Ich glaube, daß in der gegenwärtigen Situation alles, was der Steigerung der menschlichen Leistungsfähigkeit dient, zumindest fragwürdig ist. Außerdem bezweifle ich, daß sich Leistungs- und Liebesfähigkeit zugleich verbessern lassen. Die eine steht der anderen so lange im Weg, wie Leistung durch Konkurrenz bestimmt wird.

Die Ängste, die bei den meisten Männern und Frauen den Beginn der körperlichen Liebe begleiten, sind ein Beispiel dafür, wie unheilvoll und schwer auszurotten die Folgen der Leistungsdressur im Gefühlsleben sind. Statt sich auf die gegenwärtigen Empfindungen zu konzentrieren und aus ihnen heraus zu handeln, überlegen sich die zivilisierten Liebenden, ob sie alles richtig machen, ob sie in der richtigen Weise küssen, ob sie die richtigen erogenen Zonen richtig erregen, um den Partner zu befriedigen. Die gemeinsame Lust erstickt unter diesen Forderungen und muß als Leistung geheuchelt werden. Das Unbewußte wehrt sich durch Leistungsverweigerung oder den Kompromiß des vorzeitigen Endes: Der Betroffene sucht seine Erregung möglichst schnell hinter sich zu bringen.

Die typische Vorbereitung auf ein erfolgreiches Leben in der Industriegesellschaft programmiert Unglück und inneres Elend voraus. Die Psychotherapeuten sollten sich hüten, hier durch Verbesserung der Leistungstüchtigkeit mitzuspielen. Aber oft sind sie selber so tüchtig und erfolgreich, daß sie das gar nicht wahrnehmen können. Wie ihre Klienten haben sie gelernt, durch ein hohes Maß an Anpassungsfähigkeit die Liebe anderer Menschen zu gewinnen. Gleichzeitig haben sie verlernt, andere Menschen zu lieben. Im Gegenteil: Hinter der freundlichen, auf den Erwerb von Liebe durch Liebenswürdigkeit abgestellten Fassade lauern unbewußt der Haß, der Neid, die Wut auf eine Außenwelt, die ständig Anpassung und Gefühlsverzicht verlangt. Eben weil er sich so angestrengt hat, um geliebt zu werden und zu gefallen, weil er schon so viele eigene Bedürfnisse dem Streben nach Erfolg geopfert hat, kann der Erfolgreiche der Liebe, die er gewinnt, am Ende nur mißtrauen. *«Ihr liebt mich ja nur, weil ihr mich braucht, weil ich äußerlich erfolgreich bin – ihr liebt nicht mich!»*

Aber wo ist er denn, ohne seinen Erfolg? Die erfolgreiche Fassade macht ihren Träger unglücklich, wenn sie durch Abspaltung und Verleugnung der zyklischen, emotionalen Prozesse aufrechterhalten wird. Die Gefühle anderer werden dann als berechnend empfunden. *«Du liebst mich ja nur, weil ich schön bin... weil du mit mir schlafen willst... weil ich erfolgreich bin und viel Geld verdiene... weil ich mir soviel Prestige erworben habe...»*

Die durch eine solche Abwehr von Weichheit und Hingabe geschaffene Distanz braucht der Erfolgreiche. Nur durch sie kann er die tiefe Abhängigkeit verleugnen, die durch seinen Verzicht auf unangepaßte Gefühle und Wünsche entsteht. Letztlich hat er seinen Schwerpunkt aus sich selbst heraus und in die Anerkennung von außen hinein verlegt. Wenn er seinen Abstand aufgibt, seine Bewunderer nicht mehr um sich kreisen läßt, sondern sich wirklich an sie annähert, fühlt er sich haltlos und von tödlichen Gefahren für sein Selbstgefühl bedroht.

So sitze ich in der Therapiegruppe für Paare und erlebe mit, wie Anpassung verspricht, die Liebe der anderen kontrollierbar zu machen und wie am Ende der Kontrolle Mißtrauen und Haß stehen. Jeder rechnet dem anderen seine Leistungen vor und stellt sie dem Versagen des Partners gegenüber. Jede Anpassung an den anderen, jeder Verzicht auf eigene Wünsche, wird unerbittlich aufgezählt. Endlich gelingt es der Gruppe, ein Stück weit zu klären, daß die Strategie der Vorwürfe nutzlos ist. Es kann nichts Gutes daraus werden, dem Partner immer wieder sein Versagen vorzuhalten. Damit wird die Gefühlsebene vermieden, nach der sich die beiden Streiter letztlich sehnen. Endlich fragen sie mit dem gläubigen Blick des durch Anpassung Erfolgreichen: Wie schaffe ich es jetzt, auf diese Gefühlsebene zu kommen? Was muß ich tun? Ich habe es ja versucht, aber der/die andere haben mich nicht gelassen, sie haben sich über mich lustig gemacht oder mir vorgeworfen...

An dieser Stelle wird die Paradoxie der Psychotherapie faßbar: *Sie will durch Anpassung erreichen, daß Anpassung aufgegeben wird.* Eher indirekt als direkt sage ich meinen Patienten: Ich kann euch nicht helfen, ich habe keine Technik, keinen Rat, keine Lehre. Die Lösung, die ihr sucht, gibt es nicht – es gibt keine Möglichkeit, technisch und durch Anpassung den richtigen Liebespartner, die richtige Lebensform zu finden.

«Jetzt habe ich es mal versucht, weil ihr hier mir immer sagt, ich sei so zurückhaltend und aggressionsgehemmt. Ich habe der Marion die Meinung gesagt und bin ganz laut geworden, als sie mir sagte, sie will erst eine Woche später in den Urlaub fahren, auf den ich mich schon so sehr gefreut habe. Aber es hat mir gar nichts gebracht. Sie hat nur gesagt, so läßt sie nicht mit sich reden, und ist aus dem Zimmer gegangen, und hat allein bei dem Kind schlafen wollen.»

Wer gelernt hat, durch Anpassung, die Anwendung von Techniken und die Aufrechterhaltung von Kontrolle Liebe zu erwerben, kann nicht verstehen, daß der Ausdruck seiner Gefühle für sich allein wertvoll ist, ohne Rücksicht auf seine Verwertbarkeit.

Ich glaube, daß die Neigung, den Ausdruck des eigenen, inneren Lebens zurückzustellen, um äußeren Erfolg zu erreichen, mitverantwortlich ist für den Raubbau an unserer Umwelt. Die Vorherrschaft von Kontrolle und Leistung über den Ausdruck der gegenwärtigen Gefühle führt auch dazu, daß die unkontrollierbaren Ausdruckswerte der Natur (einer Landschaft, einer Vegetation) geringgeschätzt werden. Es ist uns noch nicht klargeworden, daß wir ein Teil der Natur und nicht ihre Tyrannen sind. Wir können lebendige Systeme nur dann steuern, wenn wir sie als Ganze lieben, d. h. erleben, daß wir ein Teil von ihnen sind. Alles andere wird sich nach kurzem Gewinn rächen und keinen ausgeglichenen Zustand schaffen können.

Gesellschaften, die Begriffe wie Seßhaftigkeit, Eigentum an Grund und Boden, Vorratswirtschaft nicht kennen, müssen auch nur sehr wenige spontane Gefühlsreaktionen abspalten und verdrängen. Konflikte lassen sich z. B. dadurch lösen, daß sich die Gegner räumlich trennen und sich einer anderen Gruppe anschließen, in der sie ebenfalls Freunde oder Verwandte haben. So ist der vorherrschende Umgang mit Streit bei Jägerkulturen, die noch (vor ihrer Ausrottung durch die Ackerbau- und Industriekulturen) untersucht werden konnten, die äußere Trennung, nicht die verinnerlichte Kontrolle der aggressiven Gefühle.

Es gibt zwei grundsätzlich verschiedene Auffassungen über die Bedeutung der durch Kontrolle und Manipulation der Natur erreichten Macht des Menschen über sich selbst und seine Umwelt. Die eine besagt, daß die Technik ein wertneutrales Instrument ist. Ihre Bedeutung hängt von den Zielen ab, denen man sie unterstellt. Der Schmied am Amboß kann frei wählen, ob er eine Pflugschar oder ein Schwert machen will; die Führungsspitze des Industriekonzerns kann sich frei entscheiden, ob sie ein Waffensystem oder ein Röntgengerät produziert. Eine andere Auffassung besagt, daß jede Form von Technik ihre spezifische, kontrollierte, lineare, maschinenmäßige Umgangsform mit der Natur auf den Menschen überträgt. In einer oft zitierten Fabel lehnt es der chinesische Weise ab, eine Pumpe zu benutzen, um seinen Garten zu bewässern: Durch die Anwendung der Maschine würde auch sein Herz maschinenmäßig werden. Lieber schleppt er im Schweiß seines Angesichtes Eimer nach Eimer.

Vor einigen Jahren war ich im Haushalt eines traditionellen Indianers in Hotevilla zu Gast. Er gehört zu jenen *Hopi*, die es ablehnen, an eine öffentliche Versorgung mit Wasser und Elektrizität angeschlossen zu werden. Diese Verweigerung wird von den meisten zivilisierten Weißen als abergläubischer Unfug abgetan. Das wird sich vermutlich ändern, wenn sich erst mehr Menschen Gedanken über das Wasser machen müssen, das sie aus dem Hahn laufen lassen, das in ihre Swimmingpools fließt, ihren Rasen bewässert oder ihre Fäkalien geruchlos wegspült. Die umweltbewußten Weißen glauben, daß eine neue Einstellung durch Denken allein gewonnen werden kann. Aber das ist nur einer privilegierten Minderheit möglich. Für eine ganze Gesellschaft läßt sich ein neues Bewußtsein nur durch Handeln schaffen. Wer jeden Liter Wasser von einem entfernten Brunnen holen und in seine Wohnung tragen muß, wie es heute noch bei den traditionellen Hopi der Fall ist, gewinnt ein anderes Verhältnis zur Verschwendung dieses kostbaren Rohstoffs. Es hängt nicht von seinem guten Willen und seinen umweltbewußten Vorsätzen ab, ob er viel Wasser verbraucht oder wenig. Er muß einfach ein fühlbares Verhältnis herstellen zwischen seiner körperlichen Arbeit (oder der Bereitschaft eines Mitmenschen, für ihn Wasser zu holen) und seiner Verschwendung von Wasser. Das menschliche Denken ist von unseren Trieben bestimmt. Es wird eine einmal erreichte Bequemlichkeit nicht aufgeben wollen, auch wenn sie unserem Überleben auf lange Sicht schadet. Unser körperliches Handeln hingegen ist von der Realität bestimmt, wenn nicht, wird es bald von ihr belehrt.

Der chinesische Weise, der die erdachte Bequemlichkeit der Maschine ablehnt, weil er um sein Herz fürchtet, hat auch auf einer ganz realen Ebene recht: Wenn er die Pumpe für sich arbeiten läßt, die körperliche Tätigkeit gewissermaßen abspaltet und nach außen verlegt, wird auch das Risiko steigen, daß er selbst herzkrank wird. Der Europäer, der mit dem Auto zur Arbeit fährt und ein Trimm-Fahrrad im Keller benützt, um den Kreislauf fit zu halten, ist das Gegenstück zu dem chinesischen Gärtner. Er hat die körperliche Leistung zu etwas gemacht, was er sich aus Angst um sein Herz maschinenmäßig abquälen muß, und sieht in den arbeitssparenden Maschinen, die er und seine Frau benutzen, ein Symbol für das hohe Niveau seiner Kultur.

6. Ersatzbefriedigungen

Das Leben, wie es uns auferlegt ist, ist zu schwer für uns, es bringt uns zuviel Schmerzen, Enttäuschungen, unlösbare Aufgaben. Um es zu ertragen, können wir Linderungsmittel nicht entbehren. (Es geht nicht ohne Hilfskonstruktionen, hat uns Theodor Fontane gesagt.) Solcher Mittel gibt es vielleicht dreierlei: mächtige Ablenkungen, die uns unser Elend gering schätzen lassen, Ersatzbefriedigungen, die es verringern, Rauschstoffe, die uns für dasselbe unempfindlich machen.

*S. Freud**

«Ah! Der Ring!» sagte Boromir, und seine Augen leuchteten. «Der Ring! Ist es nicht ein seltsames Geschick, daß wir soviel Angst und Zweifel erdulden wegen eines so kleinen Dinges? So ein kleines Ding! Und ich habe ihn nur einen Augenblick in Elronds Haus gesehen. Könnte ich nicht noch einmal einen Blick darauf werfen?»

*J. R. R. Tolkien***

* S. Freud, Das Unbehagen in der Kultur, Ges. Werke XIV, Frankfurt am Main 1955, S. 432

** J. R. R. Tolkien, Der Herr der Ringe, Bd. I, Stuttgart 1978, S. 479

Die bürgerliche Gesellschaft ist, anders als die feudale Ordnung vor ihr, von freien und beweglichen Individuen bestimmt. Die sozialen, religiösen oder moralischen Vorschriften müssen zweckmäßig sein und sich der Konkurrenz um Profite unterordnen. Diese Individuen sind die einzigen Revolutionäre, welche die Geschichte kennt. Sie müssen dauernd neue Bereiche erschließen und haben keine Möglichkeit, wirklich ihren Erfolg zu genießen. Ihre Genußfähigkeit ist eingeschränkt, weil die Form ihrer Beziehungen untereinander keine Rückkehr in Ruhe, Traum, in gemeinsame Ekstasen, in kindliches Sich-gehen-Lassen zuläßt. Deshalb sind auch die einzigen Darstellungen bürgerlicher Familien, die wirklich überzeugen können, Darstellungen eines unausweichlichen Verfalls und Niedergangs. Die Kinder können nicht einsehen, was so anziehend an dem erfolgreichen Weg der Eltern ist. Sie werden im besten Fall schlechte Nachahmer, in vielen Fällen protestieren sie hilflos gegen ihre Vorbilder. Der Ödipus-Komplex, in dem es auch darum geht, daß ein Vater seinen Sohn mit durchbohrten Füßen in der Wildnis aussetzen läßt, ist das Symbol dieser Kindheit. Da die bürgerliche Erziehung sehr viel höhere Anforderungen an Selbständigkeit, Intelligenz, Beherrschung von Kulturtechniken, Durchsetzungsfähigkeit stellt als das Hineinwachsen in eine stabile, über Jahrhunderte hin unveränderte Gesellschaft, mehren sich auch die Zahlen der Versager, der «Nervösen» und der «Geisteskranken», die von einer wachsenden Berufsgruppe behandelt und möglichst wieder eingegliedert werden sollen.

Die bürgerliche Gesellschaft funktioniert, weil sie Ersatzbefriedigungen in einem früher unmöglichen Maß entdecken und anbieten konnte, parallel zu der ihr zugrundeliegenden, unerbittlichen Überforderung der einzelnen. Diese Ersatzbefriedigungen sind es, welche sie so mächtig machten, daß beispielsweise die Angehörigen der unterworfenen Primitivkulturen erst zu spät sahen, daß sie Wertvolles für Schund hingegeben hatten – Freiheit für Alkohol, Land für Glasperlen, die Fähigkeit, im Dschungel oder auf der Prärie mit einfachen Waffen zu überleben, für Mehlrationen und den gelegentlichen Jagdausflug mit einer Flinte. Die spätkapitalistische Konsumgesellschaft ist die raffinierte Steigerung von Ersatzbefriedigungen, welche bereits die frühkapitalistischen Arbeit«geber» und Kolonisatoren anboten. Sie verspricht ein umfassendes Netz von Befriedigungen, in dessen Maschen sich jeder verstricken muß.

Ersatzbefriedigungen werden gewählt, wenn natürliche Bedürfnisse verdrängt sind. Im Kontakt verschiedener Kulturen werden häufig Ersatzbefriedigungen einer Kultur von den Angehörigen einer anderen Kultur nicht abgewiesen, obwohl die zugrundeliegenden Verdrängungen noch gar nicht bestehen. Der Indianer, der sich von Alkohol und Weißbrot verführen läßt, kennt durchaus die grundlegenden Befriedigungen, die ihm sein Leben im Einklang mit der Natur gewährt. Aber er ist neugierig auf die Angebote der Weißen. Diese Neugier, die für den Menschen so nützlich ist, wenn er sich mit der Natur auseinandersetzt, wird gefährlich, wenn sie sich auf Teilstücke eines unverstandenen kulturellen Zusammenhangs richtet. Vielleicht scheint es eine Generation lang sogar noch möglich, die trügerischen Segnungen der Zivilisation zu haben und die Stammestradition nicht zu verlieren. Aber das hat sich fast immer als Illusion erwiesen. Der Jäger, der den Bogen weglegt und die Flinte annimmt, muß für Munition und Reparatur Geld ausgeben, das er durch einen Überschuß an Beute verdienen will. Wenn das seine Stammesbrüder auch tun, wird das Wild knapp und scheu. Es läßt sich nur mehr mit der weittragenden Waffe erbeuten. – Der freie Jäger ist abhängig geworden, auf dem besten Weg zu einem Arbeitssklaven des Händlers.

Vielleicht ist es für das Inventar der Rattenarche sinnvoll, die Ersatzbefriedigungen etwas genauer anzuschauen, welche uns die entwickelte Konsumgesellschaft gewährt.

Große weite Welt. Die Bewegung im Raum ist heute für die Psychoanalytiker zum Symbol des Narzißmus geworden – zum Signal für eine Sehnsucht nach Geborgenheit, die der Rückkehr in den Mutterschoß entspräche. Das Hingleiten durch die Luft (Fliegen, Drachensegeln), auf dem Wasser (Segeln, Windsurfing, Kajakfahren) und auf dem Land (Auto, Ski, Motorrad) macht Geborgenheits-Ersatz zur Ware. Nur unterwegs sind wir daheim. Um den Menschen in den Industriegesellschaften solche schnelle Bewegung im Raum zu ermöglichen, werden ungeheure Mengen an Rohstoffen und Arbeitskraft eingesetzt – Auto- und Flugzeugindustrie, Verkehrssysteme, Tourismus, Sportartikel und ihre Infrastrukturen. Jedes Jahr sterben in den Industriegesellschaften einige hunderttausend Menschen an den Unfällen, die sich vor allem deshalb ereignen, weil die schnelle Fortbewegung heute fast der einzige Bereich geworden ist, in dem die Konkurrenz freier, beweglicher Individuen – d. h. das bürgerliche Urprinzip – noch unmittelbaren, emotionalen Ausdruck findet. Im Start an der Ampel und im Überholen wird noch faßbar, was im Aufbau einer Beamtenkarriere oder im Anstreben einer Managementposition fast immer zugunsten des Fernziels unterdrückt werden muß: überlegen zu sein, koste es, was es wolle. Wir sind mobilitätssüchtig und sehen nicht, daß der Nutzen die Kosten nicht aufwiegt. Jedes Jahr muß einer von 300 Autofahrern mit einer Verletzung rechnen, einer von 3000 mit dem Tod. Von 1000 Motorradfahrern verunglücken gar mehr als 200. Die Mobilität erlaubt uns, unsere Umwelt in weiten Bereichen zu vernachlässigen und zu zerstören, weil es ja andere, heile Bereiche gibt, in die wir fliehen können. Was dabei vergessen wird, ist die Unfähigkeit des Menschen, schnell heimisch zu werden. Die Naturschönheiten, welche die Prospekte der Tourismusindustrie füllen, sind ein typisches Beispiel für Ersatzbefriedigungen, für den erbärmlichen Trost, den der Traum vom Korallenstrand in einer aus Fertigbetonteilen erstellten Trabantenstadt gewährt. Auf diese Weise sind die Menschen nirgendwo daheim – weder dort, wo sie arbeiten, noch dort, wo sie sich erholen wollen und zum Jagdopfer der Tourismusindustrie werden. Ich finde das Gedankenexperiment lohnend: Was wäre, wenn wir uns nur mehr mit ungefährlichen Mitteln (zu Fuß und allenfalls mit dem Fahrrad) fortbewegen könnten? Entsetzen? Keine Fahrt ins Grüne mehr? Keine kleinen (und großen) Fluchten? Aber auch der heilsame Zwang, das Naheliegende zu genießen, seine Neugier ausdauernd auf ein Stück Natur zu richten, das dann wirklich mit allen Sinnen erfaßt, verstanden (und verteidigt) werden könnte. Die Mobilität macht unser Verhältnis zur Umwelt abstrakt. Es gibt keine notwendige, körperliche Beziehung zu ihr mehr, sondern eine Phantasiebeziehung, einen Traum, der schön ist und geträumt wird, solange das mobile Individuum unterwegs ist, den aber jede Ankunft zerstört. Dazu passen jene Liebesbeziehungen, zu deren Bedingungen es gehört, daß die Beteiligten weite Strecken überwinden müssen, um sich körperlich zu begegnen. Auch hier kann viel dem Traum, der idealisierenden Phantasie überlassen bleiben.

Schönheit in Aspik. Das Leben in der Konsumgesellschaft ist voller leicht erwerblicher, weitgehend kontrollierbarer, verfestigter Schönheiten – Konserven für Bilder, für Landschaften, für den Ausdruck von Bewegung und Leidenschaft, für Musik, für Gedanken. Unsere Sinne und unser prüfendes Nachdenken werden geschult, zu vergleichen: die Schönheit unserer Geliebten mit der Schönheit in den Illustrierten oder auf dem Bildschirm, die Vollkommenheit der Langspielplatten mit unserem Musizieren, den Gefühlsausdruck auf der imaginären Bühne mit den eigenen Möglichkeiten. Die Realität ist ein mieser Abklatsch dessen, was wir in den Konserven viel besser und billiger haben können. Wir haben uns selbst aus dem Augenblick, aus dem Hier und Jetzt vertrieben, auf der Suche nach Unsterblichkeit, wie unsere Ahnen aus dem Paradies. Das Streben des Künstlers, daß etwas von ihm bleibt, ist ein Mißtrauensantrag an das Leben. Ihn mag der Prozeß des Schaffens noch entschädigen. Die Konserve, die er vermarktet oder die für ihn vermarktet wird, stumpft ab für die schöpferischen Veränderungen, die nur in der Realität möglich sind. Die angeblich verbesserte, breitere Zugangsmöglichkeit zu kulturellen Werten in den Schönheitskonserven ist trügerisch. Das Gefälle zwischen der produzierten Vollkommenheit und den realen Ausdrucksmöglichkeiten der Konsumenten wird immer größer. Zerstörerische Ideale und Waren haben gemeinsam, daß sie von der Anpassung an einen Wettbewerb bestimmt sind, in dem es darum geht, andere zu schädigen, indem man sie im Erfüllen des Ideals übertrifft. Schönheit muß immer perfekter konserviert werden, immer angenehmer alle Sinne betäuben. Wer eine Stereoanlage besitzt, kann mühelos vollkommene Musik «machen». Der Gegensatz zwischen Bedürfnisbefriedigung und Ersatzbefriedigung wird durch die Konkurrenz zwischen besseren und weniger guten Ersatzbefriedigungen vertuscht. Wer unbefriedigt bleibt, weil seine eigene Kreativität verkümmert, kann auf ein anderes Programm schalten, eine andere Platte auflegen.

Gute Besserung. Viele Leiden, die mit hohen Kosten medikamentös behandelt werden, zeigen eine augenblickliche Störung des Gleichgewichts zwischen den linearen Idealen (z.B. Leistung, Kontrolle, Bewältigung bürokratischer Sachverhalte) und den zyklischen Lebensprozessen (Einamten – Ausatmen, Schlafen – Wachen, Aktivität – Ruhe, Nähe – Distanz) an. Behandlung ist überflüssig. Die Krankheit selbst stellt einen Versuch dar, den Betroffenen in die zyklischen Vorgänge des eigenen Organismus zurückzuholen, von denen er sich entfernt hat. Unterdrückt der Arzt solche Beschwerden, macht er oft einen solchen Selbstheilungsversuch unmöglich. Tatsächlich ist von vielen chronischen Krankheiten (z. B. Asthma bronchiale, Rheuma, Ekzem) bekannt, daß die Symptome immer hartnäckiger werden, je «bessere» Medikamente (heute vor allem Cortisonpräparate) dagegen entwickelt wurden. Ich bin überzeugt, daß drei Viertel aller verschriebenen Medikamente und verordneten Untersuchungsmaßnahmen nur den Ärzten nützen und den Patienten eher schaden. Man wird einwenden, es sei ungeheuerlich, so etwas ohne Beweise[6] zu behaupten. – Tatsächlich wäre es aber eher die Aufgabe der Mediziner, nachzuweisen, wieviel an ihren Handlungen therapeutisch erfolgreich ist. Der Druck des Ersatzbefriedigungssystems in der Medizin ist freilich sehr mächtig. Wer zum Doktor geht, will etwas haben – eine Krankheit, eine Diagnose und ein Mittel dafür. Ich kenne nur eine Ärztin, die vielen ihrer Patienten sagt: *«Da machen wir jetzt nichts, da müssen Sie auch nichts einnehmen, trinken Sie viel Tee oder Saft, und warten Sie ein paar Tage...»* Ein anderes, noch weit düstereres Kapitel sind die Krankenhausbehandlungen, in denen es mit immer wachsendem Einsatz von Technik gelingt, Menschen immer länger in einem Stadium qualvollen Siechtums zu kontrollieren. Diese Art Lebensverlängerung dokumentiert die bürgerliche Hochschätzung der individuellen Beweglichkeit in einer aberwitzigen Karikatur. Die Betroffenen sind längst unfähig, sich aus eigener Kraft zu bewegen und sich lebendig zu fühlen. Aber weil es keine gefühlsbestimmte Entscheidung über das Leben mehr gibt, wird es als sinnlose Linie mechanisch von Tag zu Tag verlängert. Ich glaube nicht, daß die medizinische Lebensverlängerung die Würdelosigkeit des Todes aufwiegen kann, die sie geschaffen hat. In der Medizin wird das Leben zu einem rational definierten und technisch aufrechterhaltenen Wert gemacht, das heißt: seiner Verbindungen mit dem Gefühl, mit dem Dunkel, mit dem übrigen menschlichen, tierischen, pflanzlichen Leben beraubt.

Der Sinn einer Analyse von Ersatzbefriedigungen liegt darin, daß er den Weg zu den wirklichen Befriedigungen freilegt. Das klingt einfacher, als es ist. Es gehört zum Wesen der Ersatzbefriedigungen, daß sie zunächst einmal als Ergänzung und Bereicherung des Lebens die Bühne betreten. Später schaffen sie wie der Kuckuck die legitimeren Geschwister beiseite und reißen alle Energie an sich. Wie die Vogeleltern sagt sich dann unser bewußtes Ich: Bevor ich gar nicht mehr weiß, was ich zu meiner Befriedigung tun kann, füttere ich den Kuckuck groß – vielleicht wird er doch noch ein Rotkehlchen. Verzicht auf Ersatzbefriedigungen führt zunächst einmal zu einer schwer erträglichen inneren Leere. Der lange nicht mehr empfundene Mangel wird bewußt, ohne daß Möglichkeiten greifbar scheinen, ihn zu beseitigen. Oft machen sich sogar Selbstanklagen breit, beispielsweise wenn die Ersatzbefriedigung der Leistungskonkurrenz und des Karrierestrebens preisgegeben wird – ist es nicht vielleicht doch falsch, Chancen zu verpassen, andere vorbeiziehen zu lassen, die doch gewiß nicht besser sind? Obwohl es äußerst zeitraubend und lästig ist, die üblichen Konsumfetische (als da sind Autos, Stereoanlagen, Küchenzeilen, chice Kleider, Farbfernseher, französische Küche usw.) zu verehren, entlasten sie uns doch von vielen inneren Schwierigkeiten, die dann auftreten, wenn wir auf sie verzichten. Unsere Zeit zieht sich auf einmal endlos hin, wir haben keine Lust zu der Muße oder gar zu der Kreativität, die uns eben noch so anziehend schienen.

7. Psychotherapie als Ersatzbefriedigung

Da die Kultur einem inneren erotischen Antrieb gehorcht, der sie die Menschen zu einer innig verbundenen Masse vereinigen heißt, kann sie dies Ziel nur auf dem Weg einer immer wachsenden Verstärkung des Schuldgefühls erreichen.

*S. Freud**

Ein großer Mann ist es, und ein Heiler; und es kommt mir seltsam vor, daß die heilende Hand auch das Schwert führen soll. So ist es heute nicht in Gondor, obwohl es einst so war, wenn die alten Erzählungen die Wahrheit berichten. Aber seit langer Zeit haben wir Heiler uns nur bemüht, die Schmisse zu flicken, die die Männer des Schwertes geschlagen hatten. Obwohl wir immer genug zu tun haben ohne sie: in der Welt gibt es genug Wunden und Leid ohne Kriege, die sie vervielfältigen.

*J. R. R. Tolkien***

* S. Freud, Das Unbehagen in der Kultur, Ges. Werke XIV, Frankfurt am Main 1955, S. 492

** J. R. R. Tolkien, Der Herr der Ringe, Bd. III, Stuttgart 1978, S. 266

In Mitteleuropa ist die natürliche Vegetation der Wald. Solange unsere Vorfahren jagten und sammelten, war dieser Wald ihre Mutter, die ihnen gab, was sie brauchten. Es war ein Leben, in dem es äußere Härten gab, die uns sicher unerträglich wären. Es fehlten jedoch die inneren Härten: Herrschaft, Besitzunterschiede, geprügelte Kinder, Sklaven. Sauberkeit, Sparsamkeit, Bedürfnisaufschub waren überflüssige Tugenden. Sobald der Ackerbau sich durchsetzte, entstand eine erste Überforderung. Die agrarische Gesellschaft rodete Lichtungen in den Wald. Die bestellten Felder waren die freundliche Natur, der Wald die böse, aus dem wilde Tiere in die Felder einbrachen, und in dem wohl noch lange Zeit wilde Menschen lebten, Hexen und Zauberer, Elben und Feien, die mit Tierstimmen reden und sich nach Belieben unsichtbar machen konnten. Um die Kinder zu guten Bauern zu machen, mußte man sie schlagen, denn sonst hatten sie wenig Lust, ihre Arbeit so zu tun, wie sie eben getan werden mußte. Man konnte mit den Vorräten, die durch den Ackerbau möglich waren, so große Gruppen ernähren, daß die Ackerbaugesellschaften in jedem Krieg mit den Jägern und Sammlern siegten, deren Faulheit und Magie ihnen ohnedies ein Dorn im Auge war. Bald gab es Hörige und große Herren, die Land im Kampf erwarben und es an ihre Dienstmannen weitergaben.

Diese Herren nun hielten viel auf ein Vergnügen, das früher zum Alltag aller gehörte. Sie jagten in den Wäldern, die inzwischen immer kleiner geworden waren. Später ging die Macht weitgehend auf die Menschen in den Städten über, die den Ernst des Lebens darin sahen, daß jedes Ding seinen Preis hat. Als diese Städte immer größer wurden, fingen die Menschen in ihnen an zu träumen: von fernen Inseln mit Palmen und Fruchtbäumen, wo sie inmitten der Natur ein Leben ohne Geld und Gewinn führen wollten, von im Urwald ausgesetzten Kindern, die mit Wölfen oder Affen zu Königen des Dschungels heranwuchsen. Und sie holten sich diese Natur in ihre Städte – in bemalten Schaukästen waren die ausgerotteten Tiere, Löwe und Bär, Wolf und Hirsch zu sehen. In künstlich verkleinerten Landschaften, die den Käfig verleugneten, sah man lebendige Elefanten und Nashörner.

Freilich kosteten auch diese Museen und die zoologischen Gärten Eintritt. Für sein Geld erhielt der Bürger keinen materiellen Gegenwert, sondern ein Stück Traum, die Rückkehr in eine verlorene Welt. Vor allem für die Kinder war das ein wichtiges Vergnügen, um sie für ihre harte Arbeit zu entschädigen, für den ihnen auferlegten Zwang,

Dinge zu lernen, die noch keinen erkennbaren Sinn für ihr Leben hatten.

Aber die Erholung vom Fortschritts- und Leistungszwang, welche die Träume vom freien Leben in der Natur, von den palmengesäumten Stränden gewähren mochten, reichten nicht aus. Die Menschen wurden immer unglücklicher. Die Ursache konnten sie nicht in ihrem Fortschritt sehen – der war das beste an ihnen. So glaubten sie jedenfalls, und so machten es ihnen ihre Märchenerzähler, die sich sinnigerweise «Naturwissenschaftler» nannten, in unermüdlichen Wiederholungen weis. So suchten sie die Ursache in ihren «Nerven», in jenem Denk- und Wahrnehmungsapparat, der in einen guten, kontrollierbaren und in einen schlechten, unkontrollierbaren und unvernünftigen Teil aufgeteilt worden war, seit es Städte gab und einen einzigen, guten Gott, der schon vor langer Zeit den Teufel aus dem Himmel geworfen hatte.

Jemand muß ein großer Herr sein, um sich eine eigene Jagd in einem großen, wohl von Wildhütern bewachten wilden Wald zu leisten. Jemand muß viel Geld haben, um wilde Tiere in seinen «Freigehegen» zu halten und sie den Neugierigen zu zeigen. Aber ein junger Arzt, der weder Kapital noch Feudalbesitz hatte, entdeckte eine neue Wildnis und eine neue Jagd: die innere Wildnis des nervösen Bürgers, die in seinen Nacht- und Tagträumen deutlich wird. Freilich kostete auch der Eintritt in diese innere Unterwelt Geld. Wer sich nicht in diesen Katakomben und Höhlen verirren wollte, mußte sich einen Führer mieten, der behauptete, den Weg zu kennen.

Weil in der Welt der Städte alles, was Geld kostete, auch einen vernünftigen Zweck haben mußte (man war dort ja auch überzeugt, daß Soldaten und Mordmaschinen, die besonders viel Geld kosten, auch besonders vernünftige und wichtige Erwerbungen sind), wurde die Besichtigung der inneren zoologischen Gärten als Heilung von Nervenleiden ausgegeben. In der unübersichtlichen, rasche Entscheidungen fordernden Welt der Städte waren die Nerven offensichtlich der schwächste Teil der Menschen. Sie weigerten sich immer öfter, so geordnet und kontrolliert zu arbeiten, wie es natürlich gewesen wäre (nach dem Verständnis der Naturwissenschaftler). Da das Leben immer besser geworden war, die Naturbeherrschung immer perfekter, konnte man sich das nur dadurch erklären, daß eben die Nerven schlechter geworden, degeneriert waren.

Eines blieb unklar und war immer ein Gegenstand des Mißtrauens gegen die Führungen in die innere Wildnis. Dienten sie wirklich dem Interesse der Geführten? Oder waren diese eher Opfer ihrer Führer, die es genossen, immer wieder aus den flachen Geldgeschäften des Alltags in die Tiefen zu wandern, in denen noch Sphinx und Drache, Nixe und Ritter, Riesen und Zwerge lebten? Sie versprachen, das Unvernünftige, Chaotische zu analysieren, es trockenzulegen und verwertbar zu machen. Sie schmückten sich mit Emblemen der Naturwissenschaft, mit Fachzeitschriften und einer schwer verständlichen Kunstssprache. Aber es blieb verwirrend, daß sie ihr rationales Interesse auf das Irrationale richteten, daß sie mit den zweckmäßigen Instrumenten der Wissenschaft so zweckwidrige Dinge untersuchten wie die sexuelle Begierde, die das Kind an Vater und Mutter bindet, da sie ihre erotischen Bedürfnisse nicht hinter dem Schutz verschlossener Türen mit diskreten Damen austobten, sondern Aufsätze über die herrschende Sexualmoral und die moderne Nervosität schrieben.

8. Im Innern des Giganten

Es scheint also, daß zahlreiche Analytiker es erlernen, Abwehrmechanismen anzuwenden, die ihnen gestatten, Folgerungen und Forderungen der Analyse von der eigenen Person abzulenken, wahrscheinlich indem sie sie gegen andere richten, so daß sie selbst bleiben, wie sie sind, und sich dem kritisierenden und korrigierenden Einfluß der Analyse entziehen können. Es mag sein, daß dieser Vorgang dem Dichter recht gibt, der uns mahnt, wenn einem Menschen Macht verliehen wird, falle es ihm schwer, sie nicht zu mißbrauchen.

*S. Freud**

Wenn die Macht wächst, werden ihre erprobten Freunde auch wachsen. Und die Weisen wie du und ich werden mit Geduld schließlich so weit kommen, daß wir ihr Verhalten lenken, sie kontrollieren. Wir können den rechten Augenblick abwarten, wir können unsere Gedanken in unseren Herzen verschließen, vielleicht das Böse, das nebenher angerichtet wird, beklagen, doch das hohe und letzte Ziel billigen: Wissen, Herrschaft, Ordnung; alle diese Dinge, die zu erreichen wir uns bisher vergeblich bemüht haben, eher gehindert als unterstützt durch unsere schwachen und untätigen Freunde.

*J. R. R. Tolkien***

* S. Freud, Die endliche und die unendliche Analyse, Ges. Werke XVI, Frankfurt am Main 1955, S. 95

** J. R. R. Tolkien, Der Herr der Ringe, Bd. I, Stuttgart 1978, S. 315

Die gegenwärtigen Industriegesellschaften gleichen gepanzerten Giganten, die alles zerstampfen, indem sie es «verwerten». Alle Anzeichen eines Zusammenbruchs dieser aus winzigen Bausteinen gebildeten Riesen sind so bedrohlich, daß jedes kleine Versagen sofort zu Gegenmaßnahmen führt. Was rational kontrollierbar scheint, wird dabei durch einen immer besser entwickelten Rechts- und Polizeiapparat überwacht, was unkontrollierbar scheint, dem Gesundheitswesen, den Ärzten und neuerdings den Psychologen übergeben.

Dieses Problem hat zwei Seiten: die eine, deutlichere ist das *abweichende Verhalten*, das mit Etiketten versehen und unter Kontrolle gebracht werden muß: zurechnungsfähig (Staatsanwalt) – unzurechnungsfähig (Psychiater), heilbar – (Psychotherapie) – unheilbar (Anstalt, Medikamente). Die andere Seite sind die *«Professionellen»*, d.h. die mit dem Nimbus des Wissens und der Verantwortung glaubwürdig ausgerüsteten und motivierten Mitglieder der Gesellschaft, die sich bereitfinden, solche Etiketten zu verteilen und die mit ihnen verknüpften Aufgaben in der Kontrolle abweichenden Verhaltens wahrzunehmen.

Die klassischen drei Professionen – Arzt, Geistlicher, Jurist – werden dadurch motiviert, daß sie glauben, nicht der inneren Kontrolle eines verheerenden Giganten zu dienen, sondern Werte zu erfüllen, die weit über solche Zwecke hinausgehen: *das Göttliche, die Gesundheit, das Recht.* Gleichzeitig bieten sie Dienstleistungen an. Die kapitalistische Gesellschaft definiert ihre wirtschaftliche Basis in dieser Weise. Das prägt den Dienstleistungen die Merkmale der Ware auf. Sie müssen abgegrenzt und kontrollierbar sein. Im Idealfall sollen sie mit anderen Waren auf einem ‹freien› Markt konkurrieren. Die Träger der Professionen sind gehalten, sich dem Markt anzupassen. Ihr soziales Prestige und ihre Möglichkeiten zum Gelderwerb hängen damit zusammen.

Wo das auffällt, leidet der Nimbus des Professionellen Schaden. Der Pfarrer, welcher sich seiner Gemeinde «verkaufen» und seinen Beistand in Taufe, Eheschließung und Begräbnis anpreisen muß (wovor ihn in Europa die Staatskirche schützt, was in den USA aber bereits gang und gäbe ist), ist nicht mehr nur uneigennütziger Diener Gottes. Der gewinnsüchtige Arzt, der überflüssige Medikamente verschreibt, ohne Not operiert oder seine Patienten süchtig macht, ist eine vielbeschriebene Gestalt. Von den Juristen, der weltlichsten Gruppe, erwartet man meist schon gar nicht mehr, daß sie wirklich dem Recht verpflichtet sind. Eher denkt sich der Durchschnittsmensch, daß sie es eben besonders gut verstehen, durch die Maschen der Gesetze zu schlüpfen bzw. den besser zahlenden Kapitalisten dabei zu beraten.

Doch sind die Belohnungen des Professionellen keineswegs nur materieller Art. Ebenso wesentlich ist der narzißtische Gewinn, den er – ungleich den meisten anderen Arbeitnehmern – aus seiner Tätigkeit ziehen kann. Von ihm sind Menschen abhängig, wie sie es sonst nur von ihren Eltern waren. Während sonst die Kunden fordernd und selbstsicher («wer zahlt, schafft an») auftreten, sind sie dem Professionellen gegenüber demütig, wagen nur selten eine Frage nach dem Honorar. In der Praxis des Arztes, in der Kanzlei des Anwalts, in der Kirche des Pfarrers ist es so, als ob die Patienten, Klienten, Gläubigen für den Professionellen da wären und nicht er für sie. Sie kommen und suchen einen Beistand, den er geben oder verweigern kann – sie treten nicht ein und kaufen ihm etwas ab, was er froh sein muß loszuwerden. (Die Rolle des Funktionärs in den Gesellschaften des Ostblocks bot ähnliche narzißtische Gratifikationen.)

Der Professionelle kann verleugnen, abhängig zu sein. Er dient offenbar nicht der inneren Kontrolle in einem gigantischen Zerstörungssystem, sondern einem menschlichen Wert, den er verkörpert und den nur seinesgleichen beurteilen kann. Als Gegenleistung für diesen narzißtischen Gewinn bietet er an, seine Kontrollfunktion undurchschaubar zu machen. Er handelt nicht in einem an gesellschaftliche Zwecke gebundenen Auftrag (was sein Handeln viel leichter angreifbar machen würde), sondern selbständig. Dem Professionellen bietet die Gesellschaft auch da noch einen Sinn an – d. h. eine narzißtische Bestätigung, eine Aufwertung seines Selbst –, wo sie anderen nur Geld anbietet. Je deutlicher nun der unmittelbare Mangel zurücktritt, desto begehrter wird in den Industriegesellschaften diese Aufwertung, desto weniger befriedigt, was man für Geld kaufen kann.

Das Schicksal der Psychotherapie und ihre Bedeutung für die Industriegesellschaft sind mit dieser Rolle der Professionellen verbunden. Die expansive Entwicklung und der große Andrang zu diesen Berufen werden verständlicher, wobei eine verborgene Ironie darin liegt, daß in Westdeutschland nur die anpassungsfähigsten, besten Schüler einen Studienplatz in Medizin und Psychologie bekommen, um dann ihre Lebensaufgabe daraus zu machen, jenen zu helfen, die sie erst auskonkurriert haben. Parallel dazu sind die Psychotherapeuten immer mehr in die Rolle von idealen Ersatz-Eltern geraten. Freud hat die Rolle der realen Kindheitserlebnisse und ihre «traumatische», verletzende Wirkung für später sehr begrenzt gesehen (beschränkt auf die Überreizung der kindlichen Sexualität), und zum Teil heruntergespielt (weil sich manche Verführungsgeschichten als Phantasie erwiesen). Er konzentrierte sich auf die Vorgänge im Individuum, auf seine Phantasiewelt, deren Verdrängung in der Kindheit es für die Bewältigung des Erwachsenenlebens schwächt.

Heute sieht die Lage anders aus. Der Psychoanalytiker soll nicht mehr (dem Chirurgen vergleichbar, wie Freud noch sagte) einen isolierten Konflikt bearbeiten und dem ansonsten arbeitsfähigen Ich des Patienten den Rest der Gesundung überlassen. Er soll einen Mangel ersetzen, etwas Fehlendes nachholen lassen, korrigierende emotionale Erfahrungen liefern, in der Behandlung von Grundstörungen erst einmal Urvertrauen aufbauen, eine nachholende Ich-Entwicklung gewährleisten, das «falsche» Selbst zugunsten des «wahren» Selbst abbauen. Je umfassender der Anspruch, desto länger dauert die Therapie, desto mehr wird sie zu einem Bestandteil des Lebens. Wer sich heute in Psychotherapie begibt, verliert vielleicht nicht seine Symptome, oft aber seine alten Freunde: er «kann einfach nicht mehr mit ihnen reden». In Kleinanzeigen heißt es: *«Mitglieder für eine Wohngemeinschaft gesucht, möglichst mit Primärerfahrung.»*

Freud hat die Verdrängungen analysiert: horizontale Abspaltungen, durch die bestimmte Erlebnisinhalte aus dem Bewußtsein verschwinden und für es nicht mehr zugänglich sind. Sie müssen erschlossen werden. Wir haben zu ihnen keinen besseren Zugang als zu den seelischen Vorgängen eines anderen Menschen. In den heutigen Behandlungen spielen die vertikalen Abspaltungen eine größere Rolle: Erlebnisbereiche, die nicht unbewußt sind, die aber nur ein Schattendasein führen. Den Patienten Freuds waren ihre Symptome unerklärlich; die Aufklärung und das Durcharbeiten der Widerstände gegen sie bewirkten eine Veränderung. Heute ist unseren Patienten vielfach ganz klar, was ihnen fehlt. Sie erklären ihre Störungen, sie führen sie möglicherweise sogar auf ihre Kindheit zurück, aber sie klagen darüber, daß diese Erklärungen ihnen nicht helfen, daß ihr Wissen ihre Misere nicht behebt.

Parallel dazu spielen sich auch die Therapien in einem vertikal abgespalteten Bereich ab, in einer Ersatzwelt, in der *«man zum erstenmal richtig miteinander reden kann».* Woody Allen ist seit zwanzig Jahren in psychoanalytischer Behandlung – irgendwann wird das mit Psychoanalyse begleitete Leben für eine zahlungskräftige Minderheit länger werden als das nicht begleitete Leben. Die Analytiker erklären (wie Heinz Kohut), daß oft erst die zweite Analyse «wirklich» etwas bringt. Die Lehrinstitute verlangen an die tausend Stunden Selbsterfahrung für ihre Analytiker, während die Kassen bereits nach 160 Therapiestunden Schwierigkeiten mit einer Verlängerung machen. Neben den realen Beziehungen und dem wirklichen Alltag gibt es eine ideale Beziehung, einerseits als Ware bezahlt, andrerseits vollkommener, von Werten wie Einfühlung, Verständnis, Freiheit, lebendigem Gefühl bestimmt, die im realen Alltag nicht mehr viel zu suchen haben.

Dazu gehört auch, daß es anscheinend viel einfacher ist, einen neuen Therapeuten zu machen als einen geheilten Patienten. Ein Freund von mir, der sich am Aufbau von zwei therapeutischen Instituten beteiligt hat, sagte einmal: *«Jeder Arzt, der bei mir in Behandlung war, ist bisher Therapeut geworden.»* Er war stolz darauf und schien darin einen Beweis für die Qualität dieser Therapie zu sehen. Das ist sicher auch richtig, denn der Maßstab für die Qualität der meisten Waren und Dienstleistungen ist ihr Wert als Ersatzbefriedigung. Der Psychologe und der Arzt können am Ende sogar vierzig Jahre «in Therapie sein» und Woody Allen übertreffen. Theologen, Sozialarbeiter und Lehrer, die inzwischen kaum mehr Zugangswege zu den etablierten Therapiewelten haben, können immer noch Heilpraktiker, Supervisoren, Trainer von Selbsterfahrungsgruppen werden. Sie alle sind gleichermaßen unbefriedigt von der kognitiven Verflachung und zweckrationalen Verwaltung der Arbeit in den sozialen Berufen. Sie suchen nach einer anderen Welt und bauen sie in einem abgespaltenen, ausgegrenzten Bereich auf.

Der Vergleich des Psychotherapeuten und des Experten für zwischenmenschliche Probleme mit dem Zoodirektor setzt hier an. Was in der technisierten Industrielandschaft ausgerottet werden muß, aber doch einen Wert besitzt (und sei es ein sentimentaler), wird in abgegrenzten Bereichen aufbewahrt und gut gepflegt. Die Kontoristin, die nach elf Monaten Bürojob einen Monat in ein Zentrum für Encounter-Gruppen reist und dort ihr eigentliches Leben ansiedelt, verhält sich nicht viel anders als die Krankenschwester, deren eigentliches Leben die Klettertouren mit ihren Bergfreunden am Wochenende darstellen, oder der Prokurist, der eigentlich als Jäger in den kanadischen Urwäldern lebt.

Das Leben als Zoodirektor ist ein Kompromiß zwischen der Sehnsucht nach der Wildnis und dem Wunsch, sich die Sicherheiten und Annehmlichkeiten der Industriewelt zu erhalten. Das Auswuchern therapeutischer Ersatzwelten, als «Psychoboom» beschrieben und sowohl von konservativ-ärztlicher Seite («die sind ja alle nicht richtig krank») wie von radikal-marxistischer Seite (neue Formen von Opium für das Volk) kritisiert, läßt sich durch Abwertung wohl kaum aus der Welt schaffen. Therapeuten und Patienten, Gurus und Gläubige protestieren hilflos gegen eine zweckrationale Welt, die sie doch als wirtschaftliche Grundlage nicht aufgeben können. Statt die Gesellschaft rational und planvoll verändern zu wollen, wird versucht, in ihr Nischen zu entdecken, in die man sich retten kann.

Wir brauchen multiple Sozialisationen, Nach-Erzieher, Erwachsenenbildner, die Schäden gutmachen, die in den Familien unausweichlich entstehen. Und wir bekommen sie eher, können eher von ihnen etwas erwarten, uns und ihnen Hoffnung machen, wenn wir ihnen zubilligen, sich aufzuführen, als ob sie wüßten, wo's langgeht. Die Therapeuten erziehen zwar nicht selbst, aber sie wissen besser, wie hätte erzogen werden müssen, wenn die Menschen nicht sich selbst oder andere verletzen sollen. Die Praxis in den Familien, in der unmittelbaren Reproduktion des Menschen wird kritisiert, doch an ihre Stelle tritt keine neue Praxis, sondern die Rechtfertigung späterer Dienstleistungen, in diesem Fall der Psychotherapie. Obwohl es gewiß schwieriger ist, ein eigenes Kind zu erziehen als ein fremdes mit Spieltherapie zu behandeln, genießt doch die Spieltherapeutin ein höheres Prestige, sie wird besser bezahlt und darf sich den mangelhaften, irrational handelnden biologischen Eltern weit überlegen fühlen. Es geht den Therapeuten dabei nie darum, die Eltern zu ersetzen, doch sind sie unermüdlich darin, sie zu belehren und genau zu ermitteln, was sie falsch gemacht haben.

9. Die emotionale Wildnis

Ein(er)... meiner Freunde... versicherte mir, daß man in den Yogapraktiken durch Abwendung von der Außenwelt, durch Bindung der Aufmerksamkeit an körperliche Funktionen, durch besondere Weisen der Atmung tatsächlich neue Empfindungen und Allgemeingefühle in sich erwecken kann, die er als Regressionen zu uralten, längst überlagerten Zuständen des Seelenlebens auffassen will. Er sieht in ihnen eine... Begründung vieler Weisheiten der Mystik. Beziehungen zu manchen dunklen Modifikationen des Seelenlebens, wie Trance und Ekstase, lägen hier nahe. Allein mich drängt es, auch einmal mit den Worten des Schillerschen Tauchers auszurufen: «Es freue sich, wer da atmet im rosigen Licht.»

*S. Freud**

«Ich glaube, wir werden hier rasten, nicht nur tagsüber, sondern auch in der Nacht. Die Luft ist bekömmlich in Hulsten. Viel Böses muß ein Land befallen, ehe es die Elben ganz vergißt, die einstmals hier wohnten.»

*J. R. R. Tolkien***

* S. Freud, Das Unbehagen der Kultur, Ges. Werke XIV, Frankfurt am Main 1955, S. 430

** J. R. R. Tolkien, Der Herr der Ringe, Bd. I, Stuttgart 1978, S. 345

Stücke der *Arbeitsteilung* rückgängig zu machen ist ein alter Traum des Individuums. Bereits Robinson in seinem Insel-Paradies, einer der ersten Helden solcher Träume, glaubt an die Aufhebung der Spaltungen, die das bürgerliche Selbst im Dienst seiner Verwertbarkeit einengen. Er ist sein eigener Zimmermann, Soldat, Jäger, Schneider, Gärtner, Viehzüchter, sein König und Untertan. Die Differenzierung der Gesellschaft vereinfacht die Individuen, beschneidet ihre narzißtische Ausdehnung und führt dazu, daß sie – unfähig, sich in mehr als einer Richtung zu entwickeln – wenigstens in dieser möglichst viel Macht haben und diese auch eifersüchtig bewachen wollen. Der Mythos des Professionellen hat hier seinen Ursprung.

Die Stabilität ökologischer Systeme hängt davon ab, daß sie möglichst gleichmäßig differenziert sind. Monokulturen, einseitige Spezialisierungen ohne Artenvielfalt sind ungünstig. Ich glaube, daß die Verwandlung unserer Umwelt abbildet, was sich auch in unserer Innenwelt verändert und unser inneres Ökosystem instabil macht. Auf der urtümlichsten Kulturstufe, die bei weitem die höchste Ausgewogenheit und Stabilität bewiesen hat und etwa 99 Prozent der menschlichen Entwicklungsgeschichte umfaßt, veränderte der Mensch die Natur kaum. Er suchte nicht, sie zu beherrschen, sondern war ein Teil von ihr. Jäger und Sammler kennen keine Vorratswirtschaft. Gerade deswegen lebten sie sehr sorglos. Sie wissen, daß es immer wieder eßbare Pflanzen zu finden, Beutetiere zu erjagen geben wird. Ihr ökologisches Wissen ist groß. Jahreszeitliche Veränderungen, Fortpflanzungszyklen von Pflanzen und Tieren, Fundorte, Wildwechsel, Tier- und Pflanzenkunde sind bei den sogenannten «Primitiven» Alltagswissen, weit reicher und differenzierter als die durchschnittlichen Kenntnisse des zivilisierten Menschen, dessen einziger Kontakt mit Botanik oft die Gemüseabteilung des Supermarkts ist.

Die agrarischen Gesellschaften der vorindustriellen, noch nicht motorisierten und elektrifizierten Landwirtschaft schufen ebenfalls sehr differenzierte Ökosysteme. Als Enkel eines Bauern habe ich die Entdifferenzierung der bäuerlichen Ökosysteme selbst miterlebt und schrittweise immer deutlicher mit dem verbunden, was ich als wesentliche seelische Störungen meiner selbst und meiner Mitmenschen beobachte. Als ich vor einigen Jahren das Bauernhofmuseum auf der Glenleiten in Oberbayern besuchte, sah ich viele Dinge, die ich als Kind noch selbst in der Hand gehalten hatte: Sensen, hölzerne Heugabeln, Rechen, Dreschflegel, Leiterwagen, Kuhgeschirre.

Ich machte mir klar, daß meine eigene ländliche Kindheit ein Museumsgegenstand geworden war, das heißt auch etwas, das für immer dahin ist. Für mich war die sinnfällige Differenzierung dieser Kindheitswelt etwas, was ich gerne erinnerte und was für meine Entwicklung wesentlich war. Das Wasser kam vom Brunnen, das Obst von den Bäumen, die Milch wurde in den Eimer gemolken, das Rauchfleisch stammte von den zur Fütterzeit grölenden und dann blitzschnell im Schmatzen verstummenden Schweinen. Die Kühe Olga und Gretel zogen den Pflug, die Egge, die Drillmaschine; das Getreide wurde gemäht, gebunden, in Mandeln aufgestellt, eingefahren und in einem großen Fest gedroschen, mit zwanzig Helfern von den umliegenden Höfen und einer unverkennbar summenden Maschine. Die Großmutter buk ihr eigenes Brot, rührte ihre eigene Butter, kochte Gelee und Marmelade, wir machten Sauerkraut und Most, Würste und Schinken.

Das alles ist unwirtschaftlich gewesen, aber es war schön für ein Kind. Nur für ein Kind? In Mittelitalien erlebte ich den Verfall einer differenzierten agrarischen Struktur bewußter. Das *Mugello* ist ein breites Tal, von Hügeln umgeben. Die Hügel waren früher ebenso bewirtschaftet wie die Ebene; Wälder aus Kastanien und Eichen, Olivenhaine, Filari von Weinreben, an lebenden Stützen (meist Bergahorn) gezogen, Obstbäume, um die Häuser schattige Nußbäume, kleine Gärten, Korbweiden. Die Größe dieser Bauernhöfe war genauso unwirtschaftlich wie die der inzwischen, nach dem Tod der Großeltern, an einen Chemiearbeiter verkauften Landwirtschaft in Deindorf. In dem Bergtal, wo heute mein Haus neben drei Ruinen und zwei an Städter als Wochenendhäuser verkauften Bauernhäusern steht, lebten früher an die fünfzig Menschen. Die Wege waren gepflegt, die Maronenhaine für die jährliche Ernte von Gestrüpp befreit, die Trockenmauern, welche die Terrassen für die gemischte Bewirtschaftung (Reihen von Weinreben oder Oliven, zwischen die Getreide gesät wurde) abstützten, sorgfältig instand gehalten.

Unten im Tal lag das Dorf, umgeben von hohen, grauen, befestigten Mauern, verstreut darum Bauernhöfe, wie der meine. Heute ist das Dorf von fünfstöckigen Betonbauten zugewuchert. Die Bauernhäuser in den Hügeln sind verfallen, von Brombeeren und Schlehen überwachsen, oder – wie das meine – in einer Privatwildnis von einigen Hektar erhalten. Die gleichmäßige Differenzierung der vorindustriellen Landwirtschaft verwandelt sich in die einseitige der Industriegesellschaft. Die Fuß-, Maultier- und Karrenwege wachsen zu, werden ungangbar; die Straßen in der Ebene breiter, bis sie die Landschaft zerschneiden und die anliegenden Häuser durch Lärm und Abgase vergiften. Wo der Anbau mechanisiert werden kann, entstehen öde Monokulturen. Ansonsten wird aufgeforstet – eintönige Pinienwälder. Was ist das für eine Wirtschaft, in der Vielfalt unwirtschaftlich ist, in der es sich nicht lohnt, ein bißchen Wein, Olivenöl, Obst, Getreide, Gemüse anzubauen. Man muß sich auf ein Produkt konzentrieren, die Produktionsweise rationalisieren, und kaufen, was zu zeitraubend ist, um es selbst zu machen. Alles andere ist Gefühlsduselei, Romantik, mit der man nicht wettbewerbsfähig bleibt, mit der man nicht das Mindesteinkommen erreicht. Ein Diplomlandwirt heute kann wahrscheinlich keinen Stuhl schnitzen, keinen Korb flechten, keine Kuh zum Ziehen des zweirädrigen Karrens abrichten und kein Brot backen. Aber er versteht mehr von wissenschaftlicher Landwirtschaft als das alte Bäuerlein.

Die Bauern haben die kleinen, differenzierten Höfe in den Hügeln verlassen und sind als Industriearbeiter in die Städte gegangen. Bewaffnet kommen sie in die Natur zurück; anderthalb Millionen Jäger gibt es in Italien. Meist ist schon am Eröffnungstag das ganze jagdbare Wild erschossen, und ein halbes Dutzend Jäger dazu. Ein Fasan, der die Unvorsichtigkeit begeht, sich vor dem Ansturm der Jäger in die Luft zu retten, muß damit rechnen, von mindestens vier Flinten unter Feuer genommen zu werden – und gelegentlich entscheidet der zweite Flintenlauf dann den Streit, wer das Tier denn eigentlich erlegt hat.

Die Natur ist zur Wildnis geworden, die mit der Flinte in der Hand zurückerobert werden muß. Der moderne Jäger trägt die aggressive Konkurrenz, die er in der Stadt jeden Tag erlebt, in die Natur zurück. Meine Nachbarn und ich fürchten uns in dieser Zeit und gehen nur noch in grellfarbigen Kleidern, laut pfeifend oder hustend durch den Wald. Am besten scheint mir eine Anekdote aus den USA die Beziehung zwischen dem Bauern und dem städtischen Jäger auszudrücken. Dort schreiben die Farmer zu Beginn der Jagdsaison mit weißer Farbe ihren Rindern «cow» an die Flanken. Sie erwarten, daß die Jäger zwar keine Kuh von einem Hirsch unterscheiden, doch wenigstens lesen können. (Dennoch werden jedes Jahr einige tausend Rinder von den Jägern erlegt.)

Wie unsere Experten für Landwirtschaft, Straßenbau und Städteplanung mit der Umwelt umgehen, zeigt deutlich, daß Gefühlswerte zunächst einmal keine Werte sind, sondern altmodischer, romantischer Schnickschnack, Träumerei, Schwärmerei. Wer in Politik oder Wirtschaft Karriere machen will, wird sich diesen Vorwurf möglichst nie machen lassen. Wenn er sehr widerstandsfähig ist, erträgt er ihn einige Male. Aber es gibt letztlich nur die Wahl, in diesem System Karriere zu machen, indem man seine zweckrationalen Grundpositionen übernimmt, oder aus ihm auszuscheiden und sich in die Nischen des Privaten, der Steckenpferde, der Alternativszene zurückzuziehen.

Die Psychotherapie hat in diesem Zusammenhang eine eigene Stellung. Sie enthält die wirtschaftlich «lohnende» Entwicklung einer Fähigkeit, die an sich sehr allgemein und natürlich ist: Einfühlung, Verständnis, Freundlichkeit, Erfassen und Deuten der Zusammenhänge menschlicher Schicksale. Die Mischung aus Monokulturen und Verwilderung erfaßt auch die menschlichen Beziehungen. Miteinander zu reden, Geschichten über das eigene Leben, die eigene Kindheit zu erzählen, das uralte Vergnügen am Lagerfeuer und in der bäuerlichen Spinnstube, ist heute seelisch unrentabel, «langweilig» geworden. Es gibt aufregendere, gleichzeitig aber weniger differenzierte und vielfältige Unterhaltungen: das Fernsehprogramm, das Kino, die Stereoanlage, die Discothek. Auf dem Land hat das Fernsehen die Dorfgemeinschaft aufgelöst. Früher gab es ein ständiges Wechseln von Besuch und Gegenbesuch. Heute flimmert auf Bildschirmen ein Programm in die Wohnstuben, das einerseits hochspezialisiert ist und gekonnt Interessantes aus aller Welt aufbereitet, andrerseits jedoch für alle Zuschauer gleich – wie draußen die Monokultur mit der besonders ertragreichen, von Spezialisten gezüchteten Maissorte.

Der Psychotherapeut muß sich manchmal rechtfertigen, daß er keine komplizierten Geräte verwendet und kein Laboratorium hat, sondern nur zwei bequeme Stühle, eine Couch, sein Gehör und seine Stimme. Er greift zurück auf die seelische Hausarbeit, die früher Mütter und Ehefrauen, Schwestern und Großmutter leisteten: die Wunden zu heilen, die durch den Konkurrenzkampf geschlagen wurden. Er ist sozusagen ein Spezialist für die teilweise Auflösung von Spezialistentum. Die Menschen, die zu ihm kommen, leiden oft daran, daß sie ihre Anpassungsfähigkeit so überentwickelt haben, daß ihre emotionale Ausdrucksfähigkeit auf der Strecke geblieben ist und sie nun am Ende weder arbeiten noch lieben können. Er soll beides wiederherstellen: die Leistungs- und die Liebesfähigkeit.

Die Gesellschaft ködert ihn mit dem Versprechen, er könnte sich den allgemeinen Zwängen zur Zweckrationalität, zur Monokultur, zur Verwirtschaftlichung, Verdinglichung, Warenanpassung seiner Person entziehen. Er kann sich als Mensch entwickeln, menschlich bleiben, Menschliches tun, mit Menschen umgehen. Mehr noch: Ihm bleibt die Unsicherheit erspart, die durch Freundschafts- und Liebesbeziehungen entsteht: Werde ich geliebt? Werde ich verlassen? Muß ich eifersüchtig sein? All das ist in der professionellen Beziehung kontrollierbar, aber sie ist doch eine menschliche Beziehung. So glaubt der Therapeut, beides zu bekommen: Sicherheit und Kontrolle, die Expertentum und technische Ausbildung gewähren, aber auch die allseitige Entwicklung, die Bereicherung an Gefühlserlebnissen und Ausdrucksmöglichkeiten, die den Reiz der intimen, privaten Beziehungen bestimmen.

Ich will weder das Nest beschmutzen, in dem ich ausgebrütet wurde, noch den Ast absägen, auf dem ich sitze. Ich finde es durchaus verständlich, Therapeut zu werden und zu bleiben. Wenn wir uns angewöhnt haben, einfühlend mit den eigennützigen Motiven anderer Menschen umzugehen, sollten wir es mit den Motiven unserer eigenen Profession nicht anders machen. Wir weichen dann nur von der Überlieferung ab, daß die Professionellen nur über ihre Ideale sprechen, nicht über ihre Motive. Aber diese Abweichung legt gerade die Profession des Psychotherapeuten nahe. Die Therapie bietet den professionellen Rahmen für einen Blick auf das nicht-professionelle, nicht-festgelegte Leben, das sich wehrt und den ganzen Organismus lahmlegt, wenn es allzuschlecht behandelt wird. *«Am Tag, als es endlich ganz haferfrei arbeiten sollte, starb das tückische Tier.»* So zitiert Freud die Geschichte von den Schildbürgern, die durch schrittweise Verminderung der Haferrationen ihr Stadtpferd optimieren wollten. Die Psychotherapie soll das Pferd als Arbeitstier erhalten, indem sie ihm genug Hafer verschafft. Der Therapeut denkt nicht daran, daß das Pferd auch frei als Wildpferd leben könnte, denn seine eigene Freiheit ist in eben der Professionalisierung eingesperrt, die es ihm erlaubt, sich selbst und anderen für kurze Zeit Freiräume zu gewähren.

Der technische Fortschritt hat auch unsere innere Landschaft entdifferenziert. Wo die Möglichkeiten günstig waren, entstanden Hypertrophien, überentwickelte Gebiete, reich mit Energie und Informationen versorgt. Wo die Aussichten auf raschen Gewinn ungünstig sind, verwildert die innere Landschaft. Dorngestrüpp überwuchert die Wege, die an Düngung und Bewässerung gewohnte Vegetation stirbt ab. Die ursprüngliche Vegetation kann nicht zurückkehren, weil sie ausgerottet wurde oder die Wildnis für die überentwickelten Landzonen als Müllabladeplatz dienen muß.

Die immer schärferen Leistungsanforderungen werden scheinbar durch ein gesteigertes Angebot an Gegenständen und Maschinen ausgeglichen, die entweder Freizeit ermöglichen sollen (Geschirrspüler, Waschmaschine, Automobil, Zentralheizung, Warmwasser usw.) oder Freizeit strukturieren (Fernseher, Plattenspieler). Diese Gegenstände schaffen neue Abhängigkeiten. Sie sind wie mechanische Experten, die eigene Kompetenzen übernehmen, käufliche Erleichterungen, die letztlich Unabhängigkeit und Freiheit erschweren: Wie soll ich denn ohne Fernsehen, Spülmaschine, Waschmaschine, Supermarkt noch leben?

Noch schlimmer sind die menschlichen Fachleute, die Profis. Auch sie bringen die innerseelische Ökologie durcheinander, tragen zur Monokultur bei, lassen sich in ihrer Abhängigkeit ausbeuten und beuten andere in deren Abhängigkeit aus. Mir fällt dazu eine Serie in einer amerikanischen TV-Show ein, in der eine rat- und hilflose Kundin von den verschiedensten Spezialisten übers Ohr gehauen, vertröstet, erniedrigt und ausgebeutet wurde – vom Automechaniker, vom Klempner, vom Gärtner, vom Anwalt, vom Elektriker, der den Fernseher reparieren sollte. Die Pointe lag in der kurzen Schlußszene, in der dieselbe hilflose Frau, mächtig und selbstsicher in einem weißen Kittel, als Ärztin einem hilflosen Patienten eine überhöhte Rechnung aufbrummte.

Zur seelischen Ökologie gehört ebenso Artenvielfalt wie zur biologischen. Es muß viele Formen zyklischen Wechsels zwischen Aktivität und Passivität, Progression und Regression geben. Abhängigkeit von den Professionellen verhindert die Zahl der möglichen Aktivitäten, führt zur seelischen Monokultur – als Spezialist möglichst viel verdienen und alles andere von anderen Spezialisten erledigen lassen.

Die Umwelt wird heute durch die Raubbau-Mechanismen der industriellen Produktion belastet. Mit Maschinen und Unkrautvertilgungsmitteln werden riesige Landflächen gleichgeschaltet, bepflanzt, abgeerntet, bis die Humusdecke diesen Belastungen nicht mehr standhält. Vor der Erfindung des Wasserklosetts, des Kunstdüngers und der Waschmaschine wurden die Kanäle der Städte ebenfalls in Flüsse oder Meere geleitet. Dennoch konnte man weiterhin in diesen Flüssen baden, ohne sich zu gefährden: die natürliche Reinigungskraft bewältigte die geringen Belastungen mühelos. Wird sie überfordert, bricht der regenerierende Zyklus zusammen (vgl. S. 39).

Viele meiner Patienten scheinen mir in einer ähnlichen Situation. Ihre natürliche innere Selbstreinigungskraft, die Fähigkeit, Enttäuschungen zu vergessen und sich mit neuen Wünschen der Welt zuzuwenden, ist so beeinträchtigt, daß sie bereits kleine Kränkungen buchstäblich zur Verzweiflung bringen. Sie sind jung, gebildet, erfolgreich – und doch unglücklich, verbittert und allein.[7] Auch die Ursachen scheinen mir vergleichbar. Ihnen wurde beigebracht, etwas aus sich zu machen, nicht in sich zu Hause sein. Die Leistungsgesellschaft, verkörpert in Eltern, Lehrern, Vorgesetzten und Arbeitskollegen, gelegentlich sogar in Freunden, Geschwistern und Geliebten, hat ihnen gezeigt, was gut ist und daß es wichtig ist, gut zu sein. Sie konnten sich nicht als in ihrer Art vollkommen erleben, sondern stets nur als etwas, das durch Mühe verbessert werden muß. Am Ende dieser Entwicklung stehen verzweifelte Konflikte. Wenn alles Leistung ist, auch das Verhalten in meinen Gefühlsbeziehungen – dann ist auch alles Anstrengung, dann gibt es keinen Bereich, in dem ich mit anderen zusammen und doch entspannt bei mir selber sein kann. Also werden die beruflichen Beziehungen weiterhin ertragen, die persönlichen eingeschränkt, mit der Folge, daß sich die Betroffenen alleine fühlen. Jedoch nur die Partner ihrer Träume, die Gestalten der Phantasie, denen Film und Fernsehen möglicherweise eine trügerische Leibhaftigkeit verleihen, können diese Einsamkeit mildern.

Freilich ist es schlimm, daß sie sowenig wirklich sind, doch die wirklichen Partner sind allesamt nicht die richtigen, sind beispielsweise welche, die nur etwas wollen (*«nur mit mir schlafen wollen»*, *«nur mein Geld wollen»*), aber nichts zu geben haben. Man hat eben nur eines gelernt: sich anzupassen und etwas zu leisten. Und allenfalls noch, die Anpassung und die Leistung zu verweigern, wo es sich nicht lohnt. Daß der Mensch emotional mit der Natur und mit seinesgleichen verbunden ist, wurde vergessen, vor allem da, wo es um den umfassenden Ausdruck dieser Gefühle geht, nicht um die Verwertung von Gefühlen als Schmiermittel sonst nicht «laufender» Leistungszusammenhänge (die Freundlichkeit des Staubsaugervertreters, die Einfühlsamkeit des Psychotherapeuten).

Die Gegensätze von Monokultur und Verwilderung lassen sich auf diese Situation übertragen: das Anpassungsverhalten, die zweckrational verwertbaren, kontrollierbaren Leistungsbereiche – die gut erschlossenen Ebenen – werden intensiv kultiviert, es werden Fabriken in ihnen gebaut, es ist alles ziemlich häßlich, aber produktiv, profitabel, konkurrenzfähig. Die schwer erschließbaren, vielfältigen Hügel verwildern, keine Wege führen mehr durch sie, niemand kümmert sich um sie: *«Eigentlich würde ich ja lieber dort spazierengehen»*, sagt der Bewohner der Ebenen und zeigt auf die blauen Hügel, fern von den Industrieanlagen und den geteerten Straßen. «Aber da gibt es keine Wege, nur Dorngestrüpp.» Der Gefühlsausdruck ist nicht die Grundlage unseres Lebens, ebensowenig, wie das Kennen und Nehmen der natürlichen Gaben die Grundlage unseres Wirtschaftssystems ist.

Seine Gefühle auszudrücken und sich dadurch anderen Menschen nahe zu fühlen ist eine Grundlage für das seelische Gleichgewicht. Wenn heute bezahlte Experten wie die Psychotherapeuten solche Erlebnisse schrittweise aufbauen, ist das ein Hinweis darauf, wie sehr sie in unserem Leben fehlt. Die Arbeitswelt duldet keinen oder nur einen zum Schmiermittel kanalisierten Gefühlsausdruck. Das Privatleben konfrontiert uns in den Massenmedien mit Darstellungen, in denen Gefühle so perfekt ausgedrückt werden, daß der passive Genuß dieser Vollkommenheit anziehender scheint als jeder mögliche eigene Versuch. Über alles, was in der zweckrationalen Ebene geschieht, werden die dicksten Lehrbücher geschrieben. Aber *«ich liebe dich»* zu sagen und sich dabei wirklich so zu fühlen ist für die meisten Menschen schwieriger geworden als die Bewältigung eines akademischen Studiums. *«Ich käme mir wie ein Schauspieler vor»*, wird beispielsweise zur Begründung dieser Unfähigkeit gesagt. Über so elementar gefühlsbestimmte zwischenmenschliche Abläufe wie die körperliche Liebe werden technische Anleitungen verfaßt, die sich lesen wie die Gebrauchsanweisung für einen Toaster oder eine Bohrmaschine. Grenzsituationen wie Geburt und Tod, in denen Gefühlsausdruck und menschliche Nähe eine besondere Rolle spielen, haben wir aus unserem

Lebenszusammenhang völlig verbannt und Einrichtungen überantwortet, die auch mit dem verwilderten, unzugänglichen Gefühlssturm des Wahnsinns «umgehen» müssen, ohne es zu können: den Krankenhäusern.

Das Gesagte klingt nach einer Idealisierung des Gefühls. Für den profitorientierten Umgang mit der Natur ist das Gefühl gefährlich, weil es Zugänge zu unkontrollierbaren, nur dem eigenen Lebendigsein verpflichteten Bereichen öffnet. Für jemanden, der unglücklich über die Folgen dieses profitorientierten Umgangs ist, liegt es nahe, den Gefühlsbereich und das Irrationale hochzuschätzen, weil sie sich einer solchen Verwertung eher entziehen als die Welt der Zweckrationalität. Doch ist nicht zu übersehen, daß Gefühle den Menschen auch irreführen, ihn in schlimme Abhängigkeiten bringen und Grausamkeit oder Gewalt bewirken können.

Wir wissen eigentlich gar nicht, wie ein Gefühlsleben aussieht, das nicht durch langjährige Monokultur von Anpassung und Leistung verformt ist. Verwildert, bedarf es der Zügelung – eine Tatsache, die Freud in dem Bild vom ungebärdigen, bösartigen Es ausdrückt, dem das Ich vernünftige, das Über-Ich irrational strenge, realitätsblinde Kontrollen auferlegen. Die Ökotherapie widerspricht Freud nicht in seinem durchaus realistischen Bild des durchschnittlichen seelischen Zustands eines Menschen der hochentwickelten Gesellschaften. Hier ist es tatsächlich so, daß ein wildes, von nicht mitteilbaren und mitfühlbaren Triebwünschen und Gefühlen beherrschtes Es von einem realitätsorientierten Ich und einem strengen, die unrealistischen Kulturforderungen vertretenden Über-Ich unter Kontrolle gehalten wird und werden muß, wenn das Individuum nicht sich selbst oder andere schädigen soll. Doch scheint es vorschnell, daß dieser Zustand auch den Anfang der Entwicklung treffen soll.

Wenn wir Freud glauben, dann muß das Ich das Es bändigen, um den Menschen vor Todestrieb und Inzestwunsch zu schützen. Wäre es aber nicht denkbar, daß erst durch den naturfeindlichen Anpassungszwang einer naturbeherrschenden Kultur die «böse», chaotische, sadistische Triebwelt des Es entstanden ist? Daß nicht das strenge Über-Ich notwendig ist, um die wilden Unterschichten zu kontrollieren, sondern umgekehrt die Unterschichten so wild und böse sind, weil ihnen ein naturfeindliches, naturbeherrschendes Leistungs- und Anpassungsprinzip aufgezwungen wurde? Sie hatten gar keine Chance, sich im

Kontakt mit einer natürlichen Realität allmählich zu verfeinern. Die Vielfalt der Gefühls- und Triebbedürfnisse durfte doch nicht die Grundlage des Lebens bleiben, über die man mit allen anderen Menschen sprechen und sie im Dialog mit ihnen verwirklichen oder verwerfen kann.

10. Schamane für Stadtindianer?

Wenn die Kulturentwicklung so weitgehende Ähnlichkeit mit der des einzelnen hat und mit denselben Mitteln arbeitet, soll man nicht zur Diagnose berechtigt sein, daß manche Kulturen – oder Kulturepochen – möglicherweise die ganze Menschheit – unter dem Einfluß der Kulturstrebungen ‹neurotisch› geworden sind? ... Was die therapeutische Verwendung der Einsicht betrifft, was hülfe die zutreffendste Analyse der sozialen Neurose, da niemand die Autorität besitzt, der Masse die Therapie aufzudrängen?

*S. Freud**

«Es mag sein, daß nur noch wenige Tage bleiben, bis sich die Dunkelheit auf unsere Welt senkt, und wenn sie kommt, hoffe ich ihr standhaft ins Auge zu sehen; doch würde es mein Herz erleichtern, wenn ich Euch sehen könnte, solange die Sonne scheint. Denn Ihr und ich, wir beide sind unter die Schwingen des Schattens geraten und dieselbe Hand zog uns zurück.»

*J. R. R. Tolkien***

* S. Freud, Das Unbehagen in der Kultur, Ges. Werke XIV, Frankfurt am Main 1955, S. 504

** J. R. R. Tolkien, Der Herr der Ringe, Bd. III, Stuttgart 1978, S. 269

Ich nehme an, daß sich inzwischen ein Teil der Gefühle, die ich beim Schreiben spüre, auch auf den Leser übertragen hat. Obwohl wir beide Opfer der Massenmedien sind, möchte ich doch so tun, als könnte ich ihm für seine Geduld danken und mich entschuldigen. Es geht mir nicht darum, eine klare und kompetente Aussage zu machen und mich als Spezialisten für Ökotherapie anzubieten, der Lösungen vorschlägt, wie sie vielleicht erwartet werden – das Gesundheitssystem zu reformieren, die Psychotherapie zu verstaatlichen, die Herrschaft der Experten und der Monokulturen abzuschaffen. Es geht mir eher darum, eine Empfindung zu vermitteln, die nicht einfach benennbar ist. Sie läßt sich vielleicht umschreiben.

Mir scheint, daß es oft wichtig ist, die Dunkelheit zuzulassen, aus der wir kommen und in die wir gehen. Die Monokultur der Verwertbarkeit, der Herrschaft und Kontrolle tut häufig so, als könnte sie uns dieses Dunkel ersparen, indem sie uns davon ablenkt. So fangen wir an, dieses Dunkel als feindlich zu erleben, und damit auch das Unbewußte als feindlich. Die Therapeuten, die sich als kundige Führer durch das Nachtmeer anbieten, haben natürlich zum Teil auch ein Interesse, diesen Eindruck aufrechtzuerhalten.

Der Vorgang den ich vermitteln will, läßt sich eher negativ als positiv beschreiben. Das ist zu erwarten, denn die Beschreibung sucht ja mit den zusammenhängenden, kontrollierbaren Mitteln des Denkens zu fassen, was gerade durch dieses Licht verscheucht wird. So glaube ich oft, daß es die wichtigste Aufgabe des Ökotherapeuten ist, die Entschuldigungen, Beschönigungen, die Heilserwartungen, den Expertenanspruch, die Hoffnung, doch noch etwas für sein Geld zu bekommen, allesamt zu enttäuschen, so gründlich zu enttäuschen, daß eine Pause entsteht, ein Loch, das nicht sogleich durch eine neue Ersatzbefriedigung zugestopft wird. *Das Ziel der Therapie ist dann nicht mehr Heilung, sondern emotionales Überleben in einer Welt, deren grundlegende Strukturen lebensfeindlich sind.*

Vielleicht können wir uns von der Illusion befreien, diese Strukturen durch unseren Willen, unsere Einsicht und unser Engagement zu verändern. Eine andere Illusion ist die Rückkehr in die tropischen Paradiese, die Wiederaufnahme des Stammeslebens, des Einklangs mit der Natur. Eine dritte Illusion ist der Glaube an den Fortschritt der Wissenschaft, die eine Lösung finden wird.

Der Psychoanalytiker soll den Patienten von seinem neurotischen

Elend befreien, an dessen Stelle das allgemeine Leid tritt. Die Ökotherapie entwickelt diese Aussage Freuds weiter. Es ist notwendig, sich ein klares Bild von dem allgemeinen Leid zu machen, um den Hilfesuchenden von seinen Illusionen zu befreien, um zu verhindern, daß er von Helfern ausgebeutet wird, die versprechen, ihm das allgemeine Leid zu erleichtern, während sie tatsächlich ihre eigenen Schonräume schaffen und schützen.

Ich bezweifle, daß es mir bisher geglückt ist, die Haltung zu vermitteln, von der ich gesprochen habe. Was ich sage, klingt ohne Hoffnung, aber das Gefühl ist nicht Verzweiflung. Der gepanzerte Gigant, der sich von den Energien ganzer Gebirge und unterirdischer Meere von Öl nährt, wird in den Abgrund stürzen und zerschellen. Das riesige Schiff, in dem die Orchester überlaut spielen und ein Gang des *Captains Dinner* nach dem anderen serviert wird, muß endlich, steuerlos und ohne Kraft in den Maschinen, irgendwo stranden und untergehen. Die Ratten im Bauch des Schiffs, die Heiler, die in irgendwelchen Nischen ihre Reparaturdienste verrichten, werden daran nichts ändern. Vielleicht ist das Gefühl dieses: in dem Giganten so zu leben, daß uns sein Schicksal möglichst wenig berührt, ohne Haß und ohne Anhänglichkeit, mit nicht mehr Angst als notwendig und ohne Vertrauen auf den Sieg der Vernunft, des Fortschritts und der Naturbeherrschung. Ich stelle mir vor, daß ich damit moralische Vorstellungen verletze: man muß sich doch wehren, initiativ werden, Bürgersinn, Atomkraftwerke und Datenerfassung nicht hinnehmen...

Sicherlich sind mir die Leute sympathischer, die gegen einzelne zerstörerische Schritte des Giganten kämpfen, als jene, welche sie fördern und rechtfertigen. Aber ich will dieses Engagement weder für mich noch für andere zu einer Verpflichtung machen. Dazu müßte ich mir sicher sein, daß es etwas nützt, daß es sinnvoll ist, von einzelnen Menschen zu verlangen, sie sollten rückgängig machen, was das Suchtmittel der Naturbeherrschung in den letzten zehntausend Jahren seit der neolithischen Revolution angerichtet hat. Kämpferischer Einsatz für meine Ideen erweckt in mir die Sorge, daß ich mich anstecken lasse von Leistungsdruck und Konkurrenzkampf, von denen ich mich doch befreien will. Es ist unser Grundrecht, in der Natur zu leben und sie nicht durch Arbeit und Mühe verändern zu müssen. Die einzige Entschuldigung für den Gott, der Adam etwas anderes sagte («im Schweiße deines Angesichtes sollst du dein Brot essen»), ist doch die, daß es ihn nie gegeben hat. Und da ich die unveränderte Natur, die mir ohne Säen und Ernten, ohne Spinnen und Weben, ohne Kampf und Konkurrenz gibt, was ich brauche, nicht wiederfinden kann, erkläre ich den Dschungel der Industriegesellschaft zu einer Umwelt, in der ich leben will wie die Jäger und Sammler auch. Unter dem Pflaster liegt nicht der Strand, sondern der Schutt von einigen hundert Generationen. Aber das ist dem Stadtindianer gleichgültig. Er würde seinen Fuß lieber auf Gras oder Moos setzen. Nur aus Klugheit, nicht aus Überzeugung geht er über den Asphalt und die Rolltreppen. Er ist sich bewußt, daß seine Existenzform noch parasitär ist: Der Parasit ist von seinem Wirt weniger abhängig als dessen einzelne Zellen voneinander. Er hat eine gewisse Chance, dessen Tod zu überleben. Der kleine Schmarotzer an dem großen Parasiten der Industriegesellschaft hat vielleicht dieselben Möglichkeiten wie der Zwerg auf der Schulter des Riesen oder meinetwegen die Laus auf dem Kopf des Astronomen. Er kann sich auf den Augenblick vorbereiten, in dem der Riese fällt – ohne Hoffnung, den Sturz zu überleben, aber dennoch sicher, daß es sich lohnt, es zu versuchen.

Die Ökotherapie wird an die Psychotherapie zwei Forderungen stellen:

- eine Ablehnung der Anpassung an eine umweltzerstörende Gesellschaft
- eine kritische Einstellung gegenüber allen Versuchen, Menschen mit medizinischen oder psychologischen Mitteln zu beherrschen, zu manipulieren und sie unter Leistungsdruck zu stellen.

Sie wird deshalb auch verlangen, daß jeder Helfer bereit ist, über seine Motive und Privilegien zu sprechen. Berufliche Karriere und verbesserte Leistungsfähigkeit hören auf, Merkmale psychotherapeutischen Erfolges zu sein. Es bleibt aber sehr wesentlich, verleugnetes und verdunkeltes Leiden bewußt zu machen – aus depressiver Leere und Gedrücktheit die Versagung von faßbaren Wünschen herauszuarbeiten, oder die sprachlose, unklare Selbstzerstörung psychosomatischer Krankheiten in eine bewußte Auseinandersetzung darüber zu verwandeln, ob es sich lohnt, so weiterzuleben wie bisher.

Die Ökotherapie will nicht um jeden Preis Selbstmord verhindern. Wer sich töten will, wird nicht, wie in der traditionellen Medizin, fast automatisch entmündigt und zwangseingewiesen. Es gibt eine freie, verantwortungsvolle Entscheidung über Leben und Tod, die kein

Mensch einem anderen anvertrauen soll, ganz gewiß keinem Fachmann, der schematisch entscheidet und bei Selbstmordgefahr nur noch an geschlossene Abteilungen psychiatrischer Krankenhäuser denken kann. Trotzdem ist die Ökotherapie ein wichtiges Mittel, mit Selbstmordgedanken umzugehen. Der Suizid bedeutet oft, daß die Dunkelheit nicht ertragen werden kann, die entsteht, wenn die lebensfernen Ideale der Konkurrenzgesellschaft nicht erfüllt werden können und eine neue Orientierung an den eigenen Bedürfnissen nicht möglich ist, eben weil diese Bedürfnisse verdeckt sind. Der Selbstmord gilt dann dem zerstörerischen Idealsystem (*«dieser Mann muß mich doch lieben, sonst ist alles sinnlos»*, *«wenn ich durchfalle, ist alles sinnlos»*), das individuelle Leben mit seinem verschütteten Reichtum wird mit ausgelöscht, weil es im dunkeln ist.

Die Ökotherapie hingegen zielt darauf ab, das Dunkel zu ertragen, das entsteht, wenn wir von unserem industriellen, technischen Überbau absehen und versuchen, endlich wahrzunehmen, was in uns ist und uns mit der Natur, mit dem Leben um uns, mit unseren Mitmenschen verbindet.

Zur Verdeutlichung fällt mir eine Anekdote über C. G. Jung ein. Sie paßt zu seinem Vertrauen in die Botschaften des Unbewußten, in die Träume und die innere Wahrheit der mythischen Überlieferungen. Er hatte auf einem Tisch in seinem Arbeitszimmer einen alten Mörser aus Bronze stehen, in den er Zündhölzer, Pfeifenstopfer und Tabakreste zu werfen pflegte. Gelegentlich fing der Inhalt Feuer und brannte lichterloh. Die Schüler wollten eilig löschen. Doch der Therapeut hielt sie zurück: *«Don't interfere!»*

Sich nicht einmischen, geschehen lassen, nicht der Techniker sein, der etwas macht, sondern der Begleiter, der ermutigt, auf die Botschaften aus dem Dunkel zu warten – darum geht es in der Ökotherapie. Wenn die Menschen, wie es ihr Naturrecht ist, von Kindheit an unbeeinträchtigt in ihrem Körper zu Hause sein könnten, wäre sie überflüssig. Weil sie es nicht sind, weil der Therapeut wie sein Klient durch Monokulturen, Verweigerung des Dialogs mit den Gefühlen und Überreizung der technischen Bewältigung verdorben sind, ist sie jene Spanne Zeit lang sinnvoll, die der Klient braucht, um zu sehen, daß es keine technische Hilfe für ihn gibt und daß er seinen eigenen Weg finden kann.

Nun gibt es viele psychotherapeutischen Schulen mit ihren eigenen

Theorien und Techniken. Ich glaube jedoch nicht, daß diese Theorien und Techniken da noch wesentlich sind, wo sich wirklich etwas verändert. Sie dienen eher dazu, das Vorfeld zu räumen, zu klären, zu kartographieren, so daß in ihm die Wege an die Grenze des Dunkels leichter zu finden sind, in dem sich die wirklichen Entscheidungen und Entwicklungen abspielen. Die Techniken dienen beispielsweise dazu, daß sich der Therapeut als Fachmann fühlen kann und der Klient das Gefühl hat, zu einem solchen zu gehen. Das erleichtert für beide den Anfang und das erste Stück des gemeinsamen Weges.

Die Techniken enthalten ein Stück Ersatzbefriedigung. Daher kommt die Gefahr, die in ihnen steckt. Sie können zum Selbstzweck, zur Ausflucht werden. Wenn ein Psychotherapeut einen anderen kritisiert, betrifft es meist Beobachtungen auf diesem Gebiet. So hat Fritz Perls den Psychoanalytikern mind-fucking vorgeworfen – Hirnficken, verkopftes Deuten, das den Klienten dazu führt, daß er seine Symptome immer besser erklären kann, ohne sich zu verändern. Nun geht es in der Psychoanalyse darum, Gefühle durch Worte auszudrücken, nicht etwa, über Gefühle zu reden. Aber wenn der Analytiker durch seine Deutungen sich selbst und seinem Klienten einen Ersatz für die Begegnung mit dem Dunkel verschaffen will, leistet er tatsächlich Kopfarbeit und verhindert die Veränderung des ganzen Menschen.

In der Ökotherapie wird alles herrschaftsfreie Wissen über natürliche Abläufe und Entwicklungen seinen Wert behalten. Wer das Dikkicht der Industrielandschaft durchstreifen und sich doch in sich selbst zu Hause fühlen will (so gut es möglich ist), muß sich orientieren können. Der von seinen Techniken faszinierte Therapeut gerät sehr in Gefahr, daß er die Leistungsprinzipien auf seine Praxis überträgt – daß er möglichst schnell zu möglichst tiefen Gefühlen vorstoßen will. Er bevölkert eine tote innere Landschaft mit vorfabrizierten Pflanzen und wilden Tieren, täuschend aus Plastik nachgeahmt. Gurus, deren Bilder man um den Hals tragen soll, therapeutische «Schulen» mit dem Anspruch auf Weltverbesserung, der Verkauf von Therapie als geschütztem Markenartikel («richtige» Psychoanalyse mit mindestens vier Wochenstunden, «richtige» Primärtherapie) sind für die Ökotherapie Mitbringsel aus einer Konkurrenzwelt, die sie fallenlassen will. Letztlich ist auch ein Begriff wie Ökotherapie der Versuch, das Vorfeld zu ordnen, hinter dem solche Einteilungen und Verzichterklärungen gegenstandslos werden.

11. Gesundheitsgefühl oder Krankheitsindustrie?

Der Mensch ist sozusagen eine Art Prothesengott geworden, recht großartig, wenn er alle seine Hilfsorgane anlegt, aber sie sind nicht mit ihm verwachsen und machen ihm gelegentlich noch viel zu schaffen. Er hat übrigens ein Recht, sich damit zu trösten, daß diese Entwicklung nicht gerade mit dem Jahr 1930 A. D. abgeschlossen sein wird. Ferne Zeiten werden neue, wahrscheinlich unvorstellbar große Fortschritte auf diesem Gebiete der Kultur mit sich bringen, die Gottähnlichkeit noch weiter steigern. Im Interesse unserer Untersuchung wollen wir aber auch nicht daran vergessen, daß der heutige Mensch sich in seiner Gottähnlichkeit nicht glücklich fühlt.

*S. Freud**

Sam wurde schwindlig, und er hielt sich am Stein fest. Ihm war, als ob die ganze dunkle Welt auf dem Kopf stünde. So groß war sein Schreck, daß er fast ohnmächtig geworden wäre, aber während er noch darum kämpfte, bei Sinnen zu bleiben, hörte er tief in seinem Inneren eine kritische Äußerung: ‹Du Narr, er ist nicht tot, und dein Herz wußte es. Verlaß dich nicht auf deinen Kopf, Samweis, er ist nicht dein edelster Teil.›

*J. R. R. Tolkien***

* S. Freud, Das Unbehagen in der Kultur, Ges. Werke XIV, Frankfurt am Main 1955, S. 451

** J. R. R. Tolkien, Der Herr der Ringe, Bd. II, Stuttgart 1978, S. 404

In unserem Medizinsystem sorgen technisch immer besser ausgebildete Ärzte mit immer höherem finanziellen Aufwand dafür, daß die Menschen sich immer seltener gesund fühlen.[8] Die Siege der naturwissenschaftlichen Medizin werden oft überschätzt. Gute Ernährung und bessere hygienische Bedingungen hatten Tuberkulose, Cholera, Diphtherie und Pest ihren Schrecken längst genommen, ehe sie von den Bakteriologen erforscht und spezifische Mittel gegen sie entdeckt waren. Die medizinischen Mittel, welche wirklich die Lebensqualität steigern, sind fast alle billig und leicht zu handhaben. Sie erfordern keine lange Ausbildung – ein chinesischer Barfußarzt kann sie in seinem Korb mit sich nehmen, ein Laie sie in der Apotheke kaufen und aufgrund der Lektüre eines gründlichen Beipackzettels sinnvoll anwenden. Der größte Anteil der steigenden Kosten des Gesundheitswesens wird für diagnostische und therapeutische Eingriffe aufgewendet, deren Erfolg zumindest zweifelhaft ist[9]; zwei Beispiele sind die Krebsforschung (deren Erfolge an die Siegesmeldungen der Amerikaner aus Vietnam erinnern) und die Intensivmedizin (die so oft das erlösende Sterben hinauszögert). Selbstmörder, die durch intensive Behandlung gerettet werden, aber für den Rest ihres Lebens an allen Gliedmaßen gelähmt sind, oder Kandidaten für Transplantationen, die sich noch einige Jahre abquälen, sind oft Beispiele für medizinische Siege und menschliche Niederlagen. Mindestens jede wirkliche Lebensqualität herstellende chirurgische Operation wird durch eine andere aufgewogen, in der die iatrogenen Schäden den Nutzen überwiegen. Überflüssige diagnostische und therapeutische Aktionen sind zu einer verheerenden Epidemie geworden.

Das Problem des technisch-medizinischen Aktionismus ist eng mit dem Grundproblem der Ökotherapie verknüpft: Wie kommt es, daß so oft etwas getan wird, anscheinend nur, weil Untätigkeit so schrecklich ist (*«ut aliquid fiat»*)? Wir haben kein Vertrauen in die autonomen, zyklischen Lebensäußerungen mehr, und aus diesem Mißtrauen schöpft das Medizinsystem seine zerstörerische Macht. Diese Destruktivität wird dadurch verschleiert, daß in der vielfältigen Landschaft des Medizinsystems durchaus Anklagen und kritische Stimmen zu hören sind, die sich gegen Teile dieses Systems richten. In einem Punkt sind sich die Experten freilich einig: Nur Ärzte können entscheiden. Und anscheinend ist es genau dieser Punkt, der die Förderung von Krankheiten durch jene Einrichtungen bedingt, welche Krankheiten bekämpfen sollten.

Das Mißtrauen in die autonomen Lebensäußerungen wird am deutlichsten in dem ungeheueren Verbrauch schädlicher Medikamente, die künstlich erzeugen sollen, was natürlich geregelt ist. In den Vereinigten Staaten werden jedes Jahr 20000 Tonnen Aspirin verbraucht – etwa 225 Tabletten pro Person. Der am schnellsten wachsende Sektor des Arzneimittelmarktes sind die Psychopharmaka. Sie machen bereits ein Drittel der Umsätze an Medikamenten aus: Aufputsch- und Beruhigungsmittel, Schlafmittel, Wahn oder Depressionen dämpfende Arzneien. In den industrialisierten Ländern wird jeder zehnte Nachtschlaf und jeder zwanzigste Stuhlgang medikamentös bewirkt[10], wobei sowohl Schlaf- wie Abführmittel dafür bekannt sind, daß sie die natürlichen Regelungen durch das vegetative Nervensystem beeinträchtigen.

Die wachsenden Kosten für eine technisch-medikamentöse Regelung natürlicher Abläufe sind ein Hinweis darauf, wozu der Imperialismus der Naturbeherrschung führt. Unser gegenwärtiger Umgang mit unserem Wissen über die Natur ist von der Angst vor unkontrollierten, gefährlichen Wildnissen bestimmt. Daher verwenden wir unsere Kenntnisse meist unvernünftig, interessieren uns für Bemächtigung, Kontrolle, Macht und den möglichen Profit. Bei fast jeder Funktionsstörung unseres Körpers sind wir überzeugt, daß es besser ist, etwas zu tun, als nichts zu tun und uns auf die verschlüsselte Botschaft einzulassen. Die vegetativen Abläufe in unserem Organismus sind nicht rational bestimmt, sondern emotional: Atem und Herzschlag, Verdauung und Schlaf, gedrückte und freudige Stimmung, Angst und Lust. Dasselbe gilt wohl auch für die körpereigenen Abwehrkräfte, die unsere Bewältigung von eindringenden Erregern und wahrscheinlich auch die Entstehung von Krebs beeinflussen. *Der angemessene Umgang mit dem Wissen um die Natur, angefangen beim Wissen um unseren Körper, wäre gefühlsbestimmt.* Das heißt nicht irrational, chaotisch, blind – alle diese Verdächtigungen stammen aus den Ängsten der Bewohner von Monokulturen vor der natürlichen Vielfalt.

Die selbstkontrollierte, sich in einem Gleichgewicht haltende Vielfalt der natürlichen Lebenszusammenhänge wird in der Monokultur durch eine betrügerische Warenvielfalt ersetzt, die uns weismachen will, es gäbe immer wieder etwas Neues und Besseres. Bei den Arzneimitteln ist diese Situation besonders deutlich. In allen Ländern haben es die Ärzte mehr und mehr mit zwei Patientengruppen zu tun: einer, der sie Medikamente verschreiben, und einer zweiten, bei der sie die durch frühere

Medikamente angerichteten Schäden, Suchterscheinungen, Abhängigkeiten behandeln müssen – meistens durch neue Medikamente.

In Westdeutschland werden mindestens 20000 Arzneimittel unter verschiedenen eingetragenen Warenzeichen verkauft. Mindestens 19500 davon sind entweder überflüssig oder schädlich.[11] Die vielen scheinbar verschiedenen Mittel erlauben es der technisch orientierten Medizin, die Gebundenheit an Ersatzbefriedigungen auszunutzen. Wenn ein Mittel nicht hilft, gibt es eine so große Zahl anderer, die zwar auch nicht helfen, jedoch so lange angewendet werden können, bis entweder der Patient zugrunde geht oder seine Selbstheilungstendenzen den Sieg davontragen. Wie es für Ersatzbefriedigungen kennzeichnend ist, wird die entstehende Unzufriedenheit durch Abwandlung der Ersatzbefriedigung, nicht durch die Suche nach der verlorenen Befriedigung bekämpft. Je mehr Konsumgüter, desto abwechslungsreicher ist diese Verschleierung. Heute kostet jeder niedergelassene Arzt die Arzneimittelindustrie etwa 15000 Mark an Werbemaßnahmen. Dieser Aufwand wird durch die Profite ausgeglichen. Es ist sehr unwahrscheinlich, daß ein angemessener Gegenwert an Lebensqualität – «Gesundheitsgefühl» – produziert wurde.

Die Ohnmacht der einzelnen in diesem Krankheitssystem ist nur durch Verleugnungen erträglich. Der Arzt entschuldigt sich damit, daß seine Patienten die überflüssigen Mittel verlangen. Umgekehrt fühlen sich die Patienten hilflos den Fachleuten ausgeliefert, unaufgeklärt und mit Rezepten abgespeist. Beide könnten sich in einzelnen Fällen wehren. Das würde freilich erfordern, trotz der hohen Beiträge für die Krankenversicherung keine zudeckende Hilfe zu erwarten. Solche Veränderungen von der einzelnen moralischen Entscheidung zu erwarten, überfordert diese. Gerade darauf beruht ja die Verschleierung in der Ärztepolitik. Wie von einer Gebetsmühle werden die Forderungen wiederholt, daß die Patienten verantwortungsbewußter mit ihrer Gesundheit und die Ärzte verantwortungsbewußter mit der Medizintechnik umgehen sollten. Jede Umgangsform mit der Natur hat die Medizin, die sie verdient. Die Industriegesellschaft hat eine industrielle Medizin, die davon ausgeht, mit technischen Mitteln die Schäden zu beseitigen, die durch die technischen Mittel entstehen. Der Zusammenbruch dieses Systems ist abzusehen. Einsicht ändert es kaum, erst der reale Zusammenbruch.

Das macht unsere Überlegungen aber nicht überflüssig. Die Folgen des Zusammenbruchs werden milder sein, wenn wir uns klarmachen können, daß eine Abnahme der Experten für Krankheiten, Verbrechen oder Neurosen keineswegs einen Wildwuchs dieser unerwünschten Erscheinungen zur Folge haben wird. Die Wiederentdeckung des Gefühls sollte nicht dazu führen, gleich einen Experten für Emotionalität aufzubauen. Es geht im Gegenteil darum, alle Experten dort zu entmachten, wo sie Dienstleistungen in einem Bereich anbieten, in dem die letzte Entscheidung ausschließlich unseren subjektiven, unwiederholbaren und nicht mehr verwertbaren Empfindungen zusteht. Ich bin überzeugt, daß ein sehr großer Teil der Entscheidungen im Gesundheitsbereich nicht durch die übliche Anwendung von Regeln durch Experten getroffen werden sollte. Die Entscheidung des Fachmanns wird dadurch fragwürdig, daß er durch bewußte (wirtschaftliche), mehr aber noch durch unbewußte (narzißtische) Motive bewegt wird, sich selbst unentbehrlich zu machen. Unabhängigkeit von allen Experten ist die Grundlage der Ökotherapie.

Eine der Entscheidungen, die niemandem ein Experte abnehmen kann, ist die, ob das subjektiv erlebte Leben noch lebenswert ist. Die Medizin setzt sich über diese Gefühle brutal hinweg. Die Patienten haben es sehr schwer, sich auf ihr Gefühl zu verlassen, wenn ihnen der Arzt versichert, daß «etwas getan werden kann». So werden alte Leute nach einem Herzversagen, einem Schlaganfall, einer schweren Lungenentzündung oder einem Knochenbruch durch den Einsatz technischer Mittel gerettet, ohne die Frage zu stellen, ob sie das wünschen. Ähnliches gilt für viele chronische Krankheiten (beispielsweise für den Einsatz von künstlichen Lungen oder künstlichen Nieren).

Die Fachleute verhalten sich fast immer so, als ob das Leben ein rational begründetes Geschehen wäre. Es aus freien Stücken zurückzugeben, weil dauerndes Siechtum gefühlshaft abgelehnt wird, gehört zu den Fragen, die der Experte selber nicht entscheiden, deren Beantwortung er aber auch niemand anderem überlassen will. So gewohnt wir alle in der Industriegesellschaft sind, unsere Zeit – und damit unser Leben – an lästige, sinnlose und tödlich langweilige Beschäftigungen zu vergeuden, am Ende dieses Lebens, wenn die meisten Chancen möglicher Befriedigung ohnedies vertan sind, wird es mit einemmal unendlich kostbar und auch kostspielig.

Es ist eine Zwecklüge, daß in den steinzeitlichen Kulturen die alten Menschen umgebracht worden seien. Die Feldforschung hat gezeigt, daß es in diesen Kulturen in der Regel den Alten selbst überlassen bleibt, wann sie ihr Leben dem großen Geist bzw. der Mutter Erde zurückgeben wollen. In einem schönen Film über die Cheyenne (*Little Big Man*) wird gezeigt, wie ein alter Indianer auf einen Berg steigt und versucht, durch seine geistige Konzentration zu sterben, weil er sich alt fühlt und die Zeit dafür gekommen glaubt. Endlich fängt es an zu regnen. Er steht auf und reißt seine Söhne aus ihrem Schmerz, indem er sie bittet, mit ihm nach Hause zu gehen und das Abendessen zu genießen.

«Wie jede andere wachstumsorientierte Industrie lenkt auch das Medizinsystem seine Produkte dorthin, wo es scheinbar unbegrenzte Nachfrage gibt: in den Kampf gegen den Tod. Ein stets wachsender Anteil an Steuermitteln wird für die lebensverlängernde Technik zugunsten unrettbarer Patienten ausgegeben. Scheinheilig selektieren komplette Bürokratien jeden sechsten oder dritten unter jenen Amerikanern, die durch Nierenversagen bedroht sind. Der auserwählte Patient wir darauf abgerichtet, das seltene Privileg eines Sterbens unter exquisiter Folter zu begehren. Wie ein Arzt in seinem Bericht über die Behandlung seines eigenen Leidens feststellt, müssen viel Zeit und Mühe aufgewandt werden, um während des ersten und manchmal zweiten Jahres, um das die künstliche Niere das Leben verlängert, den Patienten vom Selbstmord abzuhalten. In einer Gesellschaft, wo die meisten unter der Kontrolle einer öffentlich berufenen Autorität sterben, schmückt sich die Intensivstation mit dem feierlichen Zeremoniell, das einst die Hinrichtung und legale Tötung umgab. Die aufwendige Behandlung des im Koma liegenden Patienten tritt an die Stelle der Henkersmahlzeit.»[12]

Diesem grimmigen Bild ist nichts hinzuzufügen. Auch hier ist es sehr schwierig, das Dunkel zu ertragen, das faßbar wird, wenn das gleißende künstliche Licht verlöscht. Wir alle neigen dazu, unseren Gefühlen zu mißtrauen und unser Handeln nach vorgeblichen rationalen Chancen auszurichten. Gefährliche und schmerzhafte Eingriffe werden in der heutigen Chirurgie häufig durchgeführt, obwohl die Erfolgsaussicht sehr gering ist – mit dem Argument, daß der Patient einer wenn auch kleinen Chance nicht beraubt werden dürfe. Das gleiche gilt für den alten Mann, der durch Antibiotika aus dem wohltätigen Todesschlaf einer Lungenentzündung gerissen wird und noch einige Monate intensiver medizinischer Behandlung erdulden muß. Es könnte ja, statistisch gesehen, durchaus möglich sein, daß er zu den alten Männern gehört, die dank der Behandlung eines solchen Leidens noch einige Jahre das

Leben genießen. Wir halten das Zutrauen zu dem dunklen, unwägbaren Wunsch für anmaßend; am liebsten hätten wir noch einen Sachverständigen, der uns sagte: *«Ja, es ist ein richtiges, vernünftiges Gefühl»*, wenn wir beispielsweise alt und des Lebens satt sind. So vertrauen wir der Statistik, dem Ausrechnen von Chancen, der Tyranei einer blinden Statistik. Die existenzielle Situation einer lebensbedrohlichen Krankheit wird zu einem Rechenexempel:

Im Stadium II haben 45 Prozent eine Überlebensquote von über fünf Jahren, die Operation erhöht diese Quote auf 55 Prozent... Über die Subjekte und ihre Gefühle geht diese Medizin hinweg. Und wir klammern uns an sie, weil wir es gewohnt sind, über uns selbst hinwegzugehen, unsere Ahnungen abzuweisen. Wir haben ja selbst kein Zutrauen zu einem Empfinden, das – jahrzehntelang unterdrückt und verteufelt – uns auf den ersten Blick nur als Fratze voller Angst und Wut begegnet. Und wir haben nicht gelernt, auszuharren, bis die Dunkelheit ihre eigene Klarheit gewinnt.

Dennoch gibt es keine andere Lösung. Wir können nicht neue Spezialisten einführen, welche die Spezialisten der Gesundheitsindustrie kontrollieren. Das Gefühl, gesund zu sein, stellt sich da ein, wo ein Mensch fähig ist, mit seinen inneren Zuständen und äußeren Anforderungen fertig zu werden. Das heißt nicht, immer glücklich und zufrieden zu sein, sondern den zyklischen Wechsel von Lust und Unlust ertragen zu können.

Wo die Menschen durch die gesellschaftliche Verweigerung einer autonomen Lebensbewältigung diesem zyklischen Wechsel entfremdet werden, fühlten sie sich dauernd unglücklich und beanspruchen ein Recht auf dauerndes Glück, das ihnen die Ersatzbefriedigungen der Warenwelt auch vorgaukeln.

Unglück wird dann subjektiv als Krankheit empfunden und an das Medizinsystem der Anspruch gestellt, das Glück wiederherzustellen. Real hängt die Gesundheit aber sehr eng damit zusammen, ob die politische Situation Selbstvertrauen, Selbstbestimmung, Autonomie und Würde des einzelnen ermöglicht. Das Gesundheitsgefühl wird dort am ausgeprägtesten sein, wo die Umwelt die Menschen darin fördert, ihr Leben autonom und selbstverantwortlich zu bewältigen.

«Das gesundheitliche Niveau sinkt nur dort, wo das Überleben übermäßig von der heteronomen (fremdbestimmten) Regelung der organischen Gleichgewichte abhängig gemacht wird. Jenseits einer kritischen

Menge ist die institutionelle Gesundheitsfürsorge – gleichgültig ob in Form von Therapie, Prävention oder Umweltplanung – gleichbedeutend mit systematischer Verweigerung von Gesundheit.»[13]

Ein gutes Beispiel für die Mißachtung des Gesundheitsgefühls zugunsten einer technischen Fiktion von Gesundheit sind die «check up's», die Untersuchungen von Menschen, die sich gesund fühlen, um ein möglicherweise noch verborgenes Leiden aufzuspüren. Durch das Vertrauen auf solche Mittel wird dem Betroffenen die Fähigkeit abgesprochen, selbst wahrnehmen zu können, ob er gesund oder krank ist. Tatsächlich führt die Verfeinerung der diagnostischen Verfahren dazu, daß es kaum mehr einen Menschen gibt, der sich gesund fühlen «darf». Eine routinemäßige «Frühdiagnose» von Gesunden bietet dem Medizinsystem dieselben Ausgangspositionen wie die Marktforschung dem Konsumsystem. Aus dem umfangreichen Datenmaterial können die Fälle ausgesucht werden, welche die Existenz der medizinischen Einrichtungen rechtfertigen. Die Menschen glauben endlich, daß sie sich nicht von ihren Autos unterscheiden, bei denen regelmäßige Wartung durch einen Experten die Lebensdauer und den Marktwert bestimmt. Obwohl es zwei Dutzend kritischer Studien gibt, die nachweisen, daß die automatischen Frühdiagnosen-Gesundheitstests keinerlei positive Wirkung auf die Lebenserwartung haben[14], passen sie so gut in das System der Krankheitsindustrie, daß sie in allen Industrieländern mit großem finanziellen Aufwand gefördert werden. So hat man jahrelang die regelmäßige Durchleuchtung der weiblichen Brust (Mammographie) zu Vorsorgezwecken propagiert, obwohl die Quote der frühzeitig aufgedeckten Tumoren es keinesfalls rechtfertigt, durch die Strahlenbelastung die Gefahr bösartiger Neubildungen bei gesunden Frauen zu steigern. Von dem zynischen Idealfall, daß durch die diagnostische Technik das zu diagnostizierende Übel erst hervorgebracht wird, ist das Medizinsystem zumindest bei den Röntgen-Reihenuntersuchungen nicht mehr weit entfernt.

Das System der psychotherapeutischen Versorgung ist zwar nicht mit der großen wirtschaftlichen Macht des Medizinsystems ausgerüstet, doch entwickelt es sich im Prinzip nicht anders. Die Psychotherapeuten stecken ihre Claims ab und werden auf ihnen fündig. Mindestens 50 Prozent der Patienten, die mit angeblich organischen Krankheiten in die Sprechstunden der praktischen Ärzte, der Internisten oder der Heilpraktiker strömen, gehören «eigentlich» in die psychotherapeutischen Praxen. Viele Abiturienten studieren bereits mit dem Ziel, Psychotherapeut zu werden, Medizin oder Psychologie. Die Standespolitik der Ärzte kämpft dabei mit den weniger mächtigen und unter sich uneinigen Psychologen um dieses Areal der Versorgung. Die Krankenkassen haben sich bisher auf die Seite der Ärzte geschlagen und billigen diesen die Entscheidung darüber zu, ob seelische Schwierigkeiten als «Krankheit» angesehen und deshalb auf Kassenkosten behandelt werden dürfen.

Auch das Verhalten der psychotherapeutischen Experten läuft auf Entmündigung und wachsende Fremdbestimmung des Gefühls für seelische Ausgeglichenheit hinaus. Zu den Fragen, die ein Therapeut oft beantworten soll, gehört: *«Ist das normal?»* Oder entschuldigend: *«Aber das ist doch normal?»* Ich verstehe inzwischen besser, weshalb mich diese Frage immer so verlegen gemacht hat. Ich fühlte mich überfordert, weil ich den Anspruch an einen Experten für seelische Normalität spürte. In der Tat definiere ich allein dadurch, daß ich einen Klienten in Therapie nehme, seine seelische Abweichung. Mein Widerwillen drückt aus, daß ich mich lieber in eine Nische flüchten will, in der es ganz gleichgültig ist, ob mein Klient normal ist oder nicht – in eine Art vor- und außergesellschaftlichen Uterus, in dem Begriffe wie Normalität gegenstandslos geworden sind.

Auch in der Psychoszene stellt sich die Beziehung zwischen Angebot und Nachfrage her, die zur Grundregel der Industriegesellschaften geworden ist. Daß diese Regel bei den Dienstleistungen der sozialen Berufe zu weit verwirrenderen Folgen führt als auf dem Gemüsemarkt, ist im Grunde zu erwarten. Ein Beispiel ist die Polizeistatistik: Einerseits ist es das Interesse der Polizisten, ihre Arbeitsplätze zu behalten und den Bedarf an Polizei an einer konkurrenzbestimmten Gesellschaft als ständig wachsend auszugeben. Andrerseits ist es die definierte Aufgabe der Polizei, abweichendes, störendes Verhalten zu vermindern. Es ist klar, wohin die Entwicklung führt: Je mehr Polizisten es gibt, desto mehr Verbrechen gibt es auch. Je mehr Ärzte es gibt, desto mehr Menschen werden für krank erklärt und müssen behandelt werden, je mehr Arzneimittel hergestellt werden, desto mehr Menschen sind ohne sie nicht gesund. Je mehr Psychologen es gibt, desto weniger Menschen sind seelisch «normal». Der Narzißmus des Experten verlangt gebieterisch, daß er sich im Zweifelsfall für zuständig hält.

Von 1000 untersuchten Kindern in New York waren bei 61 Prozent die Mandeln bereits entfernt. Die restlichen 39 Prozent wurden nun einer Ärztegruppe an einer für die Patienten gratis arbeitenden Klinik vorgestellt. Bei 45 Prozent schlugen diese Ärzte eine Mandeloperation vor, den Rest schickten sie ohne Befund nach Hause. Diese übriggebliebenen Kinder wurden nun einer neuen Ärztegruppe vorgestellt, die wiederum bei 46 Prozent eine Tonsillektomie anordneten. Als die zweimal ohne Befund entlassenen Kinder nun ein drittes Mal einer neuen Ärztegruppe zu einer Reihenuntersuchung anvertraut wurden, empfahlen diese wiederum bei einem ähnlichen Prozentsatz die Herausnahme der Mandeln.

Vor kurzem berichtete eine Ärztezeitschrift über ein ähnliches Vorgehen, diesmal bei einer ausgewählten Gruppe *«seelisch Gesunder»*. Diese waren aus einer größeren Menge ausgewählt worden, unter denen sich nach Ansicht der Experten 38 Prozent seelisch Gesunde befanden – eine für solche psychiatrischen Selbstdarstellungen recht typische Zahl. Diese Gesunden erwiesen sich nun in einem dreistündigen, gründlichen Interview als von den verschiedensten seelischen Störungen geplagt – krankhafte Ängste (38 Prozent), allgemeine innere Unruhe (38 Prozent), Kopfschmerzen (35 Prozent), Zwangshandlungen (35 Prozent), depressive Verstimmungen (33 Prozent), Suchtverhalten (30 Prozent), Oberbauchbeschwerden ohne organische Ursache (25 Prozent), Schlafstörungen (22 Prozent) und Partnerkonflikte (22 Prozent).[15]

12. Ökotherapie und Psychoanalyse

«Neben den Traumen des Lebens, welche die Krankheit hervorgerufen haben, kommt das bißchen Mißhandlung durch den Arzt nicht in Betracht. Nur daß eben der ungeeignete therapeutische Versuch nichts Gutes für die Kranken geleistet hat.»

*S. Freud**

«Aber das will ich sagen: kein Reich beherrsche ich, weder Gondor noch irgendein anderes, ob groß oder klein. Doch alles, was Wert hat in der Welt, so wie die Dinge jetzt liegen, das steht unter meinem Schutz. Und ich für mein Teil werde mit meiner Aufgabe nicht ganz scheitern, sollte Gondor auch zugrunde gehen, wenn irgend etwas diese Nacht übersteht, das noch gut werden oder Frucht tragen oder in zukünftigen Tagen wieder blühen kann.»

*J. R. R. Tolkien***

* S. Freud, Die Frage der Laienanalyse, Ges. Werke XIV, Frankfurt am Main 1955, S. 266

** J. R. R. Tolkien, Der Herr der Ringe, Bd. III, Stuttgart 1978, S. 28

Wenn es die Gesellschaft ist, die die Kranken krank und die Heiler zu Helfern gemacht hat – dann wäre die Veränderung dieser Gesellschaft doch das einzige, was sich lohnt! Gerade sie scheint aber für die Möglichkeiten des Individuums so wenig veränderbar wie das Wetter oder die Schwerkraft.

Die meisten von uns verhalten sich in dieser Situation so, wie es wohl naturwüchsig ist für den Menschen, dem seine Kultur zur zweiten Natur wird. Sie denken nicht nach über die Gesellschaft, nehmen sie so selbstverständlich hin wie andere Teile der äußeren Realität auch. Im Winter ist es kalt, man muß einen dicken Mantel haben. Ohne Geld gibt es keine Nahrung, keine Wohnung. Wer sich nicht benehmen kann, hat keine Freunde. Wenn es regnet, wird man naß. Der Arzt ist die Medizin, der Polizist das Recht, das Fernsehen sagt uns, was in der Welt passiert, die wir nicht mit eigenen Augen sehen. Es gibt Störenfriede, die das Geld abschaffen, Bomben legen, einen Krieg anzetteln, den Reichen wegnehmen wollen, was sie schon immer gehabt haben. Das führt nur zu Unruhe und dazu, daß die Lebensbedingungen noch schlechter werden.

Diese Menschen verhalten sich so, als hätte es ebensowenig jemals eine andere Gesellschaftsform gegeben oder würde es jemals eine andere geben, wie sich alle Menschen der Natur gegenüber verhalten. Auf einer Wanderung durch das Würmtal ist es mir herzlich gleichgültig, daß an dieser Stelle vor vielen Jahrtausenden ein Gletscher war. Es fällt mir nicht ein, deshalb zu frieren. Genau das verlangen aber die Intellektuellen ständig von einer zähen Mehrheit jener Menschen, denen sie ein *«falsches Bewußtsein»* zuschreiben.

Für den Intellektuellen wird das Bild einer einheitlichen, aus Natur und Kultur gemischten Realität zu einem Vexierbild. Er sieht eine gigantische Gestalt darin, einen Leviathan, ein Ungeheuer, das die Individuen wie winzige Muskel- und Nervenzellen verbraucht. Doch ist diese Gestalt auch für ihn zu groß. Er kann sie nie ganz überblicken, sondern nur einzelne Teile scharf sehen. Von ihnen geht er aus, wenn er seine Vorschläge macht, diesen Giganten zu verstehen und womöglich auch zu verändern. Welche Vorschläge zu solchen Veränderungen werden endlich, auf langen Irrwegen, wirklich bis in solche Tiefen des Giganten vordringen, daß sich die gesellschaftliche Realität ändert?

Wir wissen nur sehr wenig darüber. Sicher scheint jedoch, daß die von dem individuellen Blickpunkt aus wahrgenommenen und erwünschten Veränderungen keine Voraussagen über das ermöglichen, was sich dann tatsächlich in dem Giganten abspielt. Die marxistische Theorie und die Politik der Sowjetunion oder Chinas sind augenfällige Beispiele dafür, aber auch z. B. das Schicksal der psychoanalytischen Bewegung oder die «Verbesserung» der christlichen Lehre durch die Großinquisitoren jeglicher Herkunft.

Aus diesen Überlegungen läßt sich der Schluß ziehen, daß wer etwas verändern will, keineswegs sicher sein kann, auch etwas zu verändern. Und umgekehrt kann jener, der nichts verändern will, durchaus etwas verändern. Jeder Mensch, der über sein engstes Gruppeninteresse hinausdenkt, wird beispielsweise gegen noch mehr Atomwaffen eingestellt sein und einen Atomkrieg für etwas halten, was es um jeden Preis zu vermeiden gilt. Setzt man die Perspektive etwas distanzierter an, kann man auch darüber nachdenken, ob ein Atomkrieg, der die Industrieländer völlig zerstören würde, nicht auf lange Sicht besser für das Überleben der Menschheit wäre. Freilich würde man bei diesem Gedanken von der (möglicherweise) irrigen Hoffnung ausgehen, daß eine solche Katastrophe die Überlebenden nachdenklich stimmt und ihren Entschluß fördert, die Ausbeutung der Natur zu beenden.

Diese Vorbemerkungen haben aber ihren Zweck erfüllt, wenn sie etwas Toleranz herstellen konnten für eine Haltung, die ich bereits erwähnt habe. Wir sind überfordert, die Gesellschaft zu verändern. Es ist unser Recht, sie zu nehmen, wie der urtümliche Jäger und Sammler die Natur. Wenn wir uns politisch geben, tun wir es für uns selbst, um unsere Angst und Hoffnungslosigkeit zu beschwichtigen. Wir tun es nicht für andere, denn wir wissen gar nicht, welche Folgen unser Handeln für sie haben wird. Die moralisierenden Klagen, die z. B. oft über die «unpolitischen» Jugendlichen laut werden, drücken sehr deutlich den Versuch vieler «politischer» Menschen aus, ihr eigenes Interesse zu einem allgemeinen umzumünzen. Wir sind nicht verpflichtet, uns schuldig zu fühlen, weil die Dinge so sind, wie sie eben sind.

Wenn ich diese allgemeinen Überlegungen auf die Ökotherapie zurückverlege, machen sie vielleicht verständlicher, wie ich selbst so kritisch über die Psychotherapieszene denken und doch weiter in ihr arbeiten kann. Wir können uns heute als Individuen der Gesellschaft gegenüberstellen und sie ins Auge fassen. Das ist nicht selbstverständlich, es setzt eine lange Geschichte voraus, eine Bereitschaft, zu lesen, zu lernen, Privilegien auszuschöpfen, die eben diese Gesellschaft einer

Minderheit der sogenannten Intellektuellen anbietet. Was wir sehen, erfüllt uns mit Sehnsucht nach einer Welt, in der die Individuen noch nicht durch Leistungskonkurrenz, Profitwirschaft, zweckrationale Ausbeutung der Natur und ihrer eigenen Arbeitskraft bestimmt waren (oder sein werden).

Aber unseren geschärften Blick, der die Vorbedingung dieser Wünsche ist, verdanken wir eben jener bürgerlich-kapitalistischen Verwandlung der Gesellschaft, die wir beklagen. Selbst die Vorstellung von persönlicher Erfahrung, von individuellem Glück, von Selbstverwirklichung einer endlich von Warenverkehr und Profitkampf befreiten tropischen Insel ist ein Produkt dieser Gesellschaft. Die Natur ist wunderschön geworden, seit wir wissen, wie eine Raffinierie, ein Eisenwerk, eine Papierfabrik oder ein Autobahnkreuz Wälder und Wiesen verwüsten können. Aber nur dem durch diese Zerstörung geschärften Blick ist sie schön. Niemand weiß, wie wir sie empfinden würden, gäbe es nur strohgedeckte Hütten und Saumpfade in den düsteren Wäldern Mittelerdes.

Die Geschichte der Naturwissenschaft ist eine Geschichte des Versuchs, die Natur rational kontrollierbar und damit verwertbar zu machen. Die Ökologie ist einerseits ein Kind der naturwissenschaftlichen Entwicklung, andrerseits sucht sie eben dieser Entwicklung dort Grenzen zu setzen, wo der Versuch, die Natur zu beherrschen, die natürlichen Kreisläufe und Zusammenhänge zerstört. Die Psychotherapie ist ihr in mancher Hinsicht ähnlich. Sie ist ein Kind der medizinischen und psychologischen Versuche, die seelische Anpassung des Menschen an eine Konkurrenzwelt durchzusetzen, welche die Individuen in vielfältiger Weise überfordert. Zugleich versucht sie aber, diese Welt zu kritisieren und teilweise aufzuheben.

In dem Bestreben, die menschlichen Triebe rational auf eine möglichst eindeutige Erfüllung des bürgerlichen Leistungs- und Profitstrebens hinzustutzen, war das Bürgertum im neunzehnten Jahrhundert zu einer aberwitzigen Sexualunterdrückung gelangt. Lange vor der ersten Blinddarmoperation wurde die weibliche Klitoris amputiert, wurden Eingriffe vorgenommen (und sogar von manchen Ärzten für alle unverheirateten Männer empfohlen), welche Erektionen nur noch schmerzhaft sein ließen. Freud war es, der den viktorianischen Bürgern in diesem Zusammenhang die Fabel von den Schildbürgern erzählte, welche aus lauter Profitgier ihr Stadtpferd verhungern ließen.

Freilich sollte die Bewegung gegen die zweckrationale Verwertung der menschlichen Natur (welche dem zerstörerischen Umgang der Industriegesellschaft mit der Natur schlechthin entspricht) nicht zu weit gehen. Sie sollte beschränkt bleiben auf die Medizin, auf die Behandlung von etwas, was von vornherein als Krankheit des Individuums festgeschrieben war. Solange es dabei blieb (oder dazu wurde; Freud war gegen die Eingliederung der Analyse in das Medizinsystem), war die Psychotherapie nicht nur erträglich, sondern in hohem Maße erwünscht.

Sie paßte zu einer Entwicklung, in der autoritäre, feudale, auf nicht hinterfragten Überlieferungen beruhende Ordnungsmaßnahmen ersetzt werden durch rational faßbare, auf Tauschbeziehungen zwischen freien Individuen beruhende. Der Priester, der Psychoanalytiker wird, erschließt sich neue, individuelle Wirkungsmöglichkeiten, die über seine Funktionen als Amtsträger einer altehrwürdigen, mächtigen, aber längst von den besitzbürgerlichen Kräften mißbrauchten Institution hinausgehen. Er zahlt dafür den Preis, daß er eine Dienstleistung als Ware auf den Markt bringt, die sich gerade im religiösen Rahmen länger als anderswo den Marktgesetzen entziehen konnte. Subjektiv ist der Priester, der Psychotherapeut wird, überzeugt, daß er das «eigentliche» an der priesterlichen Tätigkeit auf diese Weise sinnerfüllter leben und verwirklichen kann: Intensive Gefühlsbeziehungen, die beide Beteiligten erfassen und verändern. *«Moderne Theologie kann nur Psychotherapie sein»*, hat mir ein solcher Geistlicher einmal gestanden. Doch um diesen Urzustand der priesterlichen Existenz, das schamanistische Charisma, wiederherzustellen, muß er in eine formelle, professionalisierte Dienstleistung einsteigen.

Diese Tauschgeschäfte sind sehr verbreitet. Der rationale Umgang mit dem Irrationalen sieht so aus, daß man einen Fachmann dafür erfindet. Wenn dieser Fachmann daran zu scheitern droht, daß seine Kolonisierungsarbeit wiederum irrationale, gefährliche Folgen hat, wird ein neuer Spezialist geboren. In der Medizin beispielsweise hat die zunehmende Technisierung von Diagnostik und Therapie dazu geführt, daß die Ärzte immer weniger in der Lage sind, mit ihren Patienten zu sprechen, sich auf sie zu beziehen, einen Kontakt mit ihnen herzustellen. Dabei war die Zuständigkeit für die irrationalen Krisensituationen des Lebens, für Geburt, Krankheit, Sexualität und Tod gerade eine sehr wichtige Aufgabe der Medizin.[16]

Je technischer die Medizin wurde, desto weniger fühlten sich die Kranken bei den Ärzten aufgehoben. Einem wachsenden Bedarf des Patienten, sich geborgen und verstanden zu fühlen (der sich nur noch durch Krankheitssignale ausdrücken konnte), standen zunehmend abnehmende Fähigkeiten der Medizin gegenüber, mit ihren Klienten zu sprechen, ihre irrationalen Erwartungen anzunehmen und zu erfüllen. Also wurden Lehrstühle für medizinische Psychologie geschaffen, es wurden Balint-Gruppen eingerichtet und Weiterbildungen in Psychotherapie organisiert. Ein professioneller, spezialisierter Rahmen wurde geschaffen, um die verlorene Menschlichkeit, das zerstörte ganzheitliche Interesse in der Medizin wiederzugewinnen. In den Balint-Gruppen reden die Ärzte gerade über den nicht-professionellen Anteil der Beziehung – in einem professionellen Rahmen. Sie ermitteln, wo der Patient Gefühle in ihnen auslöst, die eigentlich dem Bruder, der Mutter, dem Vater zuzuordnen sind. Sie lernen, wieder offener und ehrlicher mit dem Patienten umzugehen – im Rahmen eines speziellen, umgrenzten Zwecks und unter der Anleitung eines Spezialisten.

Die entscheidende Frage ist aber die: Kann auf diesem Weg überhaupt eine Lösung gefunden werden? Oder verschleiert die ständige Produktion neuer Fachleute, neuer psychotherapeutischer Methoden, neuer Märkte für psychologische Dienstleistungen nur die Lage? In diesem Augenblick wäre es zu schön, um wahr zu sein, nun die Ökotherapie als einzig sinnvolle und rechtmäßige Antwort auf diese Frage anzubieten. Aber gerade das Angebot von Lösungen sollte uns mißtrauisch stimmen. Der Krankenhauspsychologe wird das Elend der technischen Medizin ebensowenig beseitigen wie der Ökotherapeut das Elend der Psychotherapie.

Der Unterschied zwischen beiden ist vielleicht der, daß der Psychologe ein wirtschaftliches Interesse haben muß, seine Rolle und seinen Arbeitsplatz zu legitimieren. Der Ökotherapeut hingegen sollte sich von vornherein darauf einstellen, daß ihn seine Kunst brotlos macht. Er muß sein Brot auf andere Weise verdienen, wobei sein Wissen ihm allenfalls hilft, mit weit weniger Verdienst auszukommen als andere Intellektuelle. Der Ökotherapeut sagt sich, daß er in einer gestörten Welt lebt, in der die Beziehungen zwischen Mensch und Natur von Profit, Zweckmäßigkeit, Rationalität bestimmt und damit letztlich feindseliger Art sind. Er weiß, daß diese Form von Beziehung auch seine eigene Beziehung zu seinem Unbewußten, zu seinem Körper und dessen vegetativen Regelungen beeinflußt. Daher ist er bescheiden geworden in seinem Anspruch an sich selbst und an die Heilung von Menschen, die sich als seelisch beeinträchtigt erleben und ihm aus dem Medizinsystem mit den verschiedensten diagnostischen Etiketten zugewiesen werden.

Der Ökotherapeut weiß, das seine Spezialistenmaske nur Maske ist – Überlebenshilfe in einer Welt, die absurderweise an den Segen der Spezialisten glaubt und jeden benachteiligt, der nicht mitspielt. Um der Gefahr zu entgehen, daß der Fachmann-Heiligenschein an seinem Kopf festwächst und seine Bewegungsfreiheit einschränkt, trägt er ihn wirklich nur dann, wenn es unentbehrlich ist. Das heißt beispielsweise, daß er auf die unverständliche Sprache verzichtet, die doch einen so großen Teil des Nimbus der Spezialisten ausmacht. Er zahlt keine Mitgliedsbeiträge in Standesorganisationen und blickt nicht auf Heilpraktiker oder Prostituierte herab. Manchmal überlegt er, daß der wesentlichste Unterschied zwischen seiner Rolle und der Rolle der Huren darin liegt, daß er mit höherem Alter in der Regel auch höhere Honorare fordert, während es bei den Angehörigen des (neben dem Analytiker) anderen horizontalen Gewerbes umgekehrt der Fall zu sein pflegt.

Die Ökotherapie glaubt und glaubt nicht an den Todestrieb – eine Kraft, die dazu treibt, den individuellen Organismus wieder aufzulösen in seine Bestandteile, in einzelne Zellen oder in die Bausteine der unbelebten Materie. Sie glaubt daran, daß die Industriegesellschaften vom Todestrieb beherrscht sind, solange sie vom Wachstum der Naturbeherrschung und -ausbeutung besessen bleiben. Sie vermutet, daß Freud mit dem Todestrieb tatsächlich dieses gesellschaftliche Geschehen meinte, die unausweichliche Katastrophe einer Lebensform, welche die natürlichen Kreisprozesse aufzehrt, statt in ihnen und mit ihnen zu leben.

Die Ökotherapie glaubt nicht daran, daß der einzelne Organismus an seiner eigenen Auflösung arbeitet. Sie ist im Gegenteil davon überzeugt, daß die Weisheit des Körpers umfassender und wichtiger ist als die Wissenschaft des Bewußtseins. Allerdings dürfen wir uns von Kindheit an nicht nach dieser Weisheit richten und können es auch weder unseren Kindern noch unseren Klienten wirklich ganz ermöglichen, das zu tun. Wir können uns und sie allenfalls zu einigen Schritten mehr in dieser Richtung ermutigen. Die Ökotherapie unterscheidet sich von der Psychotherapie vor allem darin, daß sie mit dem Unbewußten, der Neurose, dem falschen Selbst, dem verdrängten Urschmerz usw. nichts machen will. Solche Macherhaltungen der Psychotherapie sind ein Erbe ihrer medizinischen und pastoralen Ursprünge, in denen es darum ging, die Krankheiten zu heilen und die Seelenverhältnisse zu bessern.

Die Ökotherapie versucht hingegen, die Hindernisse zu beseitigen, die uns davon abhalten, zu Hause zu sein in unserem Körper, ihn nicht als Werkzeug, als lästiges Hindernis geistiger Verwirklichung, als Objekt der verschiedensten Trainings und Übungen vom Yoga bis zur Bioenergetik anzusehen. Das Unbewußte ist dem Körper viel näher als das Bewußtsein. Der Bereich der körperlichen Erfahrung ist weit umfassender und für unsere Stimmungen, unser Glück und Elend entscheidender als unser vom Leistungsdenken beherrschtes Bewußtsein. Die Psychoanalyse vermutet, daß dieses unbewußte Dunkel gefährlich und von zerstörerischen Trieben erfüllt ist. Man darf ihm nicht vertrauen. Die Ökotherapie vermutet, daß dieses Körper-Unbewußte die einzige Kraft ist, der wir wirklich vertrauen dürfen, obwohl wir sie teilweise verdorben haben.

Wir sind in der Situation des Menschen, der unter einer Lampe sucht, was er im Dunkeln verloren hat. Wir müssen zurück in das Dunkel, auch wenn wir an Sicherheit verlieren. Nur dort können wir wirklich ein Zuhause finden. Und je weiter wir ins Dunkle gehen, desto weniger deutlich wird, ob wir in das Dunkel eindringen oder es in uns. Und wenn das ganz gleichgültig geworden ist, können wir vielleicht das noch ungestörte, mit allem Leben auf diesem Planeten verbundene Dunkel finden, dem wir uns wirklich anvertrauen dürfen.

Je mehr der Autor in Gleichnissen spricht, desto weniger kann er sich darauf verlassen, daß seine Leser ihn verstehen. Ich will mich deshalb noch einmal etwas anders ausdrücken. Ich vermute, daß eine Intuition, die auf den ganzen Organismus bezogen ist, eine weit zuverlässigere, Orientierung in dieser Umwelt erlaubt als unsere Naturwissenschaft, als Psychologie, Philosophie und Medizin, die uns der Zerstörung unserer selbst immer näher gebracht haben. Freilich ist diese Körperintuition durch die einseitige Ausbildung unserer zweckrational verwertbaren seelischen Funktionen gestört und verwirrt. Man hat uns jahrelang beigebracht, ihr zu mißtrauen und den Aussagen der medizinischen, psychologischen, theologischen Fachleute zu vertrauen.

Letztlich ist die Orientierung an dieser Intuition die verläßlichste, auch wenn sie uns zunächst in Irrtümer stürzen und unsere Verwirrung noch vergrößern mag. Ertragen wir diese Unsicherheit und Verwirrung, dann erreichen wir ein Stück der ursprünglichen Weisheit der gefühlsbestimmten, magischen, körperlichen Orientierung. Sie läßt sich weder bewußt finden noch festhalten, noch steuern und ist doch verläßlicher als alles, was wir machen können, weil sie Anteil an einem Lebensprozeß hat, der weit über unser Denken, über die zweckmäßige Verwertung unserer selbst und unserer Umwelt hinausgreift.

13. Grundsätze der Ökotherapie

«Wenn aber der ‹Nervenarzt› seine Kranken nicht herstellt, so verwundert sich niemand darüber. Man ist durch die Erfolge der Therapie bei den Nervösen nicht verwöhnt worden, der Nervenarzt hat sich wenigstens ‹viel mit ihnen abgegeben›. Da läßt sich eben nicht viel machen, die Natur muß helfen oder die Zeit. Also beim Weib zuerst die Menstruation, dann die Heirat, später die Menopause. Am Ende hilft wirklich der Tod.»

*S. Freud**

«Jetzt kniete sich Aragorn neben Faramir nieder und legte eine Hand auf seine Stirn. Und diejenigen, die zuschauten, spürten, daß irgendein großer Kampf ausgefochten wurde. Denn Aragorns Gesicht wurde grau vor Erschöpfung; und immer wieder rief er Faramirs Namen, doch jedesmal hörten sie ihn leiser, als ob Aragorn selbst fern von ihnen sei und in irgendeinem dunklen Tal wandere und jemanden rufe, der sich verirrt hatte.»

*J. R. R. Tolkien***

* S. Freud, Die Frage der Laienanalyse, Ges. Werke XIV, Frankfurt am Main 1955, S. 265

** J. R. R. Tolkien, Der Herr der Ringe, Bd. III, Stuttgart 1978, S. 156

Ökotherapie ist der Versuch, den Menschen der entwickelten Industriegesellschaften wieder in seinem Körper zu beheimaten und dadurch die Abhängigkeit von einem umweltzerstörenden System zu beseitigen, die sich vor allem als Abhängigkeit von Experten äußert. Was das konkret bedeutet, will ich in einigen Grundthesen und in einer Kritik verschiedener Therapie- und Selbsterfahrungspraktiken aufzeigen.

1. *Bei sich selbst beginnen:* Das destruktive Modell der Industriegesellschaft sieht so aus, daß Gremien objektiver Fachleute aus völlig anonymen, zweckrationalen Gründen entscheiden, welche Formen der Umweltzerstörung wo stattfinden sollen – wer die Schnellstraße in den Vorgarten, wer den Atommeiler an den Fluß bekommt. In der Medizin ist die Diagnose auf ähnliche Weise objektiviert und unangreifbar. Kein Wunder, daß solche Formen z. B. den Jugendlichen nicht mehr vermittelbar sind, daß sie Politiker und Experten nicht mehr ernst nehmen, weil diese sich in einen Mantel unangreifbarer Objektivität hüllen. Der Ökotherapeut gibt seine subjektiven Empfindungen preis, seine Betroffenheit, sein eigenes Interesse an dem, was er vorschlägt. Er versucht dabei auch, sich klarzumachen, daß diese Preisgabe immer unvollständig bleiben wird. Sie ist ihrerseits von der Gefahr bedroht, zweckrational eingesetzt zu werden.
Der Therapeut verwendet dann eine kontrollierte Form von Offenheit und spontanem Gefühlsausdruck, um bestimmte Ziele zu erreichen. Damit macht er seine Rolle als Experte, der entmündigt, noch schwerer durchschaubar. Durch den unaufdringlichen Verzicht auf überlegene Objektivität soll der Ökotherapeut die Subjektivität seines Gesprächspartners fördern. Oft wird das konkret dazu führen, daß er die zunächst an ihn gerichteten Erwartungen enttäuscht – die Hoffnung, als Experte von außen praktisch verwertbare Ratschläge zu liefern, die Entscheidung über «richtig» und «falsch» zu treffen.
Bei sich selbst beginnen, heißt auch, eigene Schwierigkeiten nicht in der Hilfe für andere zu verschleiern. Es heißt nicht, daß der Helfer in jedem Punkt vorbildhaft sein muß – daß er seinem Partner nur dort helfen kann, wo er bereits einen Schritt voraus ist. Diese Position überträgt Teile der bürgerlichen Konkurrenz und Vollkommenheitsansprüche auf die Therapie. Der Ökotherapeut braucht Freunde, mit denen zusammen er selbst immer wieder bei sich beginnen, seine Ängste ausdrücken kann. Offenheit gegenüber seinen

Klienten bedeutet nicht Befriedigung durch den Klienten, sondern Arbeit für den Klienten.

2. *Die überflüssige und die unausweichliche Störung:* Die Offenheit zwischen dem Ökotherapeuten und seinem Partner soll möglichst die Rationalisierungen aufheben, welche üblicherweise die Interessen des Therapeuten verschleiern (z. B. daß es *«gut für die Therapie»* ist, wenn der Klient durch sie finanziell belastet wird). Schrittweise soll auch deutlich werden, daß die ungleiche Situation zwischen dem therapeutischen Experten und dem hilfesuchenden Laien Teil einer umfassenden, gesellschaftlichen Störung ist, der beide – Ökotherapeut wie Klient – nicht entrinnen können. Es sollte ihnen aber gelingen, auf diese Weise nicht mehr unüberlegt mitzuspielen und beispielsweise reale Überforderungen durch das System der Naturausbeutung als Ausdruck eines persönlichen, neurotischen oder psychotischen Versagens zu sehen.

Unbegrenztes emotionales Wachstum, wie es manchmal in Angeboten der Psychoszene verheißen wird, ist ebenso töricht wie unbegrenztes wirtschaftliches Wachstum. Es entfremdet den Betroffenen seinem eigenen seelischen Gleichgewicht, verhindert, daß er in sich selbst zu Hause sein, sich auch mit dem unausweichlichen Stück Störung annehmen kann, das mit dem Leben in einer gestörten Umwelt einhergeht. Ökotherapie ist nicht Heilung, sondern Klärung der überflüssigen und der unausweichlichen Störung. Wer behauptet, unter den Bedingungen des modernen Arbeitslebens nicht zu leiden, verleugnet häufig ein Stück seiner Gefühle. Doch so zu leiden, daß selbstschädigende psychosomatische Krankheiten entwickelt werden, anstatt sich durch eine nüchterne, weniger überfordernde Haltung gegenüber der Berufsarbeit zu entlasten, ist überflüssig, d. h. ein Ansatzpunkt für eine Therapie.

Musterbild des überflüssigen Leidens sind die Störungen, die dann auftreten, wenn der Betroffene sein kindliches Schicksal szenisch immer wieder herstellt, ohne sich rechtzeitig klar darüber zu werden. Man sollte meinen, daß spätestens hier der Fachmann für das Unbewußte unentbehrlich ist. Doch glaube ich, daß es auch notwendig ist, zu sehen, daß die Unentbehrlichkeit eines solchen Fachmanns mit einem Verarmungsprozeß zusammenhängt. Wenn der Fachmann ehrlich ist, wird er auch vermitteln, daß er selbst nicht weniger Opfer dieser Verarmung ist als sein Klient.

Die Grenze zwischen der überflüssigen und der unausweichlichen Störung kann nur dann geklärt werden, wenn die erste These erfüllt ist. Nur dann lassen sich die beiden Gefahren vermeiden, die mit diesem Gesichtspunkt aufkommen: daß der Therapeut seine eigene Unfähigkeit, dem Klienten weiterzuhelfen, dadurch verschleiert, daß er eine unausweichliche Störung annimmt, oder daß umgekehrt der Klient dem Therapeuten zur Last legt, was unausweichliches Schicksal in seiner gegenwärtigen Situation ist. Ich glaube, daß eine Entscheidung darüber nicht aufgrund der typischen Experten- und Leistungsmerkmale getroffen werden kann, die eher Verschleierung und Verleugnung fördern (Ist der Therapeut «gut» ausgebildet? Ist die Behandlung «indiziert»? Ist der Klient «kooperativ»?). Förderlich scheint mir eher, daß beide Beteiligten offen darüber sprechen können, ob sie ihrem Gefühl nach genug oder zuwenig getan haben. Es mag durchaus vorkommen, daß ein Therapeut bei einem Klienten das Gefühl hat, er habe zuwenig getan, während er bei einem anderen seine Mittel wirklich ausgeschöpft hat.

3. *Von der «Natur» lernen.* Ökologie ist zwar auch eine Naturwissenschaft, doch bezieht sie einen kritischen Standpunkt gegen die Selbstüberschätzung von Partialwissenschaften. Die Naturwissenschaft hat sich unter großen Anstrenungen, im Hintergrund durch die Verwertungs- und Kontrollbedürfnisse des Kapitalismus bestimmt, von allem Irrationalen außer der verborgenen Unvernunft der Konkurrenz- und Profitwirtschaft befreit. Das Gefühl für die Schönheit eines natürlichen Lebenszusammenhangs (eines «Biotops» oder einer in Jahrhunderttausenden gewachsenen Landschaft) ist für mich wesentlicher als der rechnerische Beweis für die Stabilität differenzierter Ökosysteme. Im ersten Fall trete ich in unmittelbaren Kontakt mit der Natur, im zweiten Fall in einen indirekten, technisch gemachten. Der zweite Fall ist der Notbehelf, die Argumentationshilfe gegenüber Menschen, die blind geworden sind gegenüber allem, das sich nicht rational fassen läßt.

   Das Gefühl für die natürlichen Verbindungen zwischen unserer Empfindung und der Gesundheit, der Ausgewogenheit einer Landschaft erlaubt viel fundiertere Aussagen. Wahrnehmendes Subjekt und wahrgenommenes Objekt hängen unmittelbar zusammen, sind Teil derselben Natur, derselben Entwicklungsgeschichte. Lange vor allem Wissen über den Zusammenhang zwischen Kapitalismus, Naturausbeutung, Vergesellschaftung und Profitmaximierung empfand ich einen ästhetischen Widerwillen gegen die gestaltlosen Trabantenstädte, gegen die baumlosen Schnellstraßen, gegen die Schachtelhäuser, welche die gewachsenen Kerne von alten Dörfern oder Städten auffraßen wie ein unaufhaltsam immer wieder die gleichen, tödlichen Zellen produzierender Tumor. Dieselben Gefühlsqualitäten stellen sich ein, wenn ich beispielsweise einen Fichten-«wald» – eine Monokultur zur maximalen Holzproduktion – mit einem Mischwald vergleiche. Das schönere ist auch das stabilere Ökosystem.

Der Erwerb ökologischen Wissens geht (im Gegensatz zu den meisten anderen Formen des Wissens) in zwei Richtungen vor sich:

- einer regressiven, wo wir uns mehr auf unsere Gefühle verlassen und diese differenzierter wahrnehmen
- einer progressiven, wo wir Informationen über Tatsachen und Zusammenhänge erwerben.

Der Wissenserwerb in der Therapie ist ganz ähnlich; nur wenn beide Richtungen sich ergänzen, wird das Ergebnis günstig sein, weil sich nur dann die Fehler ausgleichen lassen, die durch unsere lange Tradition der Naturausbeutung entstehen müssen. Das Gefühl sagt mir, was zu tun ist; die Überlegung sagt mir, was ich besser sein lasse. Mir fallen Szenen aus der Gruppentherapie ein, in denen ich etwas Ungewöhnliches tat – ich wartete nicht mehr ab und versuchte zu verdeutlichen, was geschah, sondern wurde spontan aktiv. Einmal nahm ich z. B. einen jungen Mann in die Arme, der eben erzählte, wie seine Mutter Selbstmord begangen hatte. Wir waren uns noch nicht nahe gekommen bisher, er konnte mit meiner ironischen Art wenig anfangen, und mir mißfiel sein verbissener Ernst. Wenn ich es mir im nachhinein überlege, war die Umarmung auch deshalb nicht falsch, weil auf dieser körperlichen Ebene unsere Schwierigkeiten, mit der Ausdrucksweise des anderen klarzukommen, nicht mehr auftraten. Aber sie war «richtig», weil ich mich danach fühlte und spontan handelte.

Von der «Natur» lernen heißt die gefühlsbestimmten, intuitiven Möglichkeiten der Erkenntnis nutzen und anzuerkennen, daß letztlich sie es sind, die uns mit anderen Menschen, aber auch mit Pflanzen, Tieren, mit dem Wind, dem Himmel und den Flüssen verbinden. Es heißt auch: von den «Primitiven», den «Natur»völkern lernen. So werden wir sehen, daß jeder sogenannte Kulturfortschritt mit einem Verlust an umfassender Einfühlung und ökologischer Stabilität einhergegangen ist. Wir können unserer Intuition nicht mehr blind vertrauen, ebensowenig wie wir das Wasser unserer Flüsse ungereinigt trinken können. Aber das sollte uns nicht dazu führen, zu verleugnen, wie es eigentlich sein müßte, und unsere technische Haltung als die überlegene auszugeben. Unser technisches Wissen wird sich immer nur selbst bestätigen und fortpflanzen, es kann uns den Weg zurück zu dem verlorenen oder nach vorne zu einem neuen Gleichgewicht nicht zeigen. Das kann nur die Intuition – und wir können nur hoffen, daß unser technisches Wissen und naturwissenschaftliches Denken ausreichen, die Mängel auszugleichen, die sie durch ihre einseitige Anwendung und ihren übermächtigen Einfluß auf die Erziehung an der Intuition verschuldet haben. Es kommt darauf an, das wissenschaftliche Denken gegen sich selbst zu richten, es sich in sich, in einer Art Bürgerkrieg zu lähmen, um Raum zu schaffen für die Rückkehr der gefühlsbestimmten Einsicht.

Anders als Freud, der das Bild des Neurotikers auf den urtümlichen Wilden projizierte und Übereinstimmungen in beider Seelenleben erkannte, nimmt der Ökotherapeut den Wilden mit in sein Behandlungszimmer und benützt ihn als Modell, um dem kranken Zivilisationsmenschen ein Stück alternativer Phantasie zu ermöglichen. (Der Traktat über den *Papalagi*, in dem ein fiktiver Polynesier über die Weißen spricht, steht unter diesem Aspekt der Ökotherapie näher als *«Totem und Tabu»*). Ich finde es beispielsweise durchaus erwähnenswert, daß die Lebensform, an die wir uns die längste Zeit genetisch anpassen konnten – Jäger und Sammler in tropischen Zonen der Erde –, mit maximal zwei Stunden Arbeit am Tag auskommt (wobei Kinder, Alte und Schwangere überhaupt nicht arbeiten). Mit einigen Frauen, die meine Kollegen hysterisch zu nennen pflegen, bin ich viel besser zurechtgekommen, als ich mir klarmachte, daß ihr scheinbar übersteigertes Bedürfnis nach Zuwendung auch ein Stück einer urtümlichen Haltung ist, in der es eben die für unsere Gesellschaft typischen *«geschäftsmäßigen»* Beziehungen zwischen Menschen nicht gibt. Ein anderer Fall, in dem der Wilde als Lehrer auftritt, ist das in der Therapie gar nicht seltene Problem einer

mangelhaften Übereinstimmung zwischen dem, was als «richtiges», «erwachsenes», dem zahlenmäßig festgelegten kalendarischen Alter entsprechendes Verhalten angesehen wird, und dem, was sich der Betroffene wünscht. Wer von einer ansteigenden Reihe von Jahren eine fortschreitende Perfektionierung seiner selbst erwartet, drückt aus, wie tief ihn das Fortschrittsdenken prägt und wie sehr er den Zugang zu seinen zyklischen Gefühlen verloren hat – zu jenem Bereich, in dem Ernst und Spiel, Nähe und Distanz, Wachsamkeit und Entspannung sich kreisförmig entfalten. Das eigene Alter als Summe von Jahren zu sehen und mit einem fiktiven Standard zu vergleichen, ist eine lebensfeindliche Erfindung von Buchhaltern. Erwachsene sind kindisch, Kinder erwachsen, Greise jung und Teenager uralt, je nachdem. *«Er ist sechseinhalb Jahre jünger als ich. Kann ich ihn heiraten?» «Soll ich mit Vierzig noch Kinder kriegen?» «Mit Fünfundvierzig ist man einfach zu alt, um sich noch einmal umzustellen und ganz anders zu leben.» «Vergiß den Kalender»*, sagt der hilfreiche Wilde, *«wir haben ihn eine halbe Million Jahre nicht gebraucht.»*
Die Aufgabe des Urbildes eines Ökotherapeuten, des Schamanen, Medizinmanns, Hexendoktors der Primitivkulturen war es immer, nicht das Individuum zu heilen, sondern Ordnung und Ausgewogenheit im Zusammenhang von Individuum und Kosmos wiederherzustellen. Daher die Reise ins Geisterland, die Verwendung der komplizierten Riten und Sandbilder bei den Navajos, die Gesänge bei den Eskimos oder die Trancetänze der Buschmänner. Sie alle drücken den Versuch aus, das leidende Einzelwesen mit der umgebenden Natur zu verbinden und es durch diesen Kontakt gesunden zu lassen. Sicher gibt es auch Tricks und Suggestion bei den Medizinmännern. Aber aus der Tatsache, daß diese den wesentlichen Forschern und vor allem den Missionaren am wichtigsten waren in ihren Beschreibungen, läßt sich sicher keine ebensolche Bedeutung dieser technischen Vorgehensweisen in der Primitivkultur selbst erschließen. Die Völkerkunde hat eine zu lange Tradition der abschätzigen Entlarvung der Primitiven und noch viel zuwenig Wissen darüber, wodurch sie ihr ökologisches Gleichgewicht soviel besser aufrechterhalten konnten, als es den angeblich fortgeschritteneren Kulturen des Westens möglich ist.
Ich finde den Gedanken faszinierend, daß das mythische Weltbild der Primitiven zwar in jeder Einzelheit durch unsere besseren De-

tailkenntnisse ersetzt werden kann, daß aber zugleich diese Detailkenntnisse unser Gefühl für die Ganzheit des Lebens und unsere Sicherheit darin zerstören. Ich habe vorher von dem Giganten gesprochen, der weder als Ganzer überschaut noch planmäßig gelenkt werden kann. Im Gegensatz zu diesem Bild der Industriegesellschaft ist die Primitivkultur als Ganze erlebbar und wohl auch auf eine Weise lenkbar, die nichts mit technischer, bewußt geplanter Veränderung zu tun hat. Unsere Geringschätzung der Ganzheit[17] ist verknüpft mit der Geringschätzung des Gefühls. Beide zusammen werden in der gegenwärtigen Technokratie verachtet, und die tödlichen Folgen dieser Verachtung können wir jeden Tag verfolgen. Daß ein an der Ganzheit orientiertes Vorgehen in Einzelheiten wegen seiner Primitivität kritisierbar ist, erhält nur dann einen abschätzigen Unterton, wenn die Bedeutung der ganzheitlichen Sichtweise für eine wirklich lebensfähige Orientierung nicht mehr erkennbar ist.
Vorausbedingung dafür ist wohl, da die Umwelt in einzelne reale oder potentielle Waren zerlegt wird, von denen jede einzelne möglichst viel Nutzen erbringen soll. Parallel dazu zerlegt sich das Individuum in einzelne Fähigkeiten, die ebenfalls kontrollierbaren Nutzen bringen sollen. So wissen die Teile bald nicht mehr ums Ganze, jeder bläht sich für sich selber auf. Hier wird auch deutlich, wie töricht es ist, Entscheidungen aufgrund von Gutachten zu treffen, die von einer Gruppe Experten aufgestellt worden sind. Das Spiel von des Kaisers neuen Kleidern wird hier fast jeden Tag aufgeführt. So wurden jüngst nach dreißigjährigem, fruchtlosem und enorm teuerem Experimentieren die Versuche zur Energiegewinnung durch Kernfusion nicht mehr im bisherigen Umfang aus Steuermitteln finanziert. Obwohl den nicht unmittelbar an Karrieren und Geldern innerhalb dieses Projektes interessierten Physikern schon seit Jahren die Aussichtslosigkeit der ganzen Sache klar war, erhob sich großes Gezeter.

4. *Das Dunkel nicht deuten:* (Deutungen zugänglich ist nur die Flucht ins Licht.) Der Sinn von Deutungen ist es, in einem festgefahrenen inneren Zustand neue Ansätze zu gewinnen, z. B. Zusammenhänge herzustellen, die bislang undeutlich waren. Ihr Nutzen kann groß sein, wenn die Deutung dem Klienten Anstöße gibt, die in ihm weiterarbeiten und ihn vom Therapeuten unabhängiger machen. Ihr Schaden kann groß sein, wenn die Deutung dazu führt, daß der

Klient vom Therapeuten abhängig wird und dazu kommt, anzunehmen, er könne ohne ihn gar nicht mehr zu einer eigenen inneren Klarheit kommen. In diesem Fall wird die Deutung zum technischen Mittel der Verwertung eines Menschen durch einen anderen, der Ausbeutung durch ein Sprachspiel, das ein Experte einem Laien aufzwingt, der sich nicht wehrt, weil er Hilfe sucht. Die Deutungen geraten zur Suche nach selbstversteckten Ostereiern, mit deren Auffinden sich der Schwächere dem Stärkeren denunziert. *«Ich weiß schon, es ist wieder meine Ambivalenz.»*

Für den Ökotherapeuten sind Deutungen nicht mehr, aber auch nicht weniger als ein Ausdruck dafür, daß er auf seine Weise bereit ist, den Weg des Klienten mitzugehen, der ihn zurück in seine eigene Dunkelheit, in die zu früh und einseitig geordnete Innenwelt führt. Für den Klienten ist es wichtiger, Vertrauen in seine eigenen Fähigkeiten zu gewinnen, sich dem Dunkel des Körper-Unbewußten, der Stimmungen und Träume auszuliefern, sie in ihren zyklischen Verläufen zuzulassen und aus ihnen Klarheit über seine Wünsche und Entspannungsmöglichkeiten zu gewinnen. Dieses Vertrauen kann nicht dadurch wachsen, daß jemand erklärt, was in dem Dunkel zu sein pflegt: Das ist dann das von einer therapeutischen Technik erwartete Dunkel, nicht das wirkliche, persönliche, unaustauschbare Dunkel des Klienten. Dennoch mag der Ökotherapeut für einige Zeit hilfreich sein, denn es ist für die meisten von uns (auch für ihn) schwierig, bei der Sache zu bleiben und nicht frühzeitig umzukehren auf der Suche nach dem gewohnten, hellen Gefängnis.

5. *Entbehrlich bleiben:* Die seelisch verstörten Kinder der Industriegesellschaft klammern sich an die Psycho-Experten – und die Psycho-Experten klammern sich an ihre Klienten. Wird diese gegenseitige Abhängigkeit deutlicher, gerät der Experte in Gefahr, zu werden, was er sein sollte, aber nicht gerne ist: überflüssig. Der Ökotherapeut ist gerne entbehrlich – gerade deshalb ist er meist nicht überflüssig. Er hat Nebenberufe, denen er gerne seine Zeit widmet, oder er hält sich an die Wilden, die ebenfalls mit zwei Stunden Arbeit am Tag auskommen. Seine persönlichen Bedürfnisse sind ohnedies bescheiden; er repariert lieber alte Sachen, als sich neue zu kaufen. Er ist nicht vielbeschäftigt und hat nicht jede Stunde seines Tageslaufs für seine hilfreiche Tätigkeit verplant. Er

hat viele Freunde – es sind frühere Klienten darunter, aber auch solche, die sich gar nicht vorstellen könnten, zu ihm in Therapie zu kommen.

Andrerseits ist er geduldig und hält oft jahrelang mit einem Klienten aus, der ihn wirklich braucht. Er hält nicht viel von hochtrabenden Ausdrücken (*«Gegenübertragungsanalyse»* – *«intensive Supervision»* – *«ein schwerer Borderlinefall – das ist doch nichts für einen Anfänger»* – *«gesunde Ichkerne suchen»*), aber er bemüht sich, ein liebenswürdiger Zuhörer zu sein und nicht beleidigt, wenn man seine Berufsauffassung kritisiert. Er arbeitet in der Therapie gerne mit Gruppen, weil er in der Gruppe ein größeres Stück Umwelt mitgestalten kann und auch weniger Abhängigkeit von seiner Expertenrolle zu erzeugen glaubt. Und er glaubt nicht, zu heilen, aber er versucht, sich und anderen das Überleben in einer kranken Welt zu erleichtern.

Das klingt ziemlich persönlich, aber der Dargestellte bin nicht ich. Ich möchte aber ganz gerne so werden wie er, und dazu ist es auch notwendig, daß ich den (und die) Psychotherapeuten und ihre Methoden genauer ins Auge fasse.

14. Therapie ohne Technik

«Lassen wir die Kranken selbst die Entdeckung machen, daß es schädlich für sie ist, seelische Hilfe bei Personen zu suchen, die nicht gelernt haben, wie man sie leistet. Klären wir sie darüber auf und warnen sie davor, dann werden wir uns erspart haben, es ihnen zu verbieten. Auf italienischen Landstraßen zeigen die Leitungsträger die knappe und eindrucksvolle Inschrift: Chi tocca, muore. Das reicht vollkommen hin, um das Benehmen der Passanten gegen herabhängende Drähte zu regeln. Die entsprechenden deutschen Warnungen sind von einer überflüssigen und beleidigenden Weitschweifigkeit: Das Berühren der Leitungsdrähte ist, weil lebensgefährlich, strengstens verboten. Wozu das Verbot? Wem sein Leben lieb ist, der erteilt es sich selbst, und wer sich auf diesem Wege umbringen will, der fragt nicht nach Erlaubnis.»

*S. Freud**

Frodo sah wieder auf den Berg. «Nein», sagte er, «auf diesem Weg werden wir nicht viel brauchen. Und an seinem Ende gar nichts.» Er nahm seinen Orkschild, schleuderte ihn fort und warf seinen Helm hinterdrein. Dann zog er den grauen Mantel beiseite, schnallte den schweren Gürtel auf und ließ ihn fallen, und das Schwert mit der Scheide dazu. Die Fetzen des schwarzen Mantels zerriß er und verstreute sie.

«So, ich will kein Ork mehr sein», rief er. «Und ich will keine Waffe tragen, sei sie nun schön oder häßlich. Sollen sie mich fangen, wenn sie wollen!»

*J. R. R. Tolkien***

* S. Freud, Die Frage der Laienanalyse, Ges. Werke XIV, Frankfurt am Main 1955, S. 270

** J. R. R. Tolkien, Der Herr der Ringe, Bd. III, Stuttgart 1978, S. 241

Die Ökotherapie ist keine neue psychotherapeutische Technik, sondern eine neue Einstellung zu den verschiedenen, von manchen Experten auf bis zu hundertfünfzig geschätzten Methoden der Psychotherapie. Es geht hier nicht darum, eine Darstellung dieser Methoden zu liefern, zumal man die meisten wohl nur durch gründliche eigene Erfahrung – sowohl als Klient wie als Therapeut – beurteilen kann.

Die Anwendung einer psychotherapeutischen Methode ist eine technische Fiktion, aus einer Maschinenwelt in die zwischenmenschliche Welt übertragen, in der sie letztlich nicht am Platze ist. Es hat sich beispielsweise gezeigt, daß Therapeuten verschiedener Methoden (z. B. Verhaltenstherapie / Analyse), die länger praktizieren, sich in ihren Äußerungen mehr gleichen als solche Therapeuten zu Beginn ihrer Tätigkeit. Von mir befragte Kollegen bestätigten, daß die Methode um so unwichtiger wurde, je besser sie gelernt hatten, sich in der therapeutischen Situation «echt» zu verhalten und sich in ihr wohl zu fühlen.

Die Methode dient teilweise dazu, Angst zu kontrollieren. Das gilt für beide Beteiligten – für den Therapeuten wie für den Klienten. Beide fürchten sich vor einer Situation, von der keiner weiß, wohin sie führen kann. Sie suchen diese Panik mit dem bewährten Modell der Leistungsgesellschaft zu beherrschen: Das richtige Verhalten ermitteln und sich dann bemühen, sich an das gefundene Idealbild anzupassen. Am Anfang meiner Analyse war ich überzeugt, etwas falsch gemacht zu haben, wenn ich Widerstand (wie Schweigen, Versiegen der Einfälle, Schläfrigkeit) bei mir bemerkte – und ich empfand die sparsamen Äußerungen meines Analytikers in dieser Richtung als Vorwurf und schlechte Zensur.

Denken an die Methode und Festhalten an einer bestimmten Technik sind Zeichen dafür, daß ein Veränderungsprozeß in der Therapie noch vermieden wird. Eine Befreiung von der Tyrannei maschinenmäßiger Leistungsideale, eine Hinwendung zu den zyklischen, sich selbst regenerierenden Lebensprozessen des Gefühls, der spielerischen Phantasie findet noch nicht statt. Die berufliche Rolle wird in der Regel von der psychotherapeutischen Schule mitbestimmt. Ein Therapeut formuliert seine Erfahrungen meist in der Sprache seiner Schule, er hat mit Angehörigen seiner eigenen Richtung mehr Kontakt als mit denen anderer, und er wird in der Regel behaupten, daß seine Vorgehensweise in den meisten Fällen gut und zumindest in einigen jeder anderen überlegen ist.

Wie alle Fachleute auf Gebieten, in denen es wegen der Unübersichtlichkeit des Gegenstandes keine einhellige «Lehrmeinung» gibt, sind auch die verschiedenen Psychotherapeuten innerlich gespalten, wenn sie die Arbeit von Kollegen beurteilen. Dem Willen, die eigene Profession zu schützen und dem Stand nachteilige, abschätzige Aussagen zu vermeiden, steht eine heimliche Neigung gegenüber, die eigene Allmacht zu verteidigen und allen anderen Arbeitern in diesem Weinberg abzusprechen, daß diese mehr erreichen als man selber – im Gegenteil!

Unter Lehrern, Ärzten, Rechtsanwälten oder Pfarrern ist die Neigung verbreitet, sich zwar nicht direkt an den Pelz zu gehen, zugleich aber auch kein gutes Haar aneinander zu lassen. Die Therapeuten haben von allen ein gutes Stück, und ihre wechselseitigen Aggressionsrituale sind durch die Vielfalt der Methoden ebenso vielfältig. Das Reden über die Methoden dient nicht nur dazu, Angst zu vermeiden, sondern auch Aggression indirekt auszudrücken. Es ist manchmal wie mit den Waschmitteln: Sauber, (scheinbar) sauber waschen die anderen auch, wirklich rein wird die Sache aber nur durch das eigene Prinzip. Neue Methoden sind noch nicht erprobt – alte nicht wirksam.

Jede neu eingeführte Technik illustriert ihre Erfolge mit einem Zerrbild der Vergangenheit, wobei es ihr sehr zustatten kommt, daß eine Menge Leute herumlaufen, die mit den bisherigen Methoden unzufrieden sind, während es noch keine gibt, die mit den neuen Wundermitteln unzufrieden sind. Eine Zeitlang fingen manche verhaltenstherapeutischen Fallgeschichten mit Vorbemerkungen an wie *«trotz fünfjähriger psychoanalytischer Behandlung hatte sich die Symptomatik nicht wesentlich verändert»*, was naturgemäß die Bühne für einen dramatischen Erfolg der neuen Methode bereitet. Die Urschrei-Methode wurde später mit ähnlichem Marktgeschrei eingeführt. Inzwischen ist es stiller geworden – wohl deshalb, weil inzwischen auch manche Psychoanalytiker ihre Fallgeschichten wiederum mit ähnlichen Eröffnungen über gescheiterte Verhaltens- oder Primärtherapien versehen könnten.

In der Konsumwelt wird die Ware zur käuflichen Mutter: Sie soll als Ersatzbefriedigung ersetzen, was durch den Mangel an emotional erfaßbarem Sinn verlorengeht. Da die Gesellschaft vorwiegend verkümmerte, auf Zweckmäßigkeit und Verwertung abgestellte Tätigkeiten anbietet, schwinden auch die Möglichkeiten, im Rahmen der «normalen» Teilnahme am Produktionsprozeß eine Befriedigung zu finden, die das Gefühl und die tieferen Schichten der Persönlichkeit anspricht.

Die «normalen» Beziehungen, beispielsweise zu den Kollegen am Arbeitsplatz werden ähnlich ihrer Gefühlshaftigkeit, ihrer Chancen, Geborgenheit und Nähe zu gewähren, beraubt. Um die entstehende Unzufriedenheit zu beheben, kann eine fortschrittsbesessene Gesellschaft nur etwas Neues, Fortschrittliches erfinden. Zu diesen Erfindungen gehören nicht nur die verschiedensten Warenwelten, sondern auch die Dienstleistungen auf dem Therapiesektor. In ihnen wird noch deutlicher, was im Konsumieren verschleiert bleibt: daß es nicht um Dinge geht, die verkauft werden, sondern um den immer vergeblichen und deshalb fast grenzenlos wiederholbaren Versuch, ein neues, besseres Lebensgefühl zu verkaufen, also nicht Zigaretten, Autos, Waschmittel, Weichspüler oder Möbel.

Die Aufblähung der Therapiemethoden zu einem immer weniger überschaubaren Durcheinander der verschiedensten Versprechungen hängt damit zusammen, daß immer mehr von der Therapie verlangt wird, nicht nur den lösbaren unbewußten Konflikt, sondern auch das unlösbare Defizit, den Mangel an Sinn und an befriedigenden Arbeits- und Wirkungsmöglichkeiten zu beheben. Da die Therapie das nicht leisten kann, aber auch nicht zugeben darf, daß sie es nicht leisten kann, werden immer neue und immer mehr Therapiemethoden eingeführt.

Fast alle Therapiemethoden versprechen, die menschliche Natur, die Ursprünge, die realen Gefühle, das wirkliche Selbst zu befreien. Als Ursache für die Notwendigkeit einer solchen Befreiung wird vorwiegend das Versagen der Eltern angesehen. Unberücksichtigt bleibt, daß die Familie vollständig überfordert ist, wenn sie den gesamten Bedarf an emotional faßbarem Lebenssinn decken soll. Sie kann nicht als gesunde Urzelle der Gesellschaft in einer zerstörten Umwelt und in einer zerstörerischen, an Profit und Verwertung orientierten Wirtschaftsform die Herstellung gesunder Individuen gewährleisten. Die am häufigsten beschriebenen *«Fehlverhaltensweisen»* der Eltern hängen mit dieser Situation der Familie zusammen: *«Überbeschützende»* Mütter, welche ihre Kinder narzißtisch mißbrauchen, sie zu ihren eigenen Therapeuten und Selbstgefühlsverbesserern machen (*«Das Drama des begabten Kindes»*[18]) – oder Eltern, welche ihre Kinder vernachlässigen, ihnen keine emotionale Zuwendung geben, sie ins Konsumieren, vor den Fernseher, in die Säuglingskrippen und Kinderheime abschieben.

Das Familienmodell der Psychotherapie drückt die Blindheit der Therapeuten für die ganze Gesellschaft aus. Sie selbst und ihre meist der kleinbürgerlichen Mittelschicht angehörenden Patienten leiden an ihrer allzu konsequenten Erfüllung der Ideale einer umwelt- und naturzerstörenden Leistungsgesellschaft. Sie haben gelernt, Lebendigkeit und spontane Gefühle zu unterdrücken, um Karriere zu machen. Wer nach oben kommen will, muß sich einer feineren Kontrolle unterwerfen als der Arbeiter, der seine Arbeitskraft unter Aufsicht abliefert und nachher seiner Wege geht. Er muß die Kontrolle verinnerlichen und sie so weit verbessern, daß er anderen, ebenfalls kontrollierten Konkurrenten überlegen ist. Der erfolgreiche Angestellte oder Beamte ist im Rahmen der gefühlsfeindlichen Systeme auch noch ein Stück kreativ. Er verbessert Kontrolle, Vermarktung, Leistungs- und Produktivitätssteigerung. In Verkauf und Menschenführung muß er lernen, familiäre Fähigkeiten, wie Herzlichkeit und (scheinbare) emotionale Offenheit in den Dienst der Verwertungsinteressen zu stellen. Er hat viel weniger «Privatleben» als der einfache Arbeiter, und er steht häufig unter einem so großen inneren Druck, daß er kaum «abschalten» kann. Seine Freizeit verbringt er mit Tätigkeiten, die als «wertvoll» gelten und in denen er seine sprungbereite Konkurrenz- und Leistungsbereitschaft weiter üben kann.

Eben weil diese Lebensform keine Möglichkeiten zu einer zweiten und dritten Kindheit bietet, wie sie sich in zwangloser Kreativität, in produktiven Liebesbeziehungen, im Aussteigen und Ausflippen ausdrücken können, sind die Menschen auf die Therapien angewiesen, welche es ihnen anbieten, in einem durch eine Autorität kontrollierten Rahmen, von Experten verwaltet, begrenzte innere Freiräume zu entwickeln. Doch enthält dieses Modell bereits das Problem: die Entmündigung, die Verwaltung des Menschen, dem die Gesellschaft nicht mehr zutraut, daß er seine Schwierigkeiten dank seiner inneren Autonomie und Selbstregulation bewältigen kann.

So hängen die verbreiteten «narzißtischen» Störungen eng damit zusammen, daß die Gesellschaft auf einer Eigentumsordnung beruht, in der Verfügbarkeit, Kontrolle und Eigennutz über Besitz in jeder Form von früher Kindheit an zu den zentralen Merkmalen des Sozialverhaltens werden. Wie soll ein so geprägtes Kind lernen, daß Liebesbeziehungen nur zwischen freien Individuen wirklich produktiv sind? Die Eigentumsbeziehung wird auf die Partner übertragen, sie werden zu

Ausweitungen des eigenen Selbst, wie andere Konsumgüter auch (*«Selbst-Objekte»* nennt die psychoanalytische Narzißmuspsychologie solche Beziehungsformen und führt sie auf Beschädigungen in der Familie zurück). Bezeichnenderweise haben die narzißtischen Störungen als Hauptproblem der psychoanalytischen Therapie inzwischen die ödipalen ebenso ersetzt wie der Konsumzwang und das Aufgehen in umfassenden bürokratischen Systemen in der entwickelten Industriegesellschaft die hochkapitalistischen «ödipalen» Wirtschaftsformen des Rivalisierens, Konkurrierens und Verdrängens vom Markt.

Die psychotherapeutischen Methoden sind auf die Situation des ständig von Selbstentfremdung bedrohten, an ein wirtschaftlich notwendiges, menschlich aber weitgehend totes und unerträgliches «Image» gebundenen Angestellten zugeschnitten.

Ich erinnere mich in diesem Zusammenhang, wie eine therapeutische Gruppe eine kleine Angestellte feierte, die ihrem Chef, der den von ihr gekochten Kaffee kritisierte, die Tasse vor die Füße warf. Die Mitglieder äußerten, sie hätten ihr so was nie zugetraut, und entwickelten ähnliche Phantasien. Diese Episode hatte eine deutliche positive Wirkung auf die Beziehung der bisher sehr zurückhaltenden und ängstlich-angepaßten Frau zu den übrigen Gruppenmitgliedern. Sie begann sich freier zu äußern.

Die Therapie bietet einerseits dem unterdrückten Selbst Äußerungsmöglichkeiten. Andrerseits entschärft sie diese, verhindert, daß sie gesellschaftskritisch bedeutsam oder politisiert werden, weil sie ja in Zusammenhang mit der «Behandlung» einer «Krankheit» stehen. Sie darf das Leiden genau beschreiben, aber sie muß die Ursachen verdecken bzw. auf das Versagen der Familie eingrenzen. Andrerseits darf sie auch nicht zugeben, daß sie so lange weitgehend ohnmächtig ist, wie die Gesellschaft als Ganze ihre Naturausbeutung vervollkommnet. Sie muß vielmehr dem Individuum der Mittelschicht, das sich selbst bis in die intimeren, emotionalen Funktionen zur Ware macht und auf dem Konkurrenzmarkt verkauft, zusichern, daß es in der Therapie findet, was es verloren hat. Der Experte kommt aus der gleichen Situation wie der Klient und hat für sich bereits eine Lösung – nämlich die Rolle des Therapeuten – gefunden. Er soll nun auch für den Patienten das Leiden am falschen Selbst aufheben und mit ihm das wahre, echte, wirkliche Selbst hinter der Fassade entdecken.

Der Weg zu diesem wahren Selbst wird als «Fortschritt», als «Entwicklung», als «Wachstum» angeboten. Das treffendste Bild für dieses andere Selbst ist aber ein verwahrlostes, hungriges Baby hinter einer prächtigen, gesellschaftlich repräsentablen Fassade. Unser «eigentliches» Wesen ist selten besonders attraktiv, wenn wir es mit den Maßstäben der Fassade betrachten. Diese Tatsache macht ein gut Teil der Enttäuschungen durch die Psychotherapie aus. Letztlich kann oft nur der Therapeut wirklich die Situation herstellen, die «gesund» ist – für sich selbst. In seinen Beschreibungen der Gestalttherapie sagt Fritz Perls beispielsweise immer wieder, daß jede äußere Kontrolle schlecht ist. Nur die Situation soll herrschen. Jedes *«du sollst», «du mußt»* beeinträchtigt das gesunde Arbeiten des Organismus. Damit entsteht für den Therapeuten eine paradoxe Situation. Er handelt durch seine professionelle Maske, durch die Verpflichtung zur Therapeutenrolle, gegen sein eigenes Evangelium. Er kontrolliert sich, um die Kontrolle seiner Patienten zu lockern, er wendet Techniken an, um die Unterwerfung seiner Klienten an die Zwänge einer technisierten Gesellschaft aufzuheben.

Diese ökologische Kritik der Psychotherapie unterscheidet sich von der marxistischen durch ihre Zweifel hinsichtlich einer rationalen Lösung des Problems. Mit ihr verbindet sie das grundlegende Dilemma: Einerseits erschwert die Therapie eine grundlegende Veränderung der sozialen Umwelt, weil sie einzelnen Individuen das ihnen von der Gesellschaft auferlegte Schicksal erleichtert. Andrerseits können die gesellschaftlichen Wurzeln des seelischen Elends ohnedies nicht kurzfristig abgeschafft werden.

«Der Kleinbürger muß, um im Bestehenden seine Rolle spielen zu können, in weitem Maß leblos, liebesunfähig, zerrissen, sich selbst entfremdet existieren können, davon kann ihn keine Therapie wirklich befreien. Diese vermag allenfalls das Maß des auszuhaltenden subjektiven Elends so einzugrenzen, daß es den Verkauf der Arbeitskraft nicht stört und für den Feierabend noch einige Hoffnungen zuläßt. Das kann für die Betroffenen sehr viel bedeuten und ist deshalb, solange die gesellschaftlichen Ursachen psychischer Verelendung nicht abzuschaffen sind, viele Anstrengungen wert», sagt Gerhard Vinnai in seiner Kritik der Therapie.[19]

Wie sinnvoll es ist, sich gegen «privatistische» Lösungen von Übeln zu wehren, die letztlich von der Gesellschaft auferlegt sind? Verspricht die Therapie nicht auch, die Fähigkeit zu rationalem politischen Handeln und zur Solidarität zu fördern? Gleichzeitig schafft sie, gewollt oder ungewollt, individualistische Lösungsstrategien zur Bewältigung von Problemen, die nicht auf einer individuellen Ebene liegen und durch solche «Individualisierungen» verschleiert und verleugnet werden. Täter und gleichzeitig Opfer sind dabei die Therapeuten.

15. Heilung für die Therapeuten?

«Unsere Kultur übt einen fast unerträglichen Druck auf uns aus, sie verlangt nach einem Korrektiv. Ist es zu phantastisch zu erwarten, daß die Psychoanalyse trotz ihrer Schwierigkeiten zur Leistung berufen sein könnte, die Menschen für ein solches Korrektiv vorzubereiten? Vielleicht kommt noch einmal ein Amerikaner auf den Einfall, es sich ein Stück Geld kosten zu lassen, um die social workers seines Landes analytisch zu schulen und eine Hilfstruppe zur Bekämpfung der kulturellen Neurosen aus ihnen zu machen.»

«Aha, eine neue Art von Heilsarmee.» *S. Freud**

«Seine Stärke, Boromir, ist zu groß, als daß irgend jemand ihn nach Belieben gebrauchen könnte, ausgenommen jene, die schon selber eine große Macht besitzen. Aber für sie birgt der Ring eine noch tödlichere Gefahr. Schon der Wunsch nach ihm verdirbt das Herz. Denkt an Saruman. Wenn einer der Weisen den Herrscher von Mordor mit diesem Ring stürzen würde und dabei seine eigenen Listen anwendet, dann würde er sich selbst auf Saurons Thron setzen, und damit hätten wir nur einen weiteren dunklen Herrscher.»

*J. R. R. Tolkien***

* S. Freud, Die Frage der Laienanalyse, Ges. Werke XIV, Frankfurt am Main 1955, S. 285

** J. R. R. Tolkien, Der Herr der Ringe, Bd. I, Stuttgart 1978, S. 325

Unsere Situation läßt sich in einem Witz andeuten, den man angesichts der Bemühungen, die Folgen einer naturzerstörenden Gesellschaftsordnung zu mildern, immer wieder erzählen kann. Zu dem todkranken, ungläubigen Versicherungsmakler wird von den Angehörigen ein Geistlicher bestellt. Er soll ihn endlich bekehren. Die beiden sprechen lange hinter verschlossenen Türen. Endlich das mit Spannung erwartete Ergebnis: Der fromme Mann hat einen Versicherungsvertrag unterschrieben, der Sterbende bleibt gottlos.

So pflegt der Kapitalismus mit Glaubenslehren umzugehen. Manchmal frage ich mich, ob die Vorgänge in den sozialistischen Ländern nicht verraten, daß dort die marxistischen Bekehrungsversuche zu einem ähnlichen Ausgang geführt haben. Mit der Psychoanalyse in den westlichen Ländern war das zweifellos der Fall. Dennoch glaube ich, daß die beiden Theorien – *Marxismus* und *Psychoanalyse* – das wichtigste Fundament der Ökotherapie sind. Beide sind sehr umfassend. Sie enthalten eine Vielfalt von Gesichtspunkten, die uns helfen, eine gewisse Orientierung in dem sonst undurchschaubaren Mechanismus der Industriegesellschaft und der Individuen, die sie tragen, zu gewinnen.

Von der Psychoanalyse kann die Ökotherapie das Streben nach einer möglichst vorurteilslosen und offenen Teilnahme an natürlichen Abläufen übernehmen. Der Analytiker soll versuchen, die Freiheit der Einfälle und in ihnen den ganzheitlichen, zyklischen Charakter einer von Leistungs- und Fabrikationsidealen distanzierten Innenwelt wiederherzustellen. Freilich ist er meistens damit beschäftigt, die Widerstände anzugehen, welche dieser Entfaltung entgegenstehen: die Angst, Anpassungsforderungen aufzugeben, die verinnerlicht worden sind, die Angst, die Liebe des Therapeuten zu verlieren, wenn die innere Freiheit zugelassen wird, die Angst vor Chaos und Untergang, die das Verhältnis einer naturausbeutenden Gesellschaft zu allen natürlichen Vorgängen bestimmt. Das theoretische Gebäude, das die Analyse um dieses schlichte Geschehen der Teilnahme eines Menschen an der freigelassenen Innenwelt eines anderen herum errichtet hat, zeigt sehr deutlich, wie stark ein solches Unternehmen in unserer naturfeindlichen Gesellschaft abgesichert, mit Begriffen verteidigt und geordnet werden muß. Die wesentliche Funktion der Theorie scheint es zu sein, daß der Analytiker sich selbst und seinen Klienten in das Rollenverhältnis Experte–Laie oder Arzt–Patient oder Lehrer–Schüler bringen kann.

In der analytischen Praxis wird immer wieder klar, daß diese hierarchischen Unterschiede gerade am eigentlichen, an der Substanz der Analyse vorbeigehen. Wo sie überhandnehmen, kommt der analytische Prozeß zum Stillstand. Gerade daß hinter der Fassade einer bezahlten Dienstleistung Analytiker und Patient in ein herzliches Verhältnis kommen müssen, wenn die Analyse fruchtbar werden soll, drückt den subversiven Anteil an dieser Situation aus. Es ist der Anteil an einem ursprünglichen Schamanismus, in dem die Wiederherstellung einer beide – Medizinmann wie den Kranken – umfassenden, mythischen Ordnung das Ziel und der Lohn der Behandlung ist.

Wie wenig diese Grundsätze freilich die Praxis der Psychoanalyse bestimmten, zeigt sich in den Unterwürfigkeitsritualen der Analytiker gegenüber dem Medizinsystem. Sie haben dem Versuch der Krankenkassen kaum Widerstand geleistet, die Behandlung der «Neurotiker» möglichst zu bürokratisieren, und die noch von Freud so energisch vertretene «Laientherapie» preisgegeben.

Dem Ökotherapeuten ist am Psychoanalytiker sympatisch, daß er von seiner Behandlung in der Regel nicht spricht wie von einem Allheilmittel. Sie ist langwierig, kostet viel Zeit, Geduld und Geld; ihr Erfolg richtet sich allenfalls gegen das neurotische Elend, während das allgemeine Leid unberührt bleibt. Freilich sind beileibe nicht alle Analytiker so bescheiden wie Freud selbst. Sie fangen an, mit anderen, marktschreierischen Therapeuten zu konkurrieren. Sie versprechen, auch das allgemeine Leid zu beseitigen, und bieten der Industriegesellschaft entlastende Mythen an, die eben wegen des allgemeinen Leidens gerne geglaubt werden.

Was ist an der Verhaltenstherapie brauchbar, wenn es darum geht, Modelle für eine Ökotherapie zu entwerfen? Zunächst scheint sie allzusehr ein Kind der technischen Verwertung von lerntheoretischem Wissen, in dem die Machbarkeit von Verhalten betont und angeblich wertfrei angeboten wird. Die Behandlungsmodelle sind nüchtern und einfach, eher auf Angehörige der Unterschicht zugeschnitten. Tatsächlich habe ich selten beobachtet, daß Verhaltenstherapeuten mit eigenen Problemen einen anderen Verhaltenstherapeuten aufsuchen – sie bevorzugen dann selbst die Psychoanalyse oder die «humanistischen» Psychotherapieverfahren.

Aber die Verhaltenstherapie hat auch den Vorzug, daß es in ihr selten jenes Nebulöse um den Experten gibt, das ein schwerwiegender Nachteil der psychoanalytischen Institutionen ist. Statt Übertragungen zu deuten, läßt sich der Verhaltenstherapeut durchaus darauf ein, jede Frau und jedermann in seiner Technik zu unterweisen und ihr die Qualität jener «höheren Weihen» abzusprechen, die den Umgang mit Analytikern oft so schwierig machen. Die Verhaltenstherapeuten neigten – zumindest für einige Zeit – in der Bundesrepublik auch dazu, sich dagegen zu wehren, daß nur akademisch ausgebildete Experten psychotherapeutisch tätig sein dürfen. Ob diese Bereitschaft zur «Laien»therapie in Zukunft anhalten wird, ist freilich zweifelhaft.

Um überhaupt die Grenze zwischen der Behandlung des überflüssigen und des unausweichlichen Leidens zu erkennen, ist es notwendig, mit einer Therapiemethode bis an jene Grenze zu kommen, wo sie wirklich ausgeschöpft ist. Wenn nun ständig daneben und darüber hinaus lockende Angebote gemacht werden, gerät es leicht zur Schuld der Methode, wenn sich das unausweichliche Leid nicht beheben, der ideal an die Bedingungen einer umweltzerstörenden Gesellschaft angepaßte Mensch nicht herstellen läßt.

Viele Stammkunden der Psychoszene können fast unablässig auf der Suche nach der «richtigen» Behandlung oder dem «richtigen» Therapeuten bleiben. Sie verlegen ein Problem nach außen, das in einem Mangel an Autonomie wurzelt.

Die Bereitschaft, in einer gestörten Umwelt auch ein Stück eigene Störung anzunehmen, gehört zu der ökologischen Betrachtungsweise unseres seelischen Gleichgewichts. Demgegenüber werden die Versprechungen in der Psychoszene immer hektischer, je weniger sie imstande sind, auch nur einen Bruchteil dessen zu erfüllen, was sie ankündigen.

«Ein neues therapeutisches Modell, das tatsächlich über Therapie hinausreicht. Eine Person wird nicht länger etikettiert oder in Kategorien gepreßt. Das menschliche Wesen wird als Potential behandelt, als Samen, ein Mysterium, das sich durch die eigene Bewußtheit und Liebe entfaltet.»

So kündigt ein amerikanischer College-Professor mit indischem Namen eine Gruppe an, die für hundert Mark am Tag in einer Woche insgesamt neun Methoden zu vermitteln verspricht: Atemtherapie, Sensory Awareness, Bewegungstherapie, Bioenergetik, Energiearbeit, Körperdiagnose, Gestalttherapie, Meditation, Regressionstherapie, Encounter[20] ...

«Selbsterfahrungsseminar, das Spaß macht und Freude gibt. Kein Herumsuhlen in Problemen, sondern positive Persönlichkeitsaktivierung durch integrative Methodik... Ergebnisse sind neue Perspektiven, Energie, Akzeptieren, Kommunikation, Klarheit...»[21]

Wie man dem leistungstüchtigen Erfolgsmenschen ein Stück zusätzlicher Psychologie vermittelt, hat ein anderer Anbieter herausgebracht. Er wirbt für *«Segelfliegen und Entspannungstraining – Hochseesegeln und Gruppenpsychologie – Bogenschießen und Konzentrationstraining – Drachenfliegen und Meditation – Moto Cross und Rhetorik...»*[22]

Die Mechanismen der Konsumgesellschaft durchdringen hier jene Nischen, die zum Schutz vor Rationalisierung, Mechanisierung, Steigerung der Ausbeute aufgesucht werden. Um dauernd in diesen Nischen leben zu können, müssen wachsende Zahlen von Therapeuten einander eine erbitterte Konkurrenz liefern, während sie in den Gruppen ganz entspannt eine heile und produktive Gefühlswelt vorspiegeln. Nicht mehr ein Symptom wird beseitigt, sondern der ganze Mensch wiedergeboren. Das ist kein Scherz; eine in solchen Seminaren angebotene Technik nennt sich *Rebirthing* oder *perinatale Therapie*.

«Die Methode ist so einfach wie revolutionär. Sie öffnet den direkten Erlebniszugang zu allen, auch den frühesten und tiefsten Traumata, z.B. Geburtstrauma, und ermöglicht deren natürliche Auflösung. Durch vollständiges Annehmen und Loslassen und durch die prozeßhafte Vollständigkeit jeder einzelnen Sitzung wird der Weg frei zu den archetypischen und transpersonalen Dimensionen und damit zu den eigentlichen Selbstheilungskräften.»

Gegen Ende des Werbetextes wird es pragmatischer:

«Die 5 Tage bieten eine in sich geschlossene, intensive Selbsterfahrung mit besonderer Betonung auf gründliche Integration, Durcharbeitung und praktische Anwendung im Alltag. Als Training sind die 5 Tage ein Baustein für die professionelle Ausbildung zum qualifizierten Rebirther und Perinatalen Therapeuten.».

Durch die Häufung von Ausdrücken wie direkt, prozeßhaft, transpersonal, archetypisch, intensiv, professionell, qualifiziert und das Angebot einer «Ausbildung» (die dem Ausgebildeten Zuflucht in derselben Nische verheißt, in der sein Ausbilder sitzt) wird der Anbieter den Anforderungen von Seriosität gerecht.

Das *«Geburtstrauma»* und die versprochene *«Wiedergeburt»* sind

Symbole seiner eigenen sozialen Situation – des Versuches, die sozialen Widersprüche zu lösen, indem man die eigene Befreiung dadurch finanziert, daß man anderen Befreiung verspricht. Was die Teilnehmer in ihren regressiven Phantasien würgt, mag eine verschüttete Erinnerung an die körperliche Geburt sein – sicherlich aber ist es ein Ausdruck ihrer gegenwärtigen, unlösbaren Verstricktheit in ein erstickendes System. Die Erfindung der *«Atemmethode zur umfassenden Selbstverwirklichung»* verschafft dem Erfinder möglicherweise seine eigene Neugeburt durch die ständige Beschäftigung mit dem Geburtstrauma seiner «Kunden». Wie sehr dabei die Gefahr besteht, sich selbst bis in die Einzelheiten seines Lebens hinein zur Ware zu machen, zeigt der in dem zitierten Prospekt eines Zentrums für Therapie und Selbsterfahrung kleingedruckte Text über eine Therapeutin.

Ihre Karriere ist wiederum ein Hinweis auf die Frustration, die innerhalb der herkömmlichen psychiatrischen Einrichtungen erlitten wird, und aus der heraus die Entdeckung der *«intensiven Selbsterfahrung»* bis hin zum Therapeut-Werden einen Fluchtweg bietet:

«Ma Jutta, Jg. 1954, Krankenschwester, 4 J. Psychiatrieerfahrung, Intensive Selbsterfahrung in Gestalt, Körperarbeit und emotionaler Therapie; seit 1977 Co-Leitung von Intensivgruppen; qualifizierter Rebirther; große intuitive Begabung; eine Indienreise; 23.10.1979 ekstatische Hausgeburt mit der Rebirthingmethode.»

Diese Details charakterisieren auch die weibliche Therapeutenrolle. Der männliche Leiter der hier angesprochenen Gruppe wird als Arzt, Psychoanalytiker, 8 Jahre Psychiatrieerfahrung und Gründer eines Instituts für perinatale Therapie vorgestellt. Gemeinsam ist das Aussteigen aus der harten psychiatrischen Realität in die Nische der Beschäftigung mit einem *«Zentrum für ganzheitliches Wachstum»* – aber Ärzte haben es nicht nötig, Intuition oder Hausgeburten als qualifizierende Merkmale anzugeben.

Krankenschwestern, Lehrer, Ärzte, Psychologen, die den sozialen Einrichtungen den Rücken kehren und sich mit einem verheißungsschwangeren Therapiemodell auf den freien Markt wagen, machen beides: die Entwicklung einer Alternative zu den bürokratischen Institutionen, in denen Gefühl und Lebendigkeit zu Tode verwaltet werden, und die Entwicklung einer neuen, subtilen Form von Ausbeutung, durch die sie selbst dauernd in einer scheinbar emotional befreiten Welt bleiben können, während die Klienten, welche ihnen diese Nische ermöglichen, periodisch an ihre entfremdeten Arbeitsplätze zurückkehren müssen.

Die Theorien dieser Nischenwelten, die sich oft mit dem Titel *«humanistische Psychologie»* schmücken, drücken diesen doppelten Ursprung aus. Sie versuchen, dem Individuum weiszumachen, daß es in einer beschädigten Natur kraft seiner eigenen Anstrengungen Lebenskraft und Gefühl zurückgewinnen kann. Ein Urteil über die Aussichten dieses Unternehmens wird dadurch erschwert, daß es neben dem unausweichlichen auch überflüssiges Leid in der Industriegesellschaft gibt. Die Leistungs- und Kontrollmechanismen werden auf Situationen verallgemeinert, in denen trotz allem noch Spontaneität, Zärtlichkeit, offener Ausdruck auch «negative» Gefühle wie Wut, Eifersucht und Passivität möglich sind.

Problematisch wird die Hilfe dann, wenn sie vorgibt, diesen Widerspruch zu lösen, den sie verdeutlichen sollte. Jeder professionelle Experte im psychosozialen Bereich, der sich nicht dessen bewußt ist, daß er auch für sich selbst Zuflucht bei seinen Schützlingen sucht, ist mit Vorsicht zu betrachten. Er wird kaum den Schritt zur Ökotherapie vollziehen und die Bereitschaft zu seiner Selbstaufhebung entwickeln können. Andrerseits finde ich die Meinung naiv, Sozialarbeit, Psychotherapie oder die Gründung eines Zentrums für Selbsterfahrung seien sinnlose Ablenkungsmanöver in einem Kampf, der von Grund auf politisch ausgetragen werden müßte. Diese Position läßt nur das Rationale gelten, nicht die Gefühle, die eben für viele Menschen die psychosoziale Tätigkeit anziehender machen als den politischen Kampf. Gerade wer in seiner Politik für die Aufhebung der zweckrationalen Verwertung des Menschen eintritt, sollte das beherzigen.

Die meisten Therapeuten treten auf wie Justitia: mit der Binde vor den Augen. Statt der Waage halten sie eine Schale, aus der sie den Trank des Vergessens jener gesellschaftlichen Zustände ausschenken, die ihre eigene Existenz bestimmen. Gerhard Vinnai hat diese Ausweitung des Kampfes gegen die Intellektualisierung (der in vielen Behandlungen und sicher auch in der Ökotherapie sinnvoll ist) zu einer Verschleierung der eigenen Interessen und der eigenen sozialen Situation scharf kritisiert. Er zitiert drei Hauptvertreter der «humanistischen» Selbsterfahrung und Therapie. Sie alle versprechen das Blaue vom Himmel und sagen mit keinem Ton, daß jedes Mehr an Emotionalität auch ein Stück Subversion, Unangepaßtheit, Karriereverzicht in einer rationalen, bürokratischen, profitbeherrschten Gesellschaft sein muß – kein Wunder, denn die Lebensform des Therapeuten ist wie kaum eine andere geeignet, eben diesen Widerspruch zu verschleiern: *«Das Ziel der Bioenergetik»*, sagt etwa Alexander Lowen, «ist es, den Menschen wieder zu ihrer ersten Natur, zu ihrer Primärnatur zu verhelfen: zum Zustand der Freiheit, Anmut und Schönheit...»[23] Diese Werte sind mir auch wichtig. Aber wenn ich zu dem Seminar, auf dem sie mir angeblich vermittelt werden, über eine Autobahn fahre, die erbarmungslos durch Wälder und Obstgärten schneidet, und auf dem Seminar, nachdem ich Anmut, Freiheit und Schönheit unter der Anleitung eines bioenergetischen Experten mit Diplom eingeübt habe, möglicherweise in einer Trabantenstadt spazierengehe und in einem Restaurant ungesundes Essen hinunterschlucke – dann glaube ich nicht mehr so ganz, daß ich jemals wie der Lowensche Ideal-Patient am Ende der Therapie *alles gern tun werde, «ob es sich um Arbeit, Freizeitgestaltung oder Sex handelt».*[24]

Ähnlich allgemein und positiv äußert sich Fritz Perls: *«Die Gestalttherapie ist eine Philosophie, die in Harmonie sein will, die in Übereinstimmung mit allem sein will, mit der Medizin, mit den Naturwissenschaften, mit dem Universum, mit allem, was ist.»*[25] Am weitesten geht die Selbstverschleierung bei Arthur Janov, der einerseits nicht müde wird, immer neue Bücher über seine Primärtherapie zu schreiben, andrerseits jedoch in jedem dieser Bücher sagt, für den realen, abwehrlosen Primärtherapeuten zähle nur das Gefühl.

Die primärtherapeutische «Teufelsaustreibung» wird durch eine dualistische Therapie untermauert, in der Gut, Primärtherapie, real, Gefühl, Gesundheit auf der einen Seite stehen, und Böses, Nichtprimärtherapie, symbolisch, rational, Krankheit auf der anderen. So gibt die Möglichkeit, unvollständige Bearbeitung der Urschmerzen festzustellen, dem Therapeuten auch die Chance, jeden Widerspruch auszulöschen: wer nicht «real» wurde, ist eben noch nicht «tief» genug gekommen, bis hin zu seinem Geburtstrauma oder vielleicht noch früher. Immer da, wo Janov den «Normalen» und den «Neurotiker» einander gegenüberstellt, wird dieses Dilemma deutlich.

Die grundlegende, das Überleben in der Industriegesellschaft für Nicht-Therapeuten ermöglichende Verformung der Menschen wird als neurotisch ausgegeben, um das eigene Versprechen von «normal» besser verkaufen zu können.

«Da der Neurotiker den vollen Sinn seines Lebens nicht zu empfinden vermag, muß er oft ein Super- oder künftiges Leben erfinden – Orte, an denen das reale Leben vor sich geht. Er muß sich vorstellen, daß irgendwo der wahre Sinn und Zweck von alledem zu finden sind. Vielleicht glaubt er, daß Gelehrte diesen Sinn für ihn finden können, dabei kann nur er es. Dadurch, daß der Normale seinen eigenen Körper entdeckt, braucht er keinen besonderen Ort zu ersinnen, an dem das Leben wirklich vor sich geht... Der Normale hat eine ganz einfache Entdeckung gemacht: Der Sinn ist nicht etwas, das herausgefunden werden muß, sondern nur empfunden werden kann. Deshalb rast er nicht zu Wochenendseminaren, bei denen Themen wie: Wie führe ich ein gutes Leben? Wie findet man Freunde? oder dergleichen behandelt werden.»[26]

Rast er statt dessen zu primärtherapeutischen Seminaren? Aber die Sache ist ernster: Janov drückt die verzweifelte Situation des spätbürgerlichen Individuums in der Sackgasse der Industriegesellschaften aus – und verspricht die Lösung durch Regression auf einen kindlichen Urzustand. In einer sinnlos gewordenen, umweltzerstörenden Gesellschaft bleibt dem Individuum am Ende nur noch der eigene Körper und dessen Möglichkeiten, in die Kindheit und in die frühen Schmerzen zurückzukehren. Diese Rückkehr schafft keine neue Realität, aber eine neue Hoffnung auf einen Freiraum, eine Nische. Was draußen ist, bleibt böse: Kampf, Ehrgeiz, Tätigkeit, politischer Einsatz, philosophische Debatten, Religion sind bereits so weit in den Verwertungsprozeß der kapitalistischen Gesellschaft einbezogen, daß sie keine freundliche Realität mehr bieten. Der Körper ist kein Haus mit Türen und Fenstern, sondern ein Schneckenhaus.

Indem Janov versucht, dem so verletzten und verunsicherten Individuum seine körperhaften Gefühle als urtümliches Stück Geborgenheit zurückzugeben («Urschrei», «Primärtherapie» sind in dieser Hinsicht eben so verräterische Ausdrücke wie Lowens Begriff der «Primärnatur» des Menschen), wird auch dieser bisher verborgene Bereich einer Verwertung zugänglich (wozu es ausgezeichnet paßt, daß man den Begriff «Primärtherapie» in Kalifornien als Warenzeichen geschützt hat). Dem entspricht eine subjektive Beobachtung, die ich den ebenso subjektiven Erfolgsberichten Janovs gegenüberstellen will: Die einzigen Patienten, die durch die Primärtherapie «geheilt» werden, sind meiner Meinung nach die Therapeuten, die sie anwenden. Hier habe ich wirklich deutliche Veränderungen bemerkt – während ich bei Patienten, die nicht Therapeuten wurden, oft eher ungünstige Veränderungen sah (beispielsweise eine verstärkte Neigung, sich in Urschmerzen zurückzuziehen, heftige Depressionen über den ausbleibenden Erfolg der Therapie, Unfähigkeit, mit nicht-primärtherapeutisch Behandelten noch soziale Kontakte aufrechtzuerhalten). Hansjörg Hemmingers Kritik an der Urschreitherapie weist in eine ähnliche Richtung, obwohl er die soziale und seelische Situation des Therapeuten nicht einbezieht.[27]

Setzen wir dieses Gedankenexperiment fort, so wird das Dilemma der Psychotherapie in der Industriegesellschaft deutlicher. Wirklich heilen kann sie nur die Therapeuten, die einen naturnahen, gefühlsbestimmten Arbeitsplatz gewinnen. Sie können wie parasitäre Pflanzen noch in den Individuen wurzeln, welche ihrerseits entwurzelt sind und in der lieblosen, demütigenden, sinnleeren Arbeitswelt keine emotionalen Kräfte mehr schöpfen können. Die Therapeuten finden Möglichkeiten, ihre frühkindlichen Schäden auszugleichen, ihre eigenen Ängste, abgelehnt, in ihrer Autonomie, ihrer emotionalen Kreativität nicht anerkannt zu sein. Die Patienten müssen von der Therapie enttäuscht bleiben, solange sie nicht auch Therapeuten werden. So verschafft sich die Konkurrenz der Individuen Eintritt in die Schonräume der Therapie. Wer «begabt» genug ist, kann seine kindliche Tragödie ausgleichen, indem er selbst Therapeut wird: wer es nicht schafft, muß Patient bleiben.

16. Abschied von der Macht

«Die drei Quellen… aus denen unser Leiden kommt: die Übermacht der Natur, die Hinfälligkeit unseres eigenen Körpers und die Unzulänglichkeit der Einrichtungen, welche die Beziehungen der Menschen zueinander in Familie, Staat und Gesellschaft regeln. In betreff der beiden ersten kann unser Urteil nicht lange schwanken; es zwingt uns zu Anerkennung dieser Leidensquellen und zur Ergebung ins Unvermeidliche. Wir werden die Natur nie vollkommen beherrschen, unser Organismus, selbst ein Stück dieser Natur, wird immer ein vergängliches, in Anpassung und Leistung beschränktes Gebilde bleiben. Von dieser Erkenntnis geht keine lähmende Wirkung aus; im Gegenteil, sie weist unserer Tätigkeit die Richtung. Können wir nicht alles Leiden aufheben, so doch manches, und anderes lindern, mehrtausendjährige Erfahrung hat uns davon überzeugt. Anders verhalten wir uns zur dritten, zur sozialen Leidensquelle. Diese wollen wir überhaupt nicht gelten lassen, können nicht einsehen, warum die von uns selbst geschaffenen Einrichtungen nicht vielmehr Schutz und Wohltat für uns alle sein sollten…»

*S. Freud**

«Verzweiflung oder Torheit?» sagte Gandalf. «Es ist nicht Verzweiflung, denn Verzweiflung ist nur für jene, die das Ende unzweifelhaft erblicken. Das tun wir nicht. Es ist Weisheit, die Notwendigkeit zu erkennen, wenn alle anderen Möglichkeiten erwogen sind, obwohl es denjenigen wie Torheit vorkommen mag, die sich an falsche Hoffnungen klammern. Nun gut, laßt Torheit unseren Deckmantel sein, ein Schleier vor den Augen des Feindes. Denn er ist klug und wägt auf den

* S. Freud, Das Unbehagen in der Kultur, Ges. Werke XIV, Frankfurt am Main 1955, S. 444

Waagschalen seiner Bosheit alles genauestens ab. Doch der einzige Maßstab, den er kennt, ist Begehren, das Streben nach Macht, und danach beurteilt er alle Herzen. Ihm wird der Gedanke nicht kommen, daß jemand keinen Gebrauch davon machen will, daß wir den Ring haben und dennoch trachten könnten, ihn zu zerstören. Wenn wir das versuchen, werden wir seine ganze Berechnung durcheinanderbringen.»

*J. R. R. Tolkien**

* J. R. R. Tolkien, Der Herr der Ringe, Bd. I, Stuttgart 1978, S. 327

Die Aussichten für eine rechtzeitige Heilung des kranken Verhältnisses zwischen den Industriegesellschaften und der Umwelt sind schlecht. Die zweckrationale, individuelle Beherrschung der Natur, die im Bürgertum entstanden ist, hat eine schwerlich rückgängig zu machende Faszination. Verzicht auf diese Kontrolle weckt tiefe, kaum beherrschbare Ängste. So werden wir weiter Atomkraftwerke, Panzer, Interkontinentalraketen und Maschinenwaffen bauen, solange es wirtschaftlich möglich ist.

Das heißt jedoch nicht, daß es nur die Wahl gibt zwischen einer Verleugnung der drohenden Katastrophe oder Verzweiflung. Ich habe deshalb zu jedem Kapitel dieses Buches ein Zitat aus der Tolkien-Trilogie über die Ringe der Macht herausgesucht, weil mir dieser ökologische Mythos, der so viele Jugendliche und Erwachsene fasziniert, das Gegenstück zum «Unbehagen in der Kultur» auszudrücken scheint. In allen früheren Heldenmythen geht es darum, etwas Verlorenes, noch nicht Erreichtes zu gewinnen – eine Braut, einen Schatz, ein Reich. Doch diese Handlung tritt im *«Herrn der Ringe»* gegenüber einer ganz neuartigen zurück: Es geht darum, etwas loszuwerden, was ungeheuer mächtig, aber gerade deshalb auch vernichtend ist. Dieses Unternehmen ist, wie Tolkien immer wieder betont, hoffnungslos. Aber dennoch gehen die beiden Hobbits den tödlichen Weg. Sie haben im Grunde keine Aussicht, nicht nur, weil der Feind so mächtig ist, sondern auch deshalb, weil das Symbol seiner Macht in unentrinnbare Abhängigkeit verstrickt. Dennoch gelingt die Befreiung. Weil die Hobbits, trotz ihrer Ohnmacht gegen den magischen Ring, alles getan haben, was in ihrer begrenzten Macht steht, kann ein unvorhergesehener und nicht vorhersehbarer Zufall eintreten, der zum Untergang der Macht des Ringes und der beiden bisherigen, völlig vom Bösen überwältigten Besitzer führt. Was die Hobbits tun – zum Beispiel ihr Mitleid mit Gollum –, ist gefühlsbestimmt, ungeplant, und darum rettender als die Pläne der Macht.

So finde ich auch, daß der einzelne – auch der einzelne Therapeut – in einer hoffnungslosen Position ist, angesichts der Übermacht der industriellen Sachzwänge und angesichts seiner eigenen Verstrickung, die ihn immer wieder in Gefahr bringt, mit seinem Wissen und Expertentum Abhängigkeiten zu erzeugen, Macht festzuhalten und damit zu befestigen, was er doch zu erleichtern hofft. Dennoch finde ich das keinen Grund zur Verzweiflung. In vielen Situationen haben wir nach wie vor die Wahl, uns der Macht zu unterwerfen oder gegen sie anzukämpfen. Die Stimme einer Vernunft, die auf Gefühle achtet, ist oft leise und verzerrt, aber immer wieder hörbar. Die autonomen Zyklen, die allein über unser Glück und Unglück entscheiden, sind gestört, aber sie bleiben im Untergrund erhalten, solange wir leben. Immer wieder haben wir die Möglichkeit, daß aus dem Dunkel wieder Licht wird, aus Trauer Freude, und aus Verkrampfung Entspannung. Wir brauchen keinen Experten dazu, uns in uns zu Hause zu fühlen – auch wenn dieses Zuhause unvollkommen ist, wenn es Narben trägt, Spuren von Zerstörung. Das Unbewußte ist weit größer und umfassender als das Bewußte – sowohl in unserem Körper und in unserer Seele wie in der Gesellschaft und in der Natur. Die Unterwerfung unter die Zwecke der Ausbeutung, der Profitzwänge hat beides vergiftet: unser Denken und unser Fühlen. So haben wir keine Gewißheit, wenn wir etwas ändern wollen. Dennoch können wir in manchen Situationen sehen, was dem Leben in uns und um uns dient, und was es verkleinert und vernichtet. Es gibt keine allgemeine Richtung und keine allgemeine Antwort; es gibt nur die Bereitschaft, ein Stück Leid als unausweichlich zu ertragen, ohne sich masochistisch abzufinden, ohne sich mehr zu quälen, als es unausweichlich ist, und dennoch weiterzugehen zu dem ungewissen Ende.

Anmerkungen

1 W. Schmidbauer, Homo consumens, Stuttgart 1972. (Abgedruckt auf S. 26–170.)
2 J. Liedloff, Auf der Suche nach dem verlorenen Glück. Gegen die Zerstörung unserer Glücksfähigkeit in der frühen Kindheit, München 1980.
3 W. Schmidbauer, Jäger und Sammler. Als sich die Evolution zum Menschen entschied, Planegg bei München 1973.
4 E. F. Schumacher, Die Rückkehr zum menschlichen Maß – small is beautiful, Reinbek bei Hamburg 1977.
5 P. London, Behavior Control, New York 1969, deutsch: Der gesteuerte Mensch, München 1973.
6 I. Illich, Die Nemesis der Medizin. Von den Grenzen des Gesundheitswesens, Reinbek bei Hamburg 1977. Illich hat hier solche Beweise gesammelt.
7 Vgl. F. Zorn, Mars, München 1977.
8 I. Illich, Die Nemesis der Medizin, a. a. O. Vgl. auch: Ders., Schulen helfen

nicht. Über das mythenbildende Ritual der Industriegesellschaft, Reinbek bei Hamburg 1969.
9 I. Illich, Die Nemesis der Medizin, a. a. O., S. 29.
10 Ebenda, S. 84.
11 Ebenda, S. 90 u. 91.
12 Ebenda, S. 128. – Psychologisch sind die lebenserhaltenden Maschinen der Intensivstation eine Wiederholung der frühesten, intrauterinen Beziehung des Menschen zu seiner Umwelt, eine Karikatur der menschlichen Mutter ebenso wie der Mutter Natur, die den Körper zurücknimmt. Dialysepatienten entwickeln oft «irrationale» Haßgefühle gegen die «Maschine», von der sie abhängen.
13 Ebenda, S. 13.
14 Ebenda, S. 111.
15 *Medical Tribune*, Nr. 35 v. 28. 8. 1981, S. 3.
16 Vgl. H. Bollinger, G. Brockhaus et al., Medizinerwelten, München 1981.
17 Sie wird oft durch eine Vollkommenheitssehnsucht verdeckt: Wir wollen eine perfekte Ganzheit und lehnen die primitive Ganzheit ab.
18 A. Miller, Das Drama des begabten Kindes, Frankfurt am Main 1977.
19 G. Vinnai, in: H. Nagel u. M. Seifert, Inflation der Therapieformen, Reinbek bei Hamburg 1979, S. 88.
20 Prospekt «*Buddhafeld Karuna*», Mai 1981.
21 Anzeige in *Psychologie heute*, Juni 1981, S. 88.
22 Ebenda, S. 88.
23 A. Lowen, Bioenergetik, Bern–München 1976, S. 283.
24 Ebenda, S. 283.
25 F. Perls, Gestalttherapie in Aktion, Stuttgart 1976, S. 51.
26 A. Janov, Der Urschrei, Frankfurt am Main 1973, S. 154.
27 H. Hemminger, Flucht in die Innenwelt, Berlin 1980.